中南财经政法大学加强和改进大学生思想政治教育工作论文集之十七

|中南财经政法大学立德树人系列成果丛书|

Gongxiang

共享·

Funeng

赋能·

Chuangxin

创新

主 编/陈 狮

副主编/王前哨 葛 明

团结出版社

图书在版编目（CIP）数据

共享·赋能·创新：中南财经政法大学加强和改进大学生思想政治教育工作论文集之十七 / 陈狮主编；王前哨，葛明副主编. -- 北京：团结出版社，2024.6
ISBN 978-7-5234-0955-8

Ⅰ．①共… Ⅱ．①陈…②王…③葛… Ⅲ．①大学生—思想政治教育—中国—文集 Ⅳ．① G641-53

中国国家版本馆 CIP 数据核字（2024）第 089412 号

出　　版：团结出版社
　　　　　（北京市东城区东皇城根南街 84 号　邮编：100006）
电　　话：（010）65228880　65244790
网　　址：http://www.tjpress.com
E－mail：zb65244790@vip.163.com
经　　销：全国新华书店
印　　刷：武汉鑫佳捷印务有限公司

开　　本：145×210 毫米　1/32
印　　张：22.625
字　　数：487 千字
版　　次：2024 年 6 月　第 1 版
印　　次：2024 年 6 月　第 1 次印刷

书　　号：978-7-5234-0955-8
定　　价：198.00 元

中南财经政法大学加强和改进大学生思想政治教育工作论文集之十七

共享·赋能·创新

主　编：陈　狮（党委副书记兼党委组织部部长）

副主编：王前哨（党委学生工作部、人民武装部部长）

　　　　葛　明（党委学生工作部副部长、
　　　　　　　　心理健康教育咨询中心主任）

目　录

思想引领篇

队伍建设篇

组织育人篇

心理育人篇

就业育人篇

思想引领篇

中外合作办学模式下大学生思想政治教育的价值引领与话语表达①

张向飞

（法与经济学院）

中外合作办学是指外国教育机构同中国教育机构在中国境内合作举办以中国公民为主要招生对象的教育机构的活动。②2018 年 9 月，习近平总书记在全国教育大会上发表重要讲话时指出"要扩大教育开放，同世界一流资源开展高水平合作办学"③。中外合作办学作为教育对外开放的载体和高

---

① 本论文系中央高校基本科研业务费项目"中外合作办学模式下研究生思想政治教育的价值引领与话语表达研究"（项目编号：2722024DS008）的阶段性研究成果之一。

② 国务院. 中华人民共和国国务院令第 372 号《中华人民共和国中外合作办学条例》[EB/OL]（2003–03–01）[2023–08–02]. http://www.gov.cn/zhengce/content/2008–03/28/content–5821.htm.

③ 本书编写组. 习近平总书记教育重要论述讲义 [M]. 北京：高等教育出版社，2020：169.

等教育国际交流的平台有效推进了中国式教育现代化。党的二十大报告提出，要"形成具有全球竞争力的开放创新生态"，这对教育开放提出了新要求。党的十八大以来，《中国教育现代化2035》《关于做好新时期教育对外开放工作的若干意见》《推进共建"一带一路"教育行动》《关于加快和扩大新时代教育对外开放的意见》等一系列文件陆续出台为中外合作办学描绘了蓝图，也特别指出中外合作办学要坚持做好思想政治教育，坚守社会主义办学方向，有效开创了教育对外开放的新局面。

近年来，中外合作办学机构和项目蓬勃发展。截至2021年年末，我国中外合作办学以及内地与我国港澳地区合作办学机构和项目共有2475个。新冠肺炎疫情暴发以来，中外合作办学为缓解疫情导致的出国留学受阻发挥了积极作用，累计录取近10000人。[①]面对新时代新形势新要求，中外合作办学模式下的大学生具有诸多新的特点，这对中外合作办学的质量效益和治理水平提出了新的要求，尤其是对大学生思想政治教育在教育开放过程中如何做到"放得开""守得住"提出了新的挑战。因此，创新中外合作办学模式下大学生思想政治教育的价值引领和话语表达迫切而重要。

一、中外合作办学模式下新时代大学生的新特点

与普通专业学生相比，中外合作办学学生具有成长环境

　　[①] 课题组，秦琳，浦小松，等. 提升我国教育世界影响力——习近平总书记关于教育的重要论述学习研究之十二[J]. 教育研究，2022，43（12）：4-14.

较好、自我意识强烈、生源来源广泛、受到国际多元文化冲击等明显特征，思想政治教育受其个体因素影响较大。

（一）新的成长环境与时代背景

新时代大学生大多是千禧一代，也就是常说的"Z世代"。作为1995年—2009年间伴随着互联网出生的他们，社会转型期的社会制度、经济水平、文化环境对他们的生活观念、价值理念、行为方式都产生了重要影响，与之前的世代相比呈现出了不同的成长特点和文化特色。[①] 中外合作办学的学生大多家庭经济环境较好、社会地位较高，从小享受相对于同龄人而言更好的教育条件。他们出生于较好的年代，与时代同频共振，但是又由于家庭环境的优势，在资源分配、阶层流动、教育选择等方面占有优势。因此，个别学生在社会公共空间形象的建构上可能会具有符号化、标签化特征，这都与他们所处的新的成长环境与时代背景息息相关。因此，如何根据他们所处的成长环境和时代背景提升思想政治教育的亲和力是基点。

（二）新的现实需求与价值追求

受全球新冠肺炎疫情影响，大量学生赴海外留学受阻，而中外合作办学成了教育对外开放的新发展模式，通过合作项目的形式实现学生的跨国流动和国际教育。基于此，学生在中外合作办学项目中萌生了更多的现实需求。一是希望能

---

① 王水雄. 中国"Z世代"青年群体观察［J］. 人民论坛，2021（25）：24-27.

够通过更多机会顺利进入项目学习，例如更为自主的招生方式、更为便利的学习方式、更为熟悉的学习环境等；二是希望能够通过项目更多地接受国际化教育，全方位地拥有项目合作高校的教育资源，例如资深的教师资源、丰富的图书资料、优质的实习实践平台；三是希望能够通过项目顺利地通过学科测试与学位授予，获得国家认可的国际合作办学项目学位及证书。与此同时，在项目教学过程中，由于大部分授课教师为外籍教师、使用的教材为外文原版教材、项目交换、实习实践等均在国外，因此，全球多元文化的冲击特别是项目合作国家文化的冲击使得他们有了更多的价值追求，进而影响其价值选择和价值评价。因此，如何精准把握他们的现实需求和价值追求是提升思想政治教育针对性的关键。

（三）新的信息渠道与表达载体

互联网、大数据、人工智能等信息技术的飞速发展给教育国际交流与合作带来了新机遇。[①] 在全球互联网革命和全球疫情的影响下，中外合作办学项目大多采取线上线下相结合的教学方式，在线教学成为学生参与项目学习的重要组成部分，也成为学生获取知识、增长文化的主要信息渠道。同时，作为"互联网原住民"的一代学生，他们对网络更熟悉、更精通。除了在线教学带来的课程内容、教育方法、在线服务、学习评估、学习效果以外，他们的学习工具、生活方式、精神交

---

① 刘崧，屠希亮. 后疫情时代中外合作办学面临的挑战与对策［J］. 高教探索，2023（2）：19-25.

往、观点生成、情绪表达等都与互联网息息相关。而与普通专业学生相比，国际化的教育方式和学习环境使他们拥有了丰富多元的信息渠道与表达载体。大量、多样、易触、即时、免费的信息渠道使他们能够进行更多的价值选择；更为个性、更有主见、更多想法的表达载体使他们能够进行自主的价值评价。因此，如何运用现代信息技术和话语表达方式是提升思想政治教育有效性的法宝。

二、中外合作办学模式下大学生思想政治教育的价值引领

中外合作办学作为中国高等教育的重要组成部分，必须要遵守思想政治教育的基本要求。中外合作办学必须旗帜鲜明地坚持党的领导原则、多元立主导原则，要构建与之适应的思想政治教育工作体系。① 其中最首要的就是如何进行思想引导与价值引领，如何让国际教育在"引进来"与"走出去"之前守得住，如何让学生在"中国立场"与"全球视野"之间站得稳，这就需要坚持价值引领的核心要义。

（一）引领学生培育社会主义核心价值观

社会主义核心价值观是我国的主流意识形态，也是思想政治教育的主要内容之一。对于中外合作办学的学生而言，他们在教学上更多地接受西方的教育理念和教学模式，与外

---

① 朱彦彦，赵加强. 中外合作办学思想政治教育工作探讨［J］. 河南大学学报（社会科学版），2022，62（2）：117-122，155.

籍教师拥有更为紧密的联系与交流，价值取向更加多元化。因此，紧紧把握社会主义核心价值体系的要义，发挥社会主义核心价值观在价值引领方面的重要作用，提升思想政治教育的认同感尤为重要。①

社会主义核心价值观能够有效统领理想、精神、道德等不同层面，是我国的主流意识形态。因此，中外合作办学的思想政治教育更应该坚持培育学生的社会主义核心价值观，坚持主流价值观和主流意识形态，在中西方意识形态对比、国情对比之中去发现、认同、构建社会主义核心价值观，引领学生形成社会主义核心价值观。

（二）引领学生坚持中国立场和全球视野

近年来，中外合作办学逐步呈现本土化倾向，办学的政策要求、主体间性、物理空间、载体平台等各方面都展现出具有中国特色的国际化教育方案。办学的主体是中国高等学校、中国高校学生，办学的形式和内容是国际合作，因此，思想政治教育中如何引领学生坚持中国立场和全球视野尤为重要。

坚持中国立场。坚持中国立场既是一种价值取向，也是一种话语方式，是在中外合作办学中彰显中国价值，在中外合作交流中占领话语主动权的根本立场，这是"守得住"的问题。中外合作办学中的思想政治教育必须推动中国价值、

---

① 王金虹. 中外合作办学体制下社会主义核心价值观培育和践行［J］. 中国高等教育，2015（17）：40–42. .

中国方案、中国智慧的传播和落地，站稳中国立场来组织思想政治教育的宣传、接受、内化和行动，同时需要构建关切时代诉求和国家需要的中国立场的思想政治教育价值体系和话语体系，以此来引领学生形成正确的价值导向和意识形态。

坚持全球视野。中外合作办学是新时代高等教育培养国际一流人才的重要方式。国际一流人才需要具备全球视野，培养学生的全球视野也是中外合作办学思想政治教育的要务之一，这是"放得开"的问题。如何引领学生以中国眼光来看世界、如何引领学生以全球视野推动人类命运共同体建设、如何引领学生参与全球治理和可持续发展是我们需要在思想政治教育中实现的国际化培养任务。全球视野的培养是国际化人才的基础，我们应基于全球视野的思想政治教育，实现学生从"视野—能力—责任"的成长，让价值理念成为一种价值行动。

（三）引领学生形成"四个正确认识"

习近平总书记在全国高校思想政治工作会议上提出，要教育引导学生正确认识世界和中国发展大势，正确认识中国特色和国际比较，正确认识时代责任和历史使命，正确认识远大抱负和脚踏实地。[①] 这为思想政治教育指明了方向。中外合作办学中的思想政治教育更应突出"四个正确认识"的价值取向，特别是在国际合作办学中、在"引进来"和"走出去"

---

① 习近平. 习近平在全国高校思想政治工作会议上的讲话 [N]. 人民日报，2016-12-09.

的平衡中、在"守得住"和"放得开"的坚守中、在"中"和"外"的对比中引导学生形成正确的认识观念和价值理念。

正确认识世界和中国发展大势。正确认识世界和中国发展大势是我们培养大学生共产主义远大理想和中国特色社会主义共同理想的前提和基础[①]，也是"四个正确认识"的逻辑起点。中外合作办学的学生应该明确我们所处的新的历史方位，从中国和世界的关系维度把握世界局势，从中国的历史、现在和未来的关系维度把握中国大势。要用科学的世界观、发展观、历史观来武装学生，从马克思唯物史观和辩证唯物主义的角度让学生正确认识世界百年未有之大变局和中华民族伟大复兴战略全局，让学生正确把握历史机遇，与时代同频共振。

正确认识中国特色和国际比较。正确认识中国特色和国际比较是坚定道路自信、理论自信、制度自信、文化自信的重要环节，也是"四个正确认识"的关键环节。中外合作办学的学生更应该把握国际合作办学的优势，将中国特色社会主义与国外社会制度做比较，认识到中国特色社会主义发展道路的独特优势，在国际对比中凸显中国特色、中国智慧、中国方案，在国际互动和对比中提升"四个自信"的认同和自觉。

正确认识时代责任和历史使命。正确认识时代责任和历史使命是青年人坚定理想信念、承担责任使命的价值回归，

---

① 孙立军. 深化"四个正确认识"加强思想政治教育针对性［J］. 思想教育研究，2017（4）：62–66.

也是"四个正确认识"的重要着力点。中外合作办学的学生在接受开放的国际教育后更应认清时代责任和历史使命，将个人理想与国家理想结合起来、将个人事业与国家事业同向同行、将所学本领投身于强国复兴的伟大实践之中，投身国家民族事业。

正确认识远大抱负和脚踏实地。正确认识远大抱负和脚踏实地是青年人在理想与行动中寻找平衡点和落脚点的正确价值取向，也是"四个正确认识"的实践指向。中外合作办学的学生既需要"仰望星空"，树立远大抱负，也需要"脚踏实地"，投身实干兴邦。我们需要引导他们正确处理认识和实践的关系、理想与现实的关系、计划与行动的关系，让学生的远大抱负实现从感性认识到理性认识再到伟大实践的飞跃，在强国实践中书写奋斗的青春。

三、中外合作办学模式下大学生思想政治教育的话语表达

思想政治教育是一项运用话语进行理论宣传、心灵沟通、引领成长的教育实践活动[①]，思想政治话语表达是运用一套科学有效的言语符号系统将思想观念、价值理念、政治观念、道德规范传递给受教育者。中外合作办学的学生具有新的特点，思想政治教育的价值引领具有新的要求，其话语也应该实现价值传递和表达创新，增强话语的引领力、表现力、

---

① 崔华华，张翼. 思想政治教育话语及其现代转型［J］. 理论探索，2016（1）：70-74.

影响力。

（一）传播中国核心价值，增强话语引领力

社会主义核心价值观是立足于社会主义经济基础之上的价值认同系统[①]，是中国的核心价值体系，也是我国思想政治教育进行价值引领的基础和前提。因此，中外合作办学模式下的大学生思想政治教育首先需要坚持社会主义核心价值观，传播中国核心价值，以中国话语引领核心价值。讲好中国故事是传播中国价值的一个重要途径，也是丰富思想政治教育话语形态、创新思想政治教育传播方式的有效做法。讲好中国故事需要解决"有谁讲、讲什么、怎么讲"的问题。在中外合作办学中，充斥着大量故事，其中有中国故事、外国故事、老师的故事、学生的故事、宏大的故事、微观的故事，思想政治教育者如何选择故事尤为重要。我们应该选择能够传播中国核心价值的中国故事，选择身边的故事、个体发展与国家命运相结合的故事。通过主题班会、理论宣讲、谈心谈话、文化交流、小型研讨等方式让师生共同讲，用小故事讲大道理，讲好国家命运与个人命运、中国发展道路与个人发展前途、社会价值与个人价值，将"讲道理"融入"讲故事"，以创新思想政治教育话语的方式来启发、引领学生。

---

① 吴潜涛. 社会主义核心价值体系的科学内涵［J］. 道德与文明，2007（1）：4-7.

（二）善用多元文化价值，优化话语表现力

多元文化是当今世界发展不可逆的趋势之一，多元文化给大学生的价值理念、道德规范、精神信仰、学习方式、生活方式、行为方式都带来了诸多影响，我们应该去发现和利用多元文化的积极价值，寻求多元文化价值共同性，推动人类命运共同体建设。[①] 中外合作办学模式下的大学生思想政治教育由于办学模式特别学生有更多的机会去认识世界和中国发展大势、中国特色和国际比较，也更容易受到多元文化的冲击，特别是合作院校所在国家的文化的影响。面对多元文化交融的场域，在文化语境上，要坚持内文化语境与外文化语境的结合；在方法原则上，要坚持取其精华与去其糟粕的原则；在实践价值上，要坚持一元主导与多元并存的原则。在文化交流中立足主流场域，善用多元文化场域，寻求共同价值场域，争夺思想政治教育话语权，以文化价值提升思想政治教育话语表现力。

（三）创新立体多维价值，提升话语影响力

当前，互联网成为大学生重要的信息渠道和表达载体，也是思想政治教育争夺话语权的重要阵地。互联网时代的思想政治教育话语模式已经从传统的学术话语、说教话语、政治话语中跳脱出来，变得立体、多维。新的话语内容、话语方式、话语平台为思想政治教育话语创新提出了新的挑战。

---

① 伏佳佳. 寻求多元文化的价值共同性［N］. 中国社会科学报，2022-03-16（7）.

中外合作办学模式下的大学生思想政治教育面对互联网一代的大学生群体、全球疫情后的互联网线上教学模式、海量即时的互联网信息获取与国际文化交流，因此学生的思想动态、心理状态、学习情况和行为习惯像网络一样错综复杂、交织密布。如何运用互联网时代立体多维的价值属性提升思想政治教育话语影响力尤为重要。思想政治教育话语创新需要重视虚实结合的话语场域、营造平等互通的交往场域、运用多元时髦的话语内容、抢占丰富立体的话语平台，实现与学生的精神互通、价值融通、话语共通，以提升话语影响力。

新时代青年研究生思想热点
及教育引导

江为民

（工商管理学院）

在中共二十大召开后，新时代青年研究生的思想引领要立足当前的时代背景，充分把握研究生的思想热点，坚持方向引领为根本，善于明辨是非是关键，不断有效增强新时代研究生的思想教育引导，促进新时代青年研究生综合素质的提升和研究生思想政治教育质量的提高，培育优秀的社会主义接班人。这对进一步加强新时代青年研究生的思想政治教育工作，进一步培育有理想、有贡献、有责任、有担当的时代青年具有重要意义。

一、新时代青年研究生的思想热点

研究生教育作为我国最高层次的学历教育，是国家和民族教育水平、教育成就的重要体现，也是衡量国家发展水平的重要指标之一。要建设成为社会主义现代化强国，必须培养具有创新意识和能力的生力军，而研究生队伍是这支生力军的重要组成部分。在中国特色社会主义新时代，青年研究生是社会主义现代化建设者和接班人，肩负着新时代赋予的责任和民族复兴的使命。因此，研究生的思想政治教育显得尤为重要，不仅要解答我国教育培养学生的根本问题，还需要在面临重大危机的情境下，了解青年研究生面临的问题和实时的思想动态，这有助于促进构建思想政治教育的整体性和系统性、思想政治教育引导机制的建立健全，实现思想政治教育的效果，最终实现思想政治教育立德树人和价值引领的关键作用。

探索青年研究生的思想热点是历史和现实的需要。党的十九大提出，培养时代新人要在理论中实现教育引导，在实践中践行民族复兴重任，制度上予以保障[1]。党的二十大勉励广大青年要坚定不移听党话、跟党走，怀抱梦想又脚踏实地，敢想敢为又善作善成，立志做有理想、敢担当、能吃苦、肯奋斗的新时代好青年[2]。作为国家高等教育的主力军，研究生应坚持崇高的理想信念，坚定正确的政治方向，顺应时代发展的潮流，服务国家人才需要大局，促进个人价值与社会价值的统一。

---

[1] 习近平. 高举中国特色社会主义伟大旗帜为全面建设社会主义现代化国家而团结奋斗——在中国共产党第二十次全国代表大会上的报告［N］. 人民日报，2022-10-16.

[2] 习近平. 决胜全面建成小康社会夺取新时代中国特色社会主义伟大胜利——在中国共产党第十九次全国代表大会上的报告［N］. 人民日报，2018-10-28.

（一）中国共产党第二十次全国代表大会胜利召开

2022 年 10 月 16 日，中国共产党第二十次全国代表大会在北京胜利召开。习近平总书记在报告中总结了过去十年中国共产党团结带领中国人民取得的历史性成就，对中国正在行进的方方面面进行了详细的解释，并在最后提出"青年强，则国家强"，深深地鼓舞了青年研究生。青年研究生应认真学习科学文化知识，用党的科学理论武装自己，提高明辨是非的能力，坚守理想和初心，拒绝不良信息的干扰；拥有主人翁意识，加强思想道德建设，提高科研创新能力，在新时代奋发有为，发挥自己的才能，为全面建成社会主义现代化强国贡献自己的青春力量。

（二）中国共产党成立一百周年

2021 年，中国共产党成立一百周年。中国向世界发出了庄严宣告，中华民族伟大复兴的征程不可阻挡，中华民族向世界交出了一份优秀的中国答卷。在中国共产党成立一百周年大会上，习近平总书记对新时代的中国青年提出了殷切期望，以此来勉励新时代青年奋发有为，努力实现中华民族伟大复兴梦[①]。这不仅为新时代青年研究生指明了发展方向，也明确了发展目标。青年研究生在专注自身发展的同时，也要时刻关注社会发展的动态，了解社会对人才的需求和国家对人才的政策，有针对性地提升自己的专业能力，将自身能力

---

① 习近平. 在庆祝中国共产党成立一百周年大会上的讲话［N］. 人民日报，2021-07-01.

和国家需求更好地结合起来，成为国家需要的高层次创新型人才。为提高学术能力和科研能力，青年研究生应积极与导师交流，主动了解行业发展的前沿动态，养成思考研究的良好习惯，切勿闭门造车、沉溺享乐。

（三）中国完成脱贫攻坚、全面建成小康社会的历史任务

2012 年 12 月底，习近平总书记在河北省阜平县考察扶贫开发工作时指出，全面建成小康社会，最艰巨最繁重的任务在农村的贫困地区。全面建成小康社会包含农村的小康和贫困地区的小康。社会主义制度需要保障人民群众的生活水平，让人民群众摆脱贫穷，过上幸福的生活。之后，党中央强调要带领贫困的群众摆脱贫困，走向小康。紧接着，数百万扶贫干部齐心协力、埋头苦干，开展脱贫攻坚工作，践行精准扶贫理念，在八年的时间内取得了脱贫攻坚战争的阶段性成果[①]。美好生活来之不易，青年研究生应当珍惜前辈们呕心沥血建成的小康社会和现有的生活条件，努力学习科学文化知识，为社会发展贡献自己的力量。

（四）中国实现第一个百年奋斗目标

党的十八大以来，习近平总书记把全面建成小康社会放在"四个全面"战略布局首位，站在党和国家的角度，制定

---

① 习近平. 在全国脱贫攻坚总结表彰大会上的讲话［N］. 人民日报，2021-02-25.

了全面建成小康社会的目标任务。这些科学理论为全面建成小康社会提供了思想指导，引领全国各族人民克服困难、坚守本心，朝着共同目标不断努力奋斗。全面建成小康社会是民族复兴道路上的重要里程碑，改变了中华民族积蓄已久的绝对贫困局面，人民生活水平明显提高，社会主义现代化建设完成历史性跨越。此外，中国的全面小康政策也为其他国家的发展提供了参考和借鉴，为世界发展贡献了中国智慧，彰显了社会主义制度的优势。青年研究生应当认识到社会主义制度的优越性，将个人发展与社会发展相结合，在推动小康社会发展的同时，实现自己的人生价值。

（五）百年未有之大变局，各种不确定性增加

进入 21 世纪以来，世界经济进入了前所未有的新发展阶段，但也带来了一系列新问题。其中，全球经济发展的不确定性主要表现为金融危机、恐怖主义、局部战争冲突、石油危机、粮食危机、气候问题、自然灾害和传染性疾病等。面对这些不确定的历史大变局，青年研究生应当保持客观和理智的态度，避免情绪化，在了解事件的前因后果之后再做出结论，不要被一些没有根据的网络信息所影响。社会发展是动态的，不确定性是存在的。青年研究生应该立足当今社会，高瞻远瞩，用辩证的态度看待全球社会的变化。在经济全球化日趋明显的今天，中国与世界各国的联系日趋紧密，世界经济的发展不可避免地对中国经济的发展产生影响，这既是挑战，也是新的机遇。

二、新时代青年研究生思想教育引导的紧迫性

(一)历史虚无主义渗透校园

中华文化是我国和中华民族的灵魂,青年研究生要对本民族的文化拥有最基本的文化自信,这种文化自信会深刻地影响整个国家和民族的发展,为国家和民族的发展提供最基础的、持久的、深远的力量。历史虚无主义向文化领域渗透,试图通过文学作品和文艺作品输出其价值观,误导人民群众,极为隐蔽。历史虚无主义利用文化领域的宣传不仅仅是想误导人民群众,还想利用文化领域宣传其丑恶的政治企图,从根本上否定马克思主义理论和中国共产党的领导。青年研究生要勇敢揭露其丑恶面目、勇敢反对其政治阴谋,坚决地抵制历史虚无主义的渗透和传播。作为受过高等教育的群体,青年研究生承担着重要的社会责任和实现中华民族伟大复兴的光荣使命,更应该提高对虚无主义的辨识能力,净化思想土壤,坚决抵御历史虚无主义等错误思潮对文化阵地的渗透。

(二)敌对势力利用敏感地区民族宗教挑起事端

部分学生由于成长环境的原因,在进入大学之前就开始信仰宗教,并在大学期间保持着自身的宗教信仰,但因高校的教育与其原始的宗教信仰可能存在冲突,加之一些境外敌对势力的蒙蔽宣传和渗透,导致部分学生出现意识形态上的问题,做出极端行为,危害社会公共安全。青年学生由于一直身处校园,思想单纯且热情,因此国际上的极端民族主义者利用这一点,利用我国多民族的特点,恶意在校园内挑起

民族宗教事端，破坏民族团结，加剧校园矛盾，传播消极情绪，导致民族之间对立冲突，进一步加深了敏感的民族宗教问题。青年研究生要提高明辨是非的能力，坚定信仰马克思主义，用马克思主义世界观和方法论指导自己的学习、工作和生活。这不仅有利于个人的发展，也有利于社会意识形态的发展。

（三）内卷化对高校学生思想的影响

高校群体中的内卷化主要是在学习上的内卷，如考试成绩必须拿高分、必须拿到奖学金、必须拿到评优资格；或者是在找工作上的内卷，同学之间互相比较找到工作的数量和质量。但这与追求卓越是两种不同的状态。追求卓越是为了满足自身的需求，精益求精，追求自身发展，值得鼓励和提倡。而内卷则是为了利益做出不理性的选择，忽略自己作为人的真正需求，盲目投身于不必要的竞争中且乐此不疲。当学生们沉浸在内卷化中，朝着他们认为正确的方向前进时，却忘记了出发的初衷，南辕北辙，这并不是良性竞争，而是一种纯粹的内耗。在求学的过程中，青年研究生需要保持独立和清醒的认知，使大学成为一个真正的象牙塔，而不是被各种精致利己主义思想所充斥的校园。

（四）少数学生缺乏奋斗精神

由于计划生育政策和人们生育观念的转变，独生子女家庭数量较多。家庭将资源和条件都集中在一个孩子身上，使得孩子面临的困难和压力较小，有更多的选择权，可以享受家庭提供的福利，在不艰苦奋斗的情况下过上相对舒适的生活。这种舒适轻松的生活模式让许多人安于现状，失去了努力奋斗的动力，不再有坚定的理想目标，丧失了对未来生活的热情和斗志。少数学生不愿意选择艰苦奋斗，而是随波逐流，在社会大环境中享受舒适区，无形中减慢了自己成长和蜕变的速度。青年研究生应时刻保持奋斗精神，不随波逐流，用青春的汗水书写无悔的人生。

三、新时代青年研究生思想教育的有效引导

新时代青年研究生肩负着在中国特色社会主义新时代实现"两个一百年"奋斗目标和中华民族伟大复兴中国梦的伟大使命[①]。习近平总书记认为广大青年是国家和民族的未来与希望，多次寄语青年，系统回答了"为什么培养青年"这一问题，提出"青年兴则国家兴，青年强则国家强"。在革命战争年代，广大青年积极承担社会责任，勇往直前，无惧困难，怀抱着极大的热情投入到社会主义建设中去，为成立新中国抛头颅洒热血[②]。在社会主义建设年代，青年研究生要致力于提高自己的科学文化素养，以所学知识为国家建设贡献力量和智慧，满怀理想，艰苦创业，开拓进取，为实现民族复兴和国家富强做出应有的贡献，发挥重要作用。

党和国家高度重视青年人才，密切关心青年人才的发展，对青年人才报以极大的热忱和期待。习近平总书记多次寄语

---

① 中共中央关于党的百年奋斗重大成就和历史经验的决议［N］. 人民日报，2021-11-17（1）.

② 习近平. 习近平谈治国理政（第四卷）［M］. 北京：外文出版社，2022.

青年，系统回答了"培养什么样的青年"，努力把青年研究生培养成"德""智""体""美""劳"五方面全面发展的人才，为建设社会主义现代化强国贡献自己的青春力量。2013 年至今，习近平总书记曾在多个场合与青年师生座谈讲话时提出对青年一代的殷切希望，全面系统地提出培养青年的目标，即要把青年培养成为德智体美劳全面发展的社会主义建设者和接班人。

（一）青年研究生要树立正确的人生观与人生追求

人生观是指引人生方向、选择人生道路的指南。在研究生期间，形成和确立正确的人生观和人生追求至关重要。错误的人生观不仅会长期伴随青年，影响其个人发展，还会对社会风气产生不良影响。为了帮助青年研究生形成健康的人生观，树立正确的思想道德观念，高校应不断完善专业课程教学规划和培养方案，推进特色和精品课程的建设，注重学生实践能力的培养，提升高校教师的专业素养，帮助研究生明确人生奋斗目标与自身发展道路，将理想与现实、精神与物质有机统一起来，将个人理想与国家发展紧密结合，使青年研究生为国家奉献力量的同时实现自己的人生价值。

（二）青年研究生要树立正确的价值观与价值选择

价值观和价值选择深刻地影响着人们的选择，人生价值和个人的价值观、价值选择密切相关。为了更好地实现人生价值，青年研究生应从自身条件出发，不盲从、不攀比、遵从本心，实事求是地根据自身条件树立正确的价值观，做出正确的价值选择。"天行健，君子以自强不息。"党和国家需要引导研究生在实践中继承和弘扬自强不息的精神，发扬艰苦奋斗的精神，在奋斗的过程中找到人生的价值和意义，找到自己的归属感。

（三）青年研究生要树立正确的文化观与文化素养

文化观和文化素养是社会主义文化建设的重要组成方面。在中国特色社会主义现代化建设的新时代，文化观和文化素养对于推动社会主义文化发展、提高国家文化软实力、教育人民、服务社会等方面发挥着重要作用。中华文明五千年源远流长，孕育了优秀的中华传统文化，是中国特色社会主义文化的重要组成部分。同时，中国共产党在革命、建设和改革中形成的文化精神进一步融入其中，中国特色社会主义文化深深植根于中国特色社会主义的伟大实践。作为受过当代高等教育的先锋队，继承和发展中国特色社会主义文化是新时代青年研究生义不容辞的职责。青年研究生既要学会看过去，更要学会看当下、看未来。

四、结语

对于青年研究生而言，树立正确的人生观、价值观和文化观需踔厉奋发，紧跟中国特色社会主义的前进步伐，一要努力将学习科学文化知识作为第一要务，充分积累科学文化知识，增强个人素养，同时向身边的优秀榜样学习。二要与时俱进，用发展的眼光看待现实问题，充分发挥主观能动性。三要付诸实践，将所学的科学文化知识与实践相结合，在奉献中增强提升能力、磨砺意志，实现个人价值。

加强高校廉洁文化建设
营造风清气正育人环境①

潘常刚

（纪委办公室、监察工作部、党委巡察办公室）

　　2022 年，中共中央办公厅印发了《关于加强新时代廉洁文化建设的意见》，明确提出廉洁文化建设是我们党自我革命必须长期抓好的重大政治任务。党的二十大明确对"加强新时代廉洁文化建设"进行战略部署。二十届中央纪委二次全会习近平总书记再次强调"要在不想腐上巩固提升，更加注重正本清源、固本培元，加强新时代廉洁文化建设"。高校是建设先进文化的主阵地，担负着培养堪当民族复兴重任的时代新人的光荣使命。②加强高校廉洁文化建设既是一体推

---

　　①　本文系中央高校基本科研业务费"三全育人"项目"三全育人视域下廉洁文化融入思政教育的有效实效机制研究"（2722021DQ002）的研究成果。
　　②　吴付来. 让新时代廉洁文化在高校落地生根［J］. 中国纪检监察，2022（13）：48–49.

进"三不腐"的基础工程，也是落实立德树人根本任务的必然要求，更是营造风清气正育人环境的重要保证。通过廉洁文化建设，不断增强党员领导干部和师生员工廉洁从教、廉洁从业和廉洁修身的思想自觉、政治自觉、行动自觉，不断实现政风清明、教风清正、学风清新的育人环境。

一、领悟廉洁文化建设的重大意义

加强廉洁文化建设是党中央深刻把握党风廉政建设规律、深入推进反腐败斗争的重大决策[①]，是党的十八大以来全面从严治党的最新实践。

（一）廉洁文化建设是社会主义文化强国建设的重要组成部分

党的十九届五中全会明确提出到2035年建成文化强国的远景目标，并对"十四五"时期推进社会主义文化强国建设进行了战略部署。当今世界正经历百年未有之大变局，我们面临着前所未有的机遇和挑战。面对新形势、新任务、新要求，必须坚定文化自信，繁荣文化事业，不断提高国家文化软实力。对推进中国式现代化、实现中华民族伟大复兴宏伟目标的中国而言，文化自信起着重要支柱和精神基因的作用。廉洁文化既是中国特色社会主义文化的组成部分，也是社会主义政

[①] 韩喜平，刘晓昌. 新时代高校廉政生态建构的文化进路［J］. 中国高等教育，2020（1）：20–22.

治文化的鲜明底色，是文化自信的重要支撑和重要内容。[①] 高校作为时代文化的引领者、先进文化的传承者，担负着培养时代新人的重任，在加强廉洁文化建设、推动我国廉洁文化的宣传与实践方面有着义不容辞的责任担当和不可替代的重要作用。

（二）廉洁文化建设是推进全面从严治党向纵深发展的战略工程

加强廉洁文化建设，所追求的根本目标不仅仅是"不敢腐"和"不能腐"，更是战略意义上的"不想腐"。推进廉洁文化建设，必须提高政治站位，深刻认识廉洁文化建设是着眼于新时代推进党的自我革命、保持党的先进性和纯洁性作出的顶层设计，是推进全面从严治党向纵深发展、增强党员干部拒腐防变能力的战略工程[②]，是巩固长期执政地位、始终赢得人民衷心拥护，永葆"赶考"清醒的重大举措，是党自我革命必须长期抓好的重大政治任务，是巩固反腐败斗争压倒性胜利的重要保证。通过廉洁文化建设，教育引导党员干部自觉淬炼理想信念，增强政治定力和拒腐防变能力，自觉做到明大德、守公德、严私德，在构筑"不想腐"思想堤坝中见觉悟、提境界。

① 韦钰. 推进全面从严治党再出发［J］. 当代广西，2023（Z1）：94.

② 清如许. 廉洁文化风行干事创业有劲［N］. 深圳特区报，2022–11–25（11）.

（三）廉洁文化建设是落实立德树人根本任务的重要举措

立德树人是办学治校的根本任务。加强高校廉洁文化建设，全面建设清廉校园既是推动高校各项工作高质量发展的应有之义，也是服务保障高校改革发展、落实立德树人根本任务、打造良好育人政治生态的重要举措。高校作为人才培养的主阵地，担负着为社会主义现代化事业输送接班人的重任，要立足于"治未病"的理念，培根铸魂，砥砺前行，着力培养担当民族复兴大任的时代新人。在人才培养过程中，潜移默化地将廉洁文化思想沁润到教育的各个环节中，让大学生内化于心、外化于行，不断提升大学生的廉洁意识，为教育引导大学生踏上工作岗位后扣好廉洁从政的"第一粒扣子"，筑牢思想之基。

二、夯实廉洁文化建设的思想根基

加强新时代高校廉洁文化建设必须持之以恒强化理想信念教育和理论武装，从思想上正本清源，引导全体党员干部用正确的世界观、人生观、价值观砥砺奋进，为建设风清气正的校园育人环境、不断推进党的自我革命提供坚实思想基础。[①]

（一）以理想信念补钙稳舵

不忘初心、牢记使命和党性锻炼是党员干部保持对党忠诚的终身课题。坚定马克思主义信仰、共产主义远大理想是

---

① 吴付来. 让新时代廉洁文化在高校落地生根［J］. 中国纪检监察，2022（13）：48-49.

中国共产党人的精神追求，是始终坚持的安身立命之根本。[①]
新时代高校廉洁文化建设必须持之以恒加强理想信念教育，
并将常态化长效化的党史学习教育和正在进行的学习贯彻习
近平新时代中国特色社会主义思想主题教育抓深抓实，不断
坚定政治定力，提高政治站位和坚定大是大非面前的政治立
场，提高对腐朽堕落文化和各种现实诱惑的免疫力和抵抗力，
拧紧党员干部和师生员工理想信念的"总闸门"，筑牢高校
廉洁清正、拒腐防蚀的思想堤坝。

（二）以理论武装强基固本

办好中国特色社会主义高校，必须一以贯之加强党的创新
理论武装，切实将加强思想建党和理论强党具体落实到学懂弄
通做实的党员干部"必修课"上，推动学习习近平新时代中国
特色社会主义思想走实走深，将深入学习习近平总书记关于全
面从严治党、反腐败斗争和廉洁文化建设系列重要论述作为各
级党组织的常态化学习主题，全面与重点学、温故与更新学、
思考与反思学、理论和实践结合学，做到融会贯通，知行合一。
高校党员干部要深刻认识和把握中国共产党发展规律、真切体
悟马克思主义真理之力，以理论上的坚定保证行动上的自觉，
以思想上的清醒保证用权上的廉洁。[②]

---

①　习近平. 高举中国特色社会主义伟大旗帜为全面建设社会主义现代化
国家而团结奋斗——在中国共产党第二十次全国代表大会上的报告［EB/OL］.
［2022-12-25］. http://www.news.cn/politics/cpc20/2022-10/25/c_1129079429.htm.

②　吴付来. 让新时代廉洁文化在高校落地生根［J］. 中国纪检监察,
2022（13）：48-49.

（三）以纪法教育警示底线

高校党组织必须深入开展党风廉政建设的各类学习教育，正确阐释腐蚀和反腐蚀的严峻性和复杂性，讲清反腐败斗争是一场持久战和攻坚战，重槌敲响党员干部对"围猎"腐蚀的警钟，加强对形形色色利益诱惑的判断和抵御能力。高校加强党内法规制度体系的学习与研究，推动学纪学法制度化常态化，以纪法的刚性警示党员干部敬法畏纪，自觉以党的纪律和规矩为首位。高校各级党组织、党支部、群团组织应注重发挥正面典型树高线和反面警示守底线相结合的作用，一方面，树立清正勤廉的校内先进典型，讲好身边师生党员干部的清廉故事；另一方面，以负面案件为典型，警示教育党员干部，增强党员坚守纪律底线，筑牢拒腐防变思想防线。

三、挖掘廉洁文化建设的历史基因

高校加强廉洁文化建设，要整合优质历史资源，立足于高校优势元素和发展特色，推动廉洁文化细润人心，培育厚德养廉校园风尚。

（一）整合历史清廉资源

充分发挥人文社科类大学的优势，充分整合中华优秀传统文化中的清廉精粹，讲好清官廉吏公廉爱民的为政故事，推动中华优秀传统廉洁文化在新时代创新与发展中持续焕发勃勃生机。传承淬炼于战火的革命文化廉洁基因，讲好革命先辈大公无私的廉洁故事，总结其中的廉洁内涵，巩固党史学习教育成果。持之以恒发扬社会主义先进文化，培育崇德尚廉的文化土壤，重视发挥社会主义先进文化对党风廉政建设、廉洁教育的支撑作用，引导教育广大师生自觉成为社会主义核心价值观的忠实信仰者、积极传播者、坚定践行者。①

（二）挖掘红色校史基因

作为一所创建于革命时期，秉承"建校为党、发展为国、成长为人民"初心和使命的红色基因大学，一贯充盈着清风正气，蕴含着丰富的清廉元素。我们要充分利用百年党史、红色校史和馆藏档案等教科书，深入挖掘清廉人物和典型事迹等廉洁素材，凝练清廉精神，传承精神谱系，赓续红色血脉。要将红色血脉作为学校人才培养的鲜亮底色，将廉洁精神作为立德树人最坚实的底线，以红色精神引导青年学子坚定理想信念、加强品德修养、增长知识才干、培养奋斗精神、增强综合素质、厚植廉洁根基、涵养清风正气。

（三）突出思政教育特色

廉洁教育与高校思政课高度契合，具有价值取向的一致性、内容体系的相通性、方式策略的趋同性。因此，将廉洁教育融入思想政治教育主渠道和主阵地不仅具有可行性，也具有必要性。通过开学典礼、毕业典礼、国旗故事汇、"校长书记开学第一课""全体校领导共上一门思政课"等重要仪式和场合，讲深、讲透、讲活廉洁道理，引导师生崇廉尚洁，

---

① 楚国清．"大思政课"善用之［J］．北京教育（高教），2023（3）：6-21.

积极营造风清气正、立德树人的良好校园氛围。此外，通过深入推进"思政课程"与"课程思政"同向同行，采取沉浸式教学方式，将廉洁文化与专业知识讲授相结合，将党风廉政建设和反腐败斗争的形势任务、进展成效等内容融入教学过程，使学生在学习专业知识的同时潜移默化地接受廉洁文化的自然熏陶。① 这有助于不断推进廉洁校园建设，营造纯洁高尚的思想道德环境和健康积极的价值氛围。

四、完善廉洁文化建设的教育体系

根据不同群体的特点，完善分层分类的廉洁文化教育体系，突出重点、精准施策、定向发力，努力以清正师风、清廉作风、清朗学风的相互促进营造崇廉尚洁的校园氛围和风清气正的育人环境。②

（一）聚焦"廉洁从教"，涵养清正师风

教师在廉洁文化建设中具有主导和示范作用。教师的言行举止、行为规范是学生最直接、最生动的"活教材"。在"言传身教"方面广大教师应以身作则、率先垂范，自觉提高理论修养和思想政治素质，确保始终以正确理想信念和良好职

---

① 吴付来. 让新时代廉洁文化在高校落地生根［J］. 中国纪检监察，2022（13）：48-49.

② 徐莹莹，王宇凡. 北京大学加强新时代廉洁文化建设营造风清气正育人环境［J］. 中国纪检监察，2023（1）：49-50.

业道德担负起教书育人重任。在"传道授业"方面，教师应努力将习近平新时代中国特色社会主义思想融入学科建设和教学实践，以良好的师德师风和创新意识将清廉修身和清廉从教始终贯穿于学术研究、学风建设和教书育人之中。在"师德师风"上，学校应压实师德师风建设主体责任，严格落实师德师风"一票否决"制，教育引导教师严守教师职业行为十项准则、意识形态底线、职业道德规范，做好学生的"引路人"。

（二）聚焦"廉洁从业"，强化清廉作风

驰而不息纠治"四风"，大力弘扬新风正气。要持续加固中央八项规定堤坝，密切关注"四风"苗头性、倾向性、隐蔽性问题，对由风变腐保持高度警觉。坚决纠治形式主义、官僚主义，发扬精文减会、提质增效的好风气，切实推动基层减负取得实效。坚决抵制任何形式的享乐主义和奢靡之风，让"过紧日子"成为习惯和常态。严格落实中共中央办公厅印发的《关于在全党大兴调查研究的工作方案》的精神，深入践行群众路线，大兴调查研究之风，深入调研，集中智慧，汇聚力量，推进师生关心的问题解决。完善作风建设长效机制，弘扬勤俭节约之风，推崇求真务实之风，大兴担当勇为之风。

（三）聚焦"廉洁修身"，营造清朗学风

学风清朗有助于大学生养成良好的思想道德、心理素质

---

① 金锐. 以廉洁文化护航高校健康发展［J］. 中国纪检监察，2022（7）：50.

和行为习惯。首先要完善德育评价机制。充分发挥评价机制的指挥棒作用，扭转重智育轻德育倾向，科学设计目标要求，客观记录大学生践行社会主义核心价值观等日常行为和突出表现，作为综合素质评价的重要内容。其次要严格学业标准。严格管理大学生课堂秩序、学术活动和实习实训等，严肃处理学术不端、考试作弊和弄虚作假行为，严把毕业"出口关"，让大学生浸润在"严"的整体氛围中，接受清廉文化熏陶。最后要加强仪式教育。在开学典礼、毕业典礼、主题党日团日活动以及重大节庆时点，有机融合清廉文化教育，使大学生在耳濡目染中接受心灵洗礼，最终形成清廉的价值取向、思想观念和行为准则。

　　"百年大计教育为本，育人之基清廉为要"。[1]高校廉洁文化建设是一项任重而道远的社会系统工程，是一项久久为功的高尚事业，持续推进高校廉洁文化建设，不仅关系到大学生是否拥有正确、健康、积极的道德观念、法治意识和社会责任，更加关系到党的事业后继有人的全局。因此，我们必须始终牢记为党育人、为国育才的初心使命，围绕落实立德树人根本任务，引导广大青年心怀"国之大者"，传承红色基因，真正成长为实现中华民族伟大复兴的先锋力量。

---

　　① 王亚美. 以落实立德树人为根本大力弘扬廉洁文化［N］. 山西日报，2022-07-19（7）.

西柏坡精神融入大学生奋斗精神培育的路径研究

陈　盈

（统计与数学学院）

党的十八大以来，习近平总书记在关于青年工作的重要论述中，多次提到"奋斗"一词："现在，青春是用来奋斗的；将来，青春是用来回忆的""奋斗是青春最亮丽的底色""中国青年永久奋斗的好传统一点都不能丢"等。这是总书记对青年一代发出的伟大号召，也是新时代青年成长成才的根本遵循，当代青年要涵养奋斗精神，为实现中华民族伟大复兴而不懈奋斗。

革命精神是我们党艰苦奋斗、战胜一切艰难险阻的强大精神动力，是涵养大学生奋斗精神的重要来源。本文从西柏坡精神与大学生奋斗精神培育的关系出发，探究西柏坡精神融入大学生奋斗精神培育的路径。

一、西柏坡精神的内涵

（一）务必谦虚谨慎，不骄不躁，务必艰苦奋斗的赶考精神

1949 年 3 月 23 日，在党中央即将告别西柏坡前往北京之际，毛泽东对周恩来说道："我们今天是'进京赶考'，'退回来就失败了，我们决不当李自成'。"党中央离开西柏坡时，中国的革命任务发生了重大转变，党的工作重心从农村转移到城市，提高中国共产党的执政能力、带领全国人民建设新中国和创造幸福新生活变成了党面临的全新课题。在新中国即将成立之际，中共中央在西柏坡召开了具有历史意义的七届二中全会，毛泽东提出"务必使同志们继续地保持谦虚、谨慎、不骄、不躁的作风，务必使同志们继续地保持艰苦奋斗的作风"。为了在全党统一思想、制定规则，《六条规定》《关于健全党委制》《党委会的工作方法》陆续发布，力图确保中国共产党继续保持赶考的紧张状态，谦虚谨慎、艰苦奋斗，努力克服革命进程中的各项困难。

赶考精神中蕴含着中国共产党人强烈的忧患意识。新形势呼唤新举措，中国共产党人清晰意识到，中国革命取得胜利只是万里长征第一步，未来的国家建设与发展还面临着诸多困难，因此绝不能在暂时的胜利面前思想上腐化、行动上堕落，正是这种强烈的忧患意识，使得中国共产党无论面临何种时代境遇，在带领全国各族人民进行革命、改革过程中都能始终保持着"两个务必"的赶考精神。

（二）敢于斗争、敢于胜利的进取精神

敢于斗争、敢于胜利的进取精神在西柏坡时期解放军与国民党的军事对抗中得到了充分展现。1948 年秋，当人民解放战争进入全国胜利的阶段时，革命敌我力量发生逆转变化，我方形势向好发展。但是国民党军队总人数和装备仍然强于解放军，整体而言仍然是敌强我弱。1948 年 9 月 8 日至 13 日，中共中央在西柏坡召开了"九月会议"。党中央在此次会议上提出"要敢于打前所未有的大仗，敢于同敌人的强大兵团作战，敢于攻击敌人重兵据守和坚固设防的大城市，以夺取全国胜利"。于是，1948 年秋，人民解放军在各大战场打开攻势，逐步掌握战场主动权，随时准备发起战略决战。

虽然大规模决战并非中国共产党的优势战略，但面对国民党的撤退战略，中国共产党科学大胆决策，抓住有利时机，果断打响战略决战。从 1948 年 9 月 12 日至 1949 年 1 月 31 日，人民解放军在较短时间内连续组织辽沈、淮海、平津三大战役，并取得决定性胜利。这三场战役的胜利，打击了国民党的主要力量，共歼灭国民党军队 154 万余人，创造了我军战斗历史上的成功范例，也带领中国共产党走向了胜利，为中国革命在全国的胜利奠定了基础。面对国民党抛来的求和烟雾弹，党中央再次展现出高度政治定力，毛泽东在 1949 年的新年献词《将革命进行到底》中犀利揭穿国民党的阴谋，并号召全国人民和衷共济、连成一气，将革命进行到底。三大战役之后，人民解放军乘胜追击解放长江以南的地区，夺取了全国解放的胜利。

（三）一切为了人民、一切依靠人民的人民至上精神

人民是中国共产党克敌制胜的依靠，为人民服务是中国共产党矢志不渝的决心，一切为了人民、一切依靠人民的人民至上精神是西柏坡精神的重要内涵之一。西柏坡时期，中国共产党能够快速推进国民党反动派的革命进程的根本原因在于党积极倾听和回应民众呼声，使老百姓获得属于自己的土地。土地改革政策使老百姓获得生产源泉，也使党获得了广大群众的热烈拥护。1947 年 5 月，刘少奇、朱德率领中国共产党中央工委到达西柏坡后就立即开始筹备全国土地会议议程。1947 年 10 月，全国土地会议召开，颁布了《中国土地法大纲》，开展平分土地和"三查三整"运动，将土地改革与整军运动相结合，充分发扬民主精神，进一步团结群众力量，铸成了打败国民党反动派的钢铁长城。

党中央驻扎在西柏坡时期，中国共产党人与人民群众交往密切，留下了一段段历史佳话，这也是党依靠群众、一心为民的真实写照。毛泽东出门散步时会指导乡亲如何种植水稻，查看庄稼的长势，关心人民群众最基本的"吃饱穿暖"问题；刘少奇调查土地改革情况后决定补偿给人民群众柏树苗，这些树后来被乡亲们亲切地称为"扎根树"和"连心树"。正如朱德在刘少奇五十寿辰时所作的贺寿诗所说："为民做勤务，劳怨均不辞"。共产党人与人民群众心连心，党的一切行动均从人民群众利益出发，倾听人民群众所想，回应人民群众所需。中国共产党人以实际行动铸就了伟大的西柏坡精神，脚踏实地、全心全意为人民服务，在人民群众心中树立起一

座伟大丰碑。

（四）善于打破一个旧世界、善于建立一个新世界的立国兴邦精神

"破"与"立"是马克思辩证唯物主义中的一对对立统一关系。中国共产党人在革命过程中将"不破不立"运用到极致，形成了善于破坏旧世界、善于建立新世界的伟大革命精神。1949 年，在全国革命的历史转折时期，中国共产党人除了要完成打倒国民党，解放全中国这一革命任务之外，还需要考虑如何实现新民主主义革命向社会主义建设、将工作重心从农村向城市转移的转变。七届二中全会上，毛泽东明确指出"我们不但善于破坏一个旧世界，我们还将善于建设一个新世界"。中国共产党人的"破坏旧世界"体现在打倒国民党反动派、打破封建制度、消灭两极分化、消灭封建土地制度；"建立新世界"体现在进行土地改革、建立人民民主专政国家制度、人民代表大会制度、制定新的独立外交政策、根据实际情况建立政治经济制度，带领中国朝自由平等的全新方向前进。

对于和平时期的国家建设与发展，中国共产党缺乏实操经验，但为了实现中华民族伟大复兴，中国共产党人勇敢扛起前进旗帜，从中国实际出发、从中国人民对于幸福生活的向往出发，借鉴国外先进国家的经验，敢于突破固有的经验，勇于创新与创造，彰显了中国共产党人坚定的理想信念和卓越的奋斗品质，体现了中国共产党人善于"破"与"立"的立国兴邦精神。

二、西柏坡精神融入大学生奋斗精神培育的价值意蕴

（一）西柏坡精神丰富了大学生奋斗精神培育的精神谱系

习近平总书记多次在不同的场合强调了精神的力量，阐述了建党精神与精神谱系的关系，点明伟大建党精神是新时代中国发展的精神源泉。在二十大报告中，习总书记强调："要广泛践行社会主义核心价值观，弘扬以伟大建党精神为源头的中国共产党人精神谱系。"

艰苦奋斗是无产主义世界观的基本内容，也是中国共产党的制胜秘诀。诞生于历史转折期的西柏坡精神，是一种蕴含着中国人敢于斗争、不断开拓进取的奋斗精神，也是对我党艰苦卓绝奋斗历程的一个总结。西柏坡时期形成了敢于斗争、敢于胜利的开拓进取精神。这"两个敢于"贯穿于共产党军队与国民党军队战斗的始终。解放战争时期，中国共产党的武器装备远不如美国支持的国民党军队精良，但中国共产党始终坚持"两个敢于"，不畏强敌，英勇抗战，顺利取得了"三大战役"的成功，为解放全中国打下了坚实的基础。三大战役结束后，解放战争的胜利已成定局。在新中国成立之际，中共中央在西柏坡召开重要会议，毛泽东同志提出"两个务必"的要求，即务必保持谦虚谨慎、不骄不躁、实事求是和务必保持艰苦奋斗的自省自律精神。这要求我们即使面对胜利，也不能放松警惕，艰苦奋斗永远都是革命的主旋律。

坚持"两个敢于""两个务必"是战争胜利的必要条件。如今，身处向第二个百年奋斗目标进军的新征程中，这仍然是我们需要坚持的准则。在困难重重的解放战争时期，中国共产党人凭借毅力坚持不懈地奋斗，最终取得了胜利，带领全中国人民走向解放。在机遇与风险并存的当今社会，我们依然面临重重困难。乡村振兴、全面建设社会主义现代化强国等一个个挑战需要我们不断奋斗，一一实现。作为时代发展的主力军，新时代的大学生要牢记革命先辈所教导的艰苦奋斗和自力更生的优良传统，保持清醒的头脑，以积极向上的精神面貌，勇敢地面对困难挑战，勇往直前；勤奋刻苦学习，努力奋斗，坚定目标，不断迈向实现社会主义现代化强国的新目标。

（二）西柏坡精神有利于筑牢大学生奋斗的理想信念之基

《新时代的中国青年》白皮书指出："新时代中国青年把树立正确的理想、坚定的信念作为立身之本，努力成长为党、国家和人民所期盼的有志青年。"随着经济全球化的纵深推进，多元文化与思潮大量涌入，在青年人周围碰撞交织；加之中国正处于社会转型的特殊时期，国内呈现出多种价值观并存的情形。在这样复杂的时代背景下，大学生作为人生观价值观尚未成熟的年轻群体，他们的思想观念容易受到各种来源复杂的不良信息的冲击，易出现价值取向不正确、理想信念不明确、目标不清晰等问题。理想信念对每一位年轻人来说都是前行的方向，是精神之"钙"，缺"钙"的人生容易走向歧途。

马克思主义的信念信仰是中国共产党人红色革命精神区别于其他精神的根本所在。西柏坡精神所蕴含的马克思主义信仰是一种科学的价值观，是补充我们精神之"钙"的良方。这种革命传统精神很好地诠释了伟大的民族精神，给予人们强大的精神力量。西柏坡精神之所以拥有丰富的内涵，是因为这是中国共产党人在对马克思主义有了深入的理解后以马克思主义思想为指导所进行的一次成功的实践，成了马克思主义这棵参天大树上结出的实践之果。在当今多元化的社会中，许多大学生受到复杂价值观的冲击，享乐主义削弱了奋斗信念、功利主义吞噬了奋斗动力、消费主义曲解了奋斗价值，从而导致部分青年出现目标模糊、人生迷茫、政治立场动摇等消极现象。而当蕴含着马克思主义信仰的西柏坡精神成为大学生共同的理想信念时，它将为大学生提供不断进取、不断进步的强大精神力量，激励他们不断求知、不断创新、不断挑战自己。因此，将西柏坡精神与其他革命精神融入大学生教育，能够让大学生充分认识到社会主义制度的优越性和社会主义文化的先进性，帮助大学生洗涤迷茫、坚定信仰、找准方向，始终以积极乐观的心态迎接挑战。这能够使大学生坚定理想信念，找到人生价值与奋斗方向，正确应对困难和挑战，自觉投身于社会主义现代化建设，成为时代的中流砥柱。

（三）西柏坡精神有利于帮助大学生坚定奋斗的人民立场

依靠群众、信任群众始终是中国共产党的立党之本，也是中国共产党始终坚持的宗旨。中国共产党自诞生之日起便始终紧密团结在人民群众周围，无论何时，中国共产党始终与最广大的人民群众站在一起，倾听群众心声，回应群众需要，始终坚持全心全意为人民服务。

自古以来，土地问题便是中国的一大关键问题，能否解决好土地问题，关系着民生福祉。西柏坡时期，中国共产党为了能更好地发动群众、调动群众的积极性，同时也为了广大人民群众的根本利益，实施了土地改革。这一举措使人民拥有了土地的使用权和所有权，动摇了封建制度的根基，从根本上改善了人民生活，实现了人民群众"站起来"的根本愿望，极大地增强了人民群众的获得感和幸福感，解决了人民群众最关心的土地问题。这也让广大人民群众相信共产党是人民可以依靠的政党。在西柏坡革命斗争期间，一切胜利都离不开广大人民群众的支持，军爱民、民拥军、军民团结一家亲的良好氛围使中国共产党拥有了强大的力量。时至今日，中国共产党依旧坚持以人民为中心的宗旨。正是因为共产党人始终坚持国家至上、集体利益优先的集体精神，才能凝聚出强大力量，走过百年风雨历程仍活力满满，带领中国人民不断前行。

人生的意义在于不断创造价值。然而，大学生中仍有少部分人沉迷于自我满足，一味索取，不知奉献，以"摆烂""躺平"的态度生活学习。要想成为新时代社会发展的主力，大学生首先要明确的是要以满足人民群众的根本利益为前提，始终坚持"以人为本"。因此，大学生应多汲取西柏坡精神以及其他革命精神的精华，心中有人民、有集体、有国家，树立为人民群众服务的意识，在为人民服务的过程中实现自身的人生价值。

三、西柏坡精神融入大学生奋斗精神培育的路径

（一）创新理论教育模式，具象化西柏坡精神，塑造奋斗信念

精神是用于描述思想意识层面的较为抽象的词汇。单纯的理论宣教难以提高学生的学习兴趣、达到学习效果，高校在将西柏坡精神融入奋斗精神教育的过程中，应在教学内容方面加强对西柏坡精神的凝练，并在教育形式方面进行多维度创新，在具象化、精炼化西柏坡精神的基础上推进奋斗精神教育。

在新时代和新国情下，西柏坡精神焕发出了新的生机和活力。我们面临着全新的挑战和机遇，而西柏坡精神作为一笔宝贵的精神财富，激励着我们勇往直前、不断创新，推动我们在新的征程中取得更大的成就。将西柏坡精神融入高校大学生奋斗精神教育，需要对西柏坡精神进行符合时代主题的总结和凝练，将其与新时代交汇融合，使其更好地在理想信念教育中发挥育人作用。将西柏坡精神融入新时代大学生奋斗精神教育，不能仅关注对西柏坡精神本身理论的讲述和阐释，而要将其回归到一个个历史场景，利用好一个个具体的载体以反映西柏坡精神，如革命经典人物故事、文学作品、舞台剧等。例如，西柏坡纪念馆、河北师范大学以舞台剧的形式复现西柏坡精神，综合运用音乐、舞蹈等多种艺术形式对党中央在西柏坡时期的主要成就进行了全方位的展现，生

动地传递了西柏坡精神的核心理念，使西柏坡精神转化为可观可感、可听可视的具体事物、具体情境，能激发学习兴趣且易于接受，潜移默化地传递奋斗力量。在思政课堂中具象化、精炼化西柏坡精神，创新理论教育模式，讲好西柏坡红色故事，有助于引导新时代大学生传承并弘扬西柏坡精神，塑造奋斗信念。

（二）创新宣传教育模式，时代化西柏坡精神，增强奋斗意识

习近平总书记在中共中央政治局第五次集体学习时强调："坚持改革创新，推进大中小学思想政治教育一体化建设，提高思政课的针对性和吸引力。"新时代是继往开来、承前启后的时代。新时代青年在多元文化冲击的环境中成长。面对大学生群体多样化、个性化的需求，如何提高思政课的针对性和吸引力成为亟待解决的问题。因此，将西柏坡精神融入大学生奋斗精神教育需要与时俱进，并结合时代特点和青年的精神追求。

创新西柏坡精神宣传形式，红色文化的传播形式要符合时代主流，扩大奋斗精神的影响力。充分利用互联网等新媒体平台推广西柏坡精神，让学生更多地接触并了解西柏坡精神，从而受到启发。同时，可以开展线上线下结合的活动，如举办主题讲座、组织读书分享会等，邀请专家学者和知名人士分享西柏坡精神在实践中的意义，激发学生的热情和参与度。例如，在党的二十大召开期间，平津战役纪念馆充分利用网络媒介，在多个平台上推出《西柏坡精神·彪炳千秋》

微展览，回顾党在西柏坡时期的艰苦奋斗历程，重温以"两个务必"为核心的西柏坡精神，深刻领会新时代新征程"三个务必"的时代意蕴，激励广大中华儿女响应党中央号召，以奋斗姿态走好新时代赶考路。

营造良好的网络环境，结合奋斗精神与时代发展，在互联网阵地开展西柏坡精神教育。在互联网中打造符合时代的奋斗形象，通过多种融媒体平台，以动漫、影视等多样化形式，依托网络平台快速传播的优势，将西柏坡精神融入网络平台，将奋斗精神与时代发展相结合。同时，完善网络舆论监督体系，让网络平台发挥正向的价值引导作用，为培养具有远大理想和热爱祖国的新时代大学生发挥积极影响，使新时代大学生成长为建设中国特色社会主义事业的中坚力量。

（三）创建实践教育平台，感悟西柏坡精神，激发奋斗动力

实践教学作为一种重要形式，被广泛应用于大学生思政教育中，并受到党和国家的高度重视。在新时代，大学生渴望将奋斗精神与实践活动相结合，通过亲身实践来践行自己的理想和信念，躬行践履，知行合一。因此，通过实践形式将西柏坡精神教育与奋斗精神教育相结合，可以推动大学生思想政治教育取得更好的效果。

高校应加强西柏坡精神的实践教学，增加校内实践活动，如举办"西柏坡精神"主题演讲比赛、情景剧表演等，将西柏坡精神具体化、生活化，重塑青年的奋斗信念；组织校外实践活动，利用暑期"三下乡"、志愿服务、红色宣讲等活动，

组织学生前往西柏坡旧址、西柏坡纪念馆等红色景点，通过参观历史旧址、聆听文物讲解，亲身感受这些发生在西柏坡的革命故事、奋斗历史，便于学生理解并接受西柏坡精神，也便于学生在学习抽象的理论思想时找到事实的支撑和历史的依托，让党在西柏坡时期的伟大成就在学子心中留下深刻印象，让学生在厚实的历史感中体悟西柏坡精神。此外，高校应加强与西柏坡红色教育基地的合作，协同培育奋斗精神。例如，设置志愿讲解岗位，从高校招募志愿者，使高校成为西柏坡精神讲解者的来源之一，为大学生提供更多展示的机会。在宣传、宣讲西柏坡历史的同时，将西柏坡精神内化于心、外化于行，多角度完善培育模式，多层次提升培育效果，激发青年的奋斗动力。

双非院校铸牢中华民族共同体意识教育实践探索

——以中南财经政法大学为例

吕宗瑛　　尼加提·艾买提

（新闻与文化传播学院、工商管理学院）

　　铸牢中华民族共同体意识是习近平总书记关于民族理论的重大原创性论断。中华民族共同体意识是国家层面最高的社会归属感；是面向世界的文化归属感；是国家认同、民族交融的情感纽带；是祖国统一、民族团结的思想基石；是中华民族绵延不衰、永续发展的力量源泉。[①]党的十九大报告指出："铸牢中华民族共同体意识，加强各民族交往交流交融，促进各民族像石榴籽一样紧紧抱在一起，共同团结奋斗、共同繁荣发展。"2021年8月，在第五次中央民族工作会上，

---

　　① 苏晓轶. 高校铸牢中华民族共同体意识教育常态化机制构建研究［J］. 北方民族大学学报，2021（5）：172-176.

习近平强调："铸牢中华民族共同体意识是新时代党的民族工作的'纲'，所有工作要向此聚焦。"

高校作为培育和铸牢中华民族共同体意识的主阵地，应积极建立科学有效的体制机制，探索铸牢共同体意识的教育内容和培育路径，力求与大学生中华民族共同体意识的内化建构保持协调统一。鉴于不同高校的办学层次、办学理念、学科特色、学生类型、所在地域等存在差异，各高校对大学生中华民族共同体意识教育的内容、方法与路径也不尽相同，中南财经政法大学作为双非院校（非民族地区非民族院校），正走在探索之路上。

一、党委领导各级联动，建立健全体制机制

学校党委承担起民族工作主体责任，高度重视共同体意识教育的培养创建工作。为此，成立了"民族团结教育工作领导小组"，由校党委书记担任组长，分管组织、统战、学生工作的校领导担任副组长，组织部、统战部、宣传部、人事部、党委学生工作部、党委研究生工作部、教务部、保卫部、后勤保障部和校团委都是领导小组的成员单位。在以上部门及学院党委的指导下，依托中华民族共同体意识研究中心、校民族团结教育办公室、各学院团委以及"美美晓南"民族团结教育工作室（辅导员工作室），整合全校涉及民族团结教育的平台，全方位地开展民族团结创建工作，构建了教学、科研、人才培养、社会服务四位一体的常态化工作机制。同时，面向职能部门以及一线辅导员开展"铸牢中华民族共同体意识"专题讲座，推动统一思想、提高认识、部门协同、整体联动，

提高教育工作者们开展民族团结进步创建工作的思想自觉和行动自觉。

二、构建一体化育人长效机制，共同体意识教育做深做实

对于大学生而言，在社会化的过程中，他们逐渐建构起与国家、政治、文化和社会之间的关系，并逐步形成中华民族共同体意识。建构过程主要集中在以大学为核心的学习生活场域中完成，且在具体的生活情境、学习环境、实践场域以及知识语境中去辨析和探寻我是谁、我从哪来、我将走向何方等命题，从而在潜移默化中逐步建构起大学生的中华民族共同体意识。[①]

铸牢中华民族共同体意识教育是思想理念与教育实践相互交织的复合进程。我校将第一课堂与第二课堂有机衔接，在中华民族共同体意识的理论认知和内化方面下功夫，建立课堂教学、文化熏陶、学习研究、互嵌融合和实践创新为一体的育人长效机制。

（一）深耕课堂教学，铸牢中华民族共同体意识教育的思想基础

加强学生爱国主义教育，铸牢中华民族共同体意识，需要一个系统的理论体系做支撑。学校目前主要以"5+3"课程

---

① 孙琳. 大学生中华民族共同体意识探究——内涵要素、建构过程与培育路径［J］. 思想政治教育研究，2021，37（2）：115-119.

体系开展中华民族共同体意识教育。其中，"5"是指《思想道德修养与法律基础》《中国近现代史纲要》《马克思主义基本原理》《毛泽东思想和中国特色社会主义理论体系概论》《形势与政策》这五门主干思政课程，重点集中在中共党史、新中国史、改革开放史和社会主义发展史的四史教育；"3"是指《中华民族共同体意识教育》《国家总体安全观》《民族理论与政策》这三门通识课，重点关注民族工作的内涵与外延。

双非院校率先单独开设《中华民族共同体意识教育》通识课非常必要。作为一门独立的课程，《中华民族共同体意识教育》从历史的角度让同学们认识到：中华民族从一个"自在"的民族实体发展成"自觉"的民族实体，形成中华民族多元一体的格局，是人民的选择，也是历史的必然；长期的融合发展使各民族成为政治共同体、利益共同体、文化共同体、社会共同体；新中国成立后，党的民族理论和政策不断发展、完善，开创了以"中央民族工作会议"确立民族工作有关民族现象认知、民族问题解决、民族关系调整、民族工作主题方向等最重要指导性原则和最重大战略主张的会议制度；民族工作的重心从强调差异性到突出共同性、从物质文明向精神文明发展，中华民族共同体意识也自然而然地产生、建立和发展起来。通过历史的维度、时间的脉络、空间的交汇，使同学们充分认识并深刻体会中华民族共同体形成的必然性和重要性，进而提高各民族学生铸牢中华民族共同体意识教育的吸引力和实效性。课程从2021年9月开始开设，经过实践摸索，形成了五结合的教学模式：教学内容方面民族共同体与国际比较相结合、教学形式方面专题讲授与课堂展示相结合、教学手段方面理论讲授与视频资料相结合、课程育人方面联系时政与教育引导相结合、考核方式方面课堂表现与结课论文相结合。选课学生以汉族学生为主,通过问卷调查了解到,同学们对授课的形式和内容表示"非常满意"和"满意"的达到了99%。

(二)拓展第二课堂,建设共有精神家园

1. 以文化人,增强文化自信

文化是民族的血脉,是人民的精神家园。在我国漫长的历史发展进程中,各民族在形成多元一体格局中创造了博大精深的"集大成"的中华文化。习近平总书记指出:"文化认同是最深层次的认同,是民族团结之根、民族和睦之魂。"

"中华民族文化节"是中南财经政法大学民族团结教育工作中一年一度的特色传统品牌活动,旨在加深同学们对各族文化的了解,增强文化认同,如在以庆祝建党100周年为主题的文化节中,通过"述我家乡党史故事""民族文化艺术展演""中华传统文化特色展"等活动,展现各民族同心向党的精神风貌,促进民族间的交流、交往、交融。通过文化节系列活动,积极引导全校各民族学生在学习传承党史、弘扬中华传统文化中铸牢中华民族共同体意识,凝聚为实现中华民族伟大复兴中国梦不懈奋斗的青春力量。

学校成立了"美美窟艺"中华西域石窟艺术传承中心,鼓励青年大学生积极参与中华优秀传统文化的传承和弘扬,旨在探索青年参与以世界文化遗产龟兹石窟艺术为代表的中华西域

石窟艺术的保护与传承，挖掘世界文化遗产的现代文化价值、社会经济价值，以及中华民族共同体共有的历史文化符号。

　　2. 学习研究，增强理论自信

　　"中华民族共同体意识研究中心"成立于 2019 年，是立足学校学科特色开展中华民族共同体意识研究与教育的科研机构。中心研究员有专任教师、党政管理人员和专职辅导员，有汉族和维吾尔族。目前，该中心重点围绕文化自信、法制建设、人才培养、实践创新开展科学研究工作，并承担了全校本科生通识课《中华民族共同体意识教育》的教学任务。目前已申报省级以上课题十余项，发表论文三十余篇。研究员们积极投稿参加全国性的研讨会，其中有 5 人做过大会发言。

　　学校"新时代丝路青年成长社"成立于 2018 年，围绕"学习（Learn）—品阅经典习思悟""实践（Practice）—观察实践行善德""引领（Lead）—榜样接力递正能"三种模式（即"LPL模式"）学习和实践习近平新时代中国特色社会主义思想，全面加强各民族学生思想政治教育引领和社会主义核心价值观的培养教育，促进各民族青年大学生增强"五个认同"，铸牢各民族青年大学生的中华民族共同体意识。通过开设"美美追梦人"大学生民族团结骨干学校，系统开展理论学习、社会实践、社会观察、榜样引领等主题教育活动，努力培养一批信念坚定、本领过硬、素质全面、勇于担当的各民族优秀青年学生骨干。该项目目前是全国青少年民族团结进步创新试点项目，已纳入全国"民族团结代代传"青少年万人交流计划。为进一步推进落实全国青少年民族团结进步创新试点项目的实施建设，于 2020 年正式成立了"湖北新时代丝路青年成长社"，以中南财经政法大学为基础，适时面向全省各民族青年实施。

为充分发挥受教育者自我教育的主体作用，引导大学生阅读和学习中华文化经典、了解国家时政要闻等，学校搭建了"美美荆楚青年书友会平台"。该平台以中南财经政法大学石榴籽学习小组为基础，面向全校青年学生，围绕"三个读懂"（即"读懂中国""读懂中华民族""读懂一带一路"）主题开展读书、品书、宣讲活动，以提高大学生的理性分辨能力，引导他们树立正确的国家观、民族观、历史观和大局观，站稳政治立场，促进广大青年学生全面健康发展。

3. 互嵌融合，加强民族团结

目前，各民族学生混合编班、混合住宿已是常态，各级各类学生组织、学生社团成员中少数民族均占有一定比例。各民族学生共居、共学、共事、共乐，在学习、工作、生活的朝夕相处中加深对彼此生活习惯、饮食习惯、风俗习惯的认知与理解。在尊重差异、包容多样的基础上，促进各民族学生之间良性互动，不断增强民族团结。同时，推动建立相互嵌入式的社会实践、志愿服务、实习就业模式，在就业、实践、社区嵌入中实现情感交融，使大学生在潜移默化的氛围中感受中华民族共同体的凝聚力。

为教育、引导、服务新疆、西藏等边疆地区的学生，于 2017 年成立了以院系为单位的学业帮扶平台——"石榴籽学习小组"。通过开展理论学习、社会实践、社会观察、榜样引领、学业帮扶等主题教育，引领学生成长成才。在汉族学生帮扶民族学生、民族学生互助过程中，进一步增进了民族团结。

4. 创新创业，增强青年活力

为积极响应国家"大众创业、万众创新"的号召，丰富民族团结教育工作的内容、形式和载体，引导各民族青年大学生组合式参与创新创业，指导和孵化具有中华民族共同体文化价值符号的创业项目群，2020年10月，依托"湖北新时代丝路青年成长社"平台，子项目"湖北青年'美美青创苗圃'"正式启动。区别于一般的创新创业教育，"美美青创苗圃"侧重民族特色创新创业项目的发现与培育，通过开展创新创业理论学习、实践、比赛等活动引导各族青年学子学习新知识、培养新技能、锻炼真本领，积极思考如何开发利用本地区、本民族的文化、旅游、饮食等资源进行创业，努力培养一批积极践行社会主义核心价值观、吃苦耐劳、具备当代创业精神的青年学子。目前，该项目已荣获"互联网＋大学生创新创业计划大赛"省级以上奖项4项，并成功孵化出两个学生创业团队：美美同音（武汉）教育科技有限公司和美美窟翼（武汉）文化科技有限公司。

三、实践促三交，社会服务显成效

中南财经政法大学的学生社会实践活动如火如荼地开展着，志愿服务一直在行动。其中，"尼加提·雪莲花志愿服务队"和"全国大学生民汉双语志愿服务团"这两支队伍一直承载着团结各民族青年奔赴全国各地开展专业知识传授、推广国家通用语言文字、传播中华文化、宣讲国家政策法规等使命，促进各民族间的交往、交流、交融，"润物细无声"地将中华民族共同体的意识铸牢于人民心田，践行于日常的生活、工作和交往中。

"尼加提·雪莲花志愿服务队"成立于 2014 年 7 月，是以我校民族辅导员、高校辅导员年度人物、全国最美志愿者尼加提·艾买提的名字命名的校级学生志愿服务组织。该服务队被评为湖北省学雷锋活动示范点，也是全国最佳志愿服务组织。服务队旨在凝聚各民族大学生，重点利用寒暑假奔赴各地，帮助和扶持贫困、弱势等群体，关心未成年人的心理健康和人生成长，关心每一个人生阶段需要帮助和陪伴的人们。通过组织和策划一系列精品项目，有效传播社会正能量，促进各民族文化的交流和融合。全校本科生、研究生积极参与，包括维、回、满、蒙古、哈萨克等民族在内的 400 余名少数民族同学曾参与过服务队的志愿活动，"尼加提·雪莲花志愿服务队"现已成为我校参与人数最多、规模最大、志愿者覆盖面最广、社会影响力最大的志愿服务组织。

中南财经政法大学"全国大学生民汉双语志愿服务团"于 2018 年由中央五部委在我校成立，为在鄂边疆籍务工经商人员及其子女提供结合我校特色的国家通用语言文化政策培训，将志愿服务与"财经政法"学科特色、民族工作、铸牢中华民族共同体意识教育、城市治理等相结合，开展了一系列行之有效的志愿服务行动。服务团成员由来自各学院的汉族和少数民族学生组成。服务团围绕武汉市开展城市治理的现实需要，在武汉市委相关部门的指导下，与社区合作举办"年味渐浓情亦浓""民族团结'粽'是情"等活动，为各族群众宣传介绍中华优秀传统文化的同时，营造了学习、使用国家通用语言文字的学习环境；定期为来鄂边疆务工经商群众开展国家通用语言文字培训活动，模拟生活场景，以生动形象、幽默风趣的教学方法，提高学员学习和运用国家通用语言文字的兴趣和能力，并帮助他们解决经商过程中遇到的各种语言困难；开展寒暑假"返家乡"大学生国家通用语言文字推广行动，为家乡儿童进行红色党史、家国情怀、艺术拓展、基础语言教学、普法教育等多类别知识拓展活动，通过课堂教学、诗词鉴赏、演说比赛、文艺汇演等形式，开展志愿活动，向青少年讲述红色革命精神，激发他们的爱国热情；为边疆少数民族同胞进行国家通用语言文字教学和财商法实践理论教学，助推边疆乡村振兴；利用多民族学生优势及双语沟通能力通过线上线下的方式为乡村农牧民进行抗疫知识、法律知识、财商知识、国家通用语言文字的宣传教育活动；在"新青年下乡"志愿服务活动中，通过线上线下相结合的形式，为在湖北的新疆、西藏、青海等地的少数民族群众普及法律常识，其中赴湖南、新疆、云南、青海的共5支"推普助力乡村振兴服务队"入选教育部语言文字应用管理司、共青团中央青年发展部联合举办的"推普助力乡村振兴"全国大学生暑期社会实践志愿服务活动。

四、深化宣传教育，"互联网＋民族团结"在行动

高校不仅承载着传播知识、传播思想、传播真理的功能，还承载着塑造灵魂、塑造生命、塑造新人的重任。对于铸牢

中华民族共同体意识的宣传教育，重在平时、重在交心、重在行动、重在基层。既要做好思想上的引导，更要在实践中加深认识，充分体现人文化、实体化、大众化，使各族师生在人际交往、精神交流、文化交融的过程中深刻体会铸牢中华民族共同体意识的深刻内涵，形成"中华民族一家亲，同心共筑中国梦"的良好局面。

在实践中坚定责任使命。各族学生在参加社会实践和志愿服务过程中，自觉加强对马克思主义理论的学习和思考，正确认识中国的实际情况、正确认识世界发展形势、正确认识时代赋予青年学生的责任和历史使命，积极将个人理想与国家发展紧密结合起来。

依托互联网加强宣传教育。在宣传方式上，应遵循大学生身心发展特点和兴趣，充分利用网络平台等渠道开展宣传教育，注重宣传内容的多样性和趣味性，引导宣传舆论。充分发挥微信、微博、公众号、官网、抖音等主流媒体的宣传作用，增强大学生的"五个认同"，提高对中华民族共同体意识的兴趣和共鸣，滋养精神信念。

发挥典型榜样的示范引领作用。在"三交"实践活动中，涌现出了许多师生的先进典型，如"高校辅导员年度人物"维吾尔族辅导员尼加提·艾买提、"全国大学生年度人物"彝族毕业生苏正民。他们的先进事迹深深地感染并影响着全校师生，凝聚起民族团结进步的磅礴力量。

"国家通用语言+"见实效。"莲莲公益课堂"是"民汉双语志愿服务团"开展的"推普乡村振兴"系列活动之一，开展了一系列线上线下的推普行动。为适应疫情常态化防控要求，"中华同音"莲莲公益云课堂暑期面向少数民族群众，以视频方式开展一对一教学；"石榴之音"微电视台组织在校少数民族大学生录制微视频，向少数民族地区推广普通话的同时宣传武汉城市文化；"中华同音语言教育服务"平台结合我国"乡村振兴"战略和"一带一路"倡议，针对农村语言教育痛点，采取网络"一对一"授课模式，实现语言能力提升和农村振兴的双赢。

习近平总书记强调，做好新时代党的民族工作，要把铸牢中华民族共同体意识作为党的民族工作的主线。高校承担着立德树人的重要使命，应全面贯彻落实党关于加强和改进民族工作的重要思想。我校将毫不动摇地坚持党的领导，紧密结合时代特点、青年人特点和学校实际，不断创新工作方式方法，加强中华民族共同体意识教育，引导大学生不断坚定"两个确立"，增强"四个意识"，坚定"四个自信""五个认同"，做到"两个维护"，努力培养党和国家事业和民族团结进步事业的接班人。

参考文献

［1］习近平在中央民族工作会议上强调《以铸牢中华民族共同体意识为主线推动新时代党的民族工作高质量发展》［N］．人民日报，2021-08-29（1）．

［2］中共中央办公厅 国务院办公厅印发《关于全面深入持久开展民族团结进步创建工作铸牢中华民族共同体意识的意见》［EB/OL］．［2019-10-23］．https://www.gov.cn/

zhengce/2019–10/23/content_5444047.htm?isappinstalled=0.

[3]习近平.习近平在全国民族团结进步表彰大会上的讲话[M].北京：人民出版社，2019.

[4]李海凤，卢林保.新时代铸牢大学生中华民族共同体意识探究[J].学校党建与思想教育，2020（1）：34–36.

高校仪式育人功能发挥的现实困境及完善路径

——以先进典型表彰仪式为例

胡　兰

（党委宣传部、新闻中心）

党的十八大以来，习近平总书记多次点赞先进典型和模范，号召学习先进典型、学习先进榜样，指出要有计划地建立和规范一些礼仪制度，组织开展形式多样的纪念庆典活动，传播主流价值，增强人们的认同感和归属感。中共中央、国务院印发的《关于新时代加强和改进思想政治工作的意见》也明确指出，"充分发挥先进典型示范引领作用，深化时代楷模、道德模范、最美人物、身边好人等学习宣传"。

高校先进典型对于引领积极向上的校园风气和提升思想政治工作成效具有显著作用。作为开展思想政治教育的有效途径，高校仪式教育对于提升个人综合素质、增强组织凝聚力、促进文化传承与创新等均具有重要的理论意义与实际价值。

从先进典型表彰仪式的视角探讨高校仪式育人，了解高校仪式的时代内涵及育人功能，深入挖掘高校仪式育人存在的主要问题，并积极探索相应的完善路径，对促进高校仪式育人效应的发挥具有十分重要的意义。

一、高校仪式的时代内涵及育人功能

（一）高校仪式的时代内涵

在现代汉语词典中，"仪式"一词系指举行典礼的程序。[①]在中国传统文化中，仪式则蕴含规范、法则之义。在西方，仪式更是一个涉及多学科的、包含多重含义的概念。法国社会学家爱弥尔·涂尔干曾将仪式定性为一种行为范式；美国人类学家克利福德·格尔茨则认为仪式属于"文化表演"[②]；德国学者洛蕾利斯·辛格霍夫亦将仪式视作庆祝性的活动或典型；扬·阿斯曼则从文化记忆的维度将仪式归属于"巩固根基式回忆"的组成部分。[③]不难发现，无论是中国还是西方，学者们大多将仪式定义为一种有着固定表演程式的行为。

结合高校的场景特征，高校仪式的含义便得以明确，即在特定时间段，在高校内举办的师生共同参与的，能够有效

[①]　中国社会科学院语言研究所词典编辑室. 现代汉语词典［Z］. 第6版. 北京：商务印书馆，2012：1533.

[②]　克利福德·格尔茨. 文化的解释［M］. 纳日碧力戈，等译. 上海：上海人民出版社，1999：129.

[③]　洛蕾利斯·辛格霍夫. 我们为什么需要仪式［M］. 刘永强，译. 北京：中国人民大学出版社，2009.

传递校园文化精神或社会主义核心价值观的一种表演程式。它伴随着我国现代大学的发展历程，贯穿于学校教育教学的各阶段、各环节，内在地发挥着自身的作用。高校先进典型表彰仪式便是高校举办的众多仪式中的一类，也是最常见的一种表彰仪式，主要是指高校对在某一领域作出突出贡献的优秀师生给予表彰、奖励或一定荣誉的行为。

（二）高校仪式的育人功能

仪式彰显了现代思想政治教育的观念，是思想政治教育的介质和载体。[①] 高校在开展仪式的过程中，将仪式的程序、内容、形式预先设计好，通过程序推进、表演呈现，思想政治教育内容就会在不经意间传递给师生，实现润物细无声的效果。[②] 具体来看，高校仪式的育人功能主要表现在以下三个方面：

一是道德教化功能。仪式中的礼仪是一系列规范要求，散发着伦理、秩序的味道，规范着个体的言行举止，培养道德主体"应然"的品质和能力。[③] 高校对学生进行思想道德教育，一方面是通过对学生进行思想引导、价值观念的输入，形成思想上的共识；另一方面则是通过举办各类仪式树立榜

[①] 刘伟兵. 思想政治教育视域中的"仪式"问题研究 [J]. 中国石油大学学报（社会科学版），2017（3）：36–37.

[②] 杜小琴. 高校校园仪式的思政教育价值及其实现[J]. 中学政治教学参考，2022（48）：59–62.

[③] 乔凯. 大学仪式的育人功能、现实困境与改进路径 [J]. 江苏高教，2018（9）：74–76.

样、彰显先进，形成行为上的统一规范。[①]

二是组织凝聚功能。高校通过举办各类仪式，加强师生员工之间的沟通和交往，在构建群体记忆过程中建立起"我校与他校"的边界概念，在无形中强化师生的身份认同，使参与的师生产生身份感、认同感和归属感，从而促进个体价值的实现，发挥组织凝聚的功能。[②]

三是文化传承功能。作为有着特定文化意义的载体，高校仪式具有独特的象征意义，是高校文化建设的一个重要方面。高校通过举办仪式，能够将中国传统文化、校园文化等融入其中，发挥仪式育人、传承记忆的功能，使师生在仪式参与中增强情感体验，激发共鸣，实现文化的代际传承。[③]

二、高校仪式育人功能发挥的现实困境

（一）典型特质挖掘不足，缺乏育人深度

1. 选树的典型特质不够鲜明

在先进典型表彰仪式中，先进典型作为活动的主体，是仪式发挥育人作用的重要载体。通过举办仪式，典型本身的

---

① 杜小琴. 高校毕业典礼的育人功能及其实现路径［J］. 学校党建与思想教育，2022（17）：71–73.

② 杨艳红. 中华优秀传统仪式的育人功能及有效性探析［J］. 思想政治课研究，2018（6）：87–91.

③ 程功群. 作为仪式课程记忆的红色文化教育——内涵、特征与实践路径［J］. 教育学术月刊，2021（8）：23–27，34.

先进性得以宣传和彰显，这使得更多人向典型靠近、学习并效仿，仪式的育人目的也随之实现。然而实践中，在典型选树阶段，由于参选主体的有限性、评选流程的不规范性以及评选标准的不合理性等原因，许多被选树出来的典型并不具备代表性。这使得在后续的表彰仪式或宣传报道中，被选树出来的典型无法获得师生的认可，典型的示范带动效应不强，仪式的育人效果不佳。

2. 对典型的亮点挖掘不够深入

在典型被选树出来后，另一难题是如何深入挖掘并有效宣传典型的闪光点，促使典型人物更具时代性、典型性和示范性。许多高校在制作典型人物的宣传事迹材料时，往往只依据典型在申请荣誉时提供的纸质书面材料。个别典型人物的简介甚至是由书面材料内容简单拼凑而成。大部分高校在典型被选树出来后，并未进一步挖掘典型的个人事迹，如典型的成长背景、人际关系等，也未结合当时的时代背景，打造出体现时代精神的典型人物。典型的亮点挖掘不够深入，导致选树出来的典型千篇一律、千人一面，难以撼动人心、深入人心。

3. 树立的典型过于完美而缺乏真实性

在实践中，许多高校为使典型更具"典型性"，常热衷于为典型打造"完美人设"，在宣传报道中将典型描绘得"十全十美"且"高、大、上"。然而，这种"完美人设"的设立容易使人感到不真实、不可信，还会使普通人感到与典型相距甚远，从而不会产生靠近、学习和模仿典型的动力或心理。此外，设立的"完美人设"还会使所树典型的形象极易被打破，因为只要典型在某一方面出现问题，那么整个完美形象便会崩塌。

（二）仪式教育流于形式，缺乏育人温度

1. 仪式流于形式而缺乏吸引力

目前，高校先进典型表彰仪式大多呈现传统型、程式化的特点，许多高校甚至淡化仪式影响、模糊仪式育人功能。高校常见的典型表彰仪式流程为"领导致辞—领导为典型颁奖—合影留念—领导总结"等。然而，在整个流程中，无论是台上的"表演者"还是台下的观众，都无法真正融入仪式氛围，更无法感受到仪式带来的参与感与体验感，最终只能是走过场。这种缺乏感悟和体会的表彰仪式不但对受众缺乏吸引力，其育人效果也堪忧。造成这种结果的原因是仪式组织者没有树牢效果导向，将仪式教育当作形式展示，忽视了仪式的思想性和实效性。

2. 未赋予先进典型充分的尊重

先进典型表彰仪式的主体应当是被表彰的先进典型。举办仪式的目的是表彰先进，营造向先进靠拢、向先进学习的浓郁氛围。然而，在实践中，多数被表彰的典型在整个活动中充当了"工具人"的角色，未能得到充分的尊重。按照一般的流程设置与安排，被表彰典型的中心任务主要为"上台—领奖—感谢—下台"。在整个仪式活动中，高校往往把更多的注意力放在了领导身上，领导在活动中承担了更多的任务，如"致辞、颁奖、合影、总结讲话"等。这不仅导致活动的

主体发生了偏移，也给领导增加了"负担"。

（三）仪式宣传报道不到位，缺乏育人广度

1. 仪式前的预热准备不足

高校举办先进典型表彰仪式的主要目的是表彰先进、学习先进、追随先进，通过举办表彰仪式扩大典型的影响力，倡导师生向先进看齐，以典型为榜样。而这一目标仅依靠一场一两个小时的表彰活动无法达成。这就需要仪式开始之前进行预热宣传。但是，部分高校在筹备表彰仪式时往往将过多的精力投入到活动过程当中，而忽视了预热宣传的重要性。尽管有些高校意识到了仪式预热的重要性，但未进行精心的策划和设计，仅仅机械地执行。这导致大多数观众在正式活动开始后仍对活动内容一无所知，例如受表彰者的身份、特点以及典型事迹等。预热宣传工作的不到位极大地影响受众现场的观感和体验。

2. 仪式中的宣传手段单一

常见的高校先进典型表彰仪式的举办模式主要为学校主责部门通过发布公告通知，要求各学院、各单位按照一定的比例要求，邀请师生员工按时到学校礼堂充当观众。这种模式忽视了仪式参与者的身心特点，造成参与者的"假参与""被参与"和"不参与"。[①] 因为参与者对仪式本身并不感兴趣，

---

① 孙丽丽，陈红燕. 教育仪式的实践困境及育人价值回归［J］. 教育发展研究，2022，42（10）：77-84.

所以很难调动仪式过程中的氛围。此外，活动中的宣传模式大多是在礼堂入口处摆放宣传展板，其初衷是通过展板上的信息让观众们在进入会场时了解活动的主题和内容。这种表彰仪式的宣传手段较为单一，难以实现较好的宣传效果。

3. 仪式后的报道覆盖面有限

传统的高校先进典型表彰仪式的宣传一般在活动结束后，主责单位按照活动流程撰写新闻通稿，然后通过学校官网、微信、微博等平台发布。宣传角度比较单一，通常只是简单记录整个活动流程，可读性不高、吸引力不强，社会媒体也会因其不具有新闻性而不愿转发报道。此外，新闻受众范围仅限于校内师生，一般不包含社会人员，因此覆盖面极其有限。

三、提升高校仪式育人成效的有效路径

（一）充分挖掘典型自身特质，增加仪式育人的深度

1. 把好典型选树关，让先进典型实至名归

仪式育人真正能够发挥育人功效的并非仪式本身，而是通过仪式载体所体现出的典型的优秀精神品质。因此，要使仪式育人成效达到最佳，首先需要选树出具有代表性、可学习、可借鉴的先进典型。这是实现仪式育人效果的关键，也是前提。在先进典型的选树阶段，高校必须把好关、守好责，一方面要通过各种媒介途径及方式最大范围地发布评选消息，让更多人参与到典型的评选过程中，有效提升选树出优秀典型的

概率；另一方面，要根据实际情况及时调整、更新评选标准，规范评选流程，从标准和程序上保证评选的公正、公平、公开。同时，要坚持宁缺毋滥的原则，当没有选树出足够数量的、具有代表性的典型时，可以适当缩减评选名额，确保选树出来的每一个典型都是一面旗帜、一个标杆。

2. 深入挖掘典型闪光点，充分展现时代精神

典型之所以能成为典型，一定有其独特的闪光点。高校在挖掘师生典型的闪光点时，需要具备敏锐的洞察力，最大范围地掌握典型的个人情况。在典型选树后至表彰仪式举办前，仪式组织者需多次与典型沟通交流，进一步了解典型的个人事迹、成长背景、人际关系等。在交流过程中，还需善于引导，让典型表述出先进事迹的真实情况，并依据典型的先进事迹深度挖掘其思维方式，以获取新鲜的"物料"。此外，挖掘典型身上的闪光点时还应充分展现时代精神。典型都是各个时代的先进分子，是时代变革的倡导者和实践者。在宣传典型人物时，应将其置于特定的历史环境中，从人物事迹中展现时代发展，让更多受众了解国家社会发展的辉煌历程，激发更多人的爱国之情、报国之志。

3. 注重典型的多样性，拒绝打造"完美人设"

高校选树出的先进典型通常是在某一方面有突出表现的人。因此，在举办表彰仪式或开展宣传报道时，需要对典型特质进行区分，如分类为"社会公德、职业道德、家庭美德、个人品德"等不同类型，重点突出每位典型最突出的特点，

拒绝打造"完美人设"。选树出的典型各有特点、各有长处。这可以使普通人感受到典型的真实性，以此激励更多人向典型靠近、向典型学习，真正实现仪式育人的目的。[1]

（二）强化师生主体参与意识，体现仪式育人的温度

1. 注重仪式内容的多样化，提升仪式吸引力

仪式育人要真正做到通过仪式的形式向受众传递一种精神、一种价值观念。新时代的大学生思维活跃、想象力丰富，拥有自己的兴趣爱好与审美趣味。[2]传统的表彰仪式因缺乏创新对大学生并不具有吸引力。高校先进典型表彰仪式的创新与发展理应更多考虑受众特性与需求的转变，选择符合时代精神、符合青年学生兴趣的仪式举办模式。[3]在传统的仪式中加入音乐、情景剧、人物分享等多样化的表演，可以丰富仪式内容，提升仪式的吸引力和感召力。[4]例如，在表彰倒在扶贫道路上的校友时，可以通过编排情景剧的方式再现校友生前的感人事迹，同时邀请其家属、同窗到场讲述校友的生前故事，让现场师生身临其境地感受优秀校友的精神力量，以

---

[1]　黄坤，任艳萍. 高校榜样教育的实效性探究——关于发挥大学生先进典型示范作用的思考［J］. 学理论，2018（2）：217-218.

[2]　崔征，陈志杰. 提升大学生榜样教育实效性的策略［J］. 教育与职业，2016（13）：64-66.

[3]　徐驰. 文化育人视域下高校典礼的价值意蕴及实践机制探析［J］. 黑龙江教育（高教研究与评估），2023（7）：19-24.

[4]　缪学超. 理解、认同与传承：学校仪式的文化育人路径［J］. 湖南师范大学教育科学学报，2020，19（4）：95-100.

此充分发挥仪式育人的作用。

2. 赋予典型最高礼遇，提升主体参与感

对于先进典型的礼遇，除了体现在给予的物质奖励及荣誉外，还应体现在仪式举行的整个过程中其受到的尊重。只有使典型在整个仪式过程中有足够的参与感和体验感，并受到足够的重视，他们才会更积极地配合仪式的举行。从前期的仪式组织者和典型的见面会到后期反复多次的仪式剧本围读会，再到仪式正式举办前夕的多次彩排，每一次会议及活动都需精心设计、合理安排，以使典型感受到仪式组织者对仪式及参与人的重视。在这个过程中，每一项流程、环节都需多听取典型个人的想法和意见，并及时进行修正与调整。此外，除了合理增加先进典型在仪式中的参与感与自主性，还应适当减少学校领导在仪式中的"任务"，让观众的注意力更多地集中在典型身上，将舞台留给先进典型，让先进典型领唱"善行之歌"。

3. 选用合适的颁奖人，提升活动仪式感

在先进典型表彰仪式上，除了荣誉获得者外，最受关注的莫过于颁奖人。选择合适的颁奖嘉宾对于整个仪式的氛围营造至关重要。摒弃传统的知名人士或领导作为颁奖嘉宾的做法，选择与每一位典型最有关联性的人，能有效增强仪式的厚重感。例如，在给资助过学生的教师颁奖时，选择受其资助的学生作为颁奖嘉宾，更能体现师生情谊；在给一直从事志愿服务、积极献血献爱心的优秀学生颁奖时，选择受其

影响加入志愿服务队的师弟师妹作为颁奖嘉宾，更能体现传承精神；在给新冠疫情期间一直帮助学校的校友颁奖时，选择学校校友总会的会长作为颁奖嘉宾，更能体现学校对校友的重视与关怀等。

（三）打造全方位的宣传模式，拓展仪式育人的广度

1. 运用校内媒体实现阶段性的预热宣传

高校先进典型表彰仪式的预热宣传可以让师生员工提前了解典型们的优秀事迹，从而增强观众在仪式正式开始时现场的体验感和参与感。预热宣传不应简单地展示简单的照片和事迹，而是需要采取一定的艺术化手段和模式，以吸引受众的注意力。例如，依据典型的主要特质选取最具代表性的照片，据此制作成彩色卡通人物画像，并附上典型的人物关键词、个人简介等，再通过学校官方微信、微博等校内媒体在活动开始前进行推送。需要注意的是，预热宣传的时间不应太早也不可太晚，这样既能成功引起受众的注意，又恰到好处地与正式活动相衔接，避免使受众产生疲劳感。

2. 采用新媒体技术实现多手段的现场宣传

高校先进典型表彰仪式的举办场地一般为学校礼堂，容纳人数极其有限。这使得只有校内部分师生可以进行现场观看。为最大化地扩大宣传效果，满足师生和校友的需求，一方面，高校可以在活动举办前有针对性地选择现场观看的人群，例如和受表彰典型相关的师生、校友或团体。另一方面，可以采用新媒体技术，如现场直播等，使全校师生、校友，

甚至社会上关心、关注学校的人都能通过直播方式观看，以此扩大典型的宣传效果，让更多人了解典型的感人事迹，真正实现仪式育人的目的。此外，在活动开始前，可以组织工作人员进一步挖掘仪式或典型的亮点，为媒体提供有效的新闻点，广泛邀请地方及中央媒体参加仪式，进行现场采访与报道，进一步扩大宣传效果。

3. 借助社会媒体力量实现全方位的事后宣传

活动结束后，往往要在第一时间开展正式宣传。因此，学校宣传部门需提前根据选定的新闻点撰写多篇新闻稿件，并根据现场情况在仪式结束后第一时间对稿件予以修订并审定，然后结合各大媒体的特点向其投稿。同时，安排相关工作人员在活动现场积极配合媒体记者，以便安排对典型人物的进一步采访报道。此外，主责部门还应时刻关注各家媒体动态，及时转发相关新闻报道，并对仪式活动的效果展开后期跟踪调查，使校园仪式切实发挥育人功效。

思政教育一体化视域下退役大学生助力农村中小学爱国主义实践教育研究 ①

胡万松　　张涵斐　　徐雅馨

（党委学生工作部、人民武装部 刑事司法学院 法学院）

一、思政教育一体化视域下爱国主义教育的特征表现

（一）爱国主义教育的目标层次

爱国主义教育教学的不同阶段具有各自的目标。这些目标的设定应呈现阶梯性和层次性，并且与少年儿童思维模式

---

①　本文获中南财经政法大学中央高校基本科研业务费专项资金资助（2722023DS017）。

发展变化的客观规律相符合，与其理解接受能力相匹配。

首先，在中小学爱国主义教育中，要推动从直接体验到间接感悟的循序渐进。第一步，从直接感知象征符号入手，以培养对他人、家乡和自然的关怀与热爱为切入点，强化学生对国家各个具体组成部分的体会，对国家概念进行具象的物质形态层面的理解和记忆。随后，要逐步过渡到注重培养学生间接感知象征符号能力的阶段。此时，要帮助学生理解国家象征符号背后的实质含义，引导学生积极地透过表象看本质，真正理解什么是爱国主义。

其次，要情理交融，帮助学生明晰爱国之理。随着年龄逐渐增长，中小学生的感性认知逐渐向理性认知过渡，进入思维模式转变的关键时期。在这个阶段，学生的抽象思维和逻辑思维能力显著提升，对国家的认识不再局限于外在形象的表征，而是呈现出系统性和综合性的特征。以爱国主义基本原则为原点，少年儿童开始逐步接触个人与国家的关系、个人对国家应尽的责任与义务，并不断加深理解和深化。藏情于心，知理而为，达到情理交融的程度。爱国主义教育应与少年儿童的身心发展相适应，从具象的物质形态层面上升为抽象的理论知识层面的教育，即由围绕国家的物质象征和意义展开的教育深化为关于国家政治经济制度和人文社会的教育。同时，必须采取有利于少年儿童思维模式转换过渡的教育手段和方式，有效衔接具体和抽象的爱国主义教育内容，使青少年在进一步夯实基础爱国之情的同时，能对如何报效祖国建立初步的理想规划。开展实践教育是一个很好的选择，让青少年通过亲身体验，理解和感悟抽象爱国理论背后的实质内涵，避免思维模式转变跨度过大对青少年接受产生的不利影响。

（二）针对中小学生群体爱国主义教育着力点

当前中小学爱国主义教育普遍存在教学手段单一、内容僵化、枯燥乏味等问题。在进行爱国主义教育时，教师未能充分考虑到少年儿童的年龄特征、思维能力和兴趣爱好，所采用的授课方式不能激发学生参与课堂的热情。因此，在初级阶段的爱国主义教育中，应借助各种真实可感的媒介，例如生动的画面和声音等，以刺激学生思维的跳动，将其背后蕴藏的抽象意义以易于接受的方式传递给学生，帮助他们透过外在表现进一步理解和感悟事物的深层次内涵，从而使学生真正把握爱国主义，培养爱国之情，建立国家认同感。

一个人获得了关于国家的知识并不等于产生了爱国情感或形成了国家认同。情感是人之于客观世界的主观体验，情感发展的机制和规律是通过感受外在现象，再经过个人的理解加工，从而将情感经验印刻在记忆系统中。对爱国情感的培育仅通过象征符号的"灌输"远远不够，因为机械地灌输无法让学生经历理解体验的过程。因此，为了促进学生产生家国情怀，必须将理论知识融入特定情境中。通过将学生置身于生动的情境中，营造浓厚的氛围，增强学生的代入感和体验感，使他们切实感受到自己与社会、国家的紧密联系。同时，对于中小学生这一特殊群体，其感性和理性认知的水平决定了对爱国主义教育内容的理解和内化程度。这一阶段的爱国主义教育应避免抽象和笼统，搭建梯度、营造氛围，将抽象的文本知识与生动鲜活的现实联系起来，让学生感受国家的发展，并激发起爱国的荣誉感和责任感。此时，各类实践活动可以提供各种情境，通过丰富多样的实践活动，主动创设情境，寓教于境、寓教于情，为中小学生提供一个身心投入的契机，引导中小学生爱国情感的产生及其未来发展趋向。

拥有对国家的认同感并不一定意味着能够将其行为外化于行。持续展现国家认同行为需要个体积极参与实践。因此，丰富的实践活动不仅是爱国之情和国家认同产生的催化剂，也是学生将情感转化为实际行动的转化器。例如，在爱国主义教育课堂中增加学生动手实操活动，组织学生参观爱国主义教育基地、博物馆、名人故居，安排学生亲自采访革命老兵等。从对外在客观事物和现象的感受过渡到通过逻辑推理产生精神共鸣，内化于心、上升于理，又引导中小学生将爱党爱国爱社会主义的情感进一步外化于行。

二、农村中小学爱国主义教育出现的问题

（一）制度体制问题

"国务院领导、地方政府负责、分级管理、以县为主"是目前我国农村义务教育所采取的模式。这种模式虽然有利于普及义务教育，但仍未解决部分农村地区中小学爱国主义教育开展的局限性和低效性。具体表现在以下几个方面。

1.缺乏重视，组织开展力度不足

部分农村学校对于开展爱国主义教育的重要性缺乏实质

性的认识，或只是空喊强化爱国主义教育的口号，却未采取实际行动来落实。或者虽然实施了爱国主义教育，但只是"摆样子""走过场"，缺乏实质有效性，并没有真正起到对学生进行思想教育的作用。

2. 资金缺乏，物质资源保障不足

相比城市，农村地区经济发展相对滞后，财政收入较少，对于政府在爱国主义教育上投入较大资金缺乏期待可能性。同时，"两免一补"政策的推行使得农村教育费附加被取消、教育集资和政策外收费被废止，学校可利用资金进一步减少，即使有一定的公务费补贴，仍然捉襟见肘。由于缺乏充足的教育经费，农村地区中小学对于开展爱国主义教育所必需的人力、物力和财力无法保证，软硬件设施建设不完善，制约了爱国主义教育的有效开展。

3. 观念固化，评价体系不适当

难以否认，"分数至上"的落后观念仍然在一定程度上桎梏着我国教育，这在农村地区尤为明显。这种孤立、片面、浅层、刻板的评价体系只关注结果，而忽视了更为重要的过程。仅仅以分数作为评价学生的唯一标准具有诸多弊端：功利化教学不利于学生的身心健康、不利于挖掘和激发学生内在的潜能、不利于培养学生的批判思维能力和灵活变通能力、不利于保证公平公正等。爱国主义素养绝不是通过死记硬背形成的，考试分数也绝不是爱国情操的评价方式。爱国主义教育是一个培养学生爱国情感的过程，评价体系应关注过程中学生的所思所想、所悟所得，而非单纯以结果来定义。

（二）师资队伍问题

1. 教师总量不足

由于农村学校教师总量捉襟见肘，各学校教师的职责划分不明确，往往存在一师任多职的现象。目前，辅导员、班主任、任课教师是农村中小学爱国主义教育的主要施教者，而这三类群体往往又未经过系统化的爱国主义教育培训，其爱国主义方面的教学能力较为薄弱。

2. 教师结构失衡

现阶段，农村地区教师结构呈现"老龄化"趋势，教师队伍的体力和智力与新的教学要求之间存在较大差距，其对新兴事物的接受能力难以适应时代的发展速度。农村地区主要以中老年教师为主的一大原因是青年教师不愿意留在条件相对较差的农村地区，而更倾向于前往教育更受重视、物质生活条件优越、工资待遇可观、发展前景良好的城市学校任教，以更好地施展才华、获得劳动报酬。因此，农村地区爱国主义教育师资团队的荒漠化进一步加剧。年龄结构失衡、新鲜血液不足、"老弱差"等特点已经严重制约了农村中小学爱国主义教育的良性发展。

3. 教师培训效果不尽如人意

由于农村中小学现有的教师人数严重不足，为了不影响校内教学工作，学校无法经常派遣教师参加培训，即便派遣教师参与也只能是短期学习，培训效果不佳。同时，许多农村中小学教师身兼多职、教学任务繁重，在完成学校规定的教学任务后很难再要求其投入科研、参加大量培训、体验爱国主义教育活动。此外，总体经济水平的落后使得农村学校没有充足的资金开展对爱国主义教育教学的培训。上述现实情况都在一定程度上阻碍了农村教师开展爱国主义教育的教学能力的提升，影响了整体教师队伍的素质和水平。

（三）课堂教学问题

1. 教学观念腐朽

如前所述，我国农村地区中小学将考试分数作为唯一的追求目标，将有限的教育资金和资源全部投入到智力教育中，素质教育明显缺乏，教育天平严重失衡。已经开展的爱国主义教育也只是刻板枯燥的知识灌输和记忆背诵，缺乏情感体验的内容。农村地区中小学生无法培养良好的爱国之情和国家认同感，甚至可能在机械僵化的压迫下产生抗拒心理，排斥接受爱国主义教育。调查数据显示，仍然有约四分之一的学生认为爱国主义教育无关紧要，考试成绩优异即可。尽管正在加紧教育改革的步伐，但农村地区中小学的教育观念仍深陷"分数至上"的泥潭。

2. 教学活动局限

我国农村地区中小学长期以来开展的爱国主义教育一直局限于课本知识教育和理论讲授。农村地区也存在难以学习和模仿城市地区教学模式的实际问题，如农村无法提供烈士纪念馆、历史展览馆等红色教育基地，城市的文化价值取向无法直接应用到农村地区等。

3.教学方式传统

墨守成规、缺乏创新也是农村地区中小学爱国主义课堂教学存在的一大问题。农村学校开展爱国主义教育仍停留在"老师讲、学生听"的传统模式上，学生没有向老师进行课堂反馈，师生之间缺乏交流互动，更不用说教学相长。传统方式具有命令式、形式化的特征，枯燥的文字使爱国主义教育变得单调乏味。中小学生群体处于特定的心理和生理发展阶段，他们只有通过具象的、真实可感的爱国主义教育实践活动才能获得真情实感，激发主动融入课堂的热情、探索学习的兴趣，才能将已形成的爱国之情固化为个体稳定的爱国品质，纯理论的教学容易引起他们的厌倦和抵触情绪。然而，目前农村地区中小学很少开展社会活动实践，导致学生局限于书本知识，爱国认知难以进一步提升和深化，知行合一的目标也难以实现。

三、退役大学生助力农村中小学爱国主义实践教育路径探索

（一）政策吸引退役大学生成为师资来源，指导培养实践教学能力

首先，政策的价值不仅在于规范，更在于导向和引领。目前关于思想政治教育的政策法规中，对于农村地区、中小学、

实践性质的爱国主义教育的关注显然还不够，更缺乏相关政策引导退役大学生成为农村地区中小学爱国主义实践教育的教师资源。因此，决策者一方面要有意识地在关于思想政治教育的相关政策与标准中强调退役大学生对于农村地区中小学生爱国主义实践教育的价值，使退役大学生的爱国主义实践教育能力受到关注。另一方面，相关政策还应从物质支持和精神激励两个方面号召退役大学生积极投身农村中小学爱国主义实践教育，从而弥补农村地区师资力量薄弱的问题。

同时，政策应当具有灵活性。应充分考虑退役大学生自身的身体素质和思想素质水平，制定针对性和适宜性的要求。可以制定相关政策并组织针对武汉市各高校退役大学生的培训来进一步坚定他们克服农村艰苦条件的决心，并培养他们对待中小学生的耐心和细心。此外，还应通过专门培训，使退役大学生掌握多种实践教学方法并能够灵活运用，从而使他们不仅热心投入农村中小学生爱国主义实践教育，并且充分具备成为农村中小学生爱国主义实践教育授课教师的能力和水平。

（二）保证实践教育内容基础性与趣味性相结合

一方面，可以以退役大学生为主体开展军事训练夏令营特色实践项目，其中包括基本的军事技能训练（如站姿、格斗术、队列训练、体能训练）。另一方面，保证爱国主义教育内容的吸引力，充分激发农村中小学生的学习兴趣。只有在兴趣的驱使下，学生才能更积极主动地参与学习，从而确保良好的学习效果。退役大学生在选择爱国主义教育内容时，可以将过于枯燥的理论文字与声音、图片、视频等结合，以更动态、形象的方式传达文字所要表达的内容，减少理论知识的乏味感，从而激发中小学生的学习兴趣，积极参与课堂教学。例如，退役大学生可以在组织带领农村中小学生进行实践活动前进行演讲，与学生分享自己从军的亲身体验与感悟，从而吸引他们的注意力；或者可以先播放爱国主义电影或短视频，增强视觉冲击力，提高中小学生的学习效果。此外，退役大学生在开展爱国主义教育时还可以丰富教学模式，改变传统的课堂氛围，例如根据中小学生的年龄和生理特点，选择合适的国防竞技内容或国防体育运动项目进行比赛等。总之，退役大学生在选择具体的课堂教学内容时要经过筛选和组合，既要确保基本的爱国主义理论教育得到充分讲授，又要注重提高课堂的趣味性，激发中小学生的学习兴趣。

（三）探索丰富实践活动，坚持理论与实践相结合

"纸上得来终归浅，绝知此事要躬行"，实践活动是中小学生爱国主义教育中必不可少的环节，对于帮助中小学生认识祖国、培养爱国情感、树立社会责任感和使命感起着至关重要的作用。爱国主义是一种具体实在的崇高情感，学生的爱国情感是通过亲身参与各种实践活动而获得的，是在情景交互中进一步发展的。实践活动作为爱国主义教育的重要途径，生动地向学生展示了爱国主义的本质和内涵，又使学生感受到爱国主义的外延，并树立科学的世界观、人生观和道德观。除了保障基本的理论教学外，退役大学生需要灵活地将实践活动融入教学计划中，利用形式多样的实践活动辅

助理论教学的开展。这种做法既有助于提高农村中小学生的认识能力和爱国意识，又有助于他们自觉地把爱国品德逐步转化成为人处世的立场和方法，做到知行合一，从而巩固和强化爱国主义教育的效果。

参考文献

［1］王雯姝，迪拉热·艾则孜．大中小学思政课一体化视域下爱国主义教育的目标层次及着力点［J］．思想理论教育导刊，2023（3）：141–147．

［2］李瑞．新时代下农村中小学思想政治教育面临的问题和对策［J］．人生与伴侣，2022，993（35）：57–59．

［3］白彩全，陈爽，徐浩，等．农村小学爱国教育现状及对策的研究——以江西省南昌市为例［J］．中国科教创新导刊，2012，645（25）：16–17．

［4］梅玉洁．农村中小学爱国主义教育现状及对策研究［D］．南昌：南昌航空大学，2012．

［6］寇金堂．新时代农村中小学爱国主义教育实践研究［J］．甘肃教育，2022，704（12）：39–41．

［7］温静．新时代爱国主义教育的变与不变［J］．中国德育，2023，344（8）：29–34．

［8］张智．新时代学校爱国主义教育的现状和优化路径［J］．中国德育，2023，344（8）：23–28．

［9］郑敏，邵英杰，李东霞．教育一体化背景下的课程思政一体化实施策略［J］．教育教学论坛，2022，585（34）：149–152．

［10］马琪. 大中小学思政课爱国主义教育一体化建设研究［D］. 大连：辽宁师范大学，2022.

［11］张娜，李晴. 爱国主义教育在大中小学思想政治理论课一体化教学中的目标构建初探［J］. 思想教育研究，2021（12）：122-127.

［12］侯彦杰，张帆. 一体化：大中小学思政课爱国主义教育的重要着力点［J］. 中国德育，2023（14）：14-17.

［13］胡孝红. 扎实推进大中小学思政教育一体化建设［J］. 湖北教育（政务宣传），2023（7）：1.

［14］孙云龙，盛文成，孙丽华，等. 大中小学协同推进"三全育人"路径探赜——基于思政教育一体化视域［J］. 教育实践与研究（C），2023（Z1）：33-37.

［15］钟玲. 立足学段特点，推进教育一体化——论高中思政课程与大学思政课程有效衔接的策略［J］. 安徽教育科研，2023（18）：8-10.

队伍建设篇

构建高校辅导员与学生良好师生关系的道德规范及方法探索

段峰玮

（财政税务学院）

近十年来，随着移动互联网和智能手机的大众化、普及化，网络新媒体平台热度持续升高，掀起了自媒体浪潮。18—22岁的大学生群体已经成为网络主力军，不难发现在微博、知乎、小红书等自媒体平台活跃着许多高校大学生。在网络上搜索关键词"辅导员"，可以看到很多评论，如"辅导员都挺冷漠的""辅导员很讨厌怎么办""如何评价 XX 学校 XX 辅导员"等。这些声音出现的原因一方面是当前部分高等学校辅导员的工作方式方法或师德师风可能存在问题，另一方面是学生不能理解辅导员工作的繁杂琐碎，缺乏对于辅导员工作内容及方式的认同理解。但不论是辅导员还是学生其中任何一方出现的问题，究其根本，都在一定程度上反映了高校辅导员与学生的师生关系存在问题。辅导员工作中良好的师生关系为最基本的一部分，在此基础上才能发挥好教育的作用，而不良的师生关系往往会造成学生缺乏学习动机、漠视校纪校规、产生心理问题等不良影响，不利于学生成长成才。因此，高校辅导员与学生间的师生关系该秉持怎样的道德规范，在此基础上如何构建良好的师生关系值得关注和探索。

一、高校辅导员与学生良好师生关系的重要性

党的百年发展历程中，人才始终是民族振兴、国家发展的重要战略资源。新时代以来，高校逐渐发展成为党育人、为国育才的重要人才高地。对于学生的培养至关重要，教师要努力将青年学生培养成为社会主义合格建设者和可靠接班人。高校师生最基本的关系即为"教"与"学"，教师传授知识，学生学习知识，通过"教"与"学"的内容联系起"教"与"学"的对象，从而构建起紧密相连的师生关系[①]。但高校辅导员具有教师和管理人员双重身份，不仅有"教"的义务，也有"管"的权利。如果辅导员与学生不能建立起良好的师生关系，学生不信服辅导员或者产生逆反心理，就不利于对学生展开思想政治教育，对于学生日常事务管理工作的开展也会存在阻碍。师生关系依赖师生道德规范进行调节与维护，通过形成良好的情感联系，可以促进师生间交流互动，提高教育教学活动的实际效果。

---

① 向红.　"微"时代辅导员与学生构建和谐师生关系的路径管窥［J］.科技展望，2016，26（12）：331.

因此，辅导员在培养学生中要全方位关心、爱护学生，不仅要促使学生在学业上有所成就，还要重点关注学生心理健康、兴趣爱好、职业生涯规划等方面，帮助他们改正自身不足、校准人生航向、实现全面发展。辅导员与学生间构建起良好的师生关系是"双赢"的，不仅有助于辅导员自身工作路径探索及职业生涯发展，与学生建立起互相信任、互相帮助、共同进步的情感联系，还具有推动学生成长成才的重要作用，使学生身心得到健康成长，树立正确的价值观和远大的理想抱负，自信乐观地面对丰富多彩的人生。

二、高校辅导员与学生不良师生关系的类型

辅导员与学生的师生关系不融洽很可能会导致学生缺乏学习动机、漠视校纪校规、产生逆反心理和其他不良影响等[①]，也会对辅导员的日常工作开展造成不必要的阻碍，因此，辅导员在与学生相处时要遵守道德规范，避免与学生建立以下不良的师生关系。

（一）冷漠疏远的师生关系

在这种师生关系中，辅导员往往只完成基本的工作任务，并不能真正关心学生成长，具体表现为在工作中对待学生的问题或需求应付了事，不能站在学生的角度考虑其当下面临的困难，不主动关心学生学习生活，不去思考如何帮助其解

---

① 付永衡. 浅析高校师生关系的道德规范——从辅导员的视角看和谐师生关系的构建［J］. 科教导刊（下旬），2019（36）：60–61.

决问题，只考虑如何不给自己添麻烦。这是辅导员对于自身职业认同感、责任感缺失的典型表现，只把"辅导员"当成养家糊口的一份工作，并未将其视为需要自己投入时间精力并且长期付出心血的事业，所以他们对教育事业缺乏热爱，对于学生缺乏耐心和爱心，与学生相处"点到为止"。这样的相处方式必定会与学生产生距离感，长此以往辅导员会与学生成长轨迹严重脱节。一名合格的辅导员不能"两耳不闻窗外事"，必须充分利用与学生接触的机会，积极主动地参加学生组织的活动，走进学生的课堂和寝室，和学生交流学习、生活上的"疑难杂症"，为学生"出谋划策"，只有真正了解学生、关心学生，才能让学生在与辅导员的相处中体会到师生关系的融洽和谐。

（二）针锋相对的师生关系

如今高校的大学新生已为 05 后，他们个性鲜明、思维活跃，是富有想象力、创造力的一辈，生活成长的环境和条件都很优越。很多学生从小受到很多宠爱，难免会形成一些不良的行为习惯，还有些学生情绪不稳定或者具有一定的心理问题。初入大学校园，现实的大学生活与学生憧憬和想象的自由自在不一致，学生在校园生活中容易出现以自我为中心、漠视规矩等问题，在学校日常管理过程中与辅导员就某一细枝末节展开"辩论"，不听取、不理睬辅导员的教导，不能按照其想法行事便会产生负面情绪、为难辅导员。学生在受到辅导员教育时，有自己的主见很正常，但辅导员如果一味地说教，师生间很容易产生冲突和矛盾，造成的结果往往是各执己见、争执不下，师生关系会极度紧张。面对这种关系时，辅导员应当展现出作为教师的气度，能够包容学生、倾听学生，注意教育学生的方式方法，心平气和地和学生谈心谈话，循循善诱，以理服人更要以情动人，避免和学生处于对立的状态。

（三）亲密无间的师生关系

由于高校辅导员队伍的日益年轻化，越来越多的辅导员与学生年纪相仿，再加之00后学生性格活泼，经常可以听到学生称呼辅导员"哥""姐"，辅导员也能和学生轻松"打成一片"。辅导员在学生校园生活中的角色定位就是良师益友，这种关系在一定程度上是和谐、良好的师生关系，有助于辅导员与学生建立信任基础，顺利开展学生工作。但凡事要掌握好度，如果度没掌握好，这种亲密无间的师生关系可能会给教育工作带来隐患，一方面，这很容易让学生觉得辅导员很好说话，不听从辅导员的教育管理，学生失去了纪律意识，而辅导员失去了在学生中的威严；另一方面，如果和学生亲密是个别现象，对于建立公平公正的教师形象是不利的，不能做到一视同仁，对待学生不能给予无差别的关爱，就会失去学生的信赖和信服。一名合格的辅导员要关心爱护所有学生，但教师身份大于朋友身份，要分清工作和生活的边界，教育学生应张弛有度、宽严相济。

三、构建高校辅导员与学生良好师生关系的道德规范

辅导员在处理师生关系中起到主导调节作用，需要正确遵

守道德规范，才能有效避免上述冷漠疏远、针锋相对、亲密无间三种不良师生关系的形成。依据教师职业道德规范，辅导员在处理师生关系时最基本的原则即为尊重、关爱学生[①]。

（一）以尊重平等为基础，充分了解学生所思所想

辅导员在教育中要以尊重平等为基础。每一名学生都是一个独立的个体，他们的家庭背景、性格特点、爱好特长各不相同，辅导员要充分尊重每一名学生，并在工作中挖掘适用于不同学生的教育方法，善于发现学生的思想动态变化，对待每一名学生都要秉持着公平公正的态度，不能偏爱或歧视任何学生。同时，辅导员不能端着"学生一定要服从于老师"的架子，反而要在与学生相处中向他们学习，尝试理解学生对于新鲜事物的不同认知，以平等的姿态和学生对话，以心换心，才是与学生交流情感、建立良好师生关系的基础。

（二）以关心爱护为重点，全面护航学生校园生活

青年学生是国家的希望和民族的未来，作为辅导员，要真心实意地从学生角度出发思考如何帮助学生成长成才。在学生的大学校园学习生活中，辅导员要坚持三全育人的基本要求，每个阶段、每个环节都要关心爱护学生。从思想政治教育到学业指导、从心理健康教育到日常事务处理、从职业生涯规划到就业创业指导，辅导员要把爱给每一名学生，扎根在学生中才能做好教育指导工作。但关爱不意味着放纵，

---

① 张嘉丽. 浅析教师在师生关系中的道德规范［J］. 中国证券期货，2013（6）：271.

辅导员仍然要严格要求学生，科学运用管理方法，使学生自觉遵守法律法规、校纪校规，完善自信、自律的人格。

（三）以理解包容为准则，耐心陪伴学生成长成才

在与学生相处中，难免会产生摩擦和矛盾，辅导员在处理这类问题时，要充分调节师生相处关系，用真诚的态度与学生沟通问题，努力站在学生角度理解学生，包容学生的错误[①]，用爱心、耐心去教育学生，潜移默化地影响学生，帮助学生逐步树立正确的价值观念、实现成长过程中的一次次突破，切实做好立德树人工作。同时，辅导员每天面临的工作十分繁杂，难免会出现对学生照顾不周的情况，辅导员更要善于和学生交流沟通，达到师生互相理解、互相包容的目标，基于此才能建立和谐融洽的师生关系。

在高校日常学生工作中，学校应加强对辅导员队伍的规范管理，提高辅导员在与学生相处过程中践行道德规范的意识。第一，加强辅导员师德师风建设，要及时发现辅导员队伍中责任心缺乏、师德师风存在问题的教师，并针对个别现象进行批评教育，建立起一支真正热爱学生工作、对学生负责的辅导员队伍；第二，提升辅导员思想政治水平，充分把握岗前培训、能力提升训练等契机，针对目前多数辅导员专业不对口、对教育方法理解不透彻等问题，充分开展思想政治教育专业知识的培训，使辅导员能用理论武装头脑、用知

---

① 牟田锋. 新形势下师生关系与教师职业道德规范契合研究［J］. 课程教育研究，2012（20）：174.

识指导学生工作的开展；第三，建立多种考核评价机制，通过学生评价有效反映辅导员工作中存在的不足，有助于辅导员对下一阶段的工作目标、工作方法及时进行调整，搭建学生与辅导员以及辅导员之间的交流平台，多角度、全方位促进辅导员遵守、践行与学生相处的道德规范。只有辅导员始终将尊重平等、关心爱护、理解包容的道德规范贯穿到自己的育人工作中，坚持以学生为本，才能与学生建立良好的师生关系，进而将高校立德树人的根本任务贯穿到大学生思想政治教育的各个环节，提升育人实效。

四、高校辅导员构建良好师生关系的有效方法

基于学生工作中的道德规范，辅导员要充分发挥能动性，在工作中积极主动地关心学生，思考增进师生关系的有效方法。

（一）搭建师生交流平台，建立师生密切联系

师生间的充分交流有助于双方互相理解、互相信任，建立起和谐的师生关系。辅导员在工作中要多走近学生，如参加班级班会、小班辅导、主题党团日活动、师生座谈会等活动，要把握契机，与学生展开亲切的交流，了解学生的学习状况、人际交往关系、兴趣爱好等，并针对不同年级学生特点，在学习、科研、就业等方面给出有针对性的指导建议，鼓励学生做好学习本职的同时，充分发展兴趣爱好，尝试欣赏赞美学生的闪光点，给予学生在校园生活中成长进取的自信。对于一些需要重点关注的学生，搭建交流平台能促进辅导员加深对其家庭情况、心理健康等方面的了解，并及时做好相应

危机事件预防。在与学生的交流中,辅导员应始终与学生共情,想学生之所想,才能解决学生的急难愁盼,营造师生互相理解的相处氛围。

(二)形成日常工作方法,做好学生服务工作

辅导员在日常事务处理以及班团建设中要明晰工作方法和学生管理制度,以校纪校规为指导,逐步形成自己的工作特色,这样才会有条不紊地处理好学生事务,做好学生服务工作。对所有学生要一视同仁,形成规范化管理的模式,严而有方,绝不能给学生搞特殊化,例如在学生评奖评优工作中,必须制定详细的工作细则,在评选前向学生公开,以公平公正的态度对待评选工作。在开展任何学生工作前,辅导员均须与学生说明工作开展方案、细则,并就发布的通知要求做好答疑工作,使学生快速清楚相关要求,有助于在学生面前树立一个理性的、值得信赖的辅导员形象。

(三)发挥网络媒体优势,了解学生真实心声

随着网络新媒体的发展,辅导员可以便捷地通过 QQ、微信、腾讯会议等随时随地与学生进行线上交流、资源分享,解决学生问题,还可以借助学生的空间、朋友圈、微博等了解学生的思想动态,捕捉学生情绪变化,及时采取行动,预防学生思想、心理等方面出现问题。同时,利用新媒体平台中学生发布的动态,辅导员也可以快速了解学生对于辅导员工作中的意见,比如有些同学吐槽辅导员不回消息,辅导员可以与学生沟通,解释自己工作事务繁忙,如果有急事欢迎

随时来办公室或者电话联系，解决与学生之间的矛盾。因此，辅导员在工作中可以持续挖掘网络新媒体在高校思想政治教育以及良好师生关系的构建等方面的应用。

高校辅导员与学生良好师生关系的建立要遵守道德规范。良好的师生关系有利于推动辅导员职业生涯发展与学生成长成才。辅导员在育人工作中要始终尊重、关爱学生，不断提升自身道德素养与育人能力，坚持立德树人，与学生以心换心、以爱博爱，建立和谐、融洽的师生关系，更好地服务于学生成长成才，为国家教育事业、人才发展贡献力量。

新时代高校辅导员传播
和弘扬中华优秀传统文化研究

钟　唯

（财政税务学院）

一、引言

中华优秀传统文化作为中华民族的文化根脉，蕴含着丰富的智慧，对于培养青年学生的正确价值观和文化自信具有重要作用。然而，随着社会的快速变革，传统文化在现代社会面临着前所未有的挑战，高校辅导员作为大学生的人生导师和知心朋友，肩负着传播和弘扬中华优秀传统文化的重要使命。

（一）当代大学生对中华优秀传统文化的认知问题

当今社会处于全球化、信息化的浪潮之中，中华优秀传统文化作为中华民族独特的文化遗产，正面临着新的历史机遇和挑战。现阶段，大学生群体对中华优秀传统文化的认识存在一系列问题，涉及文化多元化、教育评价体系、媒体影响、文化认同等多个方面。

首先，全球化使得世界范围内的文化交流与融合更加密切。大学生群体往往更容易接触到来自西方国家的流行文化、科技成果以及思想观念，而中华传统文化则在这种背景下逐渐被边缘化，进而使大学生对中华传统文化的认知相对片面，仅限于表面的文化符号，而缺乏深入的理解与体验。其次，现行教育评价体系对大学生的文化认知产生了或多或少的影响。学校和教师更加注重培养学生的实用性技能，追求职业就业竞争力。这导致了在课程设置和教学方法上，中华优秀传统文化被逐渐削弱为附加内容，难以得到系统性和深入的教育。大学生在应试压力下，更倾向于追求与职业发展相关的知识，而忽略了对传统文化的认知与探索。第三，媒体和科技的发展加剧了大学生对传统文化的认知问题。社交媒体、流行文化等在当代社会具有广泛影响力，它们传递的信息更加迅速、多元，而中华传统文化的内容则显得较为深入、复杂。大学生对碎片化信息更感兴趣，趋向于较少投入时间去深入了解传统文化。第四，文化认同与身份认知也影响了大学生对传统文化的态度。在全球化背景下，一些大学生追求现代化、国际化的形象，对中华传统文化产生疏离感。他们更容易认同与西方文化相关的价值观和生活方式，使得对中华优秀传统文化的认知程度降低。第五，缺乏深入教育体验也是造成大学生对传统文化认识问题的原因之一。在现代教育体系中，传统文化往往只被作为辅助内容出现，而缺乏深入的教育体验。大学生没有机会亲身感受传统文化的内涵与魅力，导致他们对传统文化的理解停留在表面。最后，社会现实和生活压力也在一定程度上影响了大学生对传统文化的关注程度。在竞争激烈的社会环境下，大学生面临着课业压力、就业焦虑等问题，没有足够的时间和精力来专门研究和体验传统文化。他们可能更倾向于追求实用性知识，而忽略了对传统文化的深入了解。

（二）传播和弘扬中华优秀传统文化对大学生群体的重要意义

传统文化教育不仅关乎个体的全面发展，也关系到社会的文化传承。因此，加强中华优秀传统文化的传播和弘扬，对于塑造具备良好文化素养的大学生，以及构建和谐社会都具有深远的影响。

首先，传播和弘扬中华优秀传统文化有助于培养大学生的文化认同。在全球化时代，年轻一代在文化多元化的影响下，面临着文化认同的挑战。通过传播传统文化，大学生能够更好地认识到自身的文化根基，增强文化自信，从而建立起对中华文化的情感联系，凝聚民族凝聚力和认同感。其次，中华优秀传统文化的价值观对大学生的塑造具有深远影响。传统文化蕴含着深刻的人生智慧和道德准则，对大学生的道德选择和行为规范具有引导作用。通过学习传统文化，大学生能够培养出更加深厚的道德情操，形成积极健康的人生态度，从而对社会和个人都产生积极影响。第三，传播和弘扬中华优秀传统文化有助于提升大学生的人文素养。中华传统文化包含丰富的哲学、艺术、文学等方面的内容，这些内容不仅丰富了个体的精神生活，还培养了审美情趣和思辨能力。通过深入了解传统文化，大学生能够拓宽自己的视野，提升自身的人文素养，使自己成为更全面发展的人才。最后，传播和弘扬中华优秀传统文化也有助于促进社会和谐。传统文化强调的诚信、仁爱、和谐等价值观在当代社会同样具有重要意义。大学生作为社会的一部分，通过学习传统文化的价值观，能够更好地融入社会，促进社会的和谐发展，减少人与人之间的矛盾和冲突。

二、高校辅导员在传播和弘扬中华优秀传统文化方面的角色认知

辅导员作为高校学生的情感支持者和成长伴随者，在传播和弘扬中华优秀传统文化方面扮演着重要角色。辅导员不仅是知识的传播者，更是价值观的传递者。辅导员需要认识到自身在传统文化传承中的重要地位，树立正确的文化观念，不断提升自身的文化素养，以更好地引导学生走向正确的文化道路。

（一）高校辅导员肩负传播和弘扬中华优秀传统文化的重要使命

（1）文化传承与价值观引领。高校辅导员的使命在于传承和弘扬中华优秀传统文化，以及引领学生树立正确的价值观。通过传递传统文化的核心价值，辅导员能够帮助学生建立积极向上的人生观和价值观，使他们更好地适应社会的多元变化。

（2）培养文化自信与认同感。通过向学生传达中华优秀传统文化，辅导员有助于培养学生的文化自信心和文化认同感。辅导员以身作则，展现对传统文化的自信态度，激发学生对中华文化的兴趣与尊重，从而加深他们对自身文化的认同。

（3）社会责任与全面发展。辅导员通过传播传统文化，能够引导学生树立社会责任感。传统文化强调的仁爱、诚信等价值观将鼓励学生关注社会问题，积极参与公益活动，实现自身的全面发展，为社会作出更多的贡献。

（4）培养综合素养与人文精神。传播传统文化有助于培养学生的综合素养和人文精神。辅导员通过经典著作、传统艺术等的传递，培养学生的审美情趣、创新思维和跨文化交流能力，提升其人文素养和综合素质。

（二）高校辅导员担任传播和弘扬中华优秀传统文化的重要角色

（1）知识传播者与文化引导者。辅导员能够在日常通过潜移默化的方式将中华优秀传统文化的知识传递给学生。同时，辅导员还充当文化引导者的角色，通过课程、讲座等方式，引导学生深入了解传统文化的内涵和价值。

（2）价值观塑造者与道德榜样。辅导员在与学生交往的过程中，通过"言传身教"扮演着价值观塑造者和道德榜样的角色。通过言行举止，辅导员能够向学生传递中华传统文化所强调的道德准则，培养学生正确的行为规范与价值取向。

（3）文化解读者与情感引导者。高校辅导员作为文化解读者，能够帮助学生深入理解中华传统文化的背后思想和历史。同时，他们在学生情感发展中也具有引导作用，通过传播文化内涵，引导学生产生情感共鸣，加深学生对传统文化的情感认同。

（4）社会建设推动者。辅导员作为社会参与者，能够通过传播传统文化，激发学生参与社会建设的积极性，借助传统文化的智慧，引导学生从个体角度思考社会问题，为社会建设与发展贡献自己的力量。

（三）高校辅导员在传播和弘扬中华优秀传统文化方面的独特优势

（1）情感纽带与情感共鸣。辅导员与学生之间建立的情感纽带，使之能够更有效地与学生进行情感共鸣。借助这种情感共鸣，辅导员更容易将传统文化的内涵融入学生的情感体验，使传播更具温度与深度。

（2）个性化辅导与定制化传播。高校辅导员能够根据学生的特点和需求，进行个性化辅导和传播。这种定制化的传播方式能够更准确地满足学生的文化需求，使他们更易于接受传统文化的启示。

（3）跨学科视角与多维传达。目前，高校辅导员往往具备跨学科的知识背景，能够从多个维度解读传统文化。通过多样的视角，辅导员可以将传统文化内涵与不同学科知识相结合，使学生更全面地理解和接受传统文化。

（4）长期影响与社会链接。辅导员在学生的成长历程中具有长期的影响力。通过对传统文化的持续传播，辅导员能够在学生心中树立对传统文化的持久认同，从而将中华优秀传统文化的影响力延伸至社会各个领域。

高校辅导员在传播和弘扬中华优秀传统文化中承担重要角色，其与学生亦师亦友的独特优势使得辅导员能够在学生中传递文化信息、塑造价值观，并对社会文化产生深远影响。通过发挥这些优势，辅导员能够更有效地引导学生走向正确的文化道路，为中华优秀传统文化的传承和发展贡献重要力量。

三、中华优秀传统文化在大学教育中的意义

中华传统文化教育是培养学生正确价值观和文化自信的重要途径，有助于培养学生的创新能力和综合素质，有助于帮助学生在面对复杂多变的社会环境时保持内心的坚守和自信。传统文化教育是高校立德树人根本任务的重要内容，不断推进中华优秀传统文化教育，重视大学生的全面发展，是将大学生培养成优秀人才的重要路径，也是辅导员践行时代使命的责任担当。

（一）深化理解社会主义核心价值观

社会主义核心价值观作为广受认同的价值指引，扎根于中华优秀传统文化。中华传统文化是民族宝贵财富，在新时代仍具有重要影响。传承发展它具有积极意义。辅导员应借鉴中华传统文化，推动其教育，帮助学生领会传统文化与社会主义核心价值观融合，建立双向联系，深刻理解价值基础。

（二）培养爱国情怀

爱国主义是中华民族精髓，从古至今传承。从屈原的国家

关切，到林则徐的家国情怀，再到实现民族伟大复兴的理想，爱国主义情感传递持续。"大同""和合""大一统"等思想引导学生投身民族复兴，辅导员应引导学生担当历史责任，增强对传统文化的认同，理解为人民服务的精神，激发爱国情怀。

（三）树立文化自信

中华传统文化在漫长历史中书写文化进程，传递人文关怀。在全面建设社会主义现代化过程中，辅导员需承担历史使命，通过传承中华文化培养文化自信。大学生是文化传承主体，是实现文化强国目标的关键。通过传承中华文化，提升学生自豪感，增强文化自信。

（四）担负传承与发展责任

随着国家实力的提升，特别是"一带一路"等为中华优秀文化走向世界提供了新机遇，高等院校是中华文化传承的重要场所，大学生是承担传承使命的一代。通过中华传统文化教育，可以提高他们对传统文化的认知，加深对多元文化的理解，促进构建人类命运共同体意识。

四、高校辅导员传播和弘扬中华优秀传统文化实践路径

（一）弘扬中华优秀传统文化，增强中华文化自信

1. 拓展人文科学素养教育形式

高校是培育大学生思想品德的重要平台，肩负继承中华

优秀文化和建立民族文化自信的使命。辅导员应开展中华传统文化实践活动，培养学生人文素养，例如，引领"国粹"与"手工艺"等主题的传统文化实践，以更好地传承中华优秀传统文化。

2.发挥辅导员角色的教育引导功能

在培养大学生民族文化自信方面，辅导员发挥重要引领作用。辅导员应真知真信真爱，承担起传承与弘扬传统文化的责任。此外，辅导员应在日常生活中树立榜样，以言行引领，塑造学生正确价值观和良好人生观。

3.探索传统文化创新传播方式

要激发大学生对传统文化的兴趣，需要融合创新。运用现代手段、方法和形式，构建传播平台，使广大学生参与其中，感受传统文化魅力。辅导员应启发、鼓励学生探索新的传统文化传播方式，借助校园资源，如知识比赛、经典分享等，引领学生重新热爱传统文化，实现传承。

（二）传承中华优秀传统，推动大学校园文化建设

1.融入中华优秀传统文化于物质文化建设

物质文化是校园文化的基石，也是传统文化的重要要素。辅导员要充分认识校园物质文化，以校训和校徽为主要传播媒介，通过多种宣传手段传承中华优秀传统文化，让同学们在多元物质文化中感受中华优秀传统文化的魅力，主动继承。辅导员还应引导学生在文化传承中发挥优势，展现创新思维和想象力。

2.融入中华优秀传统文化于精神文化建设

学校文化的核心是精神文化,辅导员应将中华优秀传统文化融入其中,培养校风学风。辅导员需严格自律、尽职尽责,树立良好教师形象;以真实务实的学风为出发点,加强学生传统文化教育;以团结友爱向上的班风为基础,加强专业班级和班干部文化建设。

3.融入中华优秀传统文化于制度文化建设

学校文化传承体现于制度文化,辅导员应将中华优秀传统文化融入制度构建。辅导员需注重软性制度建设,如行为规范制定。在言行方面,强调学生的礼仪和仪表。大学辅导员与学生之间的交往方式是校园文明标准的体现,也是中华优秀传统文化传承成效的重要体现。只有通过注重礼貌、培养良好生活习惯,才能真正实现中华优秀传统文化在校园文化建设中的传承。

(三)传承中华优秀传统文化,培养学生个人品德

1.多元道德实践平台,分辨道德差异

辅导员应为大学生提供多元道德实践平台,尊重个体道德选择。引导学生从实践中体验不同道德选择的影响,促进道德认知。

2.结合现实社会,引导传统文化应用

传承中华传统文化需与现实社会结合,指导学生在现实生活中作出正确道德选择。辅导员可以通过案例分析等方式,让学生理解传统文化在实际生活中的应用,形成正确的个人道德观。

3. 身体力行，成为道德楷模

辅导员要以身作则，展现中华优秀传统文化的道德价值。通过言传身教，引导学生树立正确的人生观、价值观和道德观。辅导员的言行影响学生，实现传承中华优秀传统文化的实践。

五、结语

中华优秀传统文化蕴含着丰富的精神智慧，是全体中华儿女的精神信念，展现了中华民族的精神风貌。辅导员肩负着传承和发扬优秀传统文化教育的重要使命，通过弘扬增强文化自信、推动校园文化建设、培养学生个人品德等途径，让中华优秀传统文化在校园生根发芽，融入大学生生活的方方面面。新时代的大学生也应自觉肩负历史重任，更好地践行时代使命，做中华优秀传统文化的传承者。

参考文献

［1］李铁英，余萍萍. 大学生中华优秀传统文化教育的现实意义与路径［J］. 徐州工程学院学报（社会科学版），2023，38（2）：94-100.

［2］孙志远，赵瑶. 中华优秀传统文化融入大学生思想政治教育路径研究［J］. 陕西开放大学学报，2023，25（1）：83-87.

［3］李亚芳. 高校辅导员在中华优秀传统文化传承中的实践探索［J］. 文化创新比较研究，2022，6（10）：191-194.

关于加强新时代高校统战干部队伍建设的几点思考①

袁 伟 高碧峰

（党委统战部）

习近平总书记在党的二十大报告中指出，要全面建设社会主义现代化国家，必须有一支政治过硬、适应新时代要求、具备领导现代化建设能力的干部队伍。2022 年 7 月 29 日至 30 日召开的中央统战工作会议上，习近平总书记强调要努力建设一支让党中央放心的高素质统战干部队伍，更好肩负起时代赋予的职责使命。作为统战工作的一份子，在新的历史时期，高校更要肩负起努力实现中华民族伟大复兴的中国梦的重大使命。因此，我们需要建设一支高素质的统战干部队伍，适应时代的需求，增强政治担当和整体观念，充分发挥好高

---

① 本文获中南财经政法大学中央高校基本科研业务费专项资金资助（项目编号：2722023DT004）。

校统战部门在大统战工作格局中的协调作用。

一、高校统战工作的现状

（一）工作对象多

对于高校来说，统战的工作对象众多，主要包括各民主党派成员、无党派人士、党外知识分子、出国和归国留学人员、少数民族人士、有宗教信仰的人士、港澳同胞及在高校就读的港澳学生、台湾同胞及其亲属（包括在大陆定居的台胞和就读的台湾学生）、海外侨胞和归侨侨眷等。随着高校引进人才的不断增加，统战的工作对象的数量也在持续增长。

（二）工作范围广

随着我国综合国力的持续提升和教育事业的蓬勃发展，高校逐渐成为高级知识分子的集中地和海外归国人员的聚集地，从而使统战工作的范围不断扩大。他们中有的人在学术上有造诣，在专业上有特长；有的人在学校各部门担任领导职务；有些人是人大代表、政协委员或政府参事；还有一些人身兼多重身份。他们是高校统战工作中的重要资源和宝贵力量，对经济、社会和科技发展具有重要意义。

（三）工作多元化

随着社会主义市场经济体制不断完善，以及高校体制改革的不断深化，我国经济结构发生深刻变化，经济社会发展快速向高质量发展迈进，并呈现多样化趋势。高校教师中青年教师较多，同时留学归国人员和港澳台地区人员在内地高校人员中的数量逐年增加，无论是思想观念、价值取向，还是行为方式、道德伦理方面，都存在许多差异，这就使得高校统战工作具有多元化的特点。

二、高校统战干部建设存在的问题

（一）重视度不足

统战干部对工作的重视程度不够，对新时期党的统战工作的方针、政策、目标任务等了解不足。基层党委及基层干部认识模糊，未能充分认识到统战工作在党委工作中的重要性，部分人甚至认为统战委员无事可做，只是"虚职"，给统战干部开展工作带来了一定的负面影响。同时，许多师生对统战工作知之甚少，导致领导干部在开展统战工作时难免会遇到或多或少的困难。

（二）工作缺乏创新

面对不断变化的新形势，许多统战干部在抓好统战工作方面思路不明确、重点不突出，往往只是按上级要求去办事，如果上级没有要求，就不采取行动，缺乏积极主动的意识，大部分时间都用在其他工作上，没有很好地发挥统战工作的职能作用。此外，他们对新形势、新问题分析不够、研判不足，对"互联网+"的工作模式探索不够深入，宣传方式单一，未能充分利用微信、微博等新媒介进行多元化的宣传，导致宣传效果不佳。

（三）干部素质有待提升

干部队伍素质水平不高体现在两个方面：一是专职统战

干部少。按照基层统战工作要求，高校应配备专职统战干部。但在高校的一些二级单位中，几乎所有人都身兼数职，既要进行统战工作，又要处理其他工作，专职统战干部寥寥无几。由于平时工作任务繁重，导致分管领导没有足够的时间和精力来推动统战工作，同时也没有配备具体的工作人员，许多统战工作只是应付了事。二是统战业务知识培训相对较少，许多年轻干部理论知识强、学历文化高，但缺乏统战工作经历，缺乏实践经验，不擅长与党外人士打交道，不善于深入基层排解民忧、争取人心。

三、新时代加强高校统战干部队伍建设的对策

要做好新时代高校统战工作，就需要打造一支精明强干的高素质干部职工队伍，因此培养与新时代相适应的统战干部队伍是做好新阶段高校统战工作的关键所在。

（一）把好思想关，确保政治过硬

1. 坚定信念，强化理论武装

统战工作属于党的政治工作。作为统战干部，要坚持以习近平新时代中国特色社会主义思想为指导，深入学习贯彻习近平总书记关于加强和改进统一战线工作的重要论述，学习贯彻党的统一战线理论和方针政策，增强"四个意识"，坚定"四个自信"，坚决做到"两个维护"，切实提高政治判断力、政治领悟力和政治执行力，在思想上、政治上、行动上自觉地同以习近平同志为核心的党中央保持高度一致，

真正把党中央关于统一战线的方针政策落地落实。

作为统战干部要胜任工作，除了要熟悉统一战线的历史、工作方法以及各个领域的知识外，还要学习了解政治、经济、历史、文化、哲学、法律、自然科学等各领域知识，不断提高自身的知识水平。

2. 砥砺品质，筑牢思想防线

从整体来看，高校的统战干部都经过了严格的选拔和检验，但仍有极少数干部尚未经过磨炼，其意志品质不够坚定，无法抵御社会中的各种诱惑以及面对个别干部群众的误解。因此，统战干部要不断查找自身差距，纠正思想和行为上的错误，在复杂多变的工作中坚定立场，时刻保持头脑清醒，自觉抵制各种错误思潮和消极因素的影响，形成良好的意志品格和心理素质。

统战干部也是党员，同样要做到廉洁自律，永葆共产党员本色，在工作和生活中要正确认识和对待权力、地位以及利益问题，做到自省、自重、自警、自励，时刻保持清正廉洁，自觉抵制权钱交易等不正之风。统战干部还要对近年来发生的领导干部违纪违法案件引以为戒，从中汲取深刻教训，筑牢拒腐防变的思想防线，自觉维护好统战干部的良好形象。

（二）把好能力关，确保业务过硬

1. 要乐于奉献

在高校统战部门工作，本身就是对党性、意志和品格的严格锻炼和考验。相较于高校的其他部门，统战部门无论在经费还是人员配置方面都偏少，工作也大多在幕后。这就要求从事统战工作的每一位同志，无论职务高低，都要摆正心态，明确自己的岗位职责，树立正确的世界观、人生观和价值观，树立正确的政绩观和荣辱观，凭借对统战事业的热爱把全部精力奉献给党的统战事业。

2. 要善于交流

统战工作具有很强政治性和政策性，是一项艺术性很高的工作。习近平总书记在《深刻认识做好新形势下统战工作的重大意义》中提出："做好新形势下统战工作，必须善于联谊交友。党政领导干部、统战干部要掌握这个方式。从某种意义上说，统一战线工作做得好不好，要看交到的朋友多不多、合格不合格、够不够铁。对党外人士，要多接触、多谈心、多帮助，讲尊重、讲平等、讲诚恳，不随意伤害对方自尊心，不以势压人。"

说到底，统战工作是做人的工作。统战干部要以凝心聚力为导向，把聚人心、暖人心、稳人心作为工作的出发点和落脚点，坚持坦诚相见、平等相待；坚持广交朋友，求同存异，兼容并蓄。统战干部还要学会与拥有不同信仰和习俗的人交流，主动了解统战工作对象的利益，不断拉近彼此之间的距离，加深感情。这有利于统战工作的开展。

3. 要有服务意识

从事统战工作就必须具有成为服务群众的"勤务员"的意识，特别是在高校从事统战工作，无私奉献和求真务实的优良作风最重要。要熟悉知识分子的工作特点和规律，善于运用谈心谈话等方式开展知识分子的思想工作，多走访、深入基层调查研究，多了解他们的所思所想，广泛征求各方面的意见和建议，认真帮助他们解决困难和问题，多鼓励他们取得的成绩和进步，团结一切可以团结的力量，真正做到"察民之所虑，忧民之所想，亲民之所爱，为民之所需"。

（三）把好制度关，确保作风过硬

1. 加强制度建设

从严管理、制度先行。要从统战工作和自身建设的实际需要出发，不断加强统战干部队伍制度化建设，建立健全统战干部轮岗交流、学习培训、调研、帮扶制度等；不断完善统战部门内部的管理制度，确保统战干部公正履职；不断健全考核评价和奖惩激励制度，全面客观准确地评价统战干部的工作表现、工作实绩和综合素质，充分调动统战干部的主动性和创造性。

2. 加强内外监督

要牢固树立监督出效益的观念，建立全方位、多层次、立体式的监督网络。坚持"开门"纳谏，通过设立举报箱、举报电话、聘请监督员等多种方式，畅通监督渠道，并及时认真处理通过各种监督方式发现的问题。

3. 发展统战文化

统战文化是凝心聚力的文化，是统一战线的灵魂和血脉，也是统一战线生存和发展的内在动力。发展统战文化需要充分利用社会主义先进文化，规范和引导统战干部的行为和工作作风，使其内化于心、外化于行，使统战干部耐得住寂寞、守得住清贫，自觉抵制各种腐化堕落行为，树立和维护好统战部门的良好形象。

高校辅导员职业化专业化特征研究
——基于 40 位全国"最美高校辅导员"先进事迹的分析论证

牛　静

（法学院）

　　高校辅导员作为奋斗在思想政治教育工作的一线群体，肩负培育德智体美劳全面发展的时代新人的教育重任，直接影响高校立德树人使命的作用发挥。面对不断发展变化的时代环境和"00"后在校大学生呈现出的新思想行为特点和群体特征，辅导员队伍的职业化专业化建设也面临新的形势和挑战。推进辅导员职业化专业化发展，既是辅导员自身发展的需要，更是积极应对思想政治工作新形势的破解之道。

　　自 2019 年起，中共中央宣传部、教育部联合开展了"最美高校辅导员"推选展示活动。每年推选出的辅导员都是全国高校最优秀的辅导员代表，体现着优秀辅导员应具备的优秀品质及特征，实现了自身的职业化专业化发展，具有很强的示范性、代表性和引领力。针对 40 位"最美高校辅导员"

先进工作事迹进行文本质性分析，总结"最美高校辅导员"职业化专业化特征，分析其逻辑生成并提出提升路径，对促进辅导员职业化专业化发展具有积极意义。

一、高校辅导员职业化专业化研究设计

（一）研究对象

截至 2023 年上半年，中共中央宣传部、教育部累计评选出 40 位"最美高校辅导员"。本文以 40 位"最美高校辅导员"先进事迹为研究对象，从个体微观角度透过生动鲜活的事迹材料多维度研究高校辅导员职业化专业化特征。

（二）研究方法

本文采用内容分析法对 40 位"最美高校辅导员"先进事迹文本进行质性内容分析，全面透彻地解剖、提炼辅导员职业化专业化的特征。

（三）研究过程

本文以教育部官网发布的 2019—2022 年 40 位"最美高校辅导员"先进事迹为研究资料，通过搜集整理，所得文本资料约 10 万字。基于该文本资料整理出的"最美高校辅导员"基本信息如表 1 所示。

表 1   2019—2022 年"最美高校辅导员"基本情况统计

样本结构	样本构成（人数，所占总数百分比）		
性别	男（18 人，45%），女（22 人，55%）		
政治面貌	中共党员（40 人，100%）		
民族	汉族（32 人，80%），少数民族（8 人，20%）		
工作年限	4—8 年 （7 人，17.5%）	9—15 年 （15 人，37.5%）	16 年及以上 （18 人，45%）
职称	教授（5 人，12.5%） 副教授（16 人，40%）	讲师（17 人，42.5%）	其他（2 人，5%）研究员 1 人，政工师 1 人
职务	处级 （17 人，42.5%）	科级 （23 人，57.5%）	

（四）研究结果

本文立足于 40 份"最美高校辅导员"先进工作事迹文本为原始研究资料，结合辅导员职业化专业化的相关研究，对每一份文本进行梳理、分析，根据相同主题、统一标准凝练提取可以体现职业化专业化的关键词汇，并将有意义的描述性语句作为自由节点，共获得 278 个自由节点。同时，将 278 个具象、零散的自由节点进行反复比较与排列组合，最终抽象总结出 12 个核心词汇，并对相关核心词汇按照出现频次进行精准统计记录，具体结果如表 2 所示。

表 2   2019—2022 年"最美高校辅导员"工作事迹核心词汇统计

序号	核心词汇	频数	频率
1	网络思政	92	16.28%
2	工作室	84	14.87%
3	理论宣讲	81	14.34%
4	科研项目	75	13.27%

续表

序号	核心词汇	频数	频率
5	理论课堂	62	10.97%
6	论文	38	6.73%
7	课题	34	6.02%
8	就业指导	24	4.25%
9	出版专著	22	3.89%
10	谈心谈话	21	3.72%
11	工作体系	19	3.36%
12	辅导员素质能力大赛	13	2.30%

　　基于"最美高校辅导员"工作事迹中提炼出的12个核心词汇进行逻辑关系分析，最终抽象出三个特征范畴，分别是突出的工作素养和技能、极具特色的个人工作品牌、扎实的科研创新能力。特征范畴的最终结果如表3所示。

表3　"最美高校辅导员"的特征范畴

特征范畴	初始范畴	原始代表性工作事迹材料
突出的工作素养和技能	工作技能突出；具有特色工作方法；参加各级辅导员素质能力大赛并斩获名次；在心理健康教育、就业指导等九大职责范围内有突出工作成绩等	1. 探索党史学习教育"四向"工作法，打造网络思政"百千万"工程，提出辅导员"四感四心"育人策略，号召辅导员"四季不离伴青春"、带动大学生"胸怀三气有担当"，宣讲报告与网络课程辐射全国百所高校百万师生。——"最美高校辅导员"刘国权 2. 探索"三大路径、两个结合"的思想政治教育思路，依托德育基地、社会实践、榜样示范三大教育路径，在与团学工作、体验式教育相结合的过程中，促进了理想信念教育从情感——认同——践行的效果提升。——"最美高校辅导员"袁利

续表

特征范畴	初始范畴	原始代表性工作事迹材料
极具特色的个人工作品牌	创建个人工作室；发起各类影响较大的品牌活动；创建个人网络新媒体等	1. 整合资源、创新品牌，进一步整合"一队一团一社"（即"尼加提·雪莲花志愿服务队""全国大学生民汉双语志愿服务团""湖北新时代丝路青年成长社"）三个平台资源，统筹开展引领教育和学术研究。——"最美高校辅导员"尼加提·艾买提 2. 每一首歌均用党史中的重要年份和数字命名，以说唱的方式将党的百年足迹刻印在学生心中……2021年正值庆祝中国共产党成立100周年，常徕独立完成了原创说唱音乐专辑《1921—2021》，不仅走进了湖南农大学生的心里，还走上了"学习强国"，走进了教育部，也走进了全国高校庆祝建党100周年原创精品档案。——"最美高校辅导员"常徕
扎实的科研创新能力	发表多篇学术论文；出版著作；主持多项科研项目；指导学生参加创新创业类、学科专业竞赛等赛事等	1. 发起成立学院"创新创业试点班"，试点班学生的创意、设想累计达4万余条，申请专利460项，授权专利400余项。——"最美高校辅导员"杨建 2. 发表学术论文30余篇（核心11篇），主持教育部项目1项，团中央课题2项，省级重点资助课题2项，厅局级课题2项，校级课题2项，参与各类科研课题10项，研究成果高达20余万字。——"最美高校辅导员"陈小花

二、"最美高校辅导员"职业化专业化特征生成逻辑

通过分析"最美高校辅导员"的工作事迹发现，40位"最美高校辅导员"之所以能实现自身职业化专业化发展，源于其对于这个职业发自内心的热爱、长时间在学生工作一线的探索和积累，以及敏锐的问题导向意识，从而锻造出突出的工作素养和技能、极具特色的个人工作品牌，以及扎实的科研创新能力。

（一）强烈的职业热爱成就辅导员突出的工作素养和技能

从 40 位"最美高校辅导员"工作事迹中可以看出，这些辅导员对于这份职业有强烈的信仰和热爱，坚持以学生为中心，数十年如一日在工作岗位上默默耕耘。在所选取的样本中，77.5% 的辅导员工作年限都处于 10 年以上。出于对学生成长发展的责任心与对自身岗位的热爱，这些辅导员都具备很强的组织管理能力、协调统筹能力、危机干预能力，能真正做到围绕学生、关照学生、服务学生，锻造了很强的亲和力，帮助学生解决大学生活、学业中的各类问题，真正成为学生成长成才的人生导师和健康生活的知心朋友。除本职工作外，这些辅导员在理论宣讲、网文写作、实践活动设计策划、心理健康教育、就业指导等方面都总结出了专属于自己的工作方法和思路，能够在工作中举一反三，以更高水平的工作素养和技能服务学生成长。

（二）长期的探索积累成就辅导员极具特色的个人工作品牌

40 位"最美辅导员"职业化专业化的另一个显著特征是都拥有个人极具特色的工作品牌，而这些特色化、品牌化背后，都源于数十年的悉心探索和耐心积累。无论是自学心理知识成立情感教育工作室，还是以理论宣讲为主题设立理论大讲堂，再或是通过网络平台撰写网文、创造网络文化作品、输出优质的思想政治教育内容，这些都与每位辅导员长期的工作积累探索息息相关。辅导员长期在学生工作一线，带过数届学生，从"90后"到"00后"，善于运用思想政治教育的基本原理和方法，并紧跟学生成长变化的步伐，能不断延展工作的载体和渠道，再通过反复实践、完善与更新实现个人工作品牌的"精"与"专"，从而真正实现自身的职业化专业化发展。

（三）敏锐的问题意识成就辅导员扎实的科研创新能力

研究发现，"最美高校辅导员"普遍注重工作理论与工作实际的相互转化。这些辅导员的研究领域多聚焦在思想政治教育，与实际工作紧密相关。一方面，辅导员具有敏锐的问题导向意识，在长年累月的学生工作中逐渐发现相关问题，通过实践总结、梳理、凝练工作经验，进而转化为理论研究，不断提升思想政治教育工作的高度。同时，通过理论研究进一步指导工作开展，这对于提升工作能力、提高辅导员工作科学性起到积极推动作用。另一方面，辅导员非常注重在科研创新方面的提升和发展。在40位"最美高校辅导员"中，52.5%的辅导员职称为思政副教授及以上。同时，他们积极参与国家级、省级课题项目，在核心期刊发表多篇学术论文，具备极强的科研创新能力。

三、高校辅导员职业化专业化发展提升路径

新时代要加强和改进高校辅导员队伍建设，需要立足立德树人根本任务，紧密围绕职业化专业化目标，进一步提升辅导员职业核心素养，拓宽辅导员职业发展路径，完善辅导

员工作评价体系，一体化、多维度推动辅导员职业化专业化发展，加快高校思想政治工作高质量、内涵式发展。

（一）提升辅导员职业核心素养

《普通高等学校辅导员队伍建设规定》从九个方面明确了辅导员的工作职责，厘清了辅导员的工作内容，并从初级、中级、高级三个能力级别对辅导员发展阶段进行了划分，辅导员要实现职业化专业化发展需要先提升职业核心素养。首先，高校辅导员要以服务学生成长成才为中心提升职业核心素养。当前，"00"后在校大学生思维方式新颖，接受新鲜事物能力强，但由于缺乏各类经验易受到各种思潮的影响。学生个体在大学四年也呈现出阶段性、差异性的显著特征。因此，辅导员要精准把握大学生成长特点，瞄准学生发展需要，切实做好大学生的思想理论教育与价值引领、心理健康教育、职业生涯规划等，在思想观念、专业学习、日常生活等方面给予学生最专业的指导与帮助，促进学生个体与群体的健康成长和全面发展。其次，高校辅导员要以职业化专业化发展为目标加强职业规划。拥有清晰的职业规划是辅导员实现职业化专业化的必然要求。初级辅导员在熟悉工作内容、具备基本的工作能力后可以结合自身的学科背景、个人特色、所带学生专业特征，选择适合的职业化专业化成长方向，以实现辅导员的分层发展。

（二）拓宽辅导员职业发展路径

当前，高校辅导员整体职务、职称偏低，部分辅导员因职业发展受限而选择转岗，职业发展延续性不足，要切实缓解辅导员因日常事务性工作繁琐带来的职业倦怠、发展路径较为"边缘化"等问题。首先，高校需要在现有队伍管理制度的基础上加强辅导员队伍建设的系统性设计，针对辅导员职业认同、工作价值认同、双线晋升、成果激励、典型推广等各个环节配置相应的行之有效的文件与措施，确保辅导员成长发展的各环节有效衔接，不断强化辅导员对自身职业的认同感和价值感。其次，高校辅导员要立足工作内容，不断延展工作载体，增强职业厚度。例如，可以选择辅导员工作中的职业生涯规划与就业指导、党团和班级建设、网络思想政治教育等具体工作板块中的一个作为专门职业主攻方向，通过系列培训、交流，提升专项能力，进一步打造个人品牌和辅导员工作室，并努力成为该领域的专家型辅导员。同时，可以结合工作思考和经验，凝练、总结工作特色和典型，与学术科研充分结合，将工作经验转化为思想政治工作理论研究，提高工作的前瞻性和科学性。

（三）完善辅导员工作评价体系

高校是否具备完善的辅导员评价、激励机制是确保辅导员队伍职业化专业化发展的重要一环。部分高校在开展辅导员工作评价时偏重于辅导员的业务水平和工作能力。高校应结合办学实际，坚持定性与定量相结合，不断完善辅导员工作考核和评价体系。首先，对于辅导员的工作，既要细化可量化的工作业绩，也要突出考察辅导员在师德师风、工作态度、育人能力等多方面的表现，出台辅导员工作评价细则，使辅导员的考核评价有据可依。其次，加强辅导员队伍的稳定性。目前存在辅导员因工作事务繁杂而选择转岗，导致辅导员队伍培养中断和人才流失的问题。高校应明确辅导员"转入"和"转出"标准及要求，制定辅导员队伍建设长期规划，提高队伍的稳定性。最后，高校应积极为辅导员职业化专业化发展搭建平台，加大对辅导员工作精品、工作室建设、各级各类培训的支持力度，为辅导员的成长发展提供最坚实的基础。

参考文献

［1］冯刚. 高校辅导员队伍专业化、职业化建设的发展路径——《普通高等学校辅导员队伍建设规定》颁布十年的回顾与展望［J］. 思想理论教育，2016（3）：4-9.

［2］樊艳丽，李丽娜. 高校专家型辅导员的内涵、职责与培养路径探究［J］. 山西高等学校社会科学学报，2020（1）：52-58.

［3］冯刚. 持续推进高校辅导员队伍专业化职业化建设［J］. 高校辅导员，2020（3）：3-7.

［4］蒋立峰. 新时代高校辅导员队伍专业化专家化路径探索［J］. 思想理论教育，2019（4）：91-94.

［5］王海宁. 高校辅导员队伍专业化职业化建设的现实审视与优化路径——基于全国4000余名高校辅导员的问卷调查［J］. 思想教育研究，2020（12）：151-155.

高校学生在校伤害事故的
法律责任界定及预防
——基于高校辅导员的工作角度

瞿玉杰

（法学院）

　　自 1998 年高校开始扩招以来，在校学生数量日益增多，学生在校伤害事故案件也日益频发。这些事故包括大学生自杀、公共卫生事件、他人侵害、猝死、遭受意外事故、自然灾害等。随着新媒体的发展，现代网络环境下此类事件的发生会引发舆论的迅速发酵，社会大众对"高校是否应该承担责任""承担何种责任""高校与学生间的关系"等问题一直存在争议。大学生作为承载祖国复兴之梦的主体之一，其人身财产安全历来受到党和国家以及社会的高度重视，国家对于高校生在校伤害事故也出台了一系列的法律条文加以规定，但由于学生与学校之间的特殊关系，法理与情理间的冲突成为处理这类事件的难点。

根据教育部出台的《普通高等学校辅导员队伍建设规定》（43号令）第五条中职责五和职责七[①]的具体要求，可以看到化解矛盾冲突、关注学生的心理健康以及处理学校突发事件是辅导员的重要职责。故对于学生在校伤害事故，高校辅导员是处理该突发事件的一线工作者，他们的处理情况直接影响高校的责任承担和舆论境况。作为一线工作者，辅导员需要针对此类问题进一步探讨，明确自身职责，以及如何做好风险防范。

一、高校学生在校伤害事故的界定

高校学生普遍已经成年，为完全民事行为能力人，除了在校内及参与学校组织的活动外，他们还有权利前往非学校管辖区域及参与非学校组织的活动，因此并非所有的学生伤害事件都属于高校学生伤害事故。对于不属于高校学生伤害事故的事件，高校不承担相应的法律责任。而且高校承担学生伤害事故的赔偿责任应以过错责任为原则，而不是对所有的学生伤害事故都承担损害赔偿责任。因此，辅导员有必要

---

① 《普通高等学校辅导员队伍建设规定》第五条 辅导员的主要工作职责是：（五）心理健康教育与咨询工作。协助学校心理健康教育机构开展心理健康教育，对学生心理问题进行初步排查和疏导，组织开展心理健康知识普及宣传活动，培育学生理性平和、乐观向上的健康心态。（七）校园危机事件应对。组织开展基本安全教育。参与学校、院（系）危机事件工作预案制定和执行。对校园危机事件进行初步处理，稳定局面控制事态发展，及时掌握危机事件信息并按程序上报。参与危机事件后期应对及总结研究分析。

清楚界定何种学生伤害事件属于学生伤害事故。对于学生在校伤害事故的界定，可以从以下三个范围进行界定。

（1）主体范围。高校学生在校伤害事故的主体主要包括两种——受害者和加害者。受害者的主体一定是学生，根据相关学者观点，伤害事故中的学生指的是损害发生时扮演学生身份的角色，是一个动态情形，其本质是区分，并非所有伤害事件都属于学生伤害事故，也并非都需高校承担相应责任。高校学生扮演学生角色的情形主要包括三种：第一，高校组织实施的常规教育和教学活动。第二，高校组织的校外活动，该活动开展的前提是为学生教育服务，如实习、实践活动、公益活动等。第三，从管理者的角度看，即高校作为负有安全保障义务的管理者所监管的领域内发生的学生伤害事故，虽然此时学生没有进行学习生活的动作，但在高校监管范围内依然扮演着学生角色。对于在以上三种情形下发生的高校学生伤害事故，高校应承担相应的责任和义务。另一个主体是加害者，高校学生伤害事故的伤害类型呈现多样化特性。据统计，学生伤害事故主要包括以下情形：①学校设施问题造成的事故；②学校在管理和学生服务过程中疏忽造成的事故，如食品安全、卫生安全等；③第三人侵害造成的事故，主要是学校与学生本人之外的第三方（包括组织和个人）所带来的伤害，主观上为故意或过失；④学生个人因素造成损害，如压力过大导致抑郁自杀、猝死等；⑤自然灾害、意外事件造成的伤害事故，如雷击、实验室爆炸等。因此，对于加害者的认定也应该从多方面看待，高校并非唯一的加害主体。

（2）空间和时间范围。学生在校伤害事故发生的时间性和空间性都是特定的。《办法》已经明确规定了空间范围，在规定区域发生伤害事故均属于高校学生人身伤害事故。学界普遍认为，只要伤害行为或伤害结果有一项发生在高校负有管理义务的范围内，高校就应当承担相应的法律责任。[①]至于时间的特定性均浓缩于"在校"二字，即在学生扮演学生角色的时间内发生伤害事故，校方应承担相应的责任。

（3）损害结果的范围。我国《民法典》将损害分为三种，即财产损害、人身损害和精神损害。在发生伤害事故后，一般情况下都会有损害后果。传统观点认为《办法》中所指的伤害事故只有人身损害，精神损害难以量化，而财产损失的责任难以划分。但基于高校的社会地位考虑，只强调人身损害似乎难以合理解决此类问题，既难以慰藉当事人家属，也难以平息社会舆论，不利于处理伤害事故。故应当将财产损害和精神损害一起囊括于损害结果范围内。

综上，作为一名高校辅导员要灵活处理此类事故，明确自己所代表的高校在何种情况下需承担责任，在何种情况下不需承担责任。但辅导员也应当有足够的人文关怀对待自己的学生，无论校方是否承担责任，都应该给予学生足够的关心与关爱。

[①] 秦扬. 试论高校学生伤害事故中校方的法律责任［J］. 西南民族大学学报（人文社科版），2004（10）：143-146.

二、高校学生在校伤害事故责任认定

辅导员是高校工作人员，在处理学生伤害事故的过程中，其行为代表着学校的态度与观点，行为的后果也由高校承担。因此，辅导员需要明晰高校在学生在校伤害事故中的责任，从而更好地进行证据收集与事故处理。

（一）学生在校伤害事故的性质

高校与大学生之间存在特殊的法律关系，不仅存在事实上的法律关系，还存在教书育人以及文化精神传承的纽带关系。基于高校与学生之间特殊的法律关系，学校对学生的人身财产安全有保障的义务，对于该事故性质的认定也就成为归责的关键。伤害事故的法律性质通常有两种，一种是承担违约责任，一种是侵权责任。违约责任的前提是合同一方当事人违反合同约定的义务从而应承担的不利后果，故违约责任的前提是双方存在合法有效的合同，而我国各高校在实际中并未与学生及监护人签订合同，也未就安全方面进行协商，而且根据合同相对性，当事人必为学生和高校，学生伤害事故的主体并不局限于高校，故认定为违约责任并不合理，也不利于权益保护。侵权责任的前提是有侵权行为，包括作为与不作为，这种情况下所包含的情况较广，高校具有法定管理和注意义务，违反义务即是不作为，主动实施侵害行为即是作为，且根据《学生伤害事故处理办法》规定①，可以看出主流观点认为高校在学生伤害事故中所承担的民事责任应归为侵权责任。

（二）民事侵权责任的适用

对于责任承担问题，首先应分析高校在校学生伤害事故的类型，再结合校方是否存在具体过错对责任原则加以适用。

1. 过错责任原则应为伤害事故责任归责的主要原则

根据现有司法实践来看，校方责任的学校认定多以是否尽到了合理的注意义务来判断所承担的责任大小。高校学生普遍已经成年，具备完全民事行为能力，尽管有存在特殊情况的学生，《民法典》在侵权责任编中对限制民事行为能力人发生的校园侵权事件也以过错责任为归责原则，且《学生伤害事故处理办法》中详细规定了学校注意义务的法定免责事由，如在学校组织的校内外活动或比赛中发生伤害事故时，

---

① 《学生伤害事故处理办法》第9条的规定，在学生伤害事故中高校应当依法承担民事侵权责任的具体情形包括：高校的校舍、场地、其他公共设施以及高校提供给学生使用的学具、教育教学和生活设施、设备等不符合国家规定的标准或者有明显不安全因素；高校的安全保卫、消防实施设备管理等安全管理制度有明显疏漏或者管理混乱。存在重大安全隐患而未及时采取措施的；高校向学生提供的药品、食品、饮用水等不符合国家或者行业的有关标准要求的；高校组织学生参加教育教学实践活动或者校外活动，未对学生进行相应的安全教育，且未在可预见的范围内采取必要的安全措施的；高校知道学生有不适应某种场合或者某种活动的特殊体质、异常心理状态或特殊疾病，未采取必要措施，或者高校发生学生突发疾病或者受伤害，未及时采取相应保护措施致使损害扩大的；高校发现学生应到校而未到校、擅自离校或者获知学生身心异常及其他可能危及学生人身安全的相关信息，未及时告知学生的父母或者采取相应措施的。

学校应当做好防范工作以及事后处理方案；在学生自杀、自伤、突发疾病等情况下发生的伤害事故；校外交通工具以及自然灾害、意外事件等导致的伤害事故，这些情况下若学校行为并无不当，不应当承担责任，若学校没有尽到应有的注意义务，应当根据学校的过错程度承担相应的侵权责任。学校作为公益性组织，教育教学是其主要活动形式，活动必然会有风险，但不能因为有风险而抑制高校开展教学活动，故原则上发生以上在校伤害事故时，高校只在过错范围内承担责任。

2.过错推定以及无过错责任原则的适用

《办法》中具体规定了高校依法承担责任的情形，包括设备设施致人损害、卫生问题致人损害、变相体罚致人损害等。在这些具体情况中，对于符合《民法典》规定的过错推定情形的，适用过错推定原则，如构筑物、建筑物脱落、坠落致人损害；在学校公共场所维修、装修活动致人损害等。而对于学校本身的问题，如提供的设施设备质量不合格致人损害；餐厅、饮用水卫生问题致人损害；环境污染问题致人损害等，符合无过错责任适用要件的，学校应当主动承担相应责任并积极给予赔偿和救助，降低外界不良影响。

3.高校不承担责任的情形

高校不承担侵权责任的情形主要是第三方导致学生损害，如因打架斗殴且学校尽到了一定义务或者其他人员故意实施违法犯罪行为等造成的学生伤害事故，学校不应承担相应的法律责任，由第三方承担全部责任。虽然此类伤害事故发生在学校,但在校方尽到合理注意义务下,无法预估一些突发性、偶发性的事件,不承担侵权责任。但作为高校辅导员,尽管学校不承担责任,也应实施相应的救助行为。

综上,作为高校辅导员,在发生以上情形时,应第一时间作出判断并向上级报告,无论校方是否应当承担相应的法律责任,作为从事学生工作的一员,都应重点关注学生的人身和财产安全,给予受伤害学生适当的经济帮助,以体现学校对学生的关爱。

三、高校学生在校伤害事故风险防范——基于辅导员的工作视角

辅导员作为一线学生工作者,在学生日常管理与教育中扮演着重要的角色,高校学生在校伤害事故发生后往往也是辅导员第一时间赶赴现场进行处理。因此,辅导员是高校学生在校伤害事故风险防范的中坚力量。在高校学生在校伤害事故风险防范的过程中,辅导员应利用实践经验与知识,积极配合学校不断完善相关规章制度,同时加强对学生的宣传教育工作,并在事故发生后及时采取科学的应对措施。

(一)配合学校加强安全规章制度建设

高校安全事故频发不仅给受害者和其家属带来伤害,也对高校的声誉和社会影响产生了负面影响,很大程度上抑制了高校多彩的教育教学活动。高校作为事业性质的组织且在特殊情况下具有行政主体的角色,拥有制定校规校纪的权利。高校应当重视法律人才的运用,构建合理合法的校规校纪,

构建安全隐患排查机制，对设备设施进行阶段性的安全排查，建立以预防为主、救助为辅的事故安全防范体系和管理机制。随着科学技术与时代的发展，学生在校伤害事故也呈现更加多样化的趋势。辅导员在日常工作中与学生打交道，具有丰富的实践经验，应积极配合学校不断完善校纪校规，将各类新问题、新矛盾以书面形式固定下来。

（二）做好学生宣传教育与引导工作

辅导员职责范围内的义务主要是指能够预见、预防或者不能预见但可以避免的情况下，积极开展正确的教育引导以及风险防范工作，以防止损害扩大。在预防高校学生在校伤害事故中，辅导员首当其冲，应从时间网、空间网、关系网三方面开展教育引导工作。

时间上，针对学生成长过程，在学生入学前了解学生信息，建立学生台账。同时积极开展入学教育、安全教育、遵纪守法教育等，关注学生的身心健康，建立健康档案，特别是要重点关注特殊群体并及时给予关怀和帮助。学生适应新环境后，在考试周、转专业、毕业等特殊的时间点给予充分关注，并根据实际情况制定应急预案。

空间上，建立完善的突发事件防范处置网格，包括学校、学院、班级、宿舍等多个部分，及时发现苗头性、倾向性问题，将危险情况扼杀在摇篮中。同时，辅导员要打破与学生之间的空间壁垒，经常深入教室、寝室，走到学生身边，了解同学们的身心状况和生活状态。

关系上，强化家校联动，加强学校与家庭之间的沟通，关注学生家庭变故等突发情况，及时介入，降低突发事件发生概率；发挥班干部、寝室长等队伍的作用，深入同学之间了解情况，及时观察反馈突发事件的发生与处理情况。

（三）采取必要救助措施

在事故发生时，无论何种情况，辅导员都应积极作为，最大程度实施救助措施，包括及时送医、联系家长、帮助救护、慰问补课等。此外，还要对受伤学生及其他学生进行安抚，以避免学生和家长由于身心痛苦和沟通不畅而出现不必要的与学校敌对的情绪，进而引发舆情等不利于事情解决的后果。同时，在事故发生的第一时间上报领导及相关部门。

（四）事故材料的收集与整理

由于辅导员通常是事件的第一接触者，故在实施救助的同时应当做好证据收集工作。具体到高校辅导员的工作中，证据材料包括同学的证人证言、组织教育活动的书面记录资料、与学生家长沟通的视听资料等。充分的证据材料可以有效证明高校"职责范围内的相关义务"的履行情况，有利于高校在发生学生伤害事件时避免承担过重的不合理的责任。高校可以对辅导员进行一定的培训，如如何合法合理地处理这类紧急事件、应当收集何种证据、如何面对舆论压力等，这对开展学生工作以及防范伤害事故都具有重要作用。

四、结语

高校是"百年树人"事业中至关重要的一环，在全面推进依法治国的大环境下，依法治校也是其中重要的一环，高校学生作为承载中华崛起的中坚力量，应当为其提供安全可靠的学习环境。在发生紧急的在校伤害事故时，高校要做的第一件事不是推卸责任，而是积极救助每一位学生。辅导员在工作过程中也应了解自身的职责和权限，对高校伤害事故积极作出反应，减少事故对学生的伤害。高校通过不断完善内部制度，将制度内化于心，做到有法可依、有法必依，展现高校应有的担当，才是处理此类事件的核心。

参考文献

［1］葛建义. 高校学生伤害事故处理的法律适用问题［J］. 黑龙江高教研究，2014（9）：59-61.

［2］耿柏洋，郭金明，刘亚娜. 高校学生人身伤害事故侵权责任分析［J］. 法制与社会，2017（24）：254-255.

［3］胡婧. 高校学生伤害事故及救济办法研究［J］. 天府新论，2008（S2）：255-257.

［4］李宜江，张海峰. 高校学生伤害事故的法律审思［J］. 黑龙江高教研究，2012，30（7）：88-91.

［5］王磊，李进付. 高校学生伤害事故引发的舆情危机研判及疏导研究［J］. 思想教育研究，2016（5）：109-112.

［6］熊嘉逸. 高校学生伤害事件的法律责任及风险防范分析——基于高校辅导员的工作视角［J］. 韶关学院学报，2014，35（5）：100-103.

［7］徐伟. 高校学生伤害事故适用公平责任原则的分析——从我国相关立法视角所作的思考［J］. 国家教育行政

学院学报，2013（8）：16-20.

[8] 杨茜茜，金荣婧. 依法治校视域下高校学生伤害事故的理性反思 [J]. 高教探索，2019（6）：22-29.

共同体视角下高校师生关系内涵及构建路径 [①]

王临登

（法学院）

一、引言

随着时代的发展，学生作为"数字土著"一代，呈现个性化、多元化的特点，传统的师生关系难以满足学生发展的需求。在互联网不断发展的背景下，辅导员与学生之间的关系出现了浅层化、功利化等问题，甚至出现严重违反公序良俗的现象。高校师生关系的不和谐对学生的成长、学校的稳定发展、社会的持续进步都会产生直接或间接的影响，因此高校辅导员与学生的关系迫切需要转型，需要构建和谐的、辅导员与

[①] 本文为"2022年度教育部高校思想政治工作创新发展中心（武汉东湖学院）专项研究课题"（项目编号：WHDHSZZX2022014）研究成果。

学生融为一体的新型师生关系。

生态系统理论认为，个体嵌套于相互影响的一系列环境系统之中，系统与个体相互作用并影响着个体发展。在延伸深化师生关系时，不能将辅导员与学生作为单独的个体看待，必须将其作为一个整体进行综合分析，探究二者之间的新型关系。高校作为一个高等教育的生态系统，学生个体的发展受到高校系统的影响，主要包括教师的影响和其他学生的影响两种，而在学生成长成才的道路上，辅导员作为一种教师类型，对学生具有深远的影响。刚进入大学的学生，其世界观、人生观、价值观可塑性较强。因此，必须将辅导员与学生融为师生共同体，加强师生之间的交流，构建新型师生关系。

高校师生共同体是以教师和学生为主体、以一定的学习和研究目标为联结纽带、以探求学问和真理为动力的有机团体。辅导员作为教师的重要组成部分，必须与学生构建师生共同体关系。一方面，师生共同体要求教师与学生之间具备良好的关系，整体来看包括导学关系、朋友关系、管理关系、服务关系、主体责任关系五种，不同类型的关系之间相互影响、相互融合，共同构建了师生共同体。另一方面，共同体关系要求师生双方平等、互为主体，即"双主体"模式。师生关系不再是"主体—客体"模式，而是"主体—主体"互为主体模式。辅导员与学生之间不再是处于对立面的状态，而是基于高校生态系统组成的师生共同体。

二、共同视角下师生关系类型及内涵

传统意义上的师生关系是以教师为主体，以学生为客体。

教师作为教育的主体，拥有至高无上的地位，掌握着绝对的话语权；学生作为教育的客体，不得质疑教师的权威，只是处于被动接受者的状态。而在共同体视角下，教师和学生都是高校教育生态系统的主体，缺少任何一方，高校的稳定性将会被破坏，辅导员和学生相互影响，互为主体。教师关注学生的需求，运用一定的策略解决学生的问题，促进学生的发展；学生理解教师的工作，并积极配合教师的工作。共同体视角下的师生关系模式如图1所示。

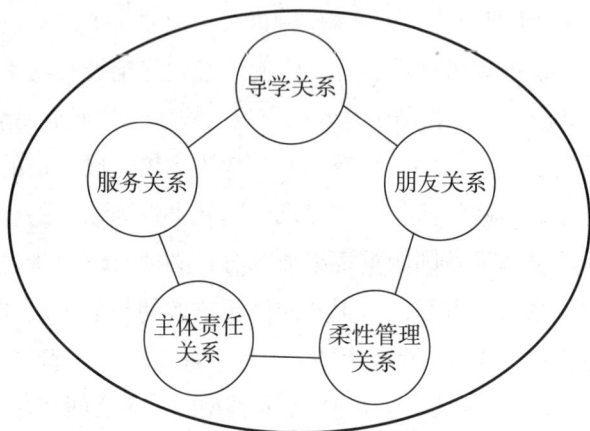

图1　高校师生关系共同体

共同体视角下，高校辅导员与学生之间呈现出五种不同的关系类型。一是导学关系，即"辅导员"与"学生"，导学关系侧重于师生对自身的身份定位和认同。二是朋友关系，即辅导员和学生互为朋友，朋友关系侧重于师生之间的情感交流与分享。三是柔性管理关系，即辅导员是高校日常运行的管理者，对学生的日常行为进行管理，管理关系侧重于师生之间的行为规范与标准化。四是服务关系，即辅导员作为服务者必须在学生需要时提供合理、恰当的服务，解决学生的困境和问题，服务关系侧重于师生之间的角色的理解与执行。五是主体责任关系，即辅导员作为教师需要对学生在校期间的行为负责，对学生的成长负责，主体责任关系侧重于师生之间的法律责任。

（一）导学关系

传统意义上的导学关系指学业、学习导师和学生之间的关系，而在思政教育中的导学关系强调的是辅导员与学生之间的关系，指负责学生思想政治教育、学风建设、日常事务管理等九大职责体系的引导学习关系。在导学关系中，"导"首先强调的是引导，其次强调的是指导，最后强调的是劝导。所谓引导主要指引导学生自觉成长，如加强自身思想政治建设，自觉营造良好学风；所谓指导是指在学生出现疑惑时，给予适当的指导，帮助学生解决思想政治、情感学习等方面的问题；所谓劝导是指在学生出现负面消极事件时，及时劝导，劝诫学生回归正途，做新时代合格大学生。高校的导学关系可以最大程度保证学生健康、良好地成长为党和国家需要的人才。

（二）朋友关系

新时代辅导员与学生的关系也应是朋友关系。朋友关系强调教师和学生在相处中应中相互尊重，教师和学生充分发挥主体性，师生之间彼此关爱，真正关注对方、理解对方，形成和谐融洽的师生关系。随着辅导员队伍越来越年轻化，辅导员与学生之间年龄差距不大，因此更容易与学生建立朋友关系。在师生朋友关系中，信任是核心。首先，教师要相信学生的可塑性，对每个学生都抱有信心。教师要相信自己的能力，通过自己的努力，一定可以促进学生的成长。其次，学生要相信教师的真诚性，相信教师的职业道德和敬畏之心。值得注意的是，教师与学生的朋友关系需要把握度，既要真诚，又不可过于亲密。

（三）柔性管理关系

辅导员是高等学校教师队伍和管理队伍的重要组成部分，具有教师和干部的双重身份。学生在校期间需要接受辅导员的管理，因此管理关系是辅导员与学生之间必不可少的关系。新时代下，辅导员与学生应建立柔性管理关系模式。传统的管理关系是刚性管理关系，辅导员占据全部主体地位，学生只能接受被动管理，其心理会受到一定影响，长此以往，师生关系会出现破裂，学生的主体地位得不到尊重，发展也受到抑制。而在柔性管理关系下，辅导员充分尊重学生的主体和人格，以学生为出发点，为学生创设人性化管理氛围；辅导员充分尊重学生的发展规律和个人差异，针对性、积极地引导学生在大学期间拼搏进取。

（四）服务关系

《普通高等学校辅导员队伍建设规定》文件指出，服务学生是辅导员的要求和职责，因此高校辅导员与学生之间存在服务关系。所谓服务关系，本质上是辅导员承担"服务者"的角色，满足学生合理、正当的需求。如果学生的正当诉求得不到满足，学生便会对辅导员产生不满情绪，长此以往可能采取较为极端的行为。如果学生的需求点和诉求点没有被发现，高校教师的教育教学活动难以达到落实立德树人根本任务、服务人才成长的目的。因此，共同体视角下，师生之间必然存在服务关系。辅导员作为服务者，精准掌握学生需求，及时解决学生困难。同时，学生可以对辅导员的服务效果进行评价，倒逼辅导员提升服务水平。

（五）主体责任关系

学生在校期间享有一定的权利，也必须承担一定的义务，学生需要遵守宪法和法律法规，遵守学校的规章制度，因此高校辅导员与学生之间存在主体责任关系。首先，辅导员必须对学生负责，保证学生的安全和受教育权等合法权益，不能违反程序做出有损学生正当利益之事；其次，学生在享受权利的同时，也必须对自身行为负责，不能做出违反校规校纪之事。在师生共同体中，师生必须共同遵守共同体所形成的默契，遵守国家、社会和学校所要求的基本规范。

三、构建新型师生关系的路径

（一）提高职业素养，增强师生关系根基

《高等学校辅导员职业能力标准（暂行）》文件，要推动高校辅导员队伍专业化、职业化发展，必须提高高校辅导员职业素养，奠定新型师生关系基础。一方面要严把辅导员队伍入口关。选聘真正热爱大学生思政工作的辅导员。在一

定条件下优先选聘思想政治教育、教育学专业的辅导员，保证辅导员在专业性和职业化方面具备较高水平。另一方面要建立长效化培训学习机制。开展岗前培训，确保培训后上岗；举办日常学习活动，不断提高辅导员队伍的职业素养，切实让高校辅导员认识到辅导员队伍的高要求和严标准，对辅导员这个集管理与教育为一体的教师职业产生敬畏之心。

（二）提高道德素养，垒实师生关系基石

新时代下，必须提高辅导员的道德素养，构筑师生关系主体。首先，辅导员应将师德内化于心，尊重学生的人格和尊严，尊重他们的个性差异、行为方式和处事原则，用发展的眼光看待每一位学生，将其视为有思想、有主见的学习主体。其次，辅导员应将师德外化于行，在与学生交往交流过程中应保持适度。辅导员在师生关系建立中应始终保持清醒认识，以学生为主体和中心，围绕学生、服务学生、关爱学生。最后，坚持师德一票否决制，《关于加强和改进高校青年教师思想政治工作的若干意见》文件指出，完善青年教师师德考核机制，建立健全青年教师师德考核档案，实行师德"一票否决制"。通过对师德内化于心的尊重、外化于行的践行，以及对违反师德的惩罚，提高辅导员的道德素养，进而构筑良好的师生关系。

（三）提高信息素养，打通师生关系渠道

目前高校学生基本上都是"00后"，身为"数字土著"的学生，对网络、信息的要求更高，因此辅导员必须提高信

息素养，打通师生关系渠道。第一，辅导员要不断提升自身的信息道德、信息意识、信息技能和信息知识，善于运用信息技术手段及时了解学生的动态，想学生之所想，急学生之所急，解决学生急难愁盼问题，包括思想政治、选课学分、日常事务管理等方面。第二，辅导员应提高自身的信息技能，了解并掌握新媒体的使用方法。新媒体能够消解师生间的信息交往边界，使师生间的交往关系扁平化，有助于破除师生职业身份所带来的信息交往障碍。在此背景下，辅导员应积极化身网络评论员，利用新媒体与学生开展良性互动，掌握QQ、微信、微博等信息媒体的使用技能，积极开展网络思政工作，在与学生的共同互动中建立良好关系。通过提高辅导员信息素养，解决传统面对面交流机会少、互动浅的问题，进而建立师生良性互动关系。

（四）提高教育素养，强化师生关系支撑

辅导员必须提高教育素养，强化师生关系支撑。一方面，辅导员应加强教育知识的学习，提高教育教学方法，将教育策略、教育方法有机融入思政工作中，从而强化与学生的沟通交流效果。例如，善用"共情"策略，换位思考，让学生充分体会到主体作用，多角度互动沟通；巧用"期待"效应，让学生感到被尊重，加强师生关系建设与交流；善于运用"最近发展区"策略，根据学生的不同水平提设定合适的目标，选择合适的方法进行沟通交流，帮助学生跨越"最近发展区"，实现个人的成长。另一方面，增加辅导员"教育优秀案例"交流机会，定期开展辅导员育人工作、师生关系建设经验分

享会，学习优秀教师所具备的教育知识、教育方法，不断提升辅导员的教育素养，进而转化为其知识储备，运用于师生关系建设中，从而保证师生良性关系的持续发展。

（五）提高法治素养，深化师生关系意识

当前社会出现的不良师生关系现象部分原因在于教师法治素养低下，未能预料到行为所带来的后果，最终酿成错误。因此必须提高辅导员的法治素养，使其成为知法、守法的"四有"好教师。首先，辅导员在岗前培训时应接受法治素养的培训，培训内容应从社会实际案例入手，从正面和反面进行全面剖析，真正使法治意识内化于心、外化于行。其次，辅导员应时刻绷紧法治之弦，要时刻记得法律之刃悬于头顶，从内心敬畏法律、敬畏教育、敬畏学生、敬畏职业，通过互联网学习法律方面的微课，不断提高法治思维，强化法治意识，增强法治行为。最后，辅导员要善于请教和总结，向优秀法治人才请教，不断反思自身日常行为是否符合法治要求，同时反思师生关系是否超出法律规范的限度。

四、结语

高校师生关系始终是高校稳定发展的重要保障，辅导员与学生的关系需要转型。师生应当形成共同体，切实保持导学关系、朋友关系、柔性管理关系、服务关系和主体责任关系。通过不断提升辅导员的职业素养、道德素养、信息素养、教育素养和法治素养，加强师生交流沟通，防范和化解师生矛盾，构建稳定和谐的师生关系共同体，促进学生发展，维护校园

环境的稳定。

参考文献

［1］梁昌秀. 基于社会生态系统理论的研究生政治理论学习体系构建［J］. 教育观察，2021，10（9）：4.

［2］杨丽丽. 新媒体视阈下高校师生共同体建设研究［J］. 广西社会科学，2018（3）：207-211.

［3］陈遇春，张珊骥. 当前高校师生关系的问题及原因探析［J］. 继续教育研究，2015（4）：57-58.

［4］《高等学校辅导员职业能力标准（暂行）》（教思政〔2014〕2号）。

［5］杨坚. 基于大学生合理增负背景下的高校新型师生关系构建［J］. 黑龙江高教研究，2019，37（7）：31-34.

［6］普通高等学校辅导员队伍建设规定［J］. 中华人民共和国国务院公报，2017（34）：28-32.

［7］陆林召. 高校师生关系功利化倾向及矫正［J］. 国家教育行政学院学报，2017（8）：47-52.

［8］教育部等八部门关于加快构建高校思想政治工作体系的意见［J］. 中华人民共和国教育部公报，2020（4）：23-27.

［9］杨丽丽. 新媒体视阈下高校师生共同体建设研究［J］. 广西社会科学，2018（3）：207-211.

［10］教育部发布《高校思想政治工作质量提升工程实施纲要》［J］. 高等职业教育探索，2017，16（6）：33.

"互联网+"时代下高校辅导员职业道德修养中存在的挑战及对策探讨

彭　行

（信息工程学院）

　　高校辅导员是高等学校中思想政治教育工作的基层力量、骨干力量，承担着大学生思想引导、价值引领等重大使命。随着互联网技术的飞速发展，大学生的信息获取渠道、学习途径、生活方式等都发生了明显的变化，网络也成为辅导员开展思政工作的重要载体和阵地，这对辅导员的职业道德修养提出了新的挑战和要求[①]。

---

　　① 宋一婷. 互联网视域下辅导员职业素养提升探究［J］. 戏剧之家，2019（24）：144-146.

一、高校辅导员职业道德修养的含义

习近平总书记指出，教育是国之大计、党之大计，是功在当代、利在千秋的德政工程，要从党和国家事业发展全局的高度，坚守为党育人、为国育才，把立德树人融入思想道德教育、文化知识教育、社会实践教育各环节[2]。高校辅导员承担着培养德智体美劳全面发展的高素质人才的重任，思想政治教育是他们的本职工作，立德树人根本任务的实现很大程度上取决于高校辅导员自身职业道德修养的高低。因此，新时代的高校辅导员不仅要注重专业知识的学习，更要不断涵养自身的职业道德，提升个人修养。

教师职业本身与其他职业有所不同，教师是人类灵魂的工程师，可以影响学生的心灵，启迪智慧。在高校中，辅导员是教师这个群体中与学生接触最多、对学生了解最深、影响最广的角色，因此其职业道德修养的内涵应该比普通高校教师更加丰富、更加深邃。

高校辅导员职业道德修养是辅导员在职业活动中应具备的道德品质和要遵循的职业道德规范[1]。辅导员是大学生成长成才的陪伴者、价值引导者，而大学阶段是学生世界观、人生观、价值观形成的重要时期。只有辅导员具备优秀的道德品质并遵循职业道德规范，才能引导大学生树立正确的三观，并影响其涵养良好的思想道德品质。

高校辅导员职业道德修养是辅导员在职业活动中不断学习高尚的道德品质、践行严格的道德规范的过程。社会对教师的道德期望远高于其他职业，而在教师职业中辅导员又是直接进行思想政治教育的独特群体。随着我国社会主义市场经济的不断发展，社会道德风气发生了巨大变化，西方文化思潮也不断涌入，这些都对新时代的大学生产生了一定的思想冲击。在这种的背景下，高校辅导员只有不断学习、培养更高尚的道德品质才能坚定道德信仰、稳住道德阵地，只有不断践行更严格的道德规范才能对大学生言传身教，确保大学生的思想道德发展走上正确的轨道。

高校辅导员职业道德修养是辅导员在职业活动中践行、反思自身职业道德行为后形成更高境界的职业道德修养的过程[3]。当代大学生的成长环境不断发生变化，思想发展也较为迅速，这要求辅导员的职业道德修养必须及时跟上这些变化。辅导员在职业活动中践行职业道德行为后应及时反思并审视自身职业道德修养，发现其中的不足和问题，有针对性地采取行动加以修正，力求达到更高境界的职业道德修养。

二、互联网背景下高校辅导员职业道德修养中存在的挑战

进入互联网时代，高校辅导员的工作方式发生了巨大变化，主要体现在三个方面：一是传统的面对面谈心教育转变为以线上沟通交流为主；二是辅导员更多地依赖互联网平台和工具处理日常学生事务；三是辅导员的思想政治教育工作领域已经拓宽到网络层面。这些变化给辅导员的职业道德修养带来了新的挑战。

首先，随着互联网的发展，辅导员与学生之间的沟通交

流已经突破时空界限，使得辅导员与学生谈心谈话的形式拓展到虚拟平台。然而相对于现实交流而言，网络对话是冰冷的、缺少表情和情感，辅导员无法准确获取学生的真实感受和需求，容易错失及时引导教育学生的良机。同时，虽然通过虚拟平台的对话交流更为便捷快速，但是过度依赖于线上交流会导致辅导员无法准确了解每位学生的性格特点、思想状况等，从而无法针对性地进行思政教育，达到育人的目的。因此，如何更好地利用网络开展思政工作、在网络时代下如何体现教师的主导地位和学生的主体地位是辅导员面临的新挑战。

其次，随着高校教育改革的推进，运用互联网、大数据平台进行教育教学成为趋势。辅导员日常事务工作繁杂，熟练运用现代信息技术可以提高工作效率，也符合大学生实际学习生活的需要。但是辅导员依赖网络工具和平台处理困难资助、助学金评审等方面的工作时往往需要收集学生的个人信息和隐私数据。网络平台的使用使得信息泄露的风险大大增加，对辅导员自身的信息伦理要求较高。

最后，互联网的高速发展使得学生获取知识和信息更加简便快捷，信息纷繁复杂，对辅导员的网络思想政治教育能力提出了更高的要求。大学生在生理上虽已经成熟，但在心理和对信息的鉴别上仍处于成长阶段。面对鱼龙混杂的网络信息，他们难以准确地过滤筛选符合社会道德标准和社会主义核心价值观的观点态度，容易被负面舆论煽动和影响。面对这样的形势，辅导员必须对大学生进行网络信息道德教育。因此，高校辅导员自身必须具备坚定的政治立场、较强的信息甄别能力和舆情研判能力，引导学生正确辨别网络信息，认识和吸收积极正面的价值观点，形成良好的网络价值观。

三、互联网视域下高校辅导员职业道德修养问题的对策

互联网的发展给高校辅导员开展学生工作带来了多重挑战。针对这些挑战，教育行政部门、高校和辅导员自身都必须通过多种途径提升辅导员的职业道德修养，培养高尚的道德情操，以成为真正的"人师"。

（一）要开展网络育人方法研究，提升辅导员网络育人能力

互联网时代，大学生的学习和生活不再局限于现实世界，虚拟网络活动已经成为他们日常生活的一部分。辅导员既要重视对大学生在现实领域的管理教育，也要重视对其在虚拟世界中的引导教育。因此，要开展网络育人方法的研究，提升高校辅导员的网络育人能力。

教育行政部门要联合高校开展网络育人方法的研究活动，构建完整的培训教育体系。可以通过设立网络育人相关研究课题、开展网络育人方法研讨会、征集网络育人方法的论文等形式，调动辅导员参与到网络育人研究中，丰富网络育人研究方法和思路。同时，还应构建完整的岗前、岗后培训体系，帮助辅导员了解、熟悉相关理论并将其运用于网络育人工作实践中，提升网络育人能力。

高校要加强校园网络信息一体化建设，通过搭建信息共享平台、数据整合分析平台等完善学生工作网格系统，为辅

导员精准、快速地开展网络育人工作奠定基础。同时，高校要根据校园文化特色和实际需求探索适合自己的学生工作机制体制，将网络育人纳入学生工作体系，厘清辅导员的工作职责边界，扫清实际工作障碍，使辅导员的育人工作更加职业化、专业化。

对于辅导员自身而言，首先要加强网络育人理论学习并进行实践训练，既要充分利用互联网关注、走进学生的网络生活，了解学生在网络世界中发表的心情和观点能够帮助辅导员更加全面及时地了解不同学生的心理需求、学习生活状态，从而有针对性地开展引导教育活动。其次，辅导员要善于运用网络平台将思想政治教育理论生动化、媒体化，以学生喜闻乐见的形式展现出来，提升思政教育效果。最后，辅导员要注重线上与线下育人相结合。网络世界是虚拟、冰冷的，线上对话缺少具象感情。因此，辅导员还应通过线下谈心谈话、寝室走访、参加班团会、指导学生社会实践等方式与学生建立情感基础，拉近与学生的心理距离，才能更好地进行育人工作，实现育人目标。

（二）要加强信息伦理规范建设，提升辅导员的信息伦理水平

当前我国关于信息伦理规范的法律法规尚不完善，国家层面应结合信息时代特点出台相关政策法规，以规范信息获取、使用、传播行为。高校应依据相关法律法规建立监督体系，以规范辅导员在工作过程中的信息处理行为。同时，还应广泛开展信息伦理宣传教育和培训，使辅导员了解在网络信息

处理过程中应遵守的法律规范和道德要求。高校还可以树立信息伦理道德典型人物形象，搜集整理模范事迹，进行教育示范引领，营造遵守信息伦理规范、提升信息伦理道德的浓厚氛围，从而达到辅导员群体将信息伦理道德真正内化于心、外化于行的效果。

辅导员要强化信息伦理意识，在运用网络开展学生工作的过程中自觉遵守信息伦理道德规范，保护学生个人隐私，注重数据安全，不传播、不复制虚假信息和不良言论。辅导员还应经常性地进行信息伦理理论学习和实践反思，积极参与高校举办的各级各类教育培训，反思自己在育人工作中践行信息伦理的过程，查漏补缺，努力将信息道德转化为强大的理性自觉。

（三）要深入开展网络思政研究，提高辅导员的网络思政教育水平

随着教育改革的不断推进，开展网络思想政治教育的必要性愈加凸显。深入开展网络思政研究，提高辅导员的网络思政教育水平可以从高校和辅导员两个层面进行。

对于高校而言，首先要大力开展网络思政教育的理论研究。针对网络社会新生态、网络时代新理念、网络世界新格局开发思政课题或项目，激发广大高校思政教师投身于网络思政教育的研究中，丰富网络思政教育理论。其次，高校要健全网络思政教育相关培训机制，不定期开展专题研讨、讲座培训、经验交流等活动，加强网络法律法规、网络安全、网络政治判断力、网络群体事件应对等方面的素养和能力，

提升辅导员的理论水平。最后，高校要建立网络思政教育实践体系，通过开展网络思政教育教学大赛、出台相关考评办法、形成奖惩机制等措施，促进辅导员网络思政教育的积极性和内驱力。

对于辅导员而言，一是要坚定理想信念，要有强烈的爱党爱国、爱校爱生之心，坚决同一切反对党的政治言论、危害国家安全和民族利益的言行作斗争；要做坚定的马克思主义者、学生的信仰之光，将思政教育融入学生的网络世界，引导他们形成正确的价值观念、强烈的爱国情怀和高尚的道德情操。二是要主动学习和更新知识框架，了解网络词汇、概念和特征，熟悉流行网络语言和使用体系，辩证地认识网络对于社会发展和学生工作的影响[1]，善于用学生的"网络思维"进行思政教育。第三是要关注网络生态，特别是学生在网络世界中的言行举止。网络信息错综复杂、真伪难辨，辅导员需要培养敏锐的政治性、果敢的舆论判断力，引导学生在网络世界理性生活、辨别是非、坚守正义、遵守网络道德规范，培养学生正确的网络道德观。

四、结语

总书记多次强调要坚持把立德树人作为教育的根本任务，要把育人育才相统一，其中教师发挥着关键作用。高校辅导员的工作直接关系到大学生的人格培养、价值观形成、心智成熟，辅导员职业道德修养状况关系到大学生的身心健康发展，也关系到高等教育目标的实现。

在互联网迅猛发展的今天，高校和辅导员都需要认识到网络给思政队伍职业道德修养带来的挑战，需要共同探索更加有效的学生工作模式，深化教育管理改革，拓宽思政教育理论体系，培育更高水平的专业化辅导员队伍。辅导员要直面网络所带来的各种挑战，强化自身职业道德，丰富专业知识，提升职业素养，涵养道德品质，成为学生成长路上的灯塔，为新时代中国特色社会主义高等教育贡献力量。

参考文献

［1］宋一婷. 互联网视域下辅导员职业素养提升探究［J］.戏剧之家，2019（24）：144–146.

［2］习近平. 习近平看望参加全国政协十三届四次会议的医药卫生界教育界委员［EB/OL］.［2021–03–06］.https://www.gov.cn/xinwen/2021–03/06/content_5591047.htm.

［3］兰静. 高校教师职业道德修养存在的问题及对策研究［D］. 重庆：西南大学，2013.

新时代高校辅导员政治引领力提升的方法探讨

杨雅婷

（金融学院）

大学是学生成长的"拔节孕穗"期，需要积极引导和精心培育。高校辅导员是进行学生思想政治教育和日常事务管理的主导者，也是开展大学生思想政治教育的骨干力量，对青年大学生的政治引领起着举足轻重的作用。高校辅导员通过思想政治教育引领大学生坚定共产主义理想，成为中国共产党领导的坚定拥护者，为社会主义现代化建设发挥青年力量。因此，强化高校辅导员的政治引领力，把握思想政治的新规律，打造思想政治教育的新阵地，才能将大学生思想政治教育工作做实、做细、做到位。

政治引领力不仅仅是单一的素质或能力，需要引领者本身具有较高的素质能力和政治价值观，以自身的行动引起有效的塑造力和积极的影响力，从而带动被引领者的行为。高校辅导员的政治引领工作侧重于理想信念和政治素质教育，引导青年学生坚定理想信念，坚定拥护中国共产党的领导和社会主义制度，传承红色基因，始终与党同向同行，最终成长为担当民族复兴大任的时代新人。因此，高校辅导员在大学生的思想政治工作中有着非常关键的影响作用。同时，辅导员的日常工作重点是大学生的管理，与大学生交流频繁、联系密切，可以及时掌握大学生的思想动态变化并进行引导。因此，辅导员在大学生的政治引领工作上具有优势。

中国特色社会主义进入新时代，这是我国发展的新的历史方位。在新时代背景下，如何提升高校辅导员的政治引领力，如何使辅导员对学生的思想政治教育和价值引领效果最大化，是关系到大学生能否成长为又红又专的社会主义接班人和可靠建设者的关键，同时也是培育时代新人的必然要求。

一、高校辅导员政治引领力提升的重要意义

高校辅导员的政治引领力是育人工作的实际问题，是辅导员在育人工作中能力和素养的展现。政治引领力是以学生的全面发展为宗旨，通过师生的良性互动，达到学生认可的标准。它能帮助学生明确自身时代新人的使命担当，引导大学生形成正确的人生观和价值观。

（一）高校培育时代新人的需要

十八大以来，习近平总书记提出了高校培养什么人、怎样培养人、为谁培养人的根本问题，对高校人才的培养指明了根本遵循和行动指南。辅导员作为学生成长成才的人生导

师、指导者和引路人，需要具备带领和引导学生的能力。提升高校辅导员的政治引领力是认真贯彻落实习近平总书记相关论述的重要举措和实践要求。

习近平总书记提出，青年一代有理想、有本领、有担当，国家就有前途，民族就有希望。中国青年是实现中国梦的先锋力量，把广大青年培养成有远大理想、有人生信念，勇于担当时代责任、练就过硬本领的时代新人，是确保党的事业薪火相传的重要基础，也是事关党和国家前途命运的重大战略政策。此外，习近平总书记对青年政治引领的方式也提供了行动方向，青年的引领需要从理想信念的制高点出发，广泛开展党史学习教育，在活动中激发广大青年的信仰，传承红色基因，让社会主义薪火代代相传。这对高校培养时代新人提出了新的要求。

辅导员是高校专门进行思想政治的工作者，是陪伴学生成长成才的人生导师和知心朋友。在育人的质量和影响效果上，辅导员都有着重要的主导作用。同时，高校辅导员也是高校党委工作的重要抓手，他们在日常的工作中与各部门、各教师联系密切，熟悉学校的各项规章制度和文件指南。辅导员在与学生的交流中能够准确传达学校信息，与学校内其他育人主体密切联系。这有助于协助其他育人主体开展思想政治教育工作。

（二）辅导员队伍专业化建设的需要

习近平总书记强调，要建设好辅导员队伍，保证这支队伍高质量、高水准。在新时代"三全育人"的要求和宗旨下，思政育人离不开辅导员的政治引领力，也是建设高质量、专业化辅导员队伍的重要抓手。因此，党和国家对辅导员队伍的建设关注度愈发重视，通过树立典型、提升高校辅导员的学历、组织辅导员职业技能竞赛等方式，着力提升高校辅导员的理论水平和专业素养。作为高校的基本职责，立德树人是高校辅导员队伍建设的重要目标，提升政治引领力是实现高校思政育人的重要举措，也是高校辅导员队伍专业化职业化建设的重要课题。

新时代高校辅导员的工作面临新要求和新定位，大学生的思想行为也发生了新的变化。在党和国家高度重视下，辅导员的核心素养更明确，着力点更明确，实践技能更熟练，这对提升辅导员的政治引领力起到了重要的基础作用。同时，面对新要求和新标准，保持原有的思想工作队伍难以满足新时代对人才培养的要求，难以保持辅导员队伍的专业性，这要求高校辅导员树立问题意识，及时更新和拓展新知识，构建思想政治教育新格局。提升辅导员政治引领力不仅能引导学生更高质量的成长发展，也是保持辅导员队伍专业化的重要举措。

二、高校辅导员政治引领力提升的现实挑战

新时代下，高校肩负着培育时代新人的重任。高校辅导员作为高校思想政治教育的专门队伍，是思政育人工作的主攻手，需要持续提升自身的政治引领力。然而，由于传统政治引领教育的效果弱化、辅导员核心素质参差不齐、新时代大学生思想观念的变化，以及制度保障的支持力度不足等问题，辅导员的政治引领力面临严峻挑战，需要不断探索有效

的路径和策略。

（一）传统政治引领教育的效果弱化

传统的思想政治教育课堂中，引导者通常通过其身份和思想权威对被引导者进行塑造。例如，在班会、团日活动、社会实践等活动中，辅导员能够较好地引领青年大学生的政治站位。但在互联网时代，信息传播具有更迅速、开放和共享的特点，使其成为大学生获取信息的重要渠道，同时大量的互联网信息也对大学生的思想产生巨大影响。相对于传统思想政治教育课堂的单一和枯燥，互联网媒体使用先进的舆论技巧和夸张的媒体形式输出多元的思想，甚至是错误的价值观。大学生在信息浏览的过程中容易深陷其中，受到负面影响，对辅导员的政治引领产生怀疑态度，甚至抵触心理，从而弱化了思想政治引领的作用。

（二）高校辅导员核心素质参差不齐

高校辅导员是大学生思想政治教育的主导者，其政治素养、专业素养和职业素养等核心素养将对思政工作成效产生重要影响。当前，随着培训课程和素质能力竞赛的发展，辅导员可以通过学习有效提升自身的政治引领技能。但由于辅导员的日常事务性工作繁杂，有些辅导员用于提升自身的时间较少。同时，辅导员管理的学生数量庞大。思政工作并非简单的按章办事、流程管理，需要辅导员花费大量时间和精力寻找合适的引领方法，容易出现思政引领方法不当、能力不足的问题。

与辅导员的其他职责相比，思想理论教育和价值引领是一项长期工程，不会立刻产生显著的效果。思政教育具有一定的迟滞性，在工作考核时也无法明确考核标准，导致思政育人实效变"虚"，没有做"实"。部分辅导员因循守旧，仍然采用老套的教育方式来管理学生，管理思维单一且落后，无法对学生起到良好的管理效果，出现了核心素质不全面的问题。同时，互联网的快速发展对辅导员的政治引领修养提出了更高的要求。

（三）新时代大学生思想观念的变化

当前国内外政治形势复杂多变，社会思潮多元变化。特别是随着互联网的发展，信息传播的便捷性加快了社会思潮的传播速度和广度。当代大学生是网生一代，在技术革命背景和文化激烈交流的环境下成长，他们是互联网的原住民，具有更强的思想活跃性和主体意识，受到网络信息的影响较大。

在网络经济的影响下，三观尚未成熟的大学生容易受到拜金主义、享乐主义等不良风气的影响。同时，手机、电脑等电子设备的普及以及社交网络的便利性使大学生更倾向于线上交流，部分大学生的社交欲望低、社交能力弱，导致辅导员的思政教育效果减弱。因此，新时代高校辅导员的思想政治工作面临更大的挑战，提升政治引领力成为当下极为重要的课题。

（四）制度保障的支持力度不足

高校辅导员是高校思想政治教育体系中的一部分，是"四梁八柱"大思政体系的一个要素，高校思政育人工作的完成需要思政体系的良性运转。然而，辅导员的育人工作受到诸多外在条件的限制。辅导员自身的能力提升和素质培养是政治引领力的重要基础，而高校的制度保障、激励机制和管理方式则是重要保障。目前，学校内各部门间的思政育人协作性不足，其他育人主体未能与辅导员形成育人合力，一定程度上影响了辅导员政治引领效果的发挥。

辅导员是高校思政队伍的重要力量，但并非唯一力量。高校辅导员政治引领力的发挥需要高校各部门、各要素的协同配合，但在目前的实践中，协同育人的制度还未能完全落实，使得辅导员的政治引领力的效果减弱。

三、高校辅导员政治引领力提升的解决路径

新时代下，我国发展进入新的历史方位，高校辅导员的角色定位面临新的任务，大学生的思想行为也呈现出新的特征，这对新时代高校辅导员政治引领力的效果提出了新要求。围绕新时代对高校提出的新标准，激励辅导员筑牢理想信念，加强核心能力建设，改进工作方法，拓展教育平台，完善制度建设，为提升高校辅导员的政治引领力提供切实可行的解决路径。

（一）筑牢信仰之基，加强高校辅导员核心能力建设

高校辅导员的政治引领力集政治、思想和价值观为一体，辅导员肩负着立德树人的重要使命，其自身需要坚定正确的政治立场和理想信念，通过自身言行来影响和引导大学生。

作为引领者，高校辅导员需要具备扎实的理论素养和政治素养，不断加强理论学习，深刻理解习近平新时代中国特色社会主义思想的核心要义和丰富内涵，坚决做到"两个维护"，增强"四个意识"，坚定"四个自信"。辅导员肩负着铸魂育人的神圣使命，在理论学习上要及时跟进，积极思考，构建自身的思想体系，将学习成果转化为坚定的理想信念。

辅导员不仅要通过读原著、学原文、悟原理等方法来学习理论知识，还要与时俱进，将理论与具体实践相结合，用最新的理论指导实践，使思想政治教育工作因时而进、因事而化、因势而新。只有提升自身的核心能力，才能说服、争取、引领大学生，使之树立马克思主义信仰。

（二）改进工作方法，把握新时代思想政治教育工作规律

高校辅导员的思想政治引领力需要以有效的方法和平台为抓手。思想政治教育工作应与时代同频共振，在时代发展、社会变革和新兴事物冲击等多种情况下，不断探索新的工作方法，牢牢把握思想政治教育工作的规律，才能切实提高思政育人的实效性和有力性。辅导员要以新时代人才培养要求为根本，不断剖析和理解大学生在不同时期的认知方式和思维特点，用大学生喜闻乐见的方式开展思政工作，满足学生的成长发展需求，注重知、情、意、行相统一，充分发挥基层团组织和班委的作用，抓住关键少数，带动绝大多数，以实现政治引领力的有效提升。

政治引领力是辅导员与大学生互动的过程和结果。辅导

员要努力走进学生、了解学生、亲近学生，使学生主动接受辅导员在思想观念和价值取向上的引领，在内心深处认同并为之奋斗。高校辅导员的工作应以立德树人为根本，结合五育并举的工作方法，引导学生深入参与形式丰富的实践活动，促进大学生的全方位发展。同时，辅导员应在实践活动中教育学生守公德、严私德，帮助学生学习并领悟社会主义精神，不断提升学生的思想水平和政治觉悟。

（三）拓展教育平台，占领思想政治教育新阵地

在新时代下，对大学生进行思政教育的广度和深度不断拓展。辅导员在日常工作中需要全面关注大学生的思想动态，将显性教育与隐性教育结合，将广泛覆盖和分类指导相结合，将解决问题和引导思想相结合，抓住关键时间点，不断提升思想政治教育工作的感染力和实效性。同时，在新时代下，需要结合大学生的新特点，与时俱进地改进工作方法，摆脱空洞的说教，使思想政治教育工作变得生动有趣。

辅导员可以运用新媒体技术，利用互联网开展思想政治教育工作，将思政工作与网络相结合，便于思想引导的开展。同时，辅导员要真心关心、关爱学生，走进大学生群体，与学生面对面交流，零距离接触，随时了解广大学生的所思、所想、所忧，并及时为大学生提供指引。辅导员的政治引领需要将线上线下有机结合，既要"键对键"，又能"面对面"。此外，辅导员可通过"一站式"学生社区、第二课堂等思想政治教育新阵地，将"理论教化"和"观念内化"相结合，整合思想政治育人资源，增强政治引领的感染力和穿透力，

构建思政育人新格局。

（四）完善制度建设，构建辅导员政治引领力的长效机制

辅导员开展思政工作、提升自身的政治引领力不仅需要加强理论学习、提高自身本领，还需要有力的保障机制来提供平台和保障。通过建立高校各部门、各育人主体协同参与制度，增加队伍建设经费，动员社会、家庭、学校等各方力量支持辅导员的思政育人工作，并健全考核机制和制度等方法，不断扩大辅导员思政工作的影响力，有效提升高校辅导员的政治引领力。

教育部关于《普通高校辅导员队伍建设规定》中强调，专职辅导员的评聘要更加注重工作业绩和工作实效。高校需进一步完善相关制度建设，有效考核辅导员思政育人的工作量，以评促进，激励高校辅导员不断提升政治引领力。辅导员的思想工作是一个对人进行塑造的过程，政治引领对学生的作用效果也是潜移默化的，具有一定的滞后性，无法用具体的变量进行准确衡量。因此，高校需要探索完善辅导员思政育人考核评价体系，将育人过程和育人结果相结合，全面考核辅导员的工作量和育人实效，推动辅导员队伍的专业化建设，有效保障辅导员的职业化发展道路。

当今世界正处于百年未有之大变局，教育事业在新时代承担着教育强国的重要使命。教育现代化的发展以及大学生思想行为的变化等世情、国情、教情、学情的改变，使得高校辅导员开展思政育人工作的难度加大。习近平总书记关于

青年政治引领的重要论述为新时代高校辅导员的政治引领工作提供了根本遵循和行动方向。辅导员政治引领力的提升不仅需要辅导员发挥自身的主观能动性，更需要发挥思政工作体系的外源推动力量，打造一支专业化队伍。在内外联动的作用下，激励辅导员不断增强其政治引领力，当好学生的引路人，真正贯彻落实立德树人的根本任务。

参考文献

［1］刘健康. 新时代高校辅导员政治引领力提升研究［D］. 长春：东北师范大学，2022.

［2］庞立生. 习近平关于教育使命的新定位、新认识与新要求［J］. 东北师大学报（哲学社会科学版），2021（1）：10-15.

［3］彭庆红，耿品. 新中国成立70年来高校辅导员队伍建设的历史进程、总体趋势与经验启示［J］. 思想理论教育导刊，2019（8）：132-137.

［4］秦在东. 新时代高校思想政治工作者的特殊使命［J］. 学校党建与思想教育，2017（23）：16-19.

［5］任志锋. 新时代意识形态理论创新的方法论特征［J］. 马克思主义研究，2020（9）：146-155.

［6］孙来斌. 用习近平新时代中国特色社会主义思想武装大学生头脑［J］. 中国高校社会科学，2018（2）：23-26，9.

［7］王仕民，金娇. 思想政治教育引领力的生成逻辑［J］.

湖北社会科学，2021（10）：149–154.

[8]严威，许通.“两个结合”视域下高校辅导员提升政治引领力路径研究[J].河南教育（高等教育），2023（2）：11–13.

[9]余斌.论思想政治教育的主体和客体[J].思想政治教育研究，2020，36（1）：53–56.

信息时代辅导员成长发展的挑战与对策

吴章凡

（外国语学院）

一、引言

随着信息技术的深入应用，人工智能、物联网等技术逐渐融入每个人的生活，数字化学习成为辅导员成长的主要方式之一。知识更新速度加快、学习方式更加多元，对自主学习能力提出了更高的要求，这给传统的辅导员成长模式带来了新的挑战。如。辅导员作为高校学生工作的重要力量，承担着学生思想政治教育、日常事务管理、成长发展指导等重要职责。本研究将探讨数字化环境下通过培养主导学习意识和能力，利用数字资源优化学习方式提升辅导员的自主学习水平，以适应信息时代对辅导员成长的新要求。本研究旨在为数字环境下辅导员的成长发展提供参考，帮助他们应对挑战，保障工作质量和效率。

二、信息时代对辅导员成长发展的挑战

2021年3月，教育部发布《高等学校数字校园建设规范（试行）》。文件强调高校要通过数字校园建设，推进育人方式创新，实现信息资源智能化联通、用户信息素养的适应性发展。[①] 知识管理思想强调"尊重知识、尊重人才"，重视个人持续学习和组织开放协作，这与辅导员专业化发展需求高度契合。同时，信息技术的广泛应用为知识获取与共享创造了条件，数字化也影响了教育模式变革，这对辅导员提出了更高的知识素质和学习能力要求。采用知识管理的理念，全面推进辅导员的知识学习与创新，有利于他们应对信息化挑战，成长为适应知识经济时代需求的专业人才。

（一）信息技术进步加速知识更新速度

在信息时代，知识的产生和更新速度显著加快。科技进步正在持续推动知识前沿的发展，各学科的知识体系也随之不断更新并迭代。另外，数字技术的飞速进步使得知识传播更加高效和便捷，从而缩短了知识半衰期。在教育信息化水平提高的背景下，高校教师的工作模式、方法和视野都得到

---

① 教育部. 教育部印发《高等学校数字校园建设规范（试行）》［EB/OL］.［2021-03-26］. http://www.moe.gov.cn/jyb_xwfb/gzdt_gzdt/s5987/202103/t20210326_522685.html.

了提升[①]。然而，传统的学习模式已经难以适应知识快速更新的需求，这对辅导员掌握最新知识带来了挑战，同时也影响了辅导员的职业成长步伐。

知识更新周期的缩短意味着辅导员需要以更快的速度学习和掌握新知识。但由于日常工作任务繁重，辅导员难以抽出足够的时间系统学习各个学科领域不断更新的新知识。根据一项对 205 名辅导员时间管理的研究统计，辅导员每周在处理谈心谈话、班团建设、活动组织等日常事务工作上投入时间占工作有效利用时长的 93.89%[②]。一旦无法及时学习和掌握最新的政策文件、知识经验等信息，辅导员很可能陷入知识滞后状态，这将直接影响辅导工作的质量和效果。同时，在引领学生一起学习工作时也变得更加困难。

（二）学习方式变化，自主学习能力需求增强

数字化技术的进步使学习资源实现了网络化与多媒体化，同时网络学习平台的兴起也颠覆了传统的面对面学习模式。这一变化使得辅导员拥有了更多元化和灵活的学习选择。然而，网络学习也给辅导员带来了新的挑战。众多的学习资源使得选择变得更加困难，辅导员需要具备自我管理能力；缺乏面对面指导，辅导员需要具备主动学习能力；知识更新速度快，对主动学习能力的要求更高；不同任务也要求辅导员

① 郑小军. 信息技术支持的教师专业发展：从应然走向实然［J］. 现代教育技术，2010，20（7）：58-61.

② 马加名，李潮欣，王世杰，等. "大数据"视域下新时代高校辅导员理论素养提升的理路探析［J］. 高校辅导员，2018（2）：57-61.

灵活性学习方式。总的来说，数字化学习改变了学习环境，作为辅导员，应培养全面的素质，包括学习策略能力、自我管理能力以及主动学习能力等。

（三）信息过载，难以高效利用信息资源

数字技术的快速发展和信息网络的普及为辅导员提供了丰富多样的学习资源。一方面，互联网使得各类学习信息能够迅速传播，辅导员可以通过网络平台获取来自各行各业的优质教学资源，如视频、论文、报告等，这为辅导员解决实际问题提供了广泛的参考案例。另一方面，移动互联网的发展使得学习资源无处不在。辅导员不再限于固定时间和地点学习，可以利用零散时间通过手机等设备学习，极大地提高了学习的便捷性和效率。

但是，海量信息也带来了分类管理的难题。不同来源和形式的信息混杂在一起，给辅导员选择利用有效信息提出了挑战。一方面，来自各学科和领域的知识点杂糅在一起，辅导员需要根据自身需求进行精准筛选；另一方面，同一个问题可能存在多个视角和解决方案，这要求辅导员具备较强的信息过滤和判断能力。此外，信息更新速度的加快也使得辅导员难以及时跟踪学习新知识的变化。因此，在信息过多的情况下，如何高效利用互联网学习资源成为辅导员面临的重要问题。

（四）工作模式的混合变化带来的挑战

在信息时代，辅导员的工作模式面临着混合变化的挑战。

传统的辅导员工作主要依靠面对面的沟通和指导，虽然能够实现真实的互动和交流，更好地了解学生的需求和问题，但受时间和空间限制，效率较低。随着技术的发展和信息化的普及，辅导员的工作方式也逐渐发生变化，形成"线上＋线下"=相混合的工作模式。工作模式混合后，辅导员需要同时应对线上和线下的工作需求，花费更多的时间和精力来管理和回复线上的信息，从而减少了与学生面对面交流的时间[①]。

（五）技术障碍成为辅导员成长发展的阻碍

1. 客观原因

高校系统的建设和管理存在不足之处。在辅导员职业发展中，高校的各种系统往往存在重建设、轻管理、轻服务的现状[②]。这意味着各类平台的样式陈旧，功能不完善，难以使用。部分新系统可能未经充分的调研和测试，实用性不高，需要辅导员投入大量的学习成本来掌握和应用。如果辅导员缺乏相关的信息素养和技术能力，就难以适应这些新系统，从而阻碍个人发展进程。

2. 主观原因

辅导员个人的信息技术能力不足。在信息时代，高校教

① 刘宏达，许亨洪. 信息化环境下高校辅导员的素质提升与工作创新[J]. 国家教育行政学院学报，2016（6）：60-65.
② 邱坤. "双一流"目标下的高校信息化服务能力提升对策[J]. 实验室研究与探索，2019，38（11）：239-242，293.

师需要具备更高水平的信息技术能力，无论是在知识管理、工具运用还是自主学习方面，都需要有较高的技术能力支持[①]。这是国家对高校信息化的要求，也是辅导员个人发展的未来趋势。必须指出，部分辅导员可能因为缺乏技术培训和学习机会，导致其技术能力受到限制。另一方面，部分辅导员对技术的学习和应用态度可能较为消极，缺乏主动性，这进一步削弱了他们技术能力的发展前景。

三、信息时代辅导员成长发展的对策

面对知识更新周期的缩短和学习压力的增大，辅导员需要找到新的适应策略，才能在信息时代持续成长。他们需要建立起知识管理的思维模式，以知识为导向推进持续学习。同时，还应培养自主学习的能力，利用数字化手段提升学习效率。只有这样，辅导员才能够主动适应信息技术变化带来的影响，并不断提升自己的专业能力，更好地开展学生工作。

（一）建立知识管理体系推进持续学习

知识分类与储存。建立知识管理体系的首要任务是对各类知识资源进行分类和整理，建立起知识库体系。这需要辅导员根据自身工作特点和发展需求，对学习知识进行分类，将不同类型的知识如理论知识、政策法规知识等进行归类，并采用信息技术手段建立起完善的知识库体系，实现知识资

① 杨宗凯. 高等教育数字化转型的路径探析 [J]. 中国高教研究，2023（3）：1-4.

源的有效储存与调用。

学习计划与跟踪，制定学习计划并实施跟踪。这需要辅导员根据自身工作任务和个人发展目标，明确近期和长期学习重点，制定科学合理的学习时间表和任务安排表。同时，定期对学习效果进行评估，了解学习进度和难点，及时调整学习计划。这可以有效推动学习进程，也有利于学习效率的提升。

知识共享与应用，促进知识的共享与应用。辅导员可以利用网络平台等工具，开展在线学习交流活动，促进同行之间的知识交流。同时，应将学习知识运用于工作实践中，总结经验教训，并反馈到知识库体系中，以丰富和完善知识体系。这有助于深入理解和应用学习知识，也能促进知识管理体系的持续优化与发展。

（二）培养自主学习能力适应数字化学习

开展能力培养培训。数字学习需要自主学习能力的支撑。管理组织可以组织开展自主学习能力培养培训，通过授课、案例分析等方式，帮助辅导员建立自觉学习的意识，明确学习目的和方法，培养独立思考和主动解决问题的能力，为数字学习打下坚实基础。

定制个性学习计划。管理组织还应根据不同辅导员的个性特征和学习需求，提供定制化的学习计划指导服务。例如，为年轻辅导员提供学习技能培养，为中年辅导员提供职业发展规划指导等，从而满足不同阶段辅导员的学习需求。这有利于提升学习效率。

利用网络学习平台。利用网络学习平台丰富学习资源，可以很好地培养辅导员的信息检索能力和问题解决能力。管理组织可以整合公开课、专业书刊等网络学习资源，通过平台推荐学习资料和活动，帮助辅导员主动开展探索式学习。

交流学习方法。定期组织辅导员之间的学习方法交流与指导也是非常重要的。通过小组讨论等方式，辅导员可以互相学习更高效的学习策略，帮助那些不能很好地掌握学习方法的同行，促进学习效率的提升。

（三）使用信息技术提升学习效率

利用智能设备进行学习资源管理。辅导员可以利用设备的文件管理功能将学习资源如电子书、论文等按主题分类存储在不同文件夹中，实现分类管理。同时，可以利用搜索功能快速定位学习资源，极大提高学习效率。在学习过程中，可以利用设备的笔记功能记录重要思考，形成系统的学习笔记。学习结束后，将笔记整理并上传到知识管理系统中与其他辅导员共享。利用这些功能可以高效管理学习资源，记录学习过程，促进知识内化。

利用网络学习平台进行互动学习。在平台上开设各类主题的在线课程，辅导员可以灵活选择学习时间。平台上还可以开设讨论区和博客功能，辅导员之间可以就学习内容进行深入交流与协作学习。管理组织也可以在平台上不定期举办在线讲座和培训，辅导员可以选择性地学习。这种网络互动学习模式可以很好地激发学习动机。同时，平台上也可以设置不同的学习小组，小组内成员可以进行更深入的学习交流。

应用智能学习软件进行个性化学习。这些软件不仅可以根据过去的学习数据为辅导员推荐相关的学习资源，还可以根据学习进度提醒任务。更重要的是，它们可以通过分析辅导员学习行为，识别学习难点，给出改进建议，有效指导个性学习。同时，软件还可以根据学习效果给出反馈，帮助辅导员检测学习盲区。辅导员可以通过在软件中记录学习计划和过程，更好地实现个人学习管理。

建立学习大数据平台进行决策支持。管理组织还可以建立学习大数据平台，收集整理各个辅导员的学习数据，进行深入分析，了解辅导员群体在不同阶段的学习特征和需求点，为管理组织提供决策参考，进一步完善学习支持措施。

四、结论

近年来，数字化已成为教育发展的不可或缺趋势。数字化为辅导员的知识管理工作提供了新的思路和可能。高校应抓住数字化发展的机遇，全面推进知识管理工作向数字化转型。这不仅可以助力知识管理工作的高效开展，更重要的是可以推动辅导员的专业化发展迈上新的台阶。

具体来说，数字化可以帮助高校建立开放的知识体系，实现知识内容的分类管理与高效共享，丰富知识库内容。它还可以支持个性化的数字学习，实现学习资源的定制推送与互动。此外，数字技术可以支持全程学习服务体系的建设，记录学习过程与结果，形成电子学习档案。最重要的是，数字化可以培养辅导员的网络学习能力和自主学习意识，促进知识管理理念的内化。

　　总之，数字化知识管理为辅导员的职业发展提供了全新的视角。高校应抓住数字化机遇，推进知识管理工作向数字化转型，这不仅可以提升知识管理工作效率，更重要的是可以助力辅导员成长为适应数字未来的高素质人才。只有这样，知识管理才能真正发挥其在促进辅导员专业化发展中的重要作用。这将成为高校建设世界一流大学的一个重要方面。

共情策略在辅导员谈心谈话
与学生需求满足中的作用探究

张瀚文

（刑事司法学院）

辅导员在高校中扮演着重要的角色，他们不仅为学生的学业和生活提供支持和指导，还负责维护学生的心理健康和全面发展。在众多辅导方式中，谈心谈话被广泛认可为一种有效的沟通方法，并且也是辅导员日常工作内容之一。辅导员经常面对各类学生问题和困扰，包括学业压力、人际关系、家庭问题等。通过谈心谈话，辅导员能够与学生建立深入的沟通和联系，了解学生的真实需求和困惑。此外，谈心谈话在危机发现中具有重要意义。学生在成长过程中常常会面临各种心理、情感或行为上的困扰。有些学生可能面临严重的抑郁、焦虑等心理问题，甚至出现自残或自杀的倾向。辅导员作为校园中的心理健康教育工作者，通过与学生进行谈心谈话，可以及早发现学生的心理危机，并及时提供必要的帮助和支持。在这个过程中，辅导员的共情能力和策略起着至关重要的作用。

共情作为一种情感交流的技巧，意味着辅导员能够体验并理解学生的情感状态、需求和体验，进而表达对学生的理解和关心。共情作为人际沟通的重要组成部分，在辅导员与学生之间建立信任和理解的桥梁，既可以促进有效的谈话，也有助于满足学生的多元化需求。然而，在辅导员谈心谈话中实施共情策略并不容易，因为学生的需求是多样化和复杂的，需要辅导员具备一定的沟通技巧和情感敏感度。本文旨在系统地探讨辅导员谈心谈话中的共情策略与学生需求满足之间的关系，为提高辅导员的工作质量和谈心谈话的效果提供理论和实践支持。

一、共情策略的概述

共情是由人本主义创始人罗杰斯所提出的概念，又称"神入""通感""同理心"，指的是心理咨询者要设身处地理解来访者知觉外部世界的方式，感受其体验到的世界，分享其对外部刺激的心理反应，将自己的准确理解有效反馈给来访者，并以此促进来访者自我分析、自我感悟、自我认知能力的成长。[①] 共情被广泛视为情感交流和人际关系中至关重要的因素之一。共情包括情感共鸣和情境理解两个方面，前者

---

① 于鲁文. 共情在心理咨询中的作用 [J]. 健康心理学杂志, 2003（4）: 272-274, 278.

指的是能够感受并回应他人情感的能力，后者指的是理解他人所处情境和想法的能力。

二、辅导员谈心谈话中的共情策略

（一）非语言表达共情策略

非语言表达共情策略是指通过身体语言、面部表情和态度呈现等方式传递共情的意图。这包括保持良好的眼神接触、积极倾听、营造安全私密的谈话空间等。这些非语言表达方式能够让学生感受到辅导员的关注和理解，从而促进有效的沟通和信任建立。

（二）反馈共情策略

反馈共情策略主要指辅导员对学生的言语和行为进行反馈时所表达的共情态度。辅导员可以使用肯定的语言和鼓励性的态度对学生的表达进行回应，以传达自己的理解和支持。此外，辅导员还可以使用与学生情感相应的声音、语调和语速来增强共情效果。

（三）提问共情策略

提问共情策略是指辅导员通过提问进一步了解学生的感受和需求。辅导员可以使用开放性问题邀请学生分享更多的信息和情感体验。在提问过程中，辅导员需要展示出真诚的兴趣和关注，避免给学生一种被审问或质询的感觉。

（四）相似表达共情策略

语言表达共情策略是指辅导员在与学生交流时使用合适的语言来传递共情。辅导员可以使用与学生相似的词汇和措辞，以增加共鸣和理解。此外，辅导员还可以运用积极的语言，如对学生的表达内容进行逻辑性的归纳处理，用鼓励、支持和称赞等方式重复学生的表达内容，展现对学生感受的理解和认真倾听的姿态，从而传递对学生需求的理解和支持。

三、共情策略与学生需求满足的关系

谈心谈话作为一种有效的沟通方式，运用共情策略可以与学生建立良好的沟通反馈，但谈心谈话的本质是为了了解学生需求和与学生建立信任关系，从而解决学生存在的问题。在谈心谈话层面上，辅导员要通过共情策略与学生搭建有效的沟通桥梁；在学生需求满足层面上，辅导员要以共情策略为支撑，通过积极的沟通和对学生的关注来发现并满足学生的需求，包括生理需求和精神需求。通过共情策略，辅导员能够关注学生的生理、安全、归属、尊重和自我实现等方面的需求，并提供相应的支持和资源。通过与学生建立信任、理解和共鸣的联系，共情策略将促进学生与辅导员之间的良好关系，为学生的成长和发展提供积极的支持。

（一）生理需求满足

共情策略能够通过关注学生的基本生理需求，如饮食、睡眠和健康等方面，提供相应的支持和指导。辅导员可以通过提供相关的信息和资源、倾听学生的困扰以及给予适当的关怀来满足学生的生理需求。例如，当辅导员发现学生由于精神压力或学业负担过重而出现饮食不规律或失眠等问题时，可以与学生深入交流，了解其具体情况，并提供营养饮食建议、身体放松技巧和合理的作息安排等。通过共情策略满足学生的生理需求，有助于提升学生的身体状况和生活质量。同时，具备一定心理健康常识的辅导员还可以初步辨认一般身体不适和心理疾病之间是否存在关联。

（二）安全需求满足

共情策略可以帮助辅导员建立与学生之间的信任和安全感，通过提供心理支持和咨询满足学生情绪和心理上的安全需求。辅导员可以通过倾听、肯定和理解学生的感受来促进安全需求的满足。当学生遇到情绪困扰或心理问题时，辅导员可以以开放、支持性的态度与学生进行对话，表达对其内心感受的理解和共鸣，并提供适当的情绪管理策略或引导学生寻求专业心理咨询。例如，在性取向、遭遇诈骗或其他负性事件方面，辅导员可以营造安全的环境倾听学生的困惑，以包容理解的态度引导学生的认知与态度，满足学生对安全的需求。在此类敏感议题中，共情策略的运用有助于营造安全、开放的环境，帮助学生处理困难和压力，促进他们的心理健康发展。

（三）归属需求满足

共情策略能够增进辅导员与学生之间的联系和归属感，从而满足学生在社交和人际关系方面的需求。通过与学生建立积极的情感共鸣和理解，辅导员能够提供支持和团队感，帮助学生建立良好的人际关系。例如，当学生感到孤独或不被理解时，辅导员可以通过共情策略让学生感受到自己被接纳和重视，帮助他们建立更多的人际联系，并参与到社交活动中去。辅导员还可以组织团队活动或社群支持，帮助学生找到归属感和亲近感，以满足其社交需求。同时，辅导员在与学生的进一步联系中不只是代表个人，辅导员本身就是学校、学院的代表，师生关系的促进更有利于学生对学校和学院产生归属感。

（四）尊重需求满足

共情策略可以让辅导员更好地理解学生的想法、信念和价值观，并以尊重和包容的态度对待学生的个性和选择。通过非评价性的言语和行为，辅导员能够满足学生在自我尊重和他人尊重方面的需求。当学生面临自我认同、性别身份或文化认同等问题时，辅导员可以通过共情策略表达对学生的理解和尊重，帮助他们接受和认可自己的个体差异，并提供相应的支持和资源。此外，学生有主体性意识，尤其在面临未来的选择时，自我意见不被家庭所认同的情况下，对于尊重的需求尤为强烈。而共情策略有助于建立开放、包容的环境，满足学生在尊重与被尊重方面的需求。

（五）自我实现需求满足

共情策略可以帮助辅导员与学生一起探索学生的潜力和发展机会，提供相关的指导和支持，满足学生在成长和自我实现方面的需求。辅导员可以通过积极的鼓励、目标设定和职业规划等方式促进学生的自我实现。例如，当学生面临职业选择或人生意义等方面的困惑时，辅导员可以通过共情策略与学生展开深入对话，帮助他们发现自己的兴趣和潜能，并提供相关的资源和建议。此外，共情策略还可以帮助部分状态不良的学生，帮助他们走出自我消沉的困境，建立并巩固对未来的希望。在对学生的自我实现需求满足中实现共情策略的应用将有助于激发学生的动力和积极性，提升他们的自信心和希望感，帮助他们实现个人目标和理想。

四、共情策略的影响因素

（一）辅导员自身特质

辅导员自身的特质对于共情策略的应用起着重要的影响。首先，辅导员需要具备情感敏感度和情商高的特点。情感敏感度是指辅导员对学生情感状态的敏锐感知和理解能力。辅导员需要能够观察和分析学生的情绪表达，从中捕捉到他们真实的情感需求。情商高意味着辅导员能够有效处理自己和学生的情绪，具备自我意识和自我调适的能力，以保持与学生的情感连接和共鸣。

其次，辅导员的人际技巧对于共情策略的实施也至关重要。人际技巧包括积极倾听、反馈、非语言沟通等方面。积极倾听是指辅导员能够主动倾听学生的表达，尊重他们的意见和感受，给予足够的关注和支持。辅导员还应该具备有效的反馈技巧，能够及时回应学生的问题和困惑，给予积极的建议和指导。此外，辅导员应该善于运用非语言沟通技巧，如面部表情、姿势和眼神等，与学生建立情感连接。这些人际技巧能够增强共情效果，让学生感受到辅导员的关怀和理解。

（二）学生特征和需求

学生的个体差异和需求也会对辅导员的共情策略产生影响。首先，学生的性格特点会影响他们对共情策略的接受程度和方式。有些学生可能更喜欢直接表达自己的情感和需求，而另一些学生可能更内向保守，不容易表达。辅导员需要根据学生的性格特点，采取适合的共情策略和沟通方式，让学生感到舒适和被理解。

其次，学生的文化背景也是影响共情策略的重要因素之一。不同文化背景下的学生可能对共情策略有不同的期望和需求。辅导员需要了解学生的文化价值观和沟通习惯，并尊重其差异。在跨文化共情中，辅导员可以运用文化敏感性的沟通技巧，避免刻板印象和歧视，并尝试从学生的文化视角出发，理解他们的情感需求。

此外，学生所处的发展阶段和特殊需求也会对辅导员的共情策略产生影响。例如，不同成长阶段的学生可能经历身份认同、人际关系等方面的困惑和挑战，如大一需要应对身份转变的困惑、大二思考大学的成长道路、大三和大四面临就业压力。辅导员需要通过共情策略来理解并满足他们的成长需求。对于一些有特殊需求的学生，如心理障碍、家庭问题等，辅导员需要更加敏锐地观察和了解他们的情感状态，采取相应的共情策略，提供专业的支持和帮助。

（三）沟通环境和关系

沟通环境和关系对辅导员应用共情策略的效果起着重要作用。积极的沟通环境是指辅导员与学生之间建立良好的信任和支持关系，以及提供安全、开放的交流氛围。只有在这样的沟通环境中，学生才能真实地表达自己的内心，而辅导员也能够更好地理解和满足他们的需求。辅导员可以通过提供及时反馈、保密性保护、持无偏见的态度等方法来营造积极的沟通环境。

此外，沟通关系的动态也会影响共情策略的实施效果。辅导员应该与学生建立良好的关系，并保持及时沟通。通过与学生的互动交流，辅导员能够更好地了解他们的情感需求和挑战，从而灵活地调整共情策略，以满足学生的变化需求。

（四）新媒体关系维护

新媒体关系维护是辅导员共情策略影响因素的一个重要补充。首先，新媒体平台为辅导员和学生提供了更多的交流渠道。通过微信、QQ、微博等社交媒体平台，辅导员可以与学生保持更加及时和便捷的沟通。学生可以随时向辅导员寻求帮助和分享内心感受，在得到辅导员的支持和回应后，他们会感到被理解和关注，从而增强了共情效果。

其次，新媒体平台可以促进学生的参与和互动。辅导员可以利用社交媒体平台发布有关情感管理、成长经验等主题的内容，鼓励学生积极参与讨论和分享自己的观点和经历。通过这种互动方式，辅导员能够更好地了解学生的需求和困惑，同时也为学生提供了一个相互支持和交流的平台，增进彼此之间的理解和共鸣。

此外，新媒体平台还可以用于辅导员与学生之间的信息传递和资源分享。辅导员可以通过发布学习资料、心理健康知识等内容，为学生提供更多的支持和帮助。学生可以方便地获取这些信息，并在需要的时候进行参考和应用。辅导员的积极参与和专业指导使学生感到被关注和支持，进而促进了共情关系的建立和维护。

然而，在利用新媒体平台进行关系维护时，辅导员也需要注意一些问题。首先，辅导员应该确保信息的准确性和合法性，避免发布不恰当或虚假的内容。其次，辅导员需要尊重学生的个人隐私和自愿参与原则，不强迫学生分享个人信息或参与互动活动。

五、结论与建议

本文研究了共情策略在辅导员谈心谈话与学生需求满足中的作用。共情被认为是辅导员沟通技巧中至关重要的一部分，可以增进辅导员与学生之间的理解和情感交流。共情策略包括非语言表达、反馈、提问和语言表达等多个方面。共情策略可以满足学生的生理、安全、归属、尊重和自我实现等多方面的需求。

共情策略对学生需求的满足有着积极的影响。通过共情策略，辅导员可以关注学生的生理需求，提供相应的支持和指导；满足学生在情绪和心理上的安全需求，帮助他们处理困难和压力；增进与学生之间的联系和归属感，促进其社交需求的满足；以尊重和包容的态度满足学生在自我尊重和他人尊重方面的需求；帮助学生实现个人目标和理想，促进他们在成长和自我实现方面的需求的满足。

共情策略的实施受到辅导员自身特质、学生特征和需求、沟通环境和关系以及新媒体关系维护等因素的影响。辅导员需要具备情感敏感度和情商高的特点，并具备有效的人际技巧。学生的个体差异、文化背景和特殊需求也会对共情策略产生影响。同时，积极的沟通环境和良好的关系是共情策略实施的基础。

基于以上论述，提出以下实践建议以优化辅导员在谈心谈话和学生需求满足中对共情策略的运用。

（一）加强辅导员的培训与发展

为了提高辅导员的共情能力和沟通技巧，有必要加强他们的培训与发展。首先，培训可以包括理论知识的学习，如情感智力、人际沟通和心理学等方面的基本知识。其次，针对实际操作，可以组织角色扮演、案例分析和讨论等培训活动，让辅导员通过模拟情境来提升自己的共情能力。此外，定期举办工作坊、讲座和研讨会等活动，邀请专家分享经验和最佳实践，帮助辅导员不断提升自己的工作技能。

（二）鼓励辅导员与学生建立信任和良好的关系

辅导员与学生之间的信任和良好的关系是共情策略有效实施的基础。辅导员应当表达对学生的关注和关心以及对学生隐私和个人信息的尊重。辅导员可以主动与学生保持联系，定期关心学生的情况，并及时回应他们的需求和困扰。此外，辅导员还可以提供个人助力，例如指导学生参与学术活动、建立社交网络、解决心理困惑等，以帮助学生建立良好的关系和获得支持。

（三）共情策略的选择应根据学生的个体差异和需求进行调整

每位学生都是独特的个体，他们的需求和感受也会有所不同。因此，辅导员在实施共情策略时应注意根据学生的个体差异进行调整。例如，对于一些内向的学生，辅导员可以通过倾听和鼓励来缓解他们的紧张和压力；对于一些外向的学生，辅导员可以更多地提问并与他们展开对话，以满足他们的社交需求。此外，辅导员还应该了解学生的文化背景和信仰，尊重和包容不同的观点和价值观，从而更好地满足学生的需求。

（四）提供资源和支持

为了帮助辅导员更好地理解和应用共情策略，学校和相关机构可以提供相应的资源和支持。首先，可以建立一个辅导员的交流平台，让他们可以分享经验、讨论困惑，并从中获得反馈和指导。其次，可以提供相关的书籍、工具和资料，以帮助辅导员扩展知识和技能。此外，学校还可以组织定期的评估和反馈机制，通过学生和同事的评价，帮助辅导员了解自己的优势和发展方向。

参考文献

［1］张佩佩．共情在高校辅导员谈心谈话工作中的运用［J］．安徽工业大学学报（社会科学版），2016，33（2）：107–108．

［2］李慧．高校辅导员谈心谈话技巧提升途径探讨［J］．劳动保障世界，2019（14）：48．

［3］田婷婷．心理咨询的共情在高校辅导员谈心谈话工作中的应用［J］．科学咨询（教育科研），2019（5）：42．

［4］何蕾蕾．"共情"在高校辅导员谈心谈话工作中的作用过程［J］．现代教育科学，2017（12）：20–23．

新时代美育在校园文化构建中的价值研究 [①]

毛丹丹

（哲学院）

　　美育是"五育"中的重要一项，它涉及对美的理解和教育的实施，也是推动全面素质教育的重要步骤。党中央对于美育及思想政治教育的工作给予了高度关注，而这些工作的目标在于支持高等院校完成其核心使命——培养有道德、有品质的学生。习近平总书记在一次名为"思想政治课教师座谈"的活动上给新时期的高校思想政治教育和美育指明了道路，他强调："要以新的社会主义价值观塑造学生的心灵，坚持执行党制定的教育政策，确保完成立德树人的基本职责。"如今，在新时代"五育并举"的环境下，高校的思想政治教

　　① 本文获中南财经政法大学中央高校基本科研业务费专项资金资助（2722022DS011）。

育和美育已经密切结合，拥有扎实的理论基础并且取得了优秀的实践成果，然而这仍然无法完全满足广大大学生们的实际需要。因此，我们应科学遵循美育、思政教育和学生成长的规律，充分利用其不可分割且相辅相成的特点，贯彻"五育"并举理念，构建"美育＋思政"新型教育体系，结合学生专业学习，促进交叉融合、协同发展，全面提升大学生人文素养与心灵审美能力，践行社会主义核心价值观。

一、高校美育的理论基础

美育不仅是对审美和情操的教导，也包括对素质和心灵的培养。它对于提高学生审美水平、培育学生人文修养、塑造学生美好品质以及增强学生文化自信心具有重大意义。美育的重要性在于，它作为一种感性教育，彰显了人的自我的确立、幸福的能力、存在的状态。它不仅由纯粹理性构成，而且包含着人自身"感受"的回馈。教育的最终目标不仅在于提升人们对美好事物的认知、体验、领悟、欣赏与创作的能力，更是在当前社会环境中释放人们的灵魂，激发他们的思考力，以确保人类的精神成长能同步或超过物质进步的步伐，从而实现内心与外部世界的双向自由。

美育和思想政治教育看似相互独立，实则紧密相连。美育可以陶冶情操，提高审美能力与道德修养，而思想政治教育是我国培养公民政治责任感、自觉参与国家政治生活的重要手段，二者在精神内核上是一致的。在当今充满机遇与挑战的新时代，美育和思想政治教育至关重要，需要双管齐下、共同发力。推动美术教育和思想政治教育的深度融合，不仅是大学进行自身思想政治工作的关键点，也是突破美术教育单一发展带来的困难的有效方法。

美是主观的、感性的，而德是有标准的、理性的。美育从前者的层面净化心灵，而思想政治教育从后者塑造行为。通过整合美育教学内容与思想政治教育，我们成功地把社会主义的核心价值观念渗透到审美的学习过程中，使其深入人心。这种方法对于引导大学生的正确世界观、人生观和价值观有着不可或缺且无法取代的作用。持续加强美育和思想政治教育的联合培养，针对不同个体的情况，精确掌握他们的心理、身体特征，然后依据这些信息来调整我们的教学策略，同时积极探索新的教育方式，采用他们喜欢的方法，以提高他们对思想政治教育的参与度和热情，从而解决思想政治教育效果一般的问题。同时，线上线下多种方式相结合，拓宽育人渠道，深化育人成效，构建起真正具有实效的高校教育新模式。通过美育和思政教育的进一步融合，推动大学生全面发展，更加坚定理想信念，树立远大目标，以实际行动自觉践行社会主义核心价值观，做一名新时代人才。

二、高校美育的实践路径

高校美育将美学、哲学的专业理念融入美育活动的设计中并适时调整，通过创新载体，探索高校美育新途径。寓隽永立意于具象化的时空场域中，感召"美美与共，天下大同"的理想之境。

（一）艺术和戏剧节目观赏结合的美学教育

通过"艺"文化的理解来实施"德"的软化影响，指导学生观看并领会戏剧或节目的内涵，让他们更深入地体会其中所展示的热爱祖国、忠诚于国家、公正无私、诚实守信、自我提升、勇敢坚定、清正廉明等传统文化价值观，为他们提供了丰富的感情经历，使他们在观摩和理解这些戏剧或节目的过程中，得到深刻的情感培养。也有助于学生在课业学习之外培育替代性情感体验，疏解普遍性的焦虑，也有助于心理育人。

（二）艺术与戏剧表演相结合

通过"艺术"的表现方式实现对"道德"的美感提升及情感共振。首先是诠释古典名作。将剧目文本中的抽象概念逐步还原为"生活世界"的体验与经验，使之与我们所置身的世界以及自身的生命展开形态发生关联，从而再回到文本，探索将之加以丰富化、立体化的路径。学生们通过扮演各种不同的舞台角色来展示人生的多样性，他们见证了社会的各种变化，这丰富了他们有限的人生经历。

（三）美学+科研实践/团学活动

在"艺"的研究中，挖掘学生的思维与兴趣，提供可供思考的美学实践与理论，一方面以学生为本，优化学生的美学、美育活动体验；另一方面融"美"的品格于具体的专业研究中凸显专业水平也彰显人文关怀，进而探索提升高校学生创新能力。将课内学术与专业元素融入校外社会实践中，有助于建设更加全面、更加系统、更加高效的实践育人体系。

（四）美学＋高教管理

融美学理念于当前的高校教育及行政管理之中，凸显以学生为本的"善"的管理，克服行政化、科层化给学生带来的压迫感、抵触感。通过开展定期的"聚焦式慰藉"切实关心学生的学习与生活窘境。同时，通过创建"学生与领导面对面"等方式，使学生对高校管理增进情感与认可，才能更好地推动育人活动与体制落地，并在试错中进行调试，最终构建体系化的管理与育人模式。

思政教育的核心在于提高学生思考能力，其主要目标是帮助学生建立理论性的思考方式。与此相反，美育则更注重对感情的引导，旨在帮助学生培养稳定的情绪及坚韧的毅力素质，从而实现他们的个人成长。因此，我们应该把思政教育和美育结合起来，形成一种新的教学观念和方法，让它们互相补充并发挥各自的长处，以助力大学生的全方位进步。

三、高校美育的价值体现

（一）将美育元素融入思政课程，激发学生深刻思考

近年来，随着教育理念的不断更新和社会的不断发展，将美育元素融入思政课程已经逐渐成为教育改革的热门话题。这一举措不仅有助于丰富思政课程的内涵，更能在培养学生深刻思考能力方面发挥重要作用。艺术、音乐、文学等美育元素为思政课程增色不少。从一幅画中，或许能领略社会的

多样性，从一首歌曲中，或许能嗅出人生的酸甜苦辣。这些艺术作品不仅在审美上丰富了学生的心灵，更在思政课堂上引发了他们对社会问题更加敏锐地思考。以充满现实关怀的歌曲为例，通过歌词传递的深刻社会观察，学生从中不仅能领悟到歌手对社会不公的关切，也会被引导去思考人权、社会公平等议题。但美育不仅仅是美的呈现，更在于激发学生主动参与。传统的思政课或许显得有些单一，教师扮演主导角色，学生常是被动接受者。然而，引入美育元素，如组织一场小型话剧表演、开展绘画创作，能在思政课堂上点燃学生的创造火花，激发他们更加自发地加入思考与探讨中。值得强调的是，美育元素的引入也让思政课程更加贴近现实生活。当今社会，政治、文化与艺术息息相关。通过美育的引导培养，学生可以将抽象的政治理论与具体的社会现象相结合，使得学习不再枯燥。一幅政治漫画或许是解析权力关系的入口，学生可以从中发现社会的脉络，思考其中的社会矛盾以及政治影响。将美育元素嵌入思政课程，促使教学更富创意和灵活性。这种创新的尝试不仅有助于引发学生的思考，还能够激发他们的艺术表达和创造力，这些在课堂上的体验将为学生日后的社会参与和思维拓展打下坚实的基础。

（二）通过美育活动传达核心价值观，引导情感认同

高校美育的内在价值主要体现在对大学生的积极影响上，高校美育的价值在于大学生可以在一个具有美育的环境中得到发展和提高。首先，高校美育可以调整大学生的审美取向，提高大学生的审美水平。现如今，部分大学生受到外

界环境的影响，审美观念发生扭曲，追求物质文化而非精神文化，这在一定程度上反映了现代大学生价值观的不规范发展。因此，高校有责任引导大学生形成正确的审美观念和价值观。我们可通过全方位的美学理念与实际操作训练，系统地向大学生传授审美观念，使他们明晰什么是美，协助他们领悟到美的本质，并在这一基础之上提升他们发掘美、感受美及创作美的能力。此外，高等院校的美学课程能激发并且培育学生的创新思维。为了塑造杰出的学生群体，学校必须保持创新思想的一贯性，这种创新思维源于创新品质，而创新品质则源于感性和理性同步发展的过程，其中美学课能够作为这三者认识、感知和感情交融的关键环节。美育可以激发人的感性认识，增强感性能力，而感性能力正是培养创新能力的前提。

（三）用美育塑造积极校园文化，传递正确价值观

第一，高校美育可以加强大学文化建设的吸引力。要加强校园文化的吸引力，就必须以生动的形象、丰富的情感、新颖的内容为基础。高校美育的过程就是一个助力校园文化吸引力建设的过程。要想拥有优美的校园环境和浓厚的文化氛围，就需要审美化。校园环境审美化包括物质环境审美化和人文环境审美化。我们的校园应该处处充满文化气息，而在营造大学文化氛围时，如果能让学生感受到大学环境的美，他们就会觉得自己被学习的"美"所包围其次，高等教育的美学能够充实大学校园的文化构建内容。作为大学文化发展的重要组成部分，它不仅增强了大学的文化和艺术深度，也提高了其品质感，并使之更具吸引力。同时，美学也能提供

给学校文化发展的精神核心与准则。因为大学具有独特的文化定位，因此其内部的文化特性也有所不同。高质量的大学文化不仅能体现时代精神，还能促进社会发展。因此，要充分利用各种形式的美育来提高学生的审美能力，把学生培养成能够欣赏美、宣传美的人。如果能够通过营造大学文化来实现这些目标，那么大学就能在很大程度上实现其自身的完善。归根结底，大学美育能够促进文化建设，提升社会服务能力。这在社会服务、社区美育、志愿服务等常规美育活动中都能生动地体现出来。

四、高校美育存在的问题与对策建议

在高校校园文化构建中，将美育作为思想政治教育的一部分是一项富有前景的努力。美育是对个体审美情趣、审美能力和艺术修养的培养，它不仅可以丰富学生的精神世界，还可以促进他们的全面发展和道德素养的提升。然而，这一过程可能会面临一些挑战，其中包括价值导向不匹配、唯美主义倾向、学生主体性不足以及评估体系不完善等问题。

当美育与思政工作相结合时，价值导向不匹配可能成为一个核心问题。美育注重艺术的审美和创造力，而思政工作关注学生的思想觉悟和社会责任感。为解决这一问题，我们可以明确目标，通过促进交流与合作、跨学科课程设计等方式，协调两者的价值导向，在美育课程中引入核心价值观，设计涵盖社会议题的综合性项目，以及开设探讨艺术与伦理、价值观关系的主题课程，促使学生在审美的同时也能更好地关注社会问题，从而使美育与思政相辅相成、互相促进。

此外，唯美主义倾向可能导致美育活动过于追求外在的艺术形式，而忽视了作品所传达的深刻思想和社会价值。为此，高校需要引导学生深入思考作品的内涵，将社会议题融入美育课程，开设探讨艺术与伦理关系的课程，从而使学生更好地理解艺术与社会的紧密联系。学生主体性不足也是一个值得关注的问题。学生在美育和思政活动中可能缺乏独立思考、创作和表达的能力。鼓励学生自主进行创作，组织讨论与分享，提供开放性的任务，引导学生进行批判性思维就显得极为重要，要让学生参与活动决策，培养他们的独立思考和创造力。再者，评估体系不完善可能会阻碍美育为思政工作的有效融合。针对这一现象，我们可以明确评估目标，制定多样化的评估指标，选择多种评估方法，建立专门的评估机构，以定期评估和持续改进为基础，从而确保评估体系的科学性和全面性。

高校在开展美育工作时应该认识到这些潜在问题，并积极采取有效对策，从而在大学生教育中实现美育与思想政治教育的有机融合，促进其审美与人文素养的全面提升，为国家培养更加符合时代要求的高素质人才。这不仅是推进教育创新的必然选择，也是实现全面人才培养目标的必要途径，以及构建社会主义和谐社会的重要举措。随着社会的不断变革和发展，培养具备审美素养、人文关怀和社会责任感的新时代青年，成为高等教育的根本任务之一。通过将美育与思政融合起来，可以在一个教育环境中实现多方面的目标，进而推动整体教育体系朝着更为综合、协调、有机的方向发展。

组织育人篇

新时代提升高校学生党员发展质量研究

史旭威

（法学院）

十八大以来，在新的形势下，针对党员发展工作面临的新问题，党提出了"控制总量、优化结构、提高质量、发挥作用"的新十六字方针和"政治标准放首位"的新要求。这就要求在新时代高校学生党员发展工作的过程中要及时根据当前的形势特点和要求去改进工作和调整发展方向。

一、近年来高校党员发展工作制度演进

1988年，全国组织工作会议针对未来一个时期的党员发展工作提出了要求，提出了"坚持标准，保证质量，改善结构，慎重发展"的老十六字方针，明确了党员发展过程中的标准，对"正确处理数量和质量之间关系"提出了要求，提出了调整党员队伍构成和分布的规划，坚持个别吸收的原则。1989年，

中共中央印发《关于加强党的建设的通知》，在发展党员工作上提出了"严格党员标准，确保发展党员质量"的要求，这为今后一段时间内的党员发展工作奠定了基调。1990年开始，每年召开全国高校党的建设工作会议，部署了每年度高校党的建设各项工作和思想政治工作。1990年，党中央《关于加强高等学校党的建设的通知》出台，针对党员发展和教育工作提出了着重解决的四个问题，对入党积极分子培养教育和党员发展工作提出了要求。同年，《中国共产党发展党员工作细则（试行）》印发，进一步完善了党员发展工作细节。2010年，《中国共产党普通高等学校基层组织工作条例》印发，对高校党组织设置、职责、四项基本工作以及群团关系等方面做出规定，为高校党员发展工作提供了有力的组织保障。这一时期内各项制度的完善进一步推进高校党组织工作规范化制度化，对高校学生党支部建设提出了更加系统、具体的要求，各高校党员发展工作制度也不断完善发展。[①]党的十八大以来，以习近平同志为核心的党中央高度重视高校思想政治教育和基层党建工作，不断提升和优化党员发展质量，成为新时代党建的重要组成部分。

2013年，《关于进一步加强高校学生党员发展和教育管理服务工作的若干意见》印发，从高校党员发展工作的意义和标准、发展过程中的教育培养、管理机制、服务机制等多个方面对高校党员发展和教育管理工作进行了更进一步的完

---

① 路娜，侯仕福. 改革开放以来高校学生党支部建设的历史沿革和基本经验［J］. 齐齐哈尔大学学报（哲学社会科学版），2020（4）：33-36.

善。2014年，《中国共产党党员发展细则》印发，明确了"控制总量、优化结构、提高质量、发挥作用"的新方针，对党员队伍结构优化等方面提出了更高的标准。2016年，习近平总书记在全国高校思政工作会议上指出"要做好在高校教师和学生中发展党员工作，加强党员队伍教育管理，使每个师生党员都做到在党爱党、在党言党、在党为党"，这一重要论述为新时期高校党员发展工作指明方向、提出根本遵循。2021年，修订后的《中国共产党支部工作条例（试行）》印发，明确提出新时代高校党员发展工作在严格执行新十六字方针的基础上，要把政治标准放在首位，建立从高中到研究生的积极分子接续培养体系，调整学生党员队伍结构，加强在优秀学生和低年级中培养和发展学生党员。

目前，随着高校党员发展工作制度的完善和思政教育队伍的逐步健全，新时代高校党员发展工作在完善中不断创新。

二、高校党员发展工作中暴露的问题

（一）部分大学生党员政治素养不强

部分大学生党员政治素养不强主要表现在四个方面：一是学习积极性不强。党的理论知识、政策方针等相对晦涩难懂，大学生党员在党的理论知识、政策方针的学习上普遍积极性不高。二是对学习的知识缺乏理解。部分大学生党员对党史党情、国情社情的了解不够全面，难以将党的理论政策同特定的历史条件相结合，难以将政策的实施和制定同当时的时代背景相结合，这使得学生觉得党的理论知识离实际生活很遥远，难以理解其深刻内涵及现实意义。[①]三是部分大学生党员入党动机不纯，多为了就业和升学便利而选择入党，存在功利主义和实用主义倾向。四是部分大学生党员理想信念不坚定，在成为党员后往往又放松对自己的要求，常表现出组织意识、纪律意识淡化，责任意识、奉献意识欠缺，先锋模范作用不突出等特征。

（二）对大学生入党教育培训不充足、不深入

大学生入党教育不充足、不深入主要表现在三个方面：一是入党教育形式单一。部分党校对大学生入党过程中的教育培训一般为举办短期集中培训班和结班后考试的传统模式，培训时间短、形式单一、容量有限、培训效果不突出。二是入党教育内容不够全面。在讲解党的政策理论时缺乏对国情社情的深入分析、缺乏对特定历史背景的深刻剖析、缺乏对学生深入思考和理解的引导、缺乏吸引力和感染力。三是教育培训的办学层次不够全面、针对性不强。被确定为入党积极分子之前和成为预备党员之后的这一较长阶段的教育培养一直处于入党教育培训工作的盲区与真空地带，且对研究生、本科生、专科生未能因材施教、有针对性地进行教育培训。

（三）大学生党员发展考察评价体系建设不科学

在部分高校中，大学生党员发展评价体系标准单一，主要以学习成绩和获奖情况为主，对大学生思想政治、道德情

---

① 向红. 新时期大学生党员质量存在的问题及改进对策［J］. 鄂州大学学报，2020，27（4）：13-17.

操等方面的表现关注不足，对大学生党员发展过程中全面性、体系性的考察尚未建立有据可依的监督体系。

三、高校党员发展工作问题的原因分析及改进

新时代提升高校学生党员发展质量的总体思路是立足于"控制总量、优化结构、提高质量、发挥作用"的十六字方针，从新时代高校党员发展标准和评价体系的提升、新时代高校党员发展实践教育培养体系的提升以及新时代高校党员发展结构优化三个方面展开。

（一）立足"提高质量"，建设新时代高校党员发展评价体系

1. 构建以政治标准为核心的新时代高校党员发展标准体系

一是构建新时代高校学生党员发展的政治标准，从政治信念、政治立场、政治表现三个方面着重考察高校学生党员是否具有马克思主义信仰、共产主义觉悟和中国特色社会主义社会信念；思想上、政治上和行动上是否始终与党中央保持高度一致；是否有较强的宗旨意识和纪律意识；是否自觉遵守党章并严格按照党的组织原则和党内政治生活准则办事。二是完善新时代高校学生党员发展的历史标准，从本人政治思想、政治态度的演进过程和本人、直系亲属以及主要社会关系和政治历史在重大政治斗争中的表现两个方面着重考察高校学生党员在过往历史中政治立场是否始终坚定、对重大原则问题的态度是否能始终与中央保持一致、在斗争中是否

始终忠诚可靠。三是细化新时代高校学生党员发展的综合素
质标准，从德、智、体、美、劳五个方面出发，结合第一课
堂与第二课堂的评价体系，通过思想品行、创新精神、身心
健康、人文素养、劳动实践五个维度对学生的综合素质进行
全面客观综合的评价，按照新时代立德树人的工作实际细化、
量化党员发展的综合素质评价标准。

2. 构建以定性考评与定量考评相结合的新时代高校党员发展考评体系

在以往以定性考核为主的基础上，将主客观指标相结合，
将定性与定量考核相结合，将学生的党性认识、入党动机、思
想品行、政治素养等方面的主观指标量化、模块化，在学生党
员发展的过程中充分重视党性修养的考察，也注重德智体美劳
的综合评价，构建科学、全面、客观的学生党员发展考评体系。

（二）立足"发挥作用"，建设新时代高校党员发展教育培训体系

1. 建设分级分类培养体系，提升党员发展培训的实效性

一是立足党员发展不同阶段的成熟程度，建立分级培养
目标体系。对于积极分子，着重以"懂得党的性质、纲领、
宗旨、任务、组织原则和纪律，懂得党员的义务和权利，帮
助入党积极分子端正入党动机，确立为共产主义奋斗终生的
信念为目标"为培养目标；对于发展对象，着重以"深刻了
解党的性质、宗旨、纲领、历史等基础知识，明晰党内准则
和条例，树立严明纪律和严守规矩意识，进一步坚定理想信念，

践行党的宗旨，达到党员标准，为实现中华民族伟大复兴中国梦贡献智慧和力量"为培养目标；对于预备党员，着重以"从思想上入党、提升政治觉悟和理论素养，增强党员意识、发挥先锋模范作用，帮助党员加强党性修养，强化党章党规党纪意识，发挥先锋模范作用，为实现中华民族伟大复兴中国梦贡献智慧和力量"为培养目标。二是立足于党员发展不同阶段的工作实际，建立分级分类培训体系。对于积极分子，应当以"听党课、参加党内有关活动、给学员分配一定的社会工作以及集中培训"为主要的教育培训方式；对于发展对象，应当以"集中授课、自学研修、主题实践活动、学习交流"为主要的教育培训方式；对于预备党员，应当以"过党的组织生活、听取本人汇报、个别谈心、集中培训、实践锻炼"为主要的教育培训方式。

2. 理顺党校办学体制，筑牢党员发展培训基本盘

一是理顺两级党校办学体制，学校党校负责全校党校的统筹规划、指导和宏观管理，而学院党校则结合自身实际，在学校党校的指导、监督下办学，教育培训对象主要为学生党员和学生入党积极分子。二是制定完善党校办学制度，激活党校发展的内生动力，主动对接新时代党校教育培训的新形势新任务新要求。及时更新党校制度文件，制定或修订高校《党校工作实施办法》《关于规范分党校教育培训工作的规定》《党校经费使用管理办法（试行）》等文件，切实加强党校制度体系化建设，不断完善党校教育培训保障体系，建立巩固和提高党校教育培训成果的长效机制，推进党校和

分党校工作科学化、规范化、制度化迈向新台阶。三是加强党校专兼职师资队伍建设，确保党校培训的专业性。按照"相对稳定、专兼结合"的原则，组织开展党校、分党校工作队伍遴选和培训工作，打造一支忠诚于马克思主义、忠诚于党的干部教育培训事业的工作队伍。紧紧围绕教学需要，选优配强党校教师队伍，持续开展党校、分党校兼职教师遴选工作，不断充实教学力量，优化师资结构，切实将学校经、法、管师资优势转化为提升党校教学质量的巨大动力。

3.丰富党员发展培训形式，打造党员实践培训新品牌

一是积极打造接地气、受欢迎、有实效的党建工作新模式、新品牌。成立"习近平新时代中国特色社会主义思想青年研习社"，以"青研"党建教育品牌为抓手，以青年师生党员、入党积极分子、团学骨干为主力，以"学、思、践、悟、行"为主线，开展一系列集中学习、理论宣讲、研习交流活动，让党的新思想、新理论、新政策影响和惠及广大青年学生。二是深化习近平法治思想"三进"工作，开拓党员发展培训新阵地。开设《习近平法治思想概论》《当代中国法治》等"读懂中国"系列课程，组建习近平法治思想宣讲团、《民法典》宣讲团，走进企事业单位、科研院所、政法系统和课堂教学。

（三）立足"控制总量、优化结构"，建设新时代高校党员发展结构优化体系

1.强化数量控制，调控学生党员队伍总体规模

一是科学制定党员队伍规模宏观调控规划。根据高校学

生在校期间党员发展和培养的客观规律，在分析过去与现在学生总体结构以及学生党员队伍建设经验的基础上，确定高校学生党员队伍适度的总量和增量。二是畅通党员"出口"渠道，严格按照《中国共产党章程》《中国共产党发展党员工作细则》和其他相关规定，结合学生党员标准和评价体系细化不合格学生党员标准，建立行之有效的党员队伍纯洁机制，加大对党员的评议力度，及时处置不合格党员，及时把思想退化、不符合党员标准的人员清除出党。

2. 坚持优化结构，促进不同群体学生党员协调发展

一是合理制定党员发展规划。结合高校学生群体分布实际情况和学生党员发展周期，统筹各年级、各专业、各类学生群体中学生党员发展比例和积极分子储备数量，合理制定学生党员发展整体规划。二是按照优化结构的要求，在注重从优秀学生中发展党员的基础上，注重在低年级学生、优秀少数民族学生、优秀边远地区学生中发展党员，优化学生党员队伍的年龄梯次、民族分布和地域分布，在不降低党员发展标准的基础上，坚持学生党员队伍中不同群体党员的协调发展。

3. 依托现代技术，加强党员队伍管理创新

充分利用现代技术手段准确捕捉党员队伍结构的动态信息。充分重视全国党员管理系统的合理运用，充分重视各类党内信息统计工作，细化党员信息，定期分析学生党员队伍的人数、年龄、学历、民族等基础信息，为通过党员发展工作宏观调节大学生党员队伍结构提供有效依据和支持。

高等学校党校课程体系构建及授课方式创新研究

司志莲

（法学院）

　　党课教育在高校教育中扮演着重要角色，同时也是大学生进行思想教育的重要形式。通过党课教育可以使广大青年学生、党员，以及入党积极分子了解党的历史发展、牢固树立共产主义理想信念，培养对党忠诚、对党热爱、对党拥护、对党负责的合格党员，打牢中国共产党领导的思想基础和群众基础。同时，高校党课教育也是加强高校基层党组织和高校队伍建设的重要举措。通过高校党课教育队伍建设，不断提高队伍人才的思想素质和管理能力，才能更好地教育和引导学生在党校课程方面的学习，帮助学生树立正确的政治思想观念，培养出合格优秀的人才，为中国社会主义事业贡献自己的力量。此外，对高校管理队伍和人才进行党课教育，开拓党课教育思维，有利于突破传统旧有模式，创新教育方式，多途径、多方式、多方位地开展党课教育使得党课教育更容易被青年学生理解和接受，让青年学生更加深入地了解党，从而达到党课教育的效果和目的。[①]党的十八大以来，党中央对高校党课的发展、建设和完善提出了诸多新的建议和要求，不仅要求党课教学内容的高质量，而且要求党课形式向多元化方向发展，使党课授课方式得到多样性的发展。因此，对大学生开展党课授课教学、进行思想教育是党深入贯彻落实全面从严治党的具体体现，也有利于统一思想、统一认识、统一行动。

一、高校党校课程体系和授课方式的现状和问题

（一）内容重视传统，缺乏时代性

目前，高校党课的内容主要集中于马克思列宁主义、毛泽东思想和中国特色社会主义理论体系；党的路线、方针、政策和党的基本知识；党的历史、优良传统、作风等。这些内容的主要特点表现为重视传统输出，与实际的联系不足，缺乏时代性。当前在校大学生多为富有朝气和活力的 00 后，他们的人生价值取向主流是积极、向上、健康的，思想是活跃、与时俱进的，他们最善于接受新兴事物、具有较强的创新意识。但由于社会现实带来的功利、生存环境带来的心理负担，他们也更容易受到外界各种思想的冲击。因而，当下党课教育

---

① 严学仕，王宏英. 试论高校党校教育在涵育社会主义核心价值观中的作用［J］. 学校党建与思想教育，2016（2）：15-16.

所涉及的课程内容已远远不能满足高校学生与时俱进的需求。此外，很多授课老师的课件多年未更新，内容陈旧，缺乏活性，未能与学生关注的热点知识充分结合，这使得大学生党员难以及时了解和掌握最新的理论成果，不利于确立和巩固马克思主义理论的指导地位。上述问题导致学生接纳知识的积极性不高，从而无法达到党课设计之初所追求的效果和初衷，使党课流于形式。

（二）课程设置零散，缺乏系统性

设置一个合理、系统、有逻辑的教学大纲是顺利开展党课教学工作的基础性工程。对教师教学质量和学生掌握程度的评估亦应在大纲的指导下开展。因此，教学大纲的设置必须在教学计划内反映学科的内容与特点，明确教学的主要目的和预期达成的教学目标，合理划定教学知识体系的广度与深度，并依据实际情况对教学进度的推动与教学方法的选用做出规划。[1]教学大纲在党课的开展中具有举足轻重的作用。然而，在对高校的调查中发现高校缺乏科学统一的党课教学大纲，如某学院在设置党课专题时甚至忽略了对党章的学习；有些学院则是借党课之名行"班会"之实，从学生事务管理方面教导学生应具备责任意识，却忽视了党员的党性意识教育和理想信念教育，混淆了党课与日常教育的边界，导致党课内容设置随意、背离了党课教育党员的主要功能。还有一

---

[1] 祝军，黄安兴. 高校大学生党校课程优化设置研究——基于对北京10所高校的调查与分析［J］. 北京教育（德育），2017（1）：81-84，88.

些学院虽然设置了较为完善的党课专题，但由于授课人员选任的问题导致教学质量参差不齐，在实际授课过程中难免存在授课人员对党课内容和要求认识偏差而"误人子弟"的情况。这些问题反映出当前党课课程设置有悖于授课内容与专题要求、教学内容系统性与科学性缺乏、教学目标和教学效果难以评估的问题，影响了党课对大学生党员的教育效果。

（三）形式单一，缺乏多样性

在长时间的党课教学活动中，高校党课主要以教师授课的形式开展。这种方式的主要特征是以老师为中心，学生全程被动学习。缺乏师生互动的"满堂灌"式的教学方式使得学生参与感缺失，难以高效、专注地学习党课知识。[①] 虽然一些学校尝试通过网络讲授、线下实践等方式创新教学形式，但是最后都因经费不足、设备过旧、时间不足等原因被迫停止。社会发展日新月异，目前的教学方式已无法满足大学生多样化、长期性的入党教育培训需求，难以从根本上激发大学生内在自愿学习的动力，严重影响学生学习的主动性和积极性。

（四）师资匮乏，缺乏专业性

党课的授课者由两部分组成，一部分是高校内部的党课专门师资队伍，另一部分是兼职教师。在实践中，党课大部分由兼职教师授课。这些兼职教师一般是各院的党政干部，有时是聘请的外部的教师。由于各种条件的限制，导致授课

---

① 吴兆华，吉媛. 新时代如何增强党校教育特色［J］. 党政研究，2018（5）：70–76.

者的授课水平参差不齐。并且兼职教师通常不会对党课内容进行深入研究，从而导致党课内容把握和理解的不确定性。这些都会直接影响党课的教学效果。

综上所述，长期采用固定模式的授课方式暴露出一些问题和不足。这些问题值得我们关注和研究。研究课程体系构建和授课方式创新是具有重大意义的一项工作内容。只有进行创新，才能真正激发党课的活力，达到党课授课的目的。

二、高校党校课程体系和授课方式的创新和措施

出现的问题促使我们严肃对待并合理解决，构建合理的课程体系和创新多样的授课方式，从而使党课教学充满生机和活力。

（一）完善党校培养体系

建立健全分层次、分步骤的党校培养体系，并使各个步骤、各个层次之间有序合理的衔接。成立党校教研室并以其为依托，结合培育党的接班人的要求和目的，把握传统，重视当下，将当代青年的兴趣点融入教学内容。一方面，加快党课教学大纲的建立进程，从健全课程体系、规范知识模块等层面不断完善，形成指导性强、内容丰富的教学大纲。另一方面，注重将党的最新理论成果引入课堂，不断增强课程亲和力、时代感和实效性，避免课堂与社会脱节。[①]另外，教学大

---

① 李书华，刘兵勇. 新形势下提高高校党校教育有效性的途径探索［J］. 教育理论与实践，2009（6）：3-5.

纲的编制进程中需强调党课教育内容与大学生最新的思想动态、现实生活相契合，避免党课内容脱离学生的需求。最后，在重视理论输出的同时，也纳入实践课程，使得课程具有可操作性、趣味性。①

（二）多途径发展授课方式

教学方式是影响党课教学效果的关键因素，现阶段创新教学方式方法势在必行。结合党课教育的基本要求，在课程设置方面，不仅要考虑课程内容与结构，还要迎合青年学生的需求，综合运用形式多样的教学方式以保证学生参与课程的积极性与主动性。高校可以采用以下方法积极探索受学生欢迎的教学方式：一是采用相关案例进行教学，使用社会上发生的真实典型案例、我们党宣传的优秀党员的相关资料，以及发生在学生周边的真实故事进行研究和解读，从而拉近学生的距离。②二是运用讨论式教学方式，让学生围绕确定好的主题展开讨论探究，这样有利于提高学生的参与度和积极性。三是创建交流讲坛，鼓励学生主动参与主题演讲，让学生发挥课堂的主导作用以增加其主动性和积极性。③

① 张振飞.高校党校教育培训体系构建微探［J］.学校党建与思想教育，2017（22）：27-28.

② 范军.高校党校教育科学发展应树立的新理念［J］.思想教育研究，2009（11）：33-35.

③ 商桂珍，王明志.民办高校党校课程体系构建及授课方式创新研究——以哈尔滨华德学院党校建设为例［J］.学理论（下旬刊），2015（27）：110-111.

（三）多种方式增强党性修养

习近平同志指出："对马克思主义的信仰，对社会主义和共产主义的信念，是共产党人的政治灵魂，是共产党人经受住任何考验的精神支柱。"[①] 党课的初衷和目的是使青年学生更加深入地了解共产党、拥护共产党，增强学生的党性意识。进入新时代，国内国际形势发生深刻变化，使大学生思想政治情况既面临有利条件又面临严峻挑战，某些腐朽没落的生活方式对大学生的价值观念的冲击不可低估。随着对外开放的不断扩大、社会主义市场经济的深入发展，人们思想活动的独立性、选择性、多变性和差异性日益增强。这有利于大学生树立成才意识、创新意识、自强意识、创业意识，但不可否认的是，在很长一段时期内，同时也会带来一些不容忽视的负面影响。一些大学生不同程度地存在政治信仰迷茫、理想信念淡薄、价值取向扭曲、艰苦奋斗精神淡化、心理素质欠佳等问题。所以我们急需采取各种方式增加青年学生的党性修养，积极探索党校培训和各种方式的结合，例如，通过大学生社会实践、将大学生志愿者服务活动和党校培训相结合、辅导员课下和同学交流谈话等一系列有效方式来帮助青年学生、入党积极分子以及党员树立正确的思想观念，坚定正确的理想信念，从而增强党性修养，促进全面发展。

---

① 刘建军、李小春. 论习近平新时代中国特色社会主义思想的立场、观点、方法 [J]. 山东大学学报（哲学社会科学版），2023（1）：1-10.

（四）打造专业党课教师队伍

教学效果的好坏深受师资质量的影响，因此应当重视专业教师的培养。马克思主义学院具有天然的专业优势，以此为依托可以建立师资网络，培养一支德才兼备、素质优良、结构合理、充满活力、适应性强、具有较强的创新精神和实践能力的党课授课教师队伍。[①] 可以参照形势与政策及大学生心理课程打造强大的师资团队，不断完善和拓展党课教学队伍。具体而言，在授课教师选任方面，应注重立足于更广阔的视野中招贤纳士，从思想政治理论专业教师、哲学社会科学教师、党务工作者、学生思想政治工作者和辅导员中选拔一批马克思主义理论功底深厚、教学经验丰富、学生思想政治教育水平高的高校教师作为大学生党课教学的主要师资队伍，为提升党课教学水平和质量提供师资保障。同时，可以通过与校外学术大牛和行业名家加强交流合作，组建一支流动"党课讲师团"，通过讲座等方式不定期地面向全校师生开展形势与政策教育、职业道德教育和行业教育。[②] 此外，育人者先育己，必须将师资力量的培训纳入整个党课课程体系中。有计划地开展提升师资力量的专业培训，通过人事、晋升与奖励等方式鼓励和支持教师利用学校资源参加学历再教育、继续教育。同时，将绩效考核纳入师资管理中，从而敦

① 王璐. 高校党校课程体系的多维度改革与创新：以桂林理工大学为例［J］. 产业与科技论坛，2014（17）：171-172.

② 马向东. 高职院校党校教育培训机制创新与课程体系构建［J］. 学校党建与思想教育，2013（20）：53-55.

促各任课老师深入理解和体会党课内容，把握党课内涵，深刻理解党课内容含义，进行生动授课，提升党课效果。

（五）重视现代信息技术的运用

与传统教学模式相比，"互联网+"背景下党课教学具有以下优势。一是内容丰富，突破了枯燥的文字和课堂讲授的线性模式，并能够及时更新最新的重要文件和重大工作部署。二是以"互联网+"为依托增强了学习的"机动性"，学员可以突破时间与地点的限制，随时随地进行党课学习。三是可以通过个性化定制的方式进行因材施教，保障学员针对自身特点自由选择学习经过党校教师和专家精心设计的课程并进行测试。[①] 高校的党课建设需要充分认识到信息技术在党课教学中的重要性，将大学生的理想信念教育、社会主义核心价值观培育等内容与现代化教学手段和方式相结合，探索既符合教学特点和规律又适应大学生需求和特点的新途径，提高教育效果，实现育人目标。例如，通过信息平台建立网上"红色党校"，开设红色经典、读书心得、学员论坛、主题讨论等栏目，这既有利于拓展教育教学时空，又有利于提高学员学习的兴趣和教学效果。[②]

[①] 张楠，王元彬. 新时期高校党校教育网络化建设初探［J］. 思想理论教育导刊，2009（12）：90–92.

[②] 王英哲，于盛达. "互联网+"背景下高校党校网络课程体系构建［J］. 教育现代化，2019（38）：106–107.

三、结语

高校党课是在大学生群体中宣传党的思想理论、培养党员的重要途径和主阵地，因此要及时发现和改进党校课程体系中的过时之处和存在的问题，紧跟时代发展的具体要求，及时推动和促进理论的更新。同时，要密切联系实际，充分调动大学生党课学习的积极性和主动性，根据青年学生和党课教育的实时进展，动态式地对党课教学的方法和方式进行改革和创新。当然，注重对党课师资队伍的建设也是高校党课建设的重点内容。只有在上述相关措施贯彻实施的基础上，才能推动高校党课教育高质量、高水平目标的实现。

参考文献

［1］中共中央宣传部. 习近平总书记系列重要讲话读本［M］. 北京：学习出版社，2016：107.

［2］中共中央印发《2018—2022 年全国干部教育培训规划》［EB/OL］.［2018-11-01］. http://www.gov.cn/zhengce/2018-11/01/content_5336680.htm.

［3］中共中央 国务院印发《关于新时代加强和改进思想政治工作的意见》［EB/OL］.［2021-07-12］. http://www.gov.cn/xinwen/2021-07/12/content_5624392.

以志愿服务为载体的高校团支部活力提升研究 [①]

钟开炜

（法学院）

　　近年来，随着国家大力推动志愿服务事业的发展，志愿服务教育作为高校实现"立德树人"根本任务的重要路径，在高校中广泛开展，取得了显著成效。培养志愿服务精神，强化社会公益理念，是新时代大学生成长成才的根本要求，也是当前高校共青团的中心工作之一。回顾共青团的百年发展历程，以党的宗旨为宗旨，团结带领广大青年是共青团永不改变的初心和使命。团支部作为高校共青团的基层组织单

　　① 本文系团中央志愿者行动指导中心 2022—2023 年度大学生志愿服务课题项目"湖北省应急志愿服务政社协同机制研究——以新冠疫情为例"（2022ZYLX06）、2022 年度中南财经政法大学基本科研业务（三全育人）项目"高校'明星'师生育人示范作用长效机制研究"（2722022DS008）阶段性成果。

位，是高校共青团有效吸引和凝聚青年的主阵地①，亟需以认可度高、参与度广的志愿服务为载体进一步激发和提升活力。

一、高校团支部活力提升中存在的问题

高校团支部往往以班级为单位设立，虽然目前正在探索"班团一体化"，但由于班级事务繁杂，团支部的功能存在被进一步削弱的风险。《团章》规定："中国共产主义青年团是广大青年在实践中学习中国特色社会主义和共产主义的学校，是党的助手和后备军。"②然而，在实践中，高校团支部还存在能力支持不足、资源支持不足和舆论支持不足等关键问题，导致"三会两制一课"等组织活动尚未发挥出应有的成效，团支部活力亟待进一步提升。③

（一）能力支持不足

高校团支部的队伍构架一般由支部书记、组织委员、宣传委员等组成。正如俗语所说："火车跑得快，全靠车头带。"由于高校团支部活力整体有待提升，因此团支部"车头"的作用显得格外重要。高校低年级团支部在入校伊始常常拥有较高的活力，青年团员对新成立的团支部抱有期待。然而，

① 吴建章，徐娅图. 以创新创业为载体的高校团支部活力提升研究［J］. 黑龙江教育（高教研究与评估），2021（12）：83-86.

② 任园，杨文晴. 中国共产主义青年团"为党育人"的百年演进——基于"学校"视角的考察［J］. 青年学报，2022（1）：33-41.

③ 赵芸逸，时秦都. 基于"团支部+"模式的高校基层团支部活力提升路径研究［J］. 改革与开放，2019（11）：126-128.

团支部书记、组织委员、宣传委员在任职初始往往无法深刻认识到岗位职责的重要意义,学习能力、宣讲能力、组织能力、管理能力等各方面能力均有待提升。

（二）资源支持不足

高校团支部提升活力的重心在于开展能够吸引支部成员广泛参与的活动。高校团支部几乎没有活动经费,支部成员"筹钱"举办活动也不具有可持续性。此外,校园空间有限,无法满足团支部开展创意活动的需求。即使在疫情防控常态化背景下,高校共青团仍可以通过项目化方式鼓励团支部申报项目,一方面提供经费支持,另一方面也有助于提高团支部开展活动的成效,进而激发支部活力。同时,高校共青团还可以利用"校地合作""校企合作"等方面的资源,为团支部到校外开展活动提供引导和支持,鼓励高校团支部与党委政府部门、企事业单位团支部联合开展活动,这不仅创新了活动形式、丰富了活动内容,还能为支部成员积累社会经验,为未来的实习和实训打下基础,提高支部成员参与团日活动的积极性。

（三）舆论支持不足

受疫情影响,高校毕业生的就业压力不断增加,"内卷"和"躺平"逐渐成为学生中流行的热词。这种就业压力会逆向传导到高校低年级学生中,一些学生从大一开始就将目标确定为"保研"或"考研",专心学习,不愿参与班级事务和团学活动;另一些学生选择不参与竞争,只做自己认为正确的事情……学生"自我意识"的提升，加之缺乏有效的思想政治引导，对保持高校团支部活力产生了一定程度的影响。目前，"官僚主义"已成为团学骨干十分敏感的词汇，与"学生官僚"有关的新闻也经常受到热议，并且已经逐渐发展为关注点"形式大于内容"的程度。以往所说的"学生干部"一词也已在使用中被修改为"学生骨干"，弱化了"干部"的角色和身份。团学骨干也"十分担心自己成为新闻中被众人批评的对象"，其中也包括团支部负责人。在舆论支持不足的环境下，团支部负责人也逐渐倾向于"多做多错，少做少错，不做不错""宁可不做，也不能得罪一位同学，担心别人发朋友圈吐槽"的想法。

二、"团支部＋志愿服务"模式的构建

相较于其他方式，团支部组织团员青年参与志愿服务的门槛更低、受众更广、社会效益更好，更符合"广大青年在实践中学习中国特色社会主义和共产主义的学校"的政治功能。"团支部＋志愿服务"模式的构建有助于直面高校共青团团支部"能力支持不足、资源支持不足、舆论支持不足"等问题。要以坚决落实高校共青团改革方案的政治自觉培养团员青年的公益精神，深化"第二课堂成绩单"制度，提升高校团支部活力。

（一）落实高校共青团改革方案，促进高校共青团建设

为深入学习贯彻习近平总书记系列重要讲话，特别是关

于青少年和共青团工作的重要指示精神，共青团中央、教育部印发了《高校共青团改革实施方案》。该方案致力于解决基层团组织活力不足、逐渐脱离青年等问题。[①] 在巩固和创新基层团组织建设方面，提出要巩固班级团支部建设，推进社团建团，探索宿舍建团、实验室建团、网络建团等，构建"多种模式、多重覆盖"的团建创新机制。在基本原则上特别强调要"深化以青年学生为中心的改革，把准青年学生脉搏，了解青年学生心声，坚持服务青年学生的工作生命线，让青年学生当团学工作和活动的主角，问需问策问效于青年学生，使高校共青团深深植根于青年学生"。这充分体现了高校共青团要将目光聚焦于团员青年，用"服务"思维替代"管理"思维 [②]，且最好能够带头将职业精神和志愿服务精神相融合，能为青年办的马上办、没有条件为青年办的要创造条件、加班加点也要为青年想方设法地办，用行动感动青年、用真心赢取青年、用思想引领青年。

（二）培养团员青年公益精神，促进团员青年参与志愿服务

团支部组织以志愿服务为载体提升活力，虽然具备文化和情感上的天然优势，但仍然面临着"能力不足、资源不足、

---

① 孔祥成，刘浩霆. 党的"助手"：共青团初心的生成与百年功能演进 [J]. 青年学报，2022（1）：42–52.

② 郎坤. 高校服务型团组织建设的动力分析及路径探索 [J]. 中国青年社会科学，2020，39（2）：36–41.

舆论不足"的问题。首先，高校共青团要从顶层设计上重视志愿服务的作用，对团支部负责人进行培训时要融入志愿服务的相关课程进行赋能，使其认识到志愿服务工作的重要意义，并解决"做什么"的问题。其次，高校共青团要为团支部搭建开展志愿服务的平台（如设立志愿服务基地）。考虑到团支部的团员青年一般缺少社会实践经历，难以和政府相关部门取得有效的沟通和合作，高校共青团要及时整合资源，为团支部提供资源支持，解决"去哪做"的问题。最后，高校共青团要充分运用新媒体矩阵，为团支部开展志愿服务工作提供舆论支持，引导团员青年支持并配合团支部开展志愿服务工作，让志愿服务文化成为校园文化的主流，减轻团支部负责人在工作开展中可能遇到的内部阻力，解决"如何做"的问题，进一步激发团支部负责人"想干事、能干事"的工作精神，发挥其"车头"作用。

（三）深化"第二课堂成绩单"制度，提升团支部活力

"第二课堂"与"第一课堂"的不同之处在于形式和内容，但它们都依靠学分这一关键要素让学生完成"课堂"要求的目标。H大学"第二课堂"的学分由积分转化而来，通过获得规定的积分来取得学分，这是学生顺利毕业的必要条件。深化"第二课堂成绩单"制度依据的主要文件包括《深化新时代教育评价改革总体方案》《中国教育现代化 2035》《关于加强和改进新形势下高校思想政治工作的意见》《关于在高校实施共青团"第二课堂成绩单"制度的意见》等。H大

学围绕高校的人才培养目标,立足学生成长成才需求,参照"第一课堂"的管理模式,对课程项目、记录评价、管理机制等进行整体设计和优化,加强"第二课堂"的规范化、课程化、制度化建设,促进"第一课堂"与"第二课堂"有机融合,不断完善学校立德树人落实机制,努力培养德智体美劳全面发展的社会主义建设者和接班人。根据"五育并举"的育人理念,H 大学的"第二课堂成绩单"设计了"思想品行""创新精神""健康教育""人文素养""劳动实践"等五大培养模块,全校所有学生毕业前都需要完成每年 20 小时的志愿服务工时要求,这体现了 H 大学对志愿服务精神的培养贯穿了五大模块的全过程。

三、以志愿服务激发团支部活力的路径

中国共产党的宗旨是"为人民服务"。共青团是广大青年在实践中学习中国特色社会主义和共产主义的学校,是党的助手和后备军。志愿服务是志愿者不以获取物质报酬为目的,自愿贡献时间、能力和财富,为社会和他人提供的公益服务[①],与党的宗旨相符。高校团支部组织团员青年参与志愿服务正是"在实践中学习中国特色社会主义和共产主义"。在党中央号召"党员下沉"的大背景下,高校共青团指导团支部以志愿服务为载体提升活力具有非常重要的意义。

---

① 魏娜. 我国志愿服务发展:成就、问题与展望 [J]. 中国行政管理,2013(7):64–67.

（一）政策引领是核心

政策引领是志愿服务激发团支部活力的核心。2019年6月，《中国共产主义青年团支部工作条例（试行）》正式发布。《条例》规定："学校中的团支部，学习宣传贯彻党的教育方针，落实立德树人根本任务，筑牢青年师生的理想信念根基；突出实践育人，教育和帮助学生做到爱国、励志、求真、力行，加强班级团支部与班委会一体化运行，做好团员团组织关系转接工作；反映青年师生合理诉求，服务青年师生成才发展，协助做好维护校园稳定工作。普通高等学校中的团支部，巩固马克思主义在高校意识形态领域的指导地位，落实'第二课堂成绩单'制度，做好'推优'入党工作"[①]。共青团组织的根本属性是政治性、先进性和群众性，其中政治性是第一属性。参与志愿服务是否积极、纯粹是团员青年政治性的重要体现。如果连志愿服务都不愿积极参与的团员青年，被"推优"入党后也难以做到"为人民服务"。因此，高度重视志愿服务工作也是共青团做好团员青年"推优"入党工作的检验和试金石。

（二）教师指导是保障

教师指导是志愿服务激发团支部活力的保障。高校团支部工作的顺利开展离不开教师的指导。2017年8月，教育部正式通过了《普通高等学校辅导员队伍建设规定》（43号令），

---

① 王鉴，姜纪垒．"立德树人"知识体系的百年演进及其经验总结［J］．东北师大学报（哲学社会科学版），2020（6）：10-21

明确了辅导员的九大职责，包括高校辅导员具有思想理论教育和价值引领、党团和班级建设、学风建设、学生日常事务管理、心理健康教育与咨询工作、网络思想政治教育、校园危机事件应对、职业规划与就业创业指导、理论和实践研究，其中也明确提到"开展学生骨干的遴选、培养、激励工作，开展学生入党积极分子培养教育工作，开展学生党员发展和教育管理服务工作，指导学生党支部和班团组织建设"。除辅导员外，高校团支部还与学院团委教师、校团委教师有工作接触，因此团支部要主动与相关教师进行沟通，争取获得更多支持。同时，相关教师特别是辅导员要多将精力用于团支部建设上，加强团支部建设，推动"班团一体化"进程，从长远来看，这有助于提高教师的工作效率。

（三）典型示范是抓手

典型示范是志愿服务激发团支部活力的抓手。高校团支部志愿服务工作的顺利开展离不开典型示范的标杆作用。他们的感人事迹和志愿服务精神能够影响身边许多团员青年的参与。在 H 大学某团支部中，C 同学来自少数民族地区，她曾是 H 大学研究生支教团资助帮扶的一名高中生，后来经过不断努力考入 H 大学，并继续传承志愿服务精神。在校期间，她组织志愿者利用互联网为家乡的留守儿童提供心灵陪伴、远程辅导和综合素质拓展等远程志愿服务；寒暑假期间，她带领团队在家乡开展支教服务，被家乡政府授予"优秀志愿者标兵"荣誉称号，被学校授予"优秀志愿者"荣誉称号。她的事迹感动了许多团支部的同学，他们决定共同为团支部设计更多的志愿服务活动，力争使支部的团员青年都有机会参与其中。

（四）团员参与是关键

团员参与是志愿服务激发团支部活力的关键。团支部的活力体现在支部团员青年是否积极参与团支部的各项工作，不仅仅是完成上级团组织安排的工作和任务，更重要的是能够促进团支部更具凝聚力、战斗力，因此，高校团支部组织开展的志愿服务活动能否吸引团员青年的积极参与十分重要。关于"志愿者轮番到养老院给老人洗脚，导致老人的脚都被洗脱皮了"的新闻曾一度引起社会关注，这让团员青年对"形式化"的志愿服务十分反感。作为高校大学生，如何利用专业所学或是自身特长为服务对象提供优质服务，成为新时代高校志愿服务的发展方向。高校共青团需要关注这一发展方向，并指导高校团支部充分设计和考虑志愿服务的形式和内容。

新文科与新工科融合发展背景下高校"党建+课程思政"协同育人路径探究①

杨　晨

（信息工程学院）

　　新文科和新工科作为教育领域"四新"建设的重要内容，新文科注重将新技术等融入传统文科专业，通过文理学科的重组交叉赋予其更重要的时代战略和创新意义，从而实现跨学科的综合型人才培养。而新工科的核心内涵则是瞄准时代和科技前沿，通过工科专业建设的集成创新，主动对接服务国家战略，满足社会行业需求，推动产业进一步转型升级，促进新经济发展，培养新时代下的卓越工程人才。在此范畴之下，新文科和新工科的融合发展和长远建设也意味着高校

　　① 本文为中南财经政法大学中央高校基本科研业务费专项资金资助项目"习近平法治思想与高校思想政治工作协同性研究"（2722022DS025）阶段性成果。

人才培养模式必然经历一场重大变革，是时代发展、国际形势变化和新一轮科技革命以及产业变革下催生的新教改。党建工作和课程思政是高校坚守社会主义办学方向，实现思想引领和价值观塑造，践行为党育人、为国育才教育理念的重要渠道。新文科和新工科融合发展背景下，高校"党建＋课程思政"协同育人对立足高等教育创新发展实际，探索促进学科融通发展、党建赋能教学改革、思政助力立德树人的"一融双高"新业态具有重要的实践价值和丰富的时代内涵。

一、高校"党建＋课程思政"协同育人的内在逻辑

（一）高校党建工作与课程思政建设的相关主体一致

高校党建即在高校范围内开展的各项党的建设工作，其建设主体涵盖高校专兼职党务工作者和全体师生党员。高校课程思政建设由一线专业课教师主导，以学生为出发点和受众主体，其主要表现形式是将专业课知识和思想政治教育融合在一起，客观上要求主导课程建设的专业课教师必须对思想政治理论和教育方法有深刻的理解和把握。教育者先受教育的行为示范增强了一线教师不断提升自我并将政治理论学习和专业知识储备转化渗透到学术能力和教学技能的行动自觉。"双带头人"党支部书记、党务骨干和模范党员教师等也在扮演课程思政建设主体的过程中坚定了理想信念、锤炼了坚强党性、强化了师德师风教育。从"以生为本"出发，学生在高校党建工作和课程思政建设中也扮演着组织参与和接受教育的重要角色。

（二）高校党建工作与课程思政建设的理论内涵一致

高校党建思想引领的关键一步就是通过深入学习、宣传贯彻马克思主义基本原理和马克思主义中国化创新理论成果，把握正确政治方向，为高校办学治校提供坚强的组织保障。课程思政作为"五个思政"的重要抓手，在外化表征上体现了专业课程知识和政治价值观念的统一，是将价值立场和诸如社会主义核心价值观、习近平新时代中国特色社会主义思想等主流意识形态融入专业知识传授的一种课堂教育形式。不论是人文社科类还是自然科学类的课程，都是传播知识、弘扬优秀传统文化、塑造正确价值取向的主阵地和主渠道。因此，课程思政是对马克思主义中国化创新理论成果创新形式的学习宣传，也是高校党建工作和思想政治工作守正创新的具体表现，同时也是对党员师生党性教育的拓展和延伸，对非党员政治吸纳、教育考察的铺垫和补充。

（三）高校党建工作与课程思政建设的育人目标一致

高校党建工作通过全过程全覆盖式浸润，将组织育人实效贯穿始终。主要通过各项党建活动和党内政治生活来进行对党员师生的思想政治教育和管理，确保党员师生的政治立场坚定、价值取向正确，践行为党和国家培养高质量人才的使命担当。在课堂的主渠道上，课程思政通过将专业知识传授和思想政治教育深度融合，依托学科专业的发展建设、教材编选和管理服务等方式，促进更高层次人才培养体系的构建，从而实现育人和育才目标的统一。二者在育人目标上都以马克思主义中国化的最新理论成果和社会主义核心价值观等为思想引领，在高校党建和课程思政建设工作范畴内，将价值塑造、能力培养和知识传授融入立德树人的任务之中，对标"双一流"建设和国家战略需求，回答好培养什么人、怎样培养人、为谁培养人的教育根本问题。[①] 同时，课程思政也是党的建设和政治引领在学科交叉融合发展中的场域延伸和深度拓展。

二、新文科建设在高校党建工作和课程思政协同育人的主要优势

（一）价值塑造上的同构性

在时代不断发展的新阶段新背景下，高校课程思政建设的核心任务是对在校大学生进行正确的价值引领，这与高校党的建设、发挥党的政治引领作用相契合。二者协同育人的目标是为党和国家培养更多更好的、能够堪当国家大任的高质量复合型人才，是落实立德树人根本任务的关键环节。在落实立德树人根本任务和进行价值塑造方面，高校党的建设工作和课程思政建设工作恰恰符合新文科建设对高校立德树人工作提出的新要求。通过党建引领深入学习党的创新理论，立足中国文化根基，深入创新实践，关注社会现实，构建坚强有力的话语主导体系，彰显"四个自信"。

---

① 张东刚. 努力培养堪当民族复兴重任的开路先锋、事业闯将［J］. 红旗文稿，2022（11）：4-8.

（二）知识传授上的交互性

知识传授是在已有专业知识体系的基础上进行知识传递的教学过程。随着知识经济和互联网的高速发展，新时代人文社科类教育内容和受众群体发生了较大变化，涉及的知识体系也有明显区别。习近平新时代中国特色社会主义思想等党的理论创新成果是思政课堂阐释中国道路、运用创新成果的重要理论根基。党百年来丰富的实践经验是课程思政的重要素材供给。新文科建设要立足新发展阶段，深入挖掘社会变革和科技发展背后的科学真理，凝练出新思想新理念，促进新发展格局的构建和各项事业的全面发展。人文社科专业与党建、课程思政所指向的知识内涵有较强的交叉和互补[1]，多元化形式的知识传授也进一步促进了教师队伍对知识体系的深入理解和熟练传递，增进了与学生的学术交流和情感共鸣。

（三）路径方法上的共通性

从宏观上看，新文科专业、党的理论成果和课程思政的主要内容都可以纳入人文社会科学的范畴。文科学科传统的知识整合、知识传递、价值融入以及意识重塑的学术和育人范式具有显著的共通性和普适性，这为高校党建工作和课程思政协同育人在具体实施上提供了稳固的路径根基。此外，教学改革也是新文科建设的重要内容。实现二者协同育人，必然要求在将党的历史、党的创新理论成果、专业知识以及

---

① 那瑛，朱凤义. 课程思政与思政课程跨学科协同课程的建设模式 [J].
黑龙江教育，2023（15）：25–27.

中华优秀传统文化整合重组的基础上，充分考虑传递内容的价值负载，以符合社会需求以及大众认可的形式，融合真实情境和社会实践，传递给受众。[①] 在这个过程中，党建工作和课程思政建设的理论与实践内容也需要依托课程设置、教学方法和创新的课程内容等作为载体。新文科建设为促进知识传递、价值重塑和专业深度融通提供了重要支持。

三、新工科背景下高校党建工作和课程思政协同育人的现实困境

（一）在顶层设计上，对二者一体推进的谋划部署不精细

新工科建设背景下，党建工作和课程思政建设赋予高校事业发展更深层次的思想价值引领和工作思路创新。一方面，党建引领为课程思政建设提供坚强的思想政治保障，依托理论成果、历史事实和前沿科技，为课程思政提供生动素材，推动专业课程从科学精准的知识灌输向与以文育人、以文化人相结合的互融互促模式转变。另一方面，课程思政通过将新工科专业建设、课堂教学、人才培养等具体业务工作和党建工作相融合，探索培养卓越的新工科人才的可行途径，进一步拓宽了党建引领"一融双高"新工科建设高地的工作思路，丰富了载体形式。然而，由于尚未形成党建工作和课程思政

---

① 杨国栋，马晓雪. 新文科视域下课程思政与知识传授融合的基本逻辑与实现路径［J］. 高校教育管理，2022（5）：96–105.

协同育人的思想共识，在顶层设计上，并未对新工科党建工作与课程思政教学科研实现系统精准融合的谋划部署，主体责任不够明晰，互融互促实效未能得到充分展现。

（二）在具体实践上，对思政元素的挖掘和素材供给不到位

新工科课程主要以大数据、人工智能、云计算等时代前沿科技发展为依托。在此背景下，相对于哲学社会科学，新工科课程所能提供的思政建设的鲜活案例和素材不够丰富。此外，工科专业课的教学内容在外化形式上大多呈现出非意识形态特征，专业课教师专注于理论知识的传授，对与课程内容相关的思政元素的拓展延伸意识不够浓厚，对课程本身蕴含的科学人文精神等隐性资源的挖掘也不够深入。这就导致在具体工作中新工科建设涵盖的科学素养、人文理念、创新意识和工匠精神等方面未被充分利用于党建引领和思政教育，知识技能和价值观教育也未能通过教师的专业水平、教学方式和个人魅力融入言传身教的思想政治工作之中。

（三）在示范引领上，党支部战斗堡垒作用凸显不充分

新工科建设强调多学科专业之间的交叉融合，但目前已有的学科交叉融通程度还不能完全满足高层次思政教育的实际需求。党建工作和课程思政建设作为工科院校围绕新工科建设实现"一融双高"的重要途径，在此过程之中，需要凝聚起"双带头人"、名师工作室、一线教师和模范党员的群

智群力。特别是对于工科领域，专业知识传授与思想政治教育之间存在较为明显的界限和壁垒，大多数一线教师的思想政治理论水平还不能高度适配课程思政建设的示范标准。课程思政建设在客观上还要借助思政课教师的指导和与思政学科的专业融通，以深入推进新工科专业课程和思政课程双轮驱动。这也必然需要党支部充分发挥战斗堡垒作用，强化党建工作和课程思政协同育人的思想共识，增进党支部和系、教研室的交流沟通和业务融合。有针对性地组织观摩优秀课程思政现场教学，动员和鼓励全员参与，有助于促进党的建设、教学科研和思政工作的融合贯通。

四、融合发展背景下高校"党建＋课程思政"协同育人的路径探究

（一）提高政治站位，强化组织领导

探索"党建＋课程思政"协同育人路径首先要自上而下全面加强对协同育人的思想认识。从爱国主义、价值引导、理想信念、伦理道德等多个教育维度出发，丰富课程思政建设的教学资源供给，统筹构建全员参与的育人工作格局。在顶层设计上，要进一步明确协同育人的主体责任，坚持党政领导齐抓共管，着力把思想政治教育作为立德树人的奠基工程，深入研究部署"党建＋课程思政"工作，开展常态化的调研走访，全面贯彻落实新时代党的建设总要求，完善协同育人工作机制。在具体实践上，要进一步明确党建和课程思政协同育人之间的底层逻辑，以党建为引领，成立课程思政

工作领导小组，重点关注各系、党支部和教研室负责人，将建强师资工程背景、更新前沿教学内容、整合教学资源等问题与"党建+课程思政"共同部署、共同推进，以学科专业交叉融通为重要内驱，兼顾各学科专业的需求，全面提升育人主体的思想认识，精准把握党的建设和课程思政建设助力学科建设的切入点，制定科学可行的实施措施。

（二）立足专业特色，深挖思政元素

将专业知识、特色教育与思政建设相结合，重新定位课程性质，依托课程之间的显性和隐性关联，充分挖掘具有通识性和普遍性的思政元素。鼓励人文社科类专任教师联合交叉学科专业共同打造课程思政，以实现专业优势的支撑和专业壁垒的互补，同时探索多元教学方法。虽然相较于哲学社会科学，新工科课程中显性思政元素相对不够丰富，但在当前教育科技人才、三大国家战略、卓越工程师教育培养计划和教育数字化等进程的推动下[①]，工科课程思政建设在弘扬专业领域精神、聚焦科技先锋，以及对攻坚克难、勇担重任、爱岗敬业、无私奉献等方面的时代楷模和行业领军人物的挖掘上还大有可为。"党建+课程思政"在实践中面临的思政元素匮乏的问题对高校党务工作者和专业课教师等育人主体提出了更高层次的要求。最重要的是要牢固树立大思政工作理念，着力挖掘具有专业特色的思政元素，通过深入剖析和

---

① 赵俊.教育、科技、人才协同推动高质量发展［J］.南方经济，2022（12）：19-20.

挖掘专业延伸中的典型案例,打破生搬硬套思政元素的惯性思维,积极探索具有特色的课堂思政话语体系,严守意识形态阵地。

(三)培养专业队伍,凝聚育人合力

开展高质量、内涵丰富的党建工作和课程思政建设离不开党务工作熟练、政治理论水平较高的工作队伍。党务工作者和教师自身的思想认识、理论素养和执行能力是影响和决定人才培养质量、评判育人成效的关键因素。新文科领域的教师要充分发挥专业优势,围绕学科发展和人才培养打造"金课"。新工科专业的教师更要理性认识在党务工作和政治理论知识上存在的天然局限,努力营造专业知识传授与党的建设、思想政治教育互融互促的良好工作态势,对育人主体进行专业的党务工作培训和思想政治理论辅导。在课堂教学中,也亟须打破专业壁垒,鼓励专业教师抓住时代风口,将家国情怀、专业知识、理想抱负和国际视野融入课堂,创新开展"课程思政"教学设计,促使专业知识话语与思想政治话语的转换衔接。同时,要充分发挥党员先锋模范作用,强化优秀党员教师的示范引领和传帮带成效,将提升自身政治理论水平和思想政治教育能力、传播优秀文化、弘扬正能量作为全面提升师德修养的内生动力,着力培养党务工作基础好、思政教育能力强的教师队伍。

(四)注重平台搭建,跟进制度保障

构建"党建+课程思政"协同育人工作模式需要各方共

同努力，高校要进一步完善以党建为龙头、以课程思政建设为主体、以制度保障体系为辅助的多维工作格局。首先要搭建党务工作、专业教学和思政教育的交流融通平台，充分运用新文科中的中国历史与现实、新工科的理性与工具，以及"大数据+""人工智能+"等技术，突破时间和空间限制，在云端搭建沟通平台，形成学科发展良性互补、思政教育同向同行的良性工作机制。其次，要进一步建立健全党建工作和课程思政质量评价体系，将协同育人实效放入新工科建设指向的人才培养模式变革、教学评估、学科评估，以及"双一流"建设监测评估等标准体系大背景下①，强化学生体验式评价、行业用人沉浸式评价、社会第三方跟踪式评价等多种情景模式的融合发展。此外，还要制定并落实相关的激励举措和制度，对在课程思政中取得优秀成绩、在协同育人工作中表现突出的集体和个人进行不同层面的表彰和奖励，以榜样引领和示范创建正面引导全员参与。

五、结语

党的建设和课程思政建设是高校培养具有坚定政治立场和理想信念的新时代复合型人才的重要环节，二者将不同专业领域融合到与育人目标同向同行的价值统一中。"党建+课程思政"赋能新工科建设也是践行"三全育人"和"五个

---

① 贾启君. 新工科课程思政建设的实践逻辑［J］. 中国大学教学，2021（5）：50–53.

思政"工作理念的生动写照。在协同育人的工作探索中，高校要切实将思想政治教育融入工作细节，筑牢思想根基，培养拔尖创新人才。

参考文献

［1］马凤毛，刘春丽. 新时代高校党建工作与"专业思政"有机融合的必要性及发展前景［J］. 大连大学学报，2020，41（5）：114–118.

［2］陈昊，庄伟航，高炳超，等. 引领、融合与链接："高校党建＋课程思政"建设路径探索——以 H 高校为例［J］. 河南理工大学学报（社会科学版），2023，24（4）：116–121.

［3］龚一鸣. 课程思政的知与行［J］. 中国大学教学，2021（5）：77–84.

［4］黄锁明，李丽娟. 新工科课程思政教学存在的问题与对策［J］. 教育理论与实践，2022，42（36）：39–42.

［5］吴宝海，沈扬，徐冉. 高校新工科课程思政建设的探索与实践［J］. 学校党建与思想教育，2020（21）：61–62，65.

党建引领，科研赋能
——研究生党支部建设的实践研究

姜倩倩

（工商管理学院）

一、引言

《中国共产党普通高等学校基层组织工作条例》最新修订版中明确提出"坚持高校党的建设与人才培养、科学研究、社会服务、文化传承创新、国际交流合作等深度融合"，因此，基层研究生党支部除了需要完成其思想、政治与组织保障工作，更应结合研究生自身学业与科研发展需求来落实"立德树人"根本任务，探索高质量党支部建设的实践路径。

二、党建科研深度融合的实践意义

党建科研深度融合是立德树人根本任务完成的重要保障。

党建和科研深度融合不是党建和科研的简单叠加，而是通过共建、共治、共享实现互促共进。推进党建与科研深度融合，不仅能有效提升科研创新能力，更能够丰富党建工作的内涵。

研究生党员作为新时代青年群体的中坚力量，肩负着中华民族伟大复兴的重要使命，要贯彻落实习近平总书记"从国情出发，从中国实践中来、到中国实践中去，把论文写在祖国大地上"的研究愿景，切切实实将自己的学问从课本理论应用到解决实际问题中去。新征程下要完成青年所承载的使命，需要卓越的创新、管理和协调能力，而党组织的领导力、组织力和影响力是提升科研创新能力的重要变量，能够有效推动科研着眼国家全局"定位"、立足新发展阶段"定标"、针对发展实际"定策"、围绕创新体系"定责"、针对创新主体"定事"。增强党员科研创新意识和社会服务意识，培养面向国家经济社会发展主战场、人民群众需求和世界科技发展等最前沿、适应多领域需要的人才。

实践中，部分研究生党员对党的理论知识掌握以及自身党性修养仍有欠缺，需要不断学、思、践、悟提升党性修养。在自身利益和个人目标驱使下，部分研究生党员政治意识薄弱，缺失集体观念和团结精神，对思想政治教育管理"免疫"，有时以"科研忙""时间紧"为借口逃避正常的组织生活，导致党支部组织生活难以有效开展。以科研赋能党建，探索党建科研的深度融合，创新支部建设，加强组织凝聚力与实践能力显得尤为重要。

三、研究生党支部建设的实践探索

（一）工商管理学院博士研究生党支部基本概况

工商管理学院博士研究生党总支成立于 2018 年 5 月，支部目前共有党员 72 余人。总支部下设三个党支部，成员覆盖产业经济学、农业经济学、国际贸易学、企业管理、营销管理、旅游管理、技术经济管理、土地资源管理八个专业。

在《工商管理学院研究生党建品牌工程创建实施计划》的指导下，支部按照"党建 123"研究生党建品牌创建方案，把握 1 条主线，用好 2 个抓手，打造 3 个工程。通过"党建 + 思想领航""党建 + 知行合一""党建 + 科研创新"三维协同，创建人才培养与创新优势，强化支部品牌建设。党支部秉承"把论文写在祖国大地上"的理念，充分发挥工商管理学院专业特色，以专业为单位，推动师生支部结对共建，深入调研活动，结合实际撰写论文，分享研究成果，积极投身疫情防控及乡村振兴的时代洪流中，为服务国家重大战略、促进疫后重振、深化党史学习、助力脱贫攻坚方面做出积极贡献，在科研创新、社会实践、社会服务等方面充分发挥党员的先锋模范作用和基层组织的战斗堡垒作用。

（二）助力疫后重建

疫情防控期间，支部党员同志积极参与疫情防控志愿服务，召开线上会议学习抗疫精神，重点学习贯彻习近平总书记关于疫情防控工作重要讲话和指示批示精神，并分享党员志愿者们的疫情防控心得体会。同时，支部成员立足服务国家区域发展战略，聚焦疫情防控和疫后重振，深入结对教工支部的项目研究，以"外贸稳、农业兴、旅游旺、企业盈、产业调"为主题撰写疫后重振专业报告，研究武汉文旅产业、贫困治理、外贸发展、零售业态数字化转型、中小企业的疫后重振与发展；以"生命至上、举国同心、舍生忘死、尊重科学、命运与共"为主题开展"传承抗疫精神，续写党史新篇"系列活动，撰写并分享报告，统筹推进抗疫工作和党史学习的高效开展。

结对导师教授协同支部党员同志共同申报了武汉市社科基金项目《新冠肺炎疫情影响下武汉市优化营商环境的应对策略研究——基于网络舆情大数据的分析》，并就相关研究成果——疫情期间"武汉保供战"接受了楚天都市报媒体采访；结对导师和支部党员合作撰写了专著《中国文旅产业：疫情影响与全面振兴》，基于研究结果接受了社会科学家杂志访谈，并在"科学抗疫"线上公益直播论坛上进行报告；结对导师与支部党员合著的文章《旅游公共卫生体系的缺失与构建——基于我国公共卫生预防体系建设》荣获中国旅游科学年会一等奖。

（三）服务乡村振兴

支部以"学术助力乡村振兴"为总基调，以"明国情、深调研、促实践"为活动主线，先后前往钟祥市胡集镇、咸宁市通山县、武汉市江夏区狮子头村等地开展实地调研，走进田间地头，与地市政府及农户进行深入访谈，并与湖北省钟祥市胡集镇政府成为结对支部。通过对农户进行走访，收集了切实关乎乡村发展和农户关切的若干问题，结合自身专业背景和调研经历，从农村电商扶贫、乡村特色文旅、乡村产业振兴、金融支农等多个角度解读了《湖北省乡村振兴战略规划（2018—2022年）》规划，形成了7篇政策解读报告和6篇学术报告，共计10万余字。支部委派同志与当地村民开展乡村振兴战略解读座谈会，将解读报告与当地实际政策结合，从群众最关心的问题着手进行分析和答疑，同时积极配合当地农村党支部学习、讨论有关乡村振兴的路线方针政策，并就能解决的问题提供不同专业视角的指导意见，助推乡村振兴工作取得新实效，一定程度上实现了科研成果的实践转化。邹市村民委员会党支部书记为支部亲笔书写了感谢信，他用质朴的语言感谢支部对邹市村蔬菜产业品牌建设以及乡村振兴战略在农村基础党支部的实施做出的贡献。

除此之外，支部成员还深度参与教工党支部的"一院一品"和"田野党建"特色党建品牌活动项目，围绕乡村振兴开展理论宣讲、结对帮扶、志愿服务等社会实践特色活动。依托结对支部导师国家社会科学重大项目"中国相对贫困的多维识别与协调治理研究"及课题"建立解决相对贫困长效机制的国际经验研究"的指导，支部成员深入扶贫第一线，与结对导师组成中南财经政法大学"青力缔造"青年实践队咸宁分队，深入咸宁各镇、村开展实地走访调研，认真收集群众的需求，为乡村振兴和基层治理工作贡献力量。支部成员与结对导师成功申请基金项目《包容性视角下乡村旅游产业对农民收入影响研究》，用专业知识助力脱贫攻坚。

支部成员与结对导师的研究成果在全国扶贫发展中心主办的2020年度"学习习近平总书记关于扶贫工作的重要论述"

主题征文活动中被评为获奖论文并参加了中央宣传部、国务院扶贫办在北京联合召开"学习习近平总书记扶贫工作重要论述研讨会",其论文入选《习近平总书记关于扶贫工作的重要论述学习文集》,支部成员本人也在2021年"七一表彰"中荣获校级优秀党员称号。

(四)党建协同育人

为真正做到"学懂、弄通、做实",不断激发科学研究的创新活力,博士研究生党支部依托每月主题党日活动,开展"专业报告汇报会",紧抓实时热点,为企业、行业、产业发展提供专业化指导建议。支部分享"疫后重振专题报告"5篇、"续写党史新篇"报告4篇、"学习党史守初心"系列学术分享报告7篇、"乡村振兴战略"政策解读及学术论文报告13篇。所有研究报告都通过党委研究生工作部和工商管理学院微信公众号、中南大工商研究生党建微信公众号进行分享。支部成员深度参与结对导师的国家级、省级各类课题20余项,主持校级课题33项;依托党建科研项目建设成果,在CSSCI及以上级别期刊发表论文百余篇;共荣获国家奖学金、专项奖学金、学业奖学金等各类奖学金百余项;2人荣获省级"挑战杯"竞赛铜奖、2人荣获湖北省"长江学子"荣誉称号、2人荣获校级优秀党员标兵及优秀党员称号。支部两次荣获校级研究生样板党支部立项并在结项展示中荣获二等奖,两次荣获校级样板党支部及先进基层党组织荣誉称号。党支部成立以来,先后委派四名博士参与省、校两级博士生宣讲团,开展党的二十大政策解读以及党史宣讲,在全校乃至更大范围奏响红色旋律。

四、研究生支部高质量党建的实践经验

（一）坚持党建引领

经济结构调整和产业转型升级带来了经济发展方式的重大变化，科研成果必须适应新时代新变化。博士生科研活动全过程必须牢牢把握"四个面向"，使党建工作与科研业务融会贯通。党支部立足服务国家区域发展战略，对接国家重大战略，聚焦时事热点，结合党日活动开展研讨会和实践活动，让支部的每一名党员都能够深度参与，切实履行引领凝聚党员、组织动员党员、联系服务党员的职责，持续强化支部引领力、组织力、服务力，引导研究生树立正确的人生观和价值观，切实发挥研究生党支部的战斗堡垒作用。

（二）强化理论学习

支部严格执行"三会一课"制度，并着力提升理论学习质量。党支部坚持专题学习教育，定期开展读书交流、实地参访、红色观影等活动，丰富拓展国情教育、形势政策教育内容与形式。为了使学习效果不流于形式，支部以专业为单位开展"微党课"及学术研讨会，从报告撰写、材料汇报、会后研讨三方面明确责任要素，制定每月学习和汇报计划，与结对支部导师及学院专家学者开展针对性沟通、交流，融合教师力量，把好每篇成果的"质量关口"。相关研究成果同步形成文字版解读报告，并通过院校两级网络平台进行宣

传，在党支部乃至更大范围内营造积极向上的学习氛围。

（三）创新实践活动

通过深度参与课题研究、实地调研、结对帮扶、志愿服务等社会实践特色活动了解国情、民情、社情、切实将所学知识从课本理论应用到解决实际问题中。支部成员的政策解读、学术报告、论文成果均是基于实践调研过程中反映的真实问题或支部成员参与结对导师课题所关注的重大民生问题，例如，针对农户反映的农业贷款问题，撰写政策解读报告《创新农村金融 助力乡村振兴》；针对农户反映的土地政策问题，撰写学术报告《集体经营性建设用地入市研究》；针对零售业疫后复苏问题，撰写学术报告《后疫情时代中国零售业态创新研究》等。通过创新实践活动精准化科研，着力解决民生实际问题。

（四）师生结对共建

为践行基层使命，提升服务能力，党总支秉承"把论文写在祖国大地上"的理念，以专业为基础，以科研项目为依托，将学生党员融入教工支部，依托全国高校党建工作样板支部旅游管理系支部的"田野党建"品牌和全国农科研究生志愿服务联盟理事单位、校"脱贫攻坚先进集体"农业经济管理系党支部的"一院一品"特色党建品牌活动项目，旅游管理系教工支部书记兼任博士研究生第一党支部名誉书记。师生联建充分发挥教工支部的先锋模范作用和指导引领作用，强化支部党建工作与实地调研、课题研究、成果转化的深度融合，研用结合，助推党员全面发展，共同丰富支部党建品牌和国家重大科研成果。

五、结语

积极探索和创新基层组织建设工作是统一思想、凝聚共识、以高质量党建引领研究生高质量深度培育的内在要求。以支部标准化、规范化建设为准绳、以提升党建引领效能为突破口，工商管理学院博士研究生党支部凝练专业特色，使党建科研深度融合，指导研究生党员用党的创新理论武装头脑，深刻领会习近平新时代中国特色社会主义思想的精神实质和丰富内涵，结合自身实际创造性地开展研究，追寻科研初心，铭记为国为民的科研使命，创建有创造力和生命力的研究生党支部。

参考文献

［1］王振兴，侯红梅，王宝根，等. 新形势下高校党建和业务工作深度融合的路径［J］. 中国高等教育，2022（2）：29-31.

［2］陈建军. 大党建引领高校基层党建提质增效［J］. 中国高等教育，2020（Z3）：51-52.

［3］石存，张丽琴. 聚力"学、践、促"，推进研究生党建与科研深度融合——以北航自动化学院"党建促科研，科研强党建"为例［J］. 大学，2021（52）：40-42.

［4］杨腊，于靖，高艺霞. 新时期高校研究生党建模式

的探索与实践——构建五大协同育人模式推进研究生党支部建设［J］．产业与科技论坛，2021，20（7）：245-246．

［5］柳楷婧，程辉，冯晨威，等．党建引领科研高质量发展的逻辑、模式与路径［J］．农业科技管理，2022，41（3）：85-88．

［6］聂常虹，姜秉国．推进科研院所党建与科研深度融合［J］．党建研究，2022（8）：53-55．

高校学生"全国党建工作样板支部"示范引领作用发挥机制研究[①]

——基于中南财经政法大学工商管理学院本科生党总支的实践考察

李　芳

（党委研究生工作部）

党的二十大报告指出："要推进以党建引领基层治理，把基层党组织建设成为有效实现党的领导的坚强战斗堡垒。"高校学生党支部是加强学生党建和思想政治工作的最基层组织，是落实党的教育方针的前沿阵地，担负立德树人的根本任务和培养时代新人的重要任务。基层学生党支部的高质量党建关系着高校人才培养、科学研究、文化传承、社会服务、

---

① 本项目系中南财经政法大学 2023 年度党建理论与实践创新计划项目"新时代党建赋能'新商科'样板党支部建设——基于'五步育人法'的实践"阶段性成果之一。

国际交流等职能的发挥，更是引领学科建设、学校发展、学生成长的重要力量。2018 年，《中共教育部党组关于高校党组织"对标争先"建设计划的实施意见》提出了基层党支部"七个有力"的建设标准，包括教育党员有力、管理党员有力、监督党员有力、组织师生有力、宣传师生有力、凝聚师生有力和服务师生有力的建设标准。2018 年以来，教育部开展了新时代高校党建示范创建和质量创优工作，培育创建"全国党建工作示范高校""全国党建工作标杆院系""全国党建工作样板支部"，充分发挥党在社会基层组织中的战斗堡垒作用。在先后立项的三批"样板党支部"中，有大量的学生党支部入选，成为新时代高校学生党建工作的样板和龙头。中南财经政法大学工商管理学院本科生党总支（以下简称"本科生党总支"）于 2022 年 3 月入选教育部第三批新时代高校党建示范创建和质量创优工作"全国党建工作样板支部"培育创建单位后，紧紧围绕新时代新商科人才培养目标和"样板党支部"建设"七个有力"的要求，在实践基础上有益探索和推广经验，从制度体系规范化、支部管理科学化、党员培养标准化、平台打造创新化等方面进行高质量建设，积极发挥了示范引领作用，对推进高校基层高质量党建工作具有重要实践指导意义。

一、高校学生"全国党建工作样板支部"高质量建设的实践探索

高校学生党支部是高校思想政治工作的坚实堡垒，样板党

支部是高校学生党支部的火车头。[①][②]高校学生"全国党建工作样板支部"的高质量建设是新时代高校党建实现示范创建和质量创优的必要途径。本科生党总支积极探索"新时代中南商科党建＋新商科人才培养"的新路径、"一二三四五"商学院学生党建工作法,做到"七个有力",培养"知行求真 诚信致远"德智体美劳全面发展的新时代新商科党员先锋人才。

(一) 制度体系规范化

　　加强高校学生党支部制度建设是做好学生党建工作的重要保障。制度体系的规范化有利于提高党支部工作的计划性、科学性、时效性。[②]制度建设是样板党支部创建的首要环节,也是核心、关键和主线。本科生党总支自创建以来,以高质量发展为关键,抓制度建设、体系建设,力求制度体系规范化。本科生党总支制定了《工商管理学院本科生党总支"全国党建工作样板支部"建设方案》,根据"七个有力"的建设标准,结合党总支前期工作基础,从宏观上谋划了整个建设周期的目标任务,明确提出了样板党支部的建设目标、建设步骤、建设计划和相关保障;完善相关基层党务工作制度,逐步制定和完善《规范化党支部创建工作标准》《党建工作责任制度》《党建工作报告制度》《党员考核评价标准》等各项制度;

———————————

　　① 李洁. 新时代高校学生样板党支部组织力建设模式实践探索——以全国党建工作样板支部西北农林科技大学能源本科生党支部为例 [J]. 大学, 2023 (10): 34-38.

　　② 杜军. 高校学生党支部制度建设探讨 [J]. 思想政治教育研究, 2006 (6): 43-44, 55.

突出政治功能，创新"三会一课"、主题党日，在党员发展、党员培训、党籍管理、党费收缴、党员激励等方面形成一套制度化的工作体系，更加强调和深化党总支在管理党员、监督党员、组织师生、宣传师生等方面的作用，让党支部建设和党员发展教育工作有章可循。

（二）支部管理科学化

学生党支部的高质量创建需要有效的科学管理，支部管理的科学性直接关系到支部建设质量。管理学强调管理理念、管理目标、管理方式的科学性，其中，目标管理理论强调通过目标的设置来激发动机、指导行为、激励人的积极性。[①] 本科生党总支在目标设置上着力于将党支部打造成一个适应新时代党建要求、战斗力强的党的基层战斗堡垒。在管理方式上实行横向管理和纵向管理相结合的模式，实现科学管理。从横向管理来看，各党支部配优做强支委队伍，选聘优秀辅导员担任党支部书记，配齐副书记、组织委员、宣传委员、纪检委员等支部委员；定期召开党总支工作例会、支委会，支部书记定期向党总支汇报支部建设情况与工作计划；邀请学校党委组织部相关领导、学院党委书记、兄弟学院党总支书记、全国样板党支部书记等专家进行支部书记培训和工作交流。从纵向管理来看，各党支部在党员培养方面实行"支部培养＋总支管理"的模式，党支部负责党员发展全生命周期培养，党总支负责纵向针对入党申请人、入党积极分子、

---

① 邹勇. 现代西方激励理论对高校学生党支部书记激励管理的启示 [J]. 学校党建与思想教育，2012（34）：34-35.

发展对象、预备党员、正式党员等不同群体开展管理与培养。在党员发展的不同阶段，党总支统一制定培养方案，严格把控党员发展流程，提升党员发展质量。

（三）党员培养标准化

标准化是质量建设的重要实现方式，党员培养的标准化是提高党员培养质量的关键法宝。由于学生党支部中党员人数多、发展数量大、培养内容多，因此既需要有共性的标准来指导党员成长，也需要有个性化的标准来打造先锋模范。本科生党总支完善了党员发展标准体系、党员培养标准体系、党员考评标准体系，在党员发展、党员培养、党员考评等方面做出一定的探索。在党员发展标准化方面，通过"三三三制"来提高党员发展质量，即通过明确学生党员发展的三级责任、抓好学生党员发展的三级教育、落实学生党员发展的三项制度发展优秀学生入党；在党员培养标准化方面，实施"三个紧抓"来开展党员的标准化培养，包括紧抓团组织推优让优秀青年团员通过青年团员质量引领工程推选为入党积极分子、党的发展对象，紧抓党员理论学习，通过党校、主题党日、专题党课、网络培训、行走课堂、社会实践等活动打造多样化党员理论学习阵地，紧抓党员先锋模范作用，通过评选"优秀党员""最美党员""党员示范寝室""党员帮帮团"等活动选树一批优秀典型来影响身边的人；在党员考评标准化方面，推出"新商科党员成长成绩单"，以"政治素养—专业能力—劳动实践—社会服务—支部贡献"等五个维度为基础框架，重点考评学生党员的"政治力—学习力—引领力—

服务力—影响力"，全程跟踪党员培养质量，全面考评党员
发展质量。

（四）平台打造创新化

学生党员的培养发展依靠平台的支撑作用，理论课堂、
社会实践、文化活动、志愿服务等都是党员培养发展的重要
平台，通过打造特色化的平台来创新党建育人的新模式。本
科生党总支在实践中打造出"读·讲·行：工商管理学院本
科生党员培养质量工程""五个工商·工商管理学院青年团
员思想引领质量工程""湖北省新丝路青年成长社""新时
代青年研习营""'晓南初心'网上党建育人工作室"等党
建工作品牌，结合"大思政课""三全育人""五个思政""党
的二十大"等思政工作热点和党建工作要点，尝试打造多元
创新平台来提升党员发展培养质量。

二、高校学生"全国党建工作样板支部"示范作
用的形成机制

新时代高校党建工作示范创建重在突出示范，高校基层
党建示范创建是高校党建工作创新的重要体现，也是党联系
群众、依靠群众、团结群众的重要纽带。[①] 高校学生"全国党
建工作样板支部"的示范作用体现在支部建设、支部成果、
党建品牌和党建育人之中。

---

① 张俊峰. 新时期高校基层党建示范创建工作探究［J］. 理论观察，
2021（7）：41-43.

（一）"建设示范"重在过程导向

建设是过程，通过"全国党建工作样板支部"高标准建设实现党员培养的高质量和支部建设的高水平。对标"七个有力"的建设标准，根据立德树人的人才培养目标以及学校学院学科优势，形成党建育人人才培养的总目标和特色党建工作法。在目标实现和党建工作法的运行机制中，通过建设过程来实现建设示范的作用，不仅向党支部内部进行示范导向，还向外部其他支部形成过程辐射行动，形成可复制的样板党支部建设过程工作法。

本科生党总支全面贯彻落实习近平新时代中国特色社会主义思想和党的十九大、二十大精神，在新时代的"为党育人 为国育才"要求下，在新文科建设的背景下，结合学校建设"财经政法深度融通特色鲜明的世界一流大学"的规划和学院"立足中南，面向世界，成为经法管融通的一流商学院"的愿景、"创造商学新知，贡献商业智慧，培养商界精英"的使命，积极探索"新时代中南商科党建＋新商科人才培养"的新路径，制定了工商管理学院本科生党总支人才培养目标：培养一批"知行求真 诚信致远"德智体美劳全面发展的新时代新商科党员先锋。党总支秉承新时代商学院"负责任管理"和"可持续发展"的理念，在学院"四位一体·五育并举"的人才培养模式基础上，通过出台政策、细化安排、落实举措，探索出"一个机制、两块阵地、三重环节、四维考评、五大平台"的"一二三四五"中南商科学生党建工作法，将"方向关""思想关""培养关""育人关""入口关"等"五个把关"作为党建特色工作的重要突破口。该党建工作法在样板党支部过程建设中发挥了重要的建设示范效果，在建设过程中有效地推进了党员发展培养及党支部科学管理，并多次在校内外进行经验推广。

（二）"成果示范"重在结果导向

成果即需要产出结果，通过"全国党建工作样板支部"创建的过程来形成一批具有示范效应的成果。在党支部建设过程中，坚持思想引领、管理有力、组织科学、凝心聚力，在教育党员、管理党员、监督党员、组织师生、宣传师生、凝聚师生、服务师生等方面持续发力，将铸魂育人融入党建工作全员、全方位、全过程。在人才培养、科学研究、学科发展、文化交流、社会服务等方面产出一批成果，以结果导向引领党支部发展。

本科生党总支围绕"七个有力"形成了"中南商科学生党建成果"。在党建引领下，成员获得了"全国最美高校辅导员""全国辅导员年度人物""强国一代新青年""全国大学生自强之星""湖北省首批高校学生工作示范团队""湖北省五四青年奖章""湖北五一劳动奖章""洪山好人"等荣誉称号，党支部获得了华中七校党支部风采大赛二等奖、学校"先进学生党总支"称号、学校"书记好党课"一等奖、"支部好案例"三等奖、"党员好故事"三等奖、学生微党课比赛一等奖、学校红色家书展演活动二等奖等多项荣誉。各党支部学生中获得国家级奖励100余人，省部级奖励150余人，校级奖励1500余人。党总支成员重视党建理论研究，长期关

注基层党支部工作模式与创新，获批教育部人文社科研究专
项课题、校级党建课题等 20 余项，发表党建工作论文 15 余篇。
大量的党建成果形成了较好的生产力，既在总结经验的基础
上形成理论研究成果，同时将理论研究成果指导党总支下一
步的工作和发展。

（三）"品牌示范"重在宣传导向

品牌是一种软实力，党建工作品牌的打造、宣传、推广
是样板党支部形成示范效应的重要环节，培育高校基层党建
工作品牌有利于提升组织活力、加强党的建设。[①]高校学生"全
国党建工作样板支部"的品牌化建设也是落实新时代党建要
求、深化组织育人功能、提升党建工作质量的有效途径。在
品牌建设中，坚持宣传导向、提炼党建工作亮点、打造人才
培养特色、深入推进支部建设、形成样板支部效应是品牌建
设的实践进路。

本科生党总支发挥学科优势大力推动双一流学科建设工
程，服务中心工作，建立立足中南、面向世界的经管法融通
人才培养交流的平台，打造新型党建育人品牌，引领带动师
生积极投身学校改革发展、维护学校和谐稳定。将"走出去"
与"引进来"相结合，进一步深化党建工作与院外、校外先
进党组织的交流与合作，开展有影响力的党建活动，打造出
"读·讲·行：本科生党员培养质量工程""青年团员思想
引领质量工程""读懂中国·习近平新时代中国特色社会主

---

① 郭济汀. 高校党建工作品牌化建设探析［J］. 思想理论教育，2014（4）：74–77.

义思想研习基地""湖北省新丝路青年成长社""新时代青年研习营""'晓南初心'网上党建育人工作室""新商科学生党员成长成绩单"等党建工作品牌,实现党总支的内涵式发展和品牌化建设。本科生党总支发挥宣传师生、凝聚师生、服务师生的效能,切实将党建工作作为引领新时代商学院人才培养、科学研究、社会服务、文化传承的龙头。

(四)"育人示范"重在育人导向

学生党建工作重在育人,作为培养时代新人的重要一环,高校党建工作必须聚焦人才培养,坚持党建工作和业务工作融合。[①]"全国党建工作样板支部"创建是完成立德树人根本使命的重要平台,在建设中,要发挥样板效应,形成育人实效。将样板党支部建设融入"三全育人""五育并举"中,与人才培养总目标和学院学科特色结合,形成党建育人、组织育人的特色优势,并产生育人的特色成果,使支部能够在学生成长、学科发展、学校建设中更好地发挥战斗堡垒作用。

在培养高质量商科人才的道路上,本科生党总支将党建工作与商科人才培养相结合,形成了"中南商科学生党建+"育人机制模式。学生党员在思想道德、学术科研、社会实践、文体活动、就业创业等方面都能模范带头,形成了良好的"头雁效应",各年级、各支部涌现出了一批学生党员先锋队;本科生党总支师生聚焦学术科研,不仅在党建工作中取得了

---

① 邵莉莉,肖微. 高校学生样板党支部建设创新路径探讨［J］. 学校党建与思想教育,2022(2):21-23.

一批学术成果，还通过党建引领科研创新，在国家经济建设、社会治理管理、企业经营管理等多领域形成了丰硕的学术成果；本科生党总支在做好日常管理教育的基础上，积极开展各主题社会实践与志愿服务，立足社会发展现实问题贡献商学力量。党总支成员充分发挥专长，参加各类契合社会发展需要的社会服务活动，为解决实际问题、促进社会发展添砖加瓦。党总支深化党建引领，以思想建设促进文化传承，在传承学校红色基因和学院工商文化的过程中培养了一批文化宣传员。此外，党总支依托"新时代丝路青年成长社"和"美美晓南民族团结教育工作室"进行一系列铸牢中华民族共同体意识教育工作，增强各民族青年大学生的"五个认同"，依托"五个认同"教育基础在铸牢中华民族共同体意识教育中播种了一批党员石榴树，取得了丰硕成果。

三、高校学生"全国党建工作样板支部"引领作用的创新机制

高校学生"全国党建工作样板支部"重在高质量建设实践过程，"一融双高"的高质量学生基层党建工作直接生成示范效应，在建设示范、成果示范、品牌示范、育人示范方面形成了现实经验和实践范式，其最终落脚点在于引领，如何发挥党支部的政治引领、思想引领、群众引领、社会引领作用，提升基层组织的引领力，需要进一步的探索创新。

（一）"政治引领"推动主流意识形态的凝聚统一

政治功能是党组织的重要功能，政治引领是"全国党建

工作样板支部"建设的首要目标。《中国共产党支部工作条例（试行）》也明确规定高校党支部要加强思想政治引领，筑牢学生理想信念根基，落实立德树人根本任务。政治引领是指高校学生党支部和学生党员在政治立场、政治方向、政治原则、政治道路上与党中央保持高度一致，从而引导更多的大学生认同党、信任党、坚定不移地跟党走。[①]高校学生党支部应该从政治立场、政治原则、政治道路、政治纪律、政治规矩等方面引领和考评学生，将政治性作为培养学生党员和进行支部建设的首要标准，凸显政治引领力，推动主流意识形态的凝聚统一，促进学生形成正确的政治选择和政治信仰。本科生党总支始终将政治引领作为首要任务，用习近平新时代中国特色社会主义思想武装党员头脑、指导实践、推动工作，探索"党建＋商科人才培养"的新模式，开展具有商科特色的理想信念教育、党性常态教育、品德修养教育、社会责任教育，教育党员牢固树立"四个意识"、坚定"四个自信"、做到"两个维护"，使学生形成主流意识形态的价值凝聚和政治认同。

（二）"思想引领"转化教育立德树人的价值力量

思想引领是党支部的基础性工作和思想建设的关键核心，通过规范丰富的党组织生活实现引领思想、引领价值的效果。高校学生党支部更需要将思想引领作为重点，通过三会一课、主题党日、主题教育、文化活动、实践体验等丰富的形式来

---

① 吴巧慧. 新时代高校学生党支部思想政治引领的内涵与路径［J］. 思想理论教育导刊，2020（5）：146-149. .

解决思想上真学、真信、真懂、真用的问题，引领学生正确认识"中国共产党为什么能""中国特色社会主义为什么好""马克思主义为什么行"，让学生理解和汲取中国共产党的精神力量，从思想上对马克思主义中国化时代化的成果特别是习近平新时代中国特色社会主义思想等先进理论产生认同，让学生从思想自觉转化为行动自觉，真正转化为教育立德树人根本任务的价值力量。本科生党总支紧抓党员思想教育，充分挖掘思想教育资源，分别培育建设针对本科新生的"新时代青年研习营"和针对中、高年级学生的"新时代丝路青年成长社"两大理论学习阵地。在此基础上，依托新时代青年研习营建设"晓南初心"辅导员网络党建工作室，依托新时代丝路青年成长社建设了美美晓南民族团结教育工作室，成长社升级成为"湖北新时代丝路青年成长社"获批全国青少年民族团结进步创新试点项目。通过两大理论学习阵地，理论引领、思想铸魂，将思想主线贯穿于党员培养发展教育全过程和立德树人全链条。

（三）"群众引领"促进思想政治教育的目标实现

群众引领是党组织的一项重要功能和使命，"一切依靠群众，一切为了群众""从群众中来，到群众中去"，这都是中国共产党初心使命的体现，也是实现党的宗旨的重要途径。高校学生党支部更需要运用好群众引领的功能，以党组织来引领和组织学生，通过群众组织、群众凝聚、群众宣传来将学生团聚在一起，让学生明确党的初心和使命，也引导学生走群众路线，深入学生、深入群众，有利于促进思想政治教育的目标实现，真正达到组织育人、思政育人的价值和效果。本科生党总支以弘扬社会主义核心价值观为目的，以志愿活动和社会实践为方式，鼓励学生党员关心人民群众，服务社会，以加强学生党员、入党积极分子与群众的联系，感悟"以人民为中心"的深刻内涵，增强时代使命感与无私奉献精神。

（四）"社会引领"实现高质量党建工作的社会效益

党的组织引领是加强社会治理的重要途径，通过基层党组织的社会引领来助力基层社会治理，发挥党组织的凝聚力和回应力，促进社会治理创新。高校学生党支部通过创建"全国党建工作样板支部"来提升社会服务功能和社会治理能力，科学运用其社会号召、社会引导、社会控制的有效功能，加强学生社会责任教育，有利于加强高校的基层治理，从而促进发挥社会功能，实现高质量党建工作的社会效益。本科生党总支秉承全球商学教育"负责任管理"与"可持续发展理念"，侧重社会责任教育，通过实践锻炼、志愿服务、实习实训等多个环节将社会责任教育融入党员培养发展的整个过程之中，联动专业导师、校外辅导员、班导师、辅导员等多维育人主体，实现社会责任教育的全员参与、全过程实施、全方位开展。例如，以志愿服务的形式让党员践行商学院学生的社会责任，服务内容包括敬老爱幼、乡村振兴、环境保护、教育公益、红色文化传播、爱心捐赠、社会实习等，通过记录志愿服务工时的形式考核监督党员履行社会责任，培养有担当的党员。

新时代高校学生党建工作
促进学风建设研究

刘筱佳

（工商管理学院）

党的十九届六中全会批准了《中共中央关于党的百年奋斗重大成就和历史经验的决议》。该决议提出了"如何借助教育培养造就大批能够担当时代重任、接过时代发展接力棒的接班人""必须抓好后继有人的根本大计"等高等教育事业面临的首要课题。

作为党在高校的主要组织，高校学生党支部不仅是党联系广大青年学生的重要纽带、确保高校各项事业蒸蒸日上的生力军，同时也肩负着青年思想政治教育和青年党员推优培养的重要职责。"青年兴则国家兴，青年强则国家强。"积极推进高校党的建设工作，唤醒学生精神建设，是建设高校学风的有效途径。高校学生党员作为大学生群体中的先进分子和中坚力量，是积极贯彻党的思想方针和政治路线的生力军。推动高校学生党员队伍建设是加强高校党建工作的重要环节,是深化高校学风建设的重要内容,也是实现立德树人、培养社会主义事业的建设者和接班人的重要支撑,对实现中华民族伟大复兴具有重大而深远的意义。

一、高校学生党建工作与学风建设的关系

(一)学生党建工作与学风建设的内涵一致

高校优良学风建设旨在正确引导学生审视自我,结合国家和社会的发展需要,端正学习动机、树立学习目标、培养学习习惯。优良学风建设有助于学生按时完成规定的学业任务、积累专业知识,全面提高综合素质和能力,引导和培养学生具有正确的政治科学素养,为大学阶段乃至未来职业发展打下良好基础。

虽然学风建设与学生党建工作的内容和形式有所区别,但它们的核心目标始终如一:落实立德树人的根本任务,促进大学生成长成才、契合社会发展规律、实现自身的人生价值。

(二)学生党建工作是学风建设的政治保障

高校学生党建工作旨在培养和吸收一批政治信念坚定、勇于担当、作风过硬、学习成绩优良的高素质青年人才。高校学生党支部作为高校党组织的重要组成部分,是保持党的先进性和纯洁性、激励党员发挥先锋模范作用、增强凝聚力和战斗力的重要保证。依托班级和团支部基础上的学生党支部是深入学生群众的基层党组织,具有发挥固本作用的重要

意义。以高校学生党支部为抓手，可以进一步促进学生党建活动与高校优良学风建设紧密结合，增强党建工作在学生中的影响力，激励党员发挥"传、调、促"的作用，积极参与社会活动，成为高校学风建设与学生党建工作的桥梁纽带，为优良学风建设提供坚实保障。

（三）学风建设是学生党建工作的重要载体

古人云："非学无以广才，非志无以成学"。优良的学风是精神力量的渗透，是一种相互激励的气氛，是大学生应当具备的素养。建设优良学风、优良校风，贡献青年大学生青春力量，以笃学实干的姿态激扬奋进，让优良学风之花在推进中国式现代化的潮流中炫然绽放。

优良学风建设不仅影响到学生的个人发展，它对高校的长远发展也起着积极的推动作用。以党建领学风、以专业带学风、以管理促学风、以服务护学风，将学生党建工作和学风建设紧密结合，实现长期有效的良性发展。

二、高校学风建设中存在的主要问题

从高校角度来说，部分高校依然存在"重科研轻教学"现象，教学管理水平不高、教师教学投入不足。由于某些教师缺乏教学热情，不能合理运用现代教学技术，使得课程变得更加枯燥乏味，使得许多学生无法有效地理解和记忆。加之，由于许多学生缺乏良好的复习和预习习惯，容易出现"一旦跟不上就越来越跟不上"的情况，以至于部分本科生大学四年虚度时光、得过且过，出现"玩命的高中、快乐的大学"现象。

　　对于教学目标而言，第一，目前大部分高校教师以学生的"学"作为唯一考量指标，往往忽视了学生的学力情况、学习态度、学习情感等其他指标，导致了许多"填鸭式"教育问题。此外，随着大学招生规模的不断扩大，仅仅依赖高考作为评估学生能力的唯一方式，已经导致学生的学习方法和学术态度发生了本质性的改变。第二，当前的高校通常有庞大的教学班级和众多学生，这使得教师很难深入了解每位学生的认知水平，因此，制定教学目标时往往只能采取一种模糊的方式，难以满足每个学生的个体学习需求。同时，部分高校教师在推进教学改革过程中面临诸如"教学改革观念不完善""改革申请阻力大"等困难，教学改革推进缓慢。第三，由于大学课程框架、课程规则和评估方法的限制，教师在采用现代教学模式时常受到限制。学生也以获得高分和通过考试为主要目的，而不是从应用实践中真正参与课程理论，这与当前大学改革创新教学模式的初衷相悖。

　　对于教学过程而言，一是部分高校教师忽视了教学与学术之间的联系，他们可能认为教学与学术研究毫不相关，仍然机械地传授教材知识，将自己看作知识的传递者而非教学者。他们虽然重视学术研究，但忽视了将教学实践作为探讨学术问题的重要途径，不能实现"以教助研"，这直接导致了教师教学脱离课堂学生，学生不能学以致用、实干笃行。

　　二是课堂教学严重缺乏互动性，学生的自主性、探索性学习不够强。学习和评价过程不明确、教学时间不足、学习思维培养不够、课堂师生互动不足等问题一方面导致了学生自主学习积极性下降，另一方面，教师也无法更好地了解学生的掌握情况并及时反馈。同时，由于课程课时有限，高校教师在教学时无法涵盖全部的知识，难以保证有足够的课堂时间与学生交流或独立学习，缺乏课堂互动性。

三是在教学过程中，大部分高校教师仍存在"只有我把知识点讲给你，你才能学会"的思维定式，学生仅限于"听"，被动地接受教师的讲解。这种单向传授的方式缺乏互动和参与，学生缺乏机会提出问题、讨论和分享见解，对培养学生的批判性思维和创造性思维存在明显的局限性。

四是当前学习缺乏研究性学习，学生的学习模式主要停留在传统的被动接受式学习上，由于学习能力不足，他们很难将所学内容与实际情况联系起来，导致学习效果不佳。部分高校的学术氛围不够浓厚，高质量的学科竞赛、学生研讨活动、高水平学术论坛讲座的举办频次和规格不足，导致学生的学科视野不足，无法提升学生的综合素养，难以创造互动式、主动探索式学习的学习体验。

五是由于教师本身能力和经验有限，课程设计缺乏有效的奖惩激励措施。由于教学和课程大纲的限制，高校课程的考核机制也缺乏有效的评估和激励政策，学生的课程学习目标仍然停留在获得高分或通过考试。从学生的角度看，如今网络信息虽然丰富，但质量良莠不齐，由于缺乏经验以及一定的判断力和自制力，他们很难抵制网络诱惑。例如，随着智能手机的普及，部分学生沉迷于网络游戏甚至耽误学业。另外，随着短视频"网红"效应的不良引导，部分学生崇尚金钱、盲目攀比，价值观、金钱观扭曲，这导致许多违法"校园贷"等令人痛心的事件屡屡发生。学生一旦沾染不良习惯，直接导致的结果就是荒废学业，具体表现为经常性旷课、迟到早退、上课走神、无心学习专业课、目无尊长、学习兴趣不高、学习动力不足等。从高校教师的角度看，当前仍存在许多难以逾越的条条框框阻碍着高校教学方法、课程改革和学风建设手段的创新。

因此，如何借助党建引领促进高校学风改进和创新是切实消除当前高校教育中存在的各种负面问题的有效举措。同时，我们也不能忽视学生党员的示范引领作用和德育作用，帮助他们形成正确积极的三观，进而引导其他同学主动学习党建理论、提升自主学习能力、掌握技能，过上有意义的大学生活。只有这样，才能凸显高校学生党建工作和高校学生党支部在高校中的重要作用。

三、学生党建工作促进学风建设的途径

（一）发挥学生党员的示范引领作用

为进一步高效管理新生班级和发挥党员先锋引领作用，应建立高年级党员担任低年级班级助理机制，完善相关管理制度，引导学生"开始学、学的对、学的会"。第一，引导学生"开始学"。通过高年级党员和低年级学生开展座谈会、茶话会的方式，了解学生存在的学习问题、目前处于哪个阶段，用自己的专业知识来帮助学生。另外，关注基础比较薄弱的学生。通过考试成绩进行及时跟进，让学生知道教师在关注他，并积极进行引导，帮助他们提高成绩，提高学习自觉性，有助于提高助教教师的存在感，让学生主动学习，提高内在

驱动力。第二，引导学生"学的对"。高年级党员要正确引导低年级学生学习，避免其剑走偏锋。高年级党员可以利用课余时间和同学进行交流，引导学生将时间用在正确的地方。第三，引导学生"学的会"。可以组织开展数学角等活动，通过自习时回顾本周学习的重点知识帮助基础比较薄弱的同学提升到中等水平，提高他们的学习能力，并形成自主式、探索式学习。通过该机制逐步形成一种"以帮促学、学有所得、学有所获"机制，帮助学生更好地把握课程进度、理解课程内容、运用课程理论。

为了提升高校教育的质量，我们应该充分结合高校的优势资源和开放平台，在党支部的指导下，根据学生的兴趣、特长和需求，加强建设以课程学习、科研创新、专业技能、文体特长、社会工作、社会实践等为评价体系的高质量特色班集体，构建一个多元化、多样化的学风环境。

通过这一机制的实施，高年级的每位学生党员干事助手都会更积极地参与，承担典型的先驱人物角色，带领所有同学走向真正的大道，鼓励他们建立科学合理的价值理念，培养健康的学习氛围，让他们一进入校园便拥有更积极的态度，并有效地促进他们学习的提升。针对高年级的每位学生党员干事，我们应该进行教导，让他们清晰了解自己的职能，有意识地承担起自己的职责，更好地发挥先锋模范功能，增强自身的党性素质，激发更强烈的社会主义责任心，更好地发挥个人优势，应对未来的事业与人生。通过设置多样的班级特色课程，不仅能大幅度提高大学的整体素养，还能扩展学生的思维，培养他们把所学的知识应用到实际中的能力，进一步加深对知识的理解和掌握。

（二）把好学生党员发展的入口关

学生党员在全体学生中起着示范引领作用，对于助力学生党员的成长需要从多方面进行评价和引导。在过往对学生党员的培养中，往往会过分重视学业成绩，而忽视了其他方面的考察，这样的评价方式既不妥当也缺乏广度，不能全面准确地评价一个党员。比如，那些抱着为了将来就业方便而入党、追求功利、回避为党做工作的责任、厌恶吃苦磨炼的学生就是不符合党员标准的表现。因此，借助风建设评价指标，我们致力于对党员和想要入党的积极分子进行多维度的评估和管理，要求他们尽责做好党员示范引领，并且可以从多个层面、采用多样的权重进行考核，以建立一个全方位的党员培养机制。这样不仅能有效避免因为依赖单一评价方式导致对党员的片面认识，同时也能更好地培养入党后备军对党的理解，提升他们的党性素质，提高他们的政治站位，使他们更深刻理解作为一个党员应尽的责任。

对应的可处理方法可大致概括为以下几个重点。首先，对党员发展的入口进行严密控制，严格执行组织发展流程。将学生的学习习惯、推动寝室及班级的学习环境的建设作为党员发展和预备党员考核、晋升的关键检查标准，这是指他们参与以上程序的程度和态度，引导他们积极养成优良的学习行为，塑造宏伟的个人志向。其次，在团组织推优、入党积极分子的推选、预备党员的培养、预备党员的晋升等关键步骤中，应选用班级推荐、个人宣讲、民主审议、团体投票、支部讨论的方法选拔出一批综合能力强、道德素质高的学生党员，避免"仅看成绩"的评估标准。第三，预备党员期间，应采用定期的思想汇报、政治理论学习、阅读党政新闻、进行批评和自我批评等方法，以不断加强对党员候选人的培养和教育，使其一直坚持理想信念，提高他们的党性修养，深入对党的理想的感知，在注重专业课程学习的同时，强化政治理论的学习，提升政治修为，坚固心之灵魂。

（三）优化党支部活动方式

数字化时代下，当代大学生与社会接触的方式变得更加多元化，他们有更多机会进行线上线下的交流和互动。大学生是数字化时代的主力军。他们的成长伴随着互联网的萌芽与兴起。但网络世界中的知识和观点常常是零散的且质量良莠不齐，大学生的接受能力和理解能力也千差万别。因此，在推动学风建设时，学生党支部的活动必须随时代变化而自我更新，积极利用网络平台发布正确价值取向的数字信息和全面且客观的知识，引领广大大学生树立网络意识和网络自觉，从而持续提升党支部活动对年轻学子的吸引力。

为了提高党支部活动在学生中的影响力，我们必须深入研究学生的网络行为模式，并组织一些与他们的兴趣爱好相关的活动。例如，通过创建党支部的官方社交媒体账号，与新媒体进行有效融合，以满足学生的在线教育需求。我们可以通过频繁地发布党史教育视频、设置微党课系列专栏、策划党章学习等活动吸引学生在线学习相关的政治理论知识。我们可以设计一些以习近平新时代中国特色社会主义思想、党的二十大精神等为重点的党建课程。通过长期宣传和教育潜移默化地影响学生，使他们内化这些理念。结合碎片化的教育方式和大学党支部的教育可以有效地教育学生。

此外，大学还可以借助小程序开展"党员服务岗"活动，通过学生党员服务社会志愿岗、新生助理班主任岗、学生党员帮扶困难学生岗、学生党员学风督导岗等岗位设立，构建学生党员发挥作用的平台，提升学生党员服务学生成长成才、服务学校发展的自觉性和主动性，让鲜红的党旗在校园和社会高高飘扬。

同时，创建以学生党建主题为核心的微信公众平台，公示学生党员的优秀党建学习成绩，并针对当下的社会热点话题进行探讨、学习和教育，从而构建一个以学生、学校党建工作者和辅导员为核心的多元化互动交流场所。"以讲促学，以学促干"。在提供轻松的学习氛围的同时，进一步深入探讨和理解党的相关理论知识，洞察学生的思想状态，正确引导有兴趣入党的学生的入党动机、态度和思维。通过将这种方法与组织会谈结合起来，形成正面和侧面相互辅助的评估方式，借助党的学习氛围的营造来推动并引领高等教育机构的学习氛围的建设，构建出全方位关注学风、提高学风的良好环境。

开展此类活动，创新学习新形式，加深了学生对党的认识，引导和培养学生增强学习主动性，这是学风建设的政治保证，也拉近了学生与党组织的距离，进一步增强了党组织的凝聚力和影响力。

总之，围绕高校党建的核心问题和高校工作的根本问题——"培养什么样的人，实现人的什么样的发展"不断发力，推动学风建设迅速发展。首要的是通过积极引领学风建设，促进学生党员团队的壮大，提升学生党员的综合素养，以突显学生党支部的战斗力，以及学生党员的示范引领效应，逐步培育积极向上、勤奋学习的卓越学术氛围。其次，根据学风建设的真实需要，将党建工作和学风建设实现形式和内容的有效融合，推动形成党建工作和优良学风的良好互动，以高质量党建引领高质量发展的优良学风建设，提升学校人才培养质量，形成党建工作与学风建设有机融合、协同联动的有效机制。

参考文献

［1］习近平. 决胜全面建成小康社会夺取新时代中国特色社会主义伟大胜利——在中国共产党第十九次全国代表大会上的报告［M］. 北京：人民出版社，2017：65.

［2］中国共产党章程［M］. 北京：人民出版社，2017：44.

［3］中共中央政治局召开会议中共中央总书记习近平主持会议［N］. 人民日报，2021-02-29（1）.

［4］马新玲. 高校学生党建与学生工作管理的互动途径分析［J］. 青年与社会，2020（28）：48-49.

［5］张燕. 高校党建工作对学风建设的引领作用探究［J］. 开封文化艺术职业学院学报，2020，40（7）：84-85.

习近平法治思想在新时代研究生党员培养的实践研究

徐一菱

（工商管理学院）

习近平法治思想是全面依法治国的根本遵循和行动指南。深入学习、研究、阐释、宣传习近平法治思想，是高校基层党组织的重要工作。探索习近平法治思想在研究生党支部建设中的实践路径，有助于教育引导广大研究生党员坚守法治初心、增强法治自信，坚定不移走中国特色社会主义法治道路[1]，使听党话、跟党走的信念成为研究生党员的自觉追求。

高校基层党组织是研究生思想政治教育的前沿阵地，是培养党的青年先锋队的关键依托。在研究生阶段，青年人的知识积累丰富，生理、心理已经成熟，对于事物的规律性认

---

① 王轶. 论习近平法治思想核心要义的内在逻辑 [J]. 地方立法研究, 2021, 6（6）: 1–13.

识到了定型的关键阶段。在研究生阶段加强法治思维的培养能取得事半功倍的效果，同时将习近平法治思想融入研究生党支部建设，抓住研究生党员这一关键群体，也是加强习近平法治思想在高校落地生根的关键一环。

习近平总书记强调："高校是贯彻社会主义法治理论的重要阵地，也是推进法治理论创新的重要力量。"因此，将习近平法治思想融入研究生党员培养全过程，对于引导广大党员群体深入学习法治思想、提高法治能力、深化法治思维，培养出一批纪律明、站位高、通法律的高层次拔尖人才具有重要意义。

一、习近平法治思想与研究生党员人才培养的内在逻辑

习近平法治思想是马克思主义法治理论中国化的最新成果，是对党领导法治建设丰富实践和宝贵经验的科学总结，是引领法治中国建设实现高质量发展的思想旗帜。[①]将习近平法治思想引入到党员发展、培育和管理环节，从"发展关"着手，让全体党员真正学深悟透习近平法治思想，有利于学院培养出具有法治思维、商科特色的高层次拔尖人才，从而更好地发挥商科优势，为全面建设社会主义现代化国家、实现中华民族伟大复兴夯实法治基础。

---

① 唐一军. 学深悟透做实习近平法治思想奋力开辟全面依法治国新境界[J]. 中国司法，2022（1）：6-11.

研究生作为高层次人才，肩负着社会主义建设者和接班人的重要使命。将习近平法治思想引入到新时代研究生党员人才培养中，通过"法治思想＋专业思维"两手抓两手硬的党员教育体系建设，充分将"研""学"紧密结合到一起，结合商科特色，能着力增强党员队伍的本领能力，有效扩充党员人才队伍培养体系，有利于引导研究生党员进一步坚定文化自信，自觉弘扬社会主义核心价值观和社会主义法治精神，从而以点带面，进一步引导全员学法、全员普法，形成浓厚的法治氛围。

二、研究生党建领域法治能力培养工作存在的问题

（一）对研究生党员法治能力培养的必要性认识不足

研究生党员学历较高，受教育时间长，很多人认为研究生党员具有较高的法治能力，因此没有必要面向研究生开展针对性的法治能力培养工作。[①] 但实际上，除了法学相关专业的学生，大部分学校没有开设专门的法治教育课程或者只在学生本科阶段开展过一小段时间的法治教育。习近平总书记指出，中国特色社会主义进入新时代，在建设社会主义现代化国家的新征程上，党和国家事业发展迫切需要培养造就大批德才兼备的高层次人才。研究生党员数量庞大，作为高层次人才在毕业后会在各行各业扮演着重要角色。因此，重视

---

① 姜恩来，钟爱军，孙信丽. 在高校研究生党建领域开展法治精神与法治能力建设的思考［J］. 前线，2016（7）：77-79.

研究生党员的法治能力培养工作迫在眉睫。

（二）对研究生党员法治能力培养的力度不够、经验不足

由于对研究生党员法治能力培养的重视程度不高，当前高校党建在研究生法治能力培养领域开展的工作较少。以我院为例，专项开展过法治能力建设与研究生的党支部极少，大部分党支部书记和党员没有深入系统地学习过法治精神专题课程。开展过法治精神许的党支部，活动形式也比较单一，主要依托线上法治课程资源让大家自学，因此学习的深入程度不够。

同时，由于对研究生党员开展法治思维培养的工作开展较少，在党建领域开展研究生法治能力建设的研究也较少，因此这项工作缺乏一定的经验。这也迫使我们需要进一步思考如何将习近平法治思想更好地融入研究生党建领域，让法治思维在研究生党员群体中落地生根。

三、将习近平法治思想融入研究生党员培养的时代内涵

（一）有利于深入学习、领会和贯彻习近平法治思想

习近平法治思想内涵丰富、逻辑严密，为全面依法治国提供了根本遵循和行动指南。在广大党员群体中深入学习贯彻习近平法治思想，有利于提高广大党员群体的法治思维和法治素养，提高广大党员群体的法治能力，推动习近平法治

思想入脑入心，形成全员学法知法懂法的文化氛围。

（二）有利于探索建立新时代具有法治特色的研究生党支部

高校是青年人才培养的主阵地，研究生是青年人才的重要组成部分。新形势下，将习近平法治思想融入研究生党支部建设中，能建设一支忠于党和国家的法治工作队伍，助力新时代青年人才培养，为加快建设社会主义法治国家提供有力人才保障。

（三）助力"纪律明、站位高、通法律"的高层次研究生党员人才培养

研究生党员作为高层次人才，未来将会在各行各业发挥重要作用。作为商科学院，学院研究生未来将前往金融、经济、管理的各个领域工作，将法治精神融入学院研究生党员培养全过程，能有效培养一批既懂经济管理、又懂法律的高素质复合型人才。

四、将习近平法治思想贯穿研究生党员培养全过程的意义

（一）有利于提升组织育人质量，助力新时代党员人才培养

将习近平法治思想贯穿新时代研究生党员人才培养的全过程，有利于学院培养具有"商科＋法治"思维的新时代复

合型人才。一是有利于提高组织育人质量，充分发挥研究生党支部的中坚力量，为高校落实立德树人根本任务提供了重要实现途径；二是"商科"作为与市场需求和经济发展结合最为紧密的学科，必须积极回应社会和经济领域的重大变革，将法治思维融入商科人才培养环节，为加快建设社会主义法治国家提供有力人才保障。

（二）有利于提高研究生党员法治思维和法治能力

将习近平法治思想贯穿研究生党员培养全过程，意味着将法治思想作为党员培育和党员遴选的重要部分。即通过在党员选拔过程中加强对法治思想的考察，在培养过程中注重法治思想的教育普及，从根本上提高研究生党员群体对法治思想的运用和传播，使法治成为研究生党员的思维模式、行为习惯和文化信仰。同时，研究生党员群体在全体研究生中具有较好的榜样和示范作用，通过树立一批尊法学法守法用法的模范，让优秀的研究生党员以实际行动带动全员学法守法用法，进而形成全员学法、全员知法、全员普法的文化氛围。

五、习近平法治思想在研究生党员人才培养中的实践路径

要从源头提高研究生党员法治能力，必须重点关注入党积极分子和党员这两个关键群体，将习近平法治思想贯穿"选拔—培养—发展—奉献"的党员成长四步走路径，充分结合"政—学—研"三位一体的党员评价体系，推进"法治思想—专业思维"两手抓两手硬的党员教育体系，培育一批热衷学

法、用法律维护社会正义的研究生党员典型，形成拥护法律、融会贯通、以点带面的学法新局面。

（一）将法治思想贯穿"选拔—培养—发展—奉献"的党员成长四步走路径

重新构建研究生党建工作内容与体系，将习近平法治思想的重要理论作为党员成长过程中的重要部分，将法治思想贯穿党员培育和选拔的全过程。在入党积极分子、发展对象和预备党员的培养过程中要将学习和实践法治理论作为核心环节。一方面，研究生党员要系统学习《宪法》等国家重要法律，另一方面，也要学习《中国共产党章程》等党内重要法规。在党员选拔过程中，要加强对习近平法治思想理论的考察；在党员成长过程中，要求其学以致用，严格依规办事，从根本上提高研究生党员的法治能力。本支部在本年度将法治思想学习纳入了党员遴选考核细则中，例如，入党积极分子、发展对象等培训班结业考试中，法治思想是重要的考核部分；在党支部风采大赛的知识竞赛环节中，法治思想也被纳入了考试范围。

（二）将法治思想与"政—学—研"三位一体的党员评价体系充分结合"政—学—研"

三位一体的党员评价体系，即将党员考核评价体系充分纳入学院党支部建设环节，针对研究生党员的思想政治、学习成绩、研究成果系统进行评价。将法治思想与现有的党员评价体系结合。具体来说，一是全员热议，要求全体研究生党员结合每次主题党日活动进行法治精神的专题学习，分享讨论法治精神的重大政治意义。二是面向全体研究生开展理论学习＋实践活动的践行活动。一方面邀请专家开设系列讲座，例如"文泉法商大讲堂"等学科交叉的讲座，另一方面要求全体研究生党员进行法治精神专题课程学习。三是研究报告，要求全体研究生党员以小组为单位进行"专业＋习近平法治思想"的交流报告，实现"专业＋法治"的双融合。三位一体的党员评价体系不仅有利于提高党员对法治精神学习的积极性和参与度，还有利于加深其对专业知识的理解，让法治思想真正成为党员行动的指南和遵循。

（三）推进"法治思想—专业思维"两手抓两手硬的党员教育体系建设

习近平法治思想从中国国情和实际出发，探索出了适合我国的法治道路，避免了照搬别国模式和做法，充分体现了中国智慧和专业水准。因此，针对研究生党员群体开展习近平法治思想的教育，需要从思想和思维两个维度入手，邀请法学领域的专家学者和来自实业界从事法律事务管理的专家和校友作为演讲嘉宾，提高党员主动参与理论学习的积极性，使较难理解的理论知识变得更为"生动形象"，有利于研究党员进一步坚定文化自信、弘扬社会主义核心价值观和社会主义法治精神，形成经管法创新型管理人才培养铸魂育人、立德树人的基点。

（四）选树一批热衷学法、用法律维护社会正义的研究生党员典型

除了在思想、制度层面加强法治精神教育，还需要在行动层面加强引导。一方面，可以在研究生党支部树立一批热衷学法的研究生党员人才典型，与研究生辅导员、研究生党支部干部组成一支习近平法治思想践行宣讲团队，结合专业特色在主题党日活动和重要时间节点进行宣讲，使普法队伍不断壮大，通过不同群体的宣讲教育，引导广大研究生进行多层次多角度的法律学习。另一方面，充分利用学院各种校园媒体和宣传平台对学校学院法治文化建设进行宣传，营造浓厚的法治宣传氛围。通过开设微信公众号专栏推出研究生党员学习法治思想的感悟，使广大研究生群体能够更为深入、更为准确地把握习近平法治思想的内涵，实现全员懂法、全员知法、全员普法。

（五）建立一种形式多样、内容丰富、内涵深刻的普法形式

在研究生党支部内设置"普法教育月"，将单一的普法教育形式扩充到情景剧、法治文艺汇演、法治讲座、法治知识竞赛等形式，让全员积极主动参与到法治精神的学习中，推动习近平法治思想入脑入心、走深走实、内化于心、外化于行，提高全体研究生党员的法治素养。

六、结语

党员队伍建设的质量关系着党的生存与发展。高校作为基层党组织和高层次人才培养的重要场地，党员队伍的质量对整体党员队伍建设具有重大的影响。因此，要加强大学生党员的法治思维培养和教育，将习近平法治思想融入新时代研究生党员培养全过程，打破、重建、完善、健全现有的研究生党员培育制度，有利于培养出一支站位高、纪律严、专业强的党员队伍，推进党员队伍的法治化建设，引领高校党建工作的开展。

"党建＋思政"模式下
高校组织育人实现路径研究 ①

赵元元　王秀景

（工商管理学院、金融学院）

党的十八大以来，高校各级组织的育人作用受到了高度重视。2016 年印发的《关于加强和改进新形势下高校思想政治工作的意见》和 2017 年印发的《高校思想政治工作质量提升工程实施纲要》，明确将组织育人作为"十大育人体系"中的重要组成部分。2021 年，中共中央印发修订后的《中国共产党普通高等学校基层组织工作条例》，进一步明确高校党组织要"坚持把思想政治工作作为开展高校党的建设的重要抓手"。"党建＋思政"模式是指将党建工作与思想政治

① 本文系教育部人文社会科学研究一般项目（辅导员专项）（22JDSZ3143）、中南财经政法大学 2023 年中央高校基本科研业务费项目（2722023DS011）的阶段性研究成果。

教育相结合，通过党组织的引领和思政课程的教育来开展高校学生的思想政治教育和组织育人工作。党建创新与思政教育互动融通，强化组织育人，是新时代加强和改进高校思想政治工作的重要切入点。

一、"党建＋思政"育人模式研究现状

学生党建工作是高校开展思想政治教育的重要抓手，对于思想政治教育具有引导和统领作用。组织育人是强化党的领导、加强党的建设的内在需要。组织育人在高校思想政治工作中发挥着重要作用。新时代背景下，做好高校学生党建工作，以习近平新时代中国特色社会主义思想为指导，坚持党的领导，聚焦立德树人，引导青年学生"扣好人生的第一颗扣子"，保证高校始终成为培养社会主义事业建设者和接班人的坚强阵地。高校党建的落脚点是推动事业发展，其根本在于育人，育人的关键在于抓牢思政。做好组织育人的基础和根本要求，在于基层党组织建设完善、功能发挥完全、思想引领充分，牢牢把握思想政治工作这个根本，将思想政治工作与党的建设有机结合。

目前，"党建＋思政"育人模式的研究已经取得了一定的进展。在理论研究方面，学者们对这一模式的内涵、特点和实施路径进行了深入探讨。他们认为党建工作和思想政治教育是相互依存、相互促进的关系，只有将二者有机结合，才能真正发挥育人的作用。在实践研究方面，一些高校已经开始尝试"党建＋思政"育人模式的实施，并取得了一些积

极的成果。他们通过建立党组织、完善思政课程和开展各种形式的思政教育活动，培养了一批思想政治素质高、具有创新能力的优秀学生。陕西某高校组织育人模式的建设路径以"党建＋学生管理"的形式展开，将高校学生党建工作渗透到高校管理、教育的各个环节。同济大学从"认同"情感为基点，探索新时代高校组织育人的认同构建，通过协同打造育人平台，落实"立德树人"根本任务。信息化时代，高校积极探索大数据背景下的组织育人模式：以大数据技术为基础，开展组织育人工作精准管理以及利用大数据技术对组织育人制度进行调整、优化和创新。

然而，目前"党建＋思政"育人模式的研究还存在一些问题和不足。首先，对于这一模式的理论研究还不够深入，需要进一步明确其内涵和实施路径。其次，实践研究的范围和深度还不够广泛，需要更多高校积极参与和探索。此外，一些高校在实施"党建＋思政"育人模式时存在一些困难和挑战，需要加强对实施过程中的问题和困惑的研究。

二、探索"党建＋思政"育人模式实现路径的重要意义

在当今社会，高校学生的思想政治教育和综合素质的提高变得尤为重要。作为未来社会的中坚力量，高校学生的思想政治素质和综合素质直接关系到国家的发展和社会的进步。因此，党建＋思政模式的出现具有重要的意义。

（一）强化政治引领，坚持办学正确政治方向的重要保障

教育是国家发展的基石，而政治引领是教育工作的重要方面。在当前复杂多变的国内外形势下，坚持正确的政治方向对于办好教育事业至关重要。政治引领可以确保教育工作与党和国家的发展目标保持一致，促进学校的长远发展。通过加强政治引领，可以确保教育工作始终服务于人民群众，培养德智体美劳全面发展的社会主义建设者和接班人。同时，政治引领还能够加强教育工作的组织领导，提高教育质量和水平。因此，强化政治引领，坚持办学正确政治方向，是保障教育事业健康发展的重要举措。

（二）构建"大思政"格局，落实"三全育人"的迫切需求

构建"大思政"格局，即将思想政治教育融入各个学科与专业中，成为全员全过程的教育目标，已成为迫切的需求。只有通过全面推进思想政治教育，培养学生的社会责任感、创新思维和全球视野，才能真正实现"三全育人"的目标，为社会培养具有综合素质和创新能力的人才。因此，高校应当加强思政课程的建设，提高教师的思政教育水平，创新教育方法，以更好地适应时代的需求，为学生提供全面发展的教育环境。

（三）建设一流大学，培养堪当民族复兴重任的时代新人

近年来，中国高等教育事业取得了巨大的发展和进步。随着国家经济的快速发展和全球竞争的加剧，培养具备创新思维、国际视野和领导能力的人才对于实现中华民族伟大复兴的目标至关重要。一流大学作为高等教育的重要组成部分，应当致力于提供高质量的教育资源和优秀的教学环境，以培养具备全面素质和综合能力的时代新人。这些时代新人应当具备扎实的学术基础、广泛的知识面以及创新思维和实践能力。同时，他们还应当具备国际视野和跨文化交流能力以适应全球化的挑战和机遇。培养这样的时代新人才能为实现中华民族的伟大复兴贡献力量。

三、"党建＋思政"模式下组织育人工作的基本思路

"党建＋思政"模式是指通过党的组织建设和思想政治工作相结合，实现对党员和群众的全方位育人。这种模式的核心是党建工作和思政工作的有机结合，通过党组织的力量和思想政治工作的引导，推动党员和群众的全面发展和提高。

（一）建立"党委—党支部—党员"三位一体的组织育人保障体系

建立"党委—党支部—党员"三位一体的组织育人保障体系是党的建设的重要任务。党委作为党的最高领导机关，

具有决策和指导党的工作的职责，应当发挥好组织育人的主导作用。党支部作为党的基层组织，是党员的组织纽带和战斗堡垒，应当承担起党员教育管理的责任。党员作为党的中坚力量，应当自觉接受党的教育和培养，发挥先锋模范作用。建立"党委—党支部—党员"三位一体的组织育人保障体系，可以实现党的教育工作的全覆盖和全过程管理，确保党员的思想政治素质不断提高。这一体系应当建立在党的基本理论、基本路线和基本纲领的基础上，贯彻党的教育方针，确保党的教育工作始终符合党的要求和党员的实际需求。只有建立起这样一个完善的组织育人保障体系，才能更好地推动党的事业发展，为实现中国特色社会主义伟大复兴的中国梦提供坚强的组织保障。

（二）健全党建和思政协同的组织育人工作机制

健全党建和思政协同的组织育人工作机制是当前高校教育管理中亟待解决的重要问题。党建工作是高校育人工作的重要组成部分，而思想政治教育则是培养学生全面发展的重要途径。然而，由于党建工作和思政教育工作之间的联系和协同机制尚不完善，导致了一些问题的存在。为了解决这些问题，需要建立一个健全的组织育人工作机制，以促进党建和思政工作的有机结合。首先，需要加强党组织和思政教育部门之间的沟通和协调，建立起有效的信息共享和资源整合机制。其次，要加强对党员干部和思政教师的培训和能力提升，提高他们的党建和思政教育水平。同时，还要加强对学生的思想引导和教育，培养他们正确的政治观念和道德品质。

此外，还应加强对党建和思政工作的监督和评估，确保工作的有效实施和持续改进。通过建立健全的组织育人工作机制，可以有效提升党建和思政工作的质量和效果，为高校培养具有社会责任感和创新精神的优秀人才提供有力保障。

（三）创新高校基层党组织育人工作载体

创新高校基层党组织育人工作载体是当前高校党建工作的重要方向之一。随着高校教育改革的深入推进和社会发展的日益变化，高校基层党组织育人工作面临着新的挑战和机遇。创新育人工作载体，对于提高高校党组织育人工作的质量和效益，推动高校育人目标的实现，具有重要意义。创新高校基层党组织育人工作载体，首先要注重理论研究，深入探索高校党组织育人工作的内涵和特点，明确育人工作的目标和任务。其次，要加强组织建设，完善高校党组织育人工作的组织体系，确保育人工作的顺利开展。同时，还要加强师资队伍建设，培养一支专业化、高素质的育人工作队伍，为高校育人工作提供坚实的保障。最后，要加强评估监测，建立科学有效的评估体系，及时了解育人工作的进展和效果，为进一步优化育人工作提供依据。通过创新高校基层党组织育人工作载体，可以提高高校党组织的凝聚力和战斗力，推动高校育人工作不断迈上新的台阶。

四、"党建＋思政"模式下组织育人工作的建设方案

"党建＋思政"模式下组织育人工作建设方案是当前高

校教育管理体制改革的重要内容，也是提高学生思想政治素质和全面发展能力的关键举措。在这一模式下，党建工作与思想政治教育相互融合，充分发挥党组织的政治引领作用，以党建为统领，以思政为核心，全面提升学生的思想道德素质和创新能力。

（一）制定工作方案，把握一条主线

依托党支部制定具体的组织育人方案。以中南财经政法大学工商管理学院为例，制定了《研究生党员组织育人方案》，方案明确规定组织育人必须把握好一条主线，即思想引领是工作主线。党组织须紧紧围绕培养中国特色社会主义事业建设者和可靠接班人、学习习近平新时代中国特色社会主义思想这两大任务，引导党员干部用当代中国马克思主义构筑强大精神支柱，带领党员干部在实现伟大复兴中国梦的进程中奋发有为、建功立业，使之永葆蓬勃朝气，沿着新时代的方向不断前进。

（二）推进工作程序，用好制度抓手

组织育人方案必须包含明确的实施计划。以中南财经政法大学工商管理学院为例，《研究生党员组织育人方案》中包含了《研究生党员培育实施方案》，学院即以《实施方案》为抓手开展党建、思政活动。在工作开展过程中，还可以继续探索一套科学的党员发展遴选考核体系，保证党员发展质量提升党组织学生基本素质，同时加强对学生积极分子、预备党员、正式党员的思想政治教育。同时，打造"党建＋思政"

网络阵地也是十分重要的。着力开发大学生"党建＋思政"线上家园，不断拓展党建、思政网络阵地。通过公众号展示党建学习成果，展现先进学生风采，开展各式各样的线上活动，实现党建工作形式多样化。

（三）落实育人途径，开展特色活动

（1）党支部应着重将榜样力量融入党的建设，"双带头人"激活成长"双引擎"。通过坚持红色方向，强化红色引领，创建红色阵地，激活红色细胞，亮出红色身份，不断夯实党建工作基础，提高党建工作质量。以中南财经政法大学工商管理学院为例，研究生党员切实抓好党史学习教育，充分发掘红色经典作品背后的故事与精神，以滋养、陶冶和丰盈广大师生的内心，鼓励大家学党史、传精神、跟党走，为实现民族复兴开拓创新、奋发图强；充分利用红色教育基地资源，讲好红色故事，传承红色基因，厚植爱国爱党爱校之情；通过榜样力量宣传，将解决学生的思想问题与教学科研、学习就业等实际问题相结合，使基层党组织始终充满积极向上的正能量、洋溢蓬勃向上的青春活力，展现改革创新的时代风采。

（2）党支部应着重将实践教育融入党的建设，践行社会主义核心价值观，号召广大党员干部投身中华民族伟大复兴中国梦的伟大实践，实现大学生做到"知行合一"。以中南财经政法大学工商管理学院为例，研究生深入推进"我为师生办实事"实践活动，建立完善的志愿服务进社区长效工作机制，构建互通互利、互帮互助的互补型、创新化、平台式党建联建模式，进一步挖掘党建深度。

（3）党支部应注重将专业学习融入党的建设，实现党建与科研"双核"协进、相融相促，为"双一流"高校建设和社会主义现代化强国建设贡献智慧力量，打造"科研党建"工程。以中南财经政法大学工商管理学院为例，立足于研究生的学术优势，结合工商管理学院"经济＋管理"的学科特色，充分发挥党建引领作用的核心动力，为全面建设社会主义现代化国家贡献科研力量；学生立足我国国情，开展政府政策解读活动，以深化全体党员同志对国情社情民情的认识，从宏观视角出发，发现社会问题，助力科研创新；学生党支部与教师党支部联动开展"学科＋党建"融合的系列调研活动，将党建活动与专业调研有机结合，切实推动支部党员学出信仰、学出忠诚、学出担当、学出本领、学出成效，引领并带动支部党员将论文写在祖国大地上。

参考文献

［1］陈家模．"党建＋思政"模式下高校组织育人研究［J］．文化学刊，2021（7）：196-199．

［2］葛畅，王丽娜，蔡豪．新时代高校组织育人的认同建构及实践路径［J］．高校辅导员学刊，2020，12（4）：60-64，90．

［3］黄华，刘莉．疫情防控背景下高校组织育人路径探析［J］．现代商贸工业，2021，42（28）：139-141．

［4］李乐．高校基层党组织组织育人的基本功能和实现路径［J］．产业与科技论坛，2021，20（23）：279-280．

［5］刘晓静．"三全育人"背景下高校学生党支部育人模式探索［J］．决策探索（中），2021（9）：34-35．

［6］曲雪玉，曲悦阳．大数据背景下高职院校组织育人创新研究［J］．农村经济与科技，2021，32（16）：302-304．

［7］舒愉棉，孙也椒，黄进．高校党建视角下组织育人研究综述［J］．产业与科技论坛，2021，20（19）：91-92．

［8］赵荣锋．新时代构建高校思想政治教育共同体的逻辑理路［J］．思想政治课研究，2021（5）：84-99．

时代新人培育视角下高校党建与思想政治教育协同育人研究[①]
——以"梧桐树"党建思政品牌建设为例

舒鑫才

（统计与数学学院）

"培养担当民族复兴大任的时代新人"是习近平总书记在十九大报告中明确提出的一项战略任务，为新时代人才培养提供了遵循和方向。"学校党建工作和思想政治工作作为办学治校的'基本功'"，是高校落实立德树人根本任务中至关重要的组成部分（曲一歌，2019）。高校党建与思想政治教育相辅相成，在内在逻辑、现实路径等方面息息相关，两者协同能够"事半功倍"地提升人才培养质量（吴玉梅，2021）。因此，为了契合培育时代新人的新要求，需要进一步明晰高校党建与思想政治教育协同育人的内在关联、协同

---

① 本文系中南财经政法大学 2023 年度党建理论研究与实践创新计划项目的阶段成果。

机制和实践路径，形成新时代全面协同育人新模式。

一、文献综述

（一）时代新人培育

国内关于时代新人培育的相关研究主要围绕时代新人的理论意义与育人路径展开。戴木才（2017）认为，时代新人的背景源于中国特色社会主义进入新时代、提出了新任务和新要求。冯刚等（2021）人指出，时代新人应当具备深厚的爱国情怀、崇高的道德品质、强烈的责任担当和敏锐的创新精神等基本素养。在培育路径方面，红色资源对于培育时代新人起着重要作用（张馨等，2020）。革命文化能够为时代新人切实解答"为谁担当""为何担当"以及"如何担当"的成长困惑（梁楹，2019）。

（二）高校党建与思想政治教育协同育人

高校党建与思想政治教育协同育人的研究主要集中在理论层面，探讨二者协同的必要性、存在的问题以及实施路径。高校党建与思政协同育人符合新形势发展要求，有利于落实立德树人根本任务、坚定学生理想信念和培育良好校风学风（焦信敏，2022）。由于高校党建和思想政治教育组织相互独立、党建引领不足、主体协同存在反差矛盾、教育形式缺乏时效与创新等原因（吴玉梅，2021），两者创新融合、协同育人存在一定阻碍。因此，要从战略协同、运作协同、资源协同、文化协同和治理协同等五个方面推进（黄继章，2021），在党建中加大思想政治教育力度、激发党建生机活力、提升党政干部队伍素养、创新教育载体（谢俊等，2021）等，促使党建与思想政治教育同向同行。

目前将高校党建与思想政治教育协同育人放在时代新人视域下的研究较少，且以理论研究居多，提出的党建与思想政治教育协同育人方法缺少实践的有效检验。

二、高校培育时代新人的新要求

时代新人是一个反映当前发展阶段特征的理论命题，也是新时代高校立德树人根本任务和"人的全面发展"的共同阐释。从党的十九大首次提出培育"时代新人"，到2018年全国宣传思想工作会议明确提出"育新人"是宣传思想工作的重要职责，再到2019年《新时代公民道德建设实施纲要》将"培养和造就担当民族复兴大任的时代新人"定为新时代公民道德建设的根本目标，这不仅体现了党中央对培养青年人的高度重视，也深刻解答了新时代"培养什么人、怎样培养人、为谁培养人"等教育的根本问题，为高校落实立德树人根本任务以及促进人的全面发展指明了方向。

高校落实培育时代新人的新要求，既要从理论逻辑把握培育时代新人的思想内涵，还要从历史逻辑洞察培育时代新人的精神实质。"新人"既是一个现实范畴，也是一个历史范畴（冯刚等，2022）。从新中国成立初期的"建设新人"，到社会主义探索时期的"改造新人"，到改革开放时期的"四有新人"，再到社会主义现代化建设时期的"建设者和接班人"，继而发展为如今的中国特色社会主义新时代的"时代新人"，可以看到,不同的时代有不同的"新人"标准。马克思主义认为,生产力的不断发展是社会进步的根本动力,而生产力决定着生产关系,生产关系反作用于生产力,人会不断改变其生活方式去适应新的生产方式、生产关系,从而产生与之前时代不同的行为特点。"新人"的产生一方面是生产力发展到一定阶段的结果,另一方面,"新人"也是继续推动生产力发展的主体。因此,可以说,进入新发展阶段的时代新人既是我国改革开放后享受到社会进步的受益主体,也是中华民族伟大复兴、中国式现代化和社会主义强国的建设主体。因此,时代新人应是具备新时代基本素质、德智体美劳全面发展的有为青年,更是主动担当时代责任和历史使命的有志青年。

三、时代新人培育视角下高校党建与思想政治教育的内在联系、实际困境与协同机制

高校党建和思想政治教育在落实立德树人根本任务、培育时代新人中均占据着重要地位。高校党建工作主要围绕党组织和党员教育、管理、服务和发展,全面贯彻落实党的教育方针,重点在培养社会主义现代化建设的高水平人才,主要发挥模范先锋作用,突出个别。高校思想政治教育以大学生思想道德建设和德智体美劳全面发展为主,培养中国特色社会主义事业的合格建设者和可靠接班人,主要在"教育力"方面发挥作用,突出全面。虽然高校党建与思想政治教育在本质内涵、覆盖领域、主体范围上存在差异,但是两者在实际工作中互利共生、相辅相成。

（一）高校党建与思想政治教育的内在联系

高校党建与思想政治教育在理论渊源上协同覆盖。两者都以马克思主义中国化的理论为基础，坚持以习近平新时代中国特色社会主义思想指导实践。两者都坚持用党的创新理论培养时代新人，特别强调在新时代的历史性变革和成就中引导时代新人以坚定的理想信念筑牢精神之基，从而激励时代新人自觉将个人理想融入国家和民族的事业中。

高校党建与思想政治教育在目标任务上协同统一。自党的十八大以来，在有关党的建设和高校思想政治教育的重要会议、文件中，深入回答了"培养什么人"这一根本性问题。两者的核心都是贯彻落实党的教育方针，共同推动高校落实立德树人的根本任务，为国育人、为党育才，努力培养合格、优秀的中国特色社会主义建设者和接班人。

高校党建与思想政治教育在工作方法上协同交叉。理想信念教育、爱国主义教育和道德情操建设都是高校党建与思想政治教育注重的主要方面，帮助大学生树立正确的世界观、人生观、价值观，引导学生坚定中国特色社会主义的四个自信。两者也都坚持以学生为本的理念，以服务和培养学生为导向开展工作。此外，日常的课堂教学、社会实践、志愿服务、党团组织活动等实践形式被广泛应用于高校党建和思想政治教育中，通过理论教育与实践教学相结合，提升教育的感染力。

（二）高校党建与思想政治教育协同育人的实际困境

首先，两者的组织体系相对独立。尽管高校党建和思想政治教育有着内在联系，但由于各自独立的组织结构，难以实现更好的协同效应。例如，一般院校的基层党委党建一般由组织员负责，但思想政治教育由学生工作队伍和思政课教师队伍承担。两者的组织体系缺乏协同平台，以至于协同关系的基础难以形成，从而限制了两者协同作用的发挥。

其次，党建在引领作用方面发挥不足。维系党与师生关系是高校基层党组织必须发挥的作用之一，但在实际工作中，这种引领作用的效果不尽如人意。近年来，高校学生活动重形式、轻引领的"低级红、高级黑"现象时有发生。高校基层党组织在人员配置、经费支持、活动场地等方面存在不足，党建工作形式相对单一，影响了党建与思想政治教育的协同发展。

最后，教育形式缺乏创新和时效性。传统的教育方式没有及时更新党的创新理论，不能讲好新时代伟大成就的"中国故事"，只会落入自说自话的窠臼。为使高校党建和思想政治教育更具活力，需要以学生为中心，与时俱进。除了传统的教育方式，还应创新校园文化、互联网应用、社会实践、法制教育、志愿服务等方法，以适应新时代的需求和大学生的思想期待。

（三）高校党建与思想政治教育的协同机制

在剖析高校党建和思想政治教育内在关联的基础上，针对两者在组织体系独立、党建引领不足、缺乏形式创新等方面存在的挑战，高校要充分利用协同机制将党建与思想政治教育紧密联结，逐步构建主体、引领、资源三者协同的新格局，从而提升时代新人培育实效。

1. 教育主体协同

三全育人的理念是习近平总书记在全国高校思想政治工作会议上的讲话强调的重点之一，即思想政治工作要贯穿教育教学全过程，实现全程育人、全方位育人。高校党建和思想政治教育在职责分工上可能有所不同，但是其落脚点都是培育时代新人。因此，党政工作者和思政工作者要加强沟通与配合，从实际层面上形成育人工作的有效衔接，共同落实意识形态工作的主体责任，服务于立德树人的总体目标任务。

2. 教育引领协同

高校党建与思想政治教育协同育人必须坚持党的领导不动摇，牢牢把握住党在意识形态领域的领导权。高校要以"关键少数"的党员和"战斗堡垒"的党支部为抓手，充分发挥其先锋模范作用与维系党和广大师生的纽带作用，把好课程、活动、实践等每一道关，真正做到党建引领思想政治教育，思想政治教育提升党建工作。

3. 教育资源协同

新时代大学生有其独特的成长环境与行为特质。高校应在传统的育人形式的基础上，共享优质资源，搭建党建与思想政治教育协同育人交流平台。对于出生在网络时代的大学生，高校更要灵活运用网络资源，从身边小事、社会热点出发进行内容植入，以大学生喜闻乐见的形式开展育人工作，增强党建与思想政治教育的吸引力，进而构建多元化、信息化的时代新人培育体系。

四、培育时代新人，高校党建与思想政治教育协同育人的实践探索：以"梧桐树"党建思政品牌为例

为推进高校党建与思想政治教育协同育人创新，中南财经政法大学统计与数学学院党委在现有的党建模式和思政平台基础上，凝练形成了"梧桐树"党建思政品牌，高质量整合资源、集中发力，持续创建"一个任务聚向、两个重点聚焦、三支队伍聚行、四个机制聚力、五个并举聚合、六个领域聚势、七个平台聚能、八项工程聚效"的党建思政工作体系，积极探索高校培育时代新人的有效途径。

党委中心组　党（团）支部　群团组织　辅导员工作室　心理工作站　学习发展中心　预科中心

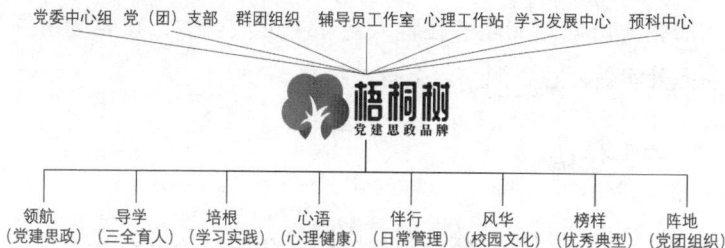

梧桐树
党建思政品牌

领航　　　导学　　　培根　　　　心语　　　　伴行　　　　风华　　　　榜样　　　　阵地
（党建思政）（三全育人）（学习实践）（心理健康）（日常管理）（校园文化）（优秀典型）（党团组织）

图1　"梧桐树"党建思政品牌体系

"梧桐树"党建思政品牌实施以来，学院培育时代新人的合力进一步提升，党建与思想政治教育协同育人的契合度也进一步加强，两者相互促进、良性循环，形成了全方位育人思政课堂的同心圆，切实提高了学院人才培养质量。在实践过程中，取得了以下几方面的进展。

（1）落实双重责任，构建良性互动协同育人机制。建立党建工作队伍和思政工作队伍主体协同，形成强烈的统一育人战线共识，实现全员育时代新人。加强党建、思政、学科教育教学合作，带动各岗位发挥战斗堡垒作用。

（2）实现纵横联动，构建贯穿始终协同育人过程。建立教育过程协同机制，实现时时用力、久久为功地全过程育时代新人。结合时代新人的成长特点和需求，实现各个培养阶段、环节的紧密衔接。

（3）打通隐形壁垒，构建资源互嵌协同育人平台。运用时代新人易于接受的载体、方式、场合，搭建"一站式"党建思政教育信息共享平台，实现处处着力、处处有力地全方位育时代新人。

"梧桐树"党建思政品牌的探索为高校党建与思想政治教育协同育人提供了试验场，其结果表明，高校党建与思想政治教育协同育人能够在育人主体上形成合力，在党的引领下提升实效，在资源平台上打破壁垒。

五、结语

高校党建与思想政治教育协同育人是高校落实立德树人根本任务、提升时代新人培育实效的必要举措。倡导协同育人理念，构建协同育人机制，创新协同育人方法，为推动高校党建与思想政治教育内涵式发展提供了新的导向。未来需对协同育人的相关理论与实践展开进一步研究。

参考文献

［1］曲一歌. 大学生党建与思想政治教育协同育人论［J］.学校党建与思想教育，2019（16）：28-30.

［2］吴玉梅. 高校党建与思政教育协同育人机制构建实

证研究〔J〕. 高教学刊，2021，7（19）：180-183.

〔3〕戴木才. 培养担当民族复兴大任的时代新人——党的十九大报告关于社会主义核心价值观的重要论述〔J〕. 道德与文明，2017（6）：5-7.

〔4〕冯刚，王莹. 习近平总书记关于时代新人重要论述的基本内涵与时代特征〔J〕. 湖南大学学报（社会科学版），2021，35（1）：1-7.

〔5〕张馨，杨琳. 红色资源融入时代新人培育的现实考量〔J〕. 中国高等教育，2020（9）：48-50.

〔6〕梁楹. 以革命文化涵养时代新人的担当精神〔J〕. 思想理论教育导刊，2019（10）：139-142.

〔7〕焦信敏，庄晨忠. 新形势下高校党建与思政协同育人策略探析〔J〕. 福建教育学院学报，2022，23（10）：37-40.

〔8〕黄继章，黄慧. 国家治理现代化视域下高校党建与学生思政工作的协同与创新〔J〕. 高教学刊，2021（8）：41-44，48.

〔9〕谢俊，钟佩，肖雅玉. 新时代高校党建与大学生思想政治教育有效融合的新思考〔J〕. 湖北科技学院学报，2021，41（6）：22-28.

〔10〕冯刚，徐先艳. 时代新人的生成逻辑、基本特征和培育路径〔J〕. 教学与研究，2022（4）：92-101.

高校学生党支部建设研究

——以外国语学院本科生党支部为例

李　涛

（外国语学院）

　　高校是培养社会主义合格建设者和可靠接班人的重要单位。高校学生党支部承担着宣传、执行党的路线方针政策和上级党组织决议，加强对学生党员教育、管理、监督和服务等重要职责。习近平总书记在 2023 年全国组织工作会议上用"十三个坚持"阐明了党的建设的根本原则，这也是当前高校学生党支部建设的重要遵循，为高校落实立德树人根本任务，牢牢把握社会主义办学方向，为党育人、为国育才提供有力保障。

　　当前高校学生党支部，特别是本科学生党支部主要由辅导员或专任教师担任支部书记，指导学生党支部发挥基层党组织作用，也有部分学生党支部由高年级学生担任支部书记。高校学生党支部的设立主要按照专业和年级两种方式进行，各有其优劣。作为学生党员，被编入某一支部，应积极参加支部组织活动，履行党员义务。同时，作为学生身份，也要认真学习专业知识，完成学业。学生党支部如何做好党员的教育、监督、管理和服务工作，如何发挥战斗堡垒作用，如何宣传、执行党的路线方针政策和上级决议，成为检验党支部建设成效的重要方面。

一、学生党支部建设存在的问题

当前学生党支部建设存在以下普遍问题。

（一）支部成员流动性大

高校党员发展流程要求本科生大二才能入党，而本科生大四毕业时将离校。高校学生党支部每年都会面临毕业生党员离校、组织关系转走，新发展学生党员导致支部成员变动的情况。此外，领导支部建设的支委，特别是支部书记，由于辅导员工作调动或专任教师教学科研任务的变化，常常导致支部书记每两年甚至每年发生变动，影响了支部建设的持续性。

（二）支部活动开展受限

高校学生党员的身份具有二重性，既是学生，也是党员。在某种程度上，学生身份属性要重于党员身份属性。这是因为学生以学习为生，日常活动以专业学习为中心。在支部开展主题党日活动或其他组织活动时，必须考虑到学生的课程安排，避开学生上课时间，选择支部成员集中空闲的时间，通常为晚上或周末，这是支部活动时间方面的限制。学生日常学业任务并不轻松，对于想在学业上取得一定成绩的学生来说，除了课堂时间，课后也要花费大量时间在学业上。为了减轻学生压力，在支部活动任务分配方面，活动形式必然简化、活动内容也会尽可能精炼。对于学生党支部来说，教工党支部能够开展的实践学习，如外出参观学习，考虑到学生的安全问题，一般也会减少出行次数、缩短出行距离，甚至减少参加人员数量。这些限制必然导致活动效果受到影响。此外，受限于学生党员本身的阅历和理论功底，对于日常开展的理论学习，学生党员对其中相当一部分学习内容难以较快掌握。

以上问题是高校学生党支部必然面临的问题，也是学生党支部建设中暂时无法根除的问题。只能通过各种方式积极克服各种不利因素、充分调动各种有利因素，充分发挥学生党支部战斗堡垒作用，为党和国家的教育事业做出贡献。

以外国语学院本科生党支部为例，在组织支部学生党员开展相关活动时，也面临上述问题。学生党支部成员跨越大二到大四三个年级，还包括少量组织关系保留在学院的已毕业学生，党员人数一度超过五十人。在日常组织活动方面，除按部就班完成每月主题党日活动等规定任务外，学生党支部主要依靠辅导员老师严格按照党员发展流程，每年分两次完成党员发展工作，对于支部党员教育管理，很难有更多精力创造性地开展一些贴近学生实际需求的活动。

为了加强学生党支部建设，按照相关规定，经上级党委同意，本科生党支部按照专业拆分为三个学生党支部。拆分后的三个党支部，每个支部的党员人数维持在二十人左右，人数有所减少，支部的组织力更强。

受限于学生党支部支委人数通常为三到五人，从党员发展到党员教育管理和监督等职责，支部需要具体人员去落实并完成相关工作。"支持、指导和帮助团支部、班委会以及学生社团根据学生特点开展工作"是《中国共产党普通高等学校基层组织工作条例》规定的学生党支部的职责之一，但因各班级已经设立了班委会，学生会和辅导员老师也为班级提供了指导和帮助，因此，学生党支部如何在支持、指导和帮助班委、团支部等方面以及如何发挥党员先锋模范作用上找到落脚点也成为一个重要问题。

二、党建工作团

经过多方调研和思考，外国语学院采取搭建党建工作平台的方式联合学生党支部开展相关工作，为学生党支部提供稳定的人力资源，以更有效、更有创造性地履行支部职责。党建工作平台在某些地方也被叫作党建工作团，具有以下特点。

（一）为党支部职责落实汇聚更多力量

工作团入党积极分子和党员构成，分设多个部门。例如，宣传部负责支部和学院党建活动宣传报道；组织发展部负责学生党员发展全过程的管理，确保严格按照学校党员发展流程进行；理论学习部负责组织党的理论学习活动；实践部能够有效组织支部的各种实践教育学习活动。作为主题党日理论学习活动的补充，实践教育学习活动能够丰富学习形式、提高学习效果。最重要的是，工作团各部门都在担任支部书记的辅导员的指导下开展工作，能够充分贯彻支部的工作要求，为落实支部各项职责汇聚了更多力量。

（二）将学生党员发展过程管理做得更细致

学生党支部的重要职责之一就是学生党员的发展工作。图1是我校学生党员发展工作流程。从图中可以看出，随着高校学生党员发展相关流程的规范和成熟，对党员发展工作的要求也越来越多。从学生递交入党申请书到最后顺利入党并转正共有近四十个工作要点。如果顺利，完成整个流程至少需要一年；如果不顺利，学生在某一环节如入党积极分子培养考察上耗费更多时间，那么完成整个流程可能需要三年多。

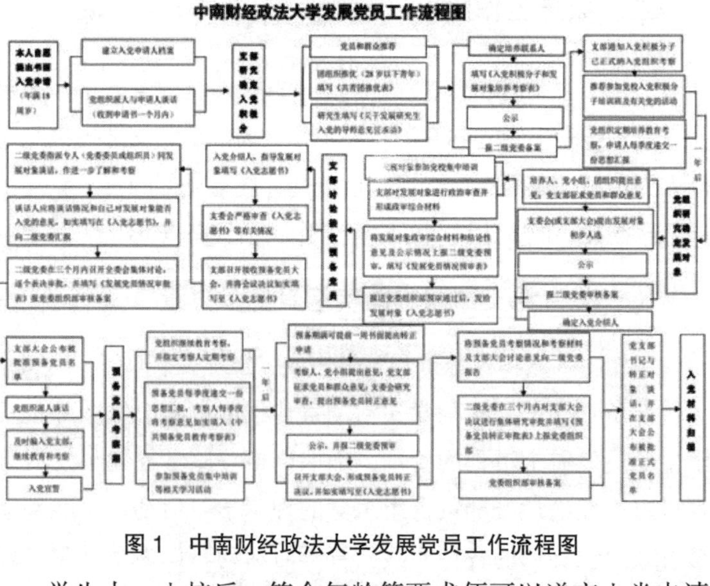

图1　中南财经政法大学发展党员工作流程图

学生大一入校后，符合年龄等要求便可以递交入党申请书。此时学生递交入党申请书的积极性最高，往往会有数十人甚至上百人在大一第一学期先后递交入党申请书后续团组织会推优并确定相当一部分同学为入党积极分子。那么，为入党积极分子指定培养联系人定期进行培养考察等工作，如果仅仅依靠辅导员和相关学生党员完成，任务将十分艰巨。外国语学院本科生党支部以往一直依靠各年级辅导员开展相关工作。由于党员发展工作具有相应的时效性，需要在短期内完成某一项流程，涉及的学生众多，确实给辅导员增加了相当大的工作压力，也不利于党员发展流程的精细化管理。

通过工作团组织发展部的工作，从递交入党申请书的登记管理到团组织推优工作的督促落实、信息的汇总统计等，有专门力量进行安排和指导，并对党员发展材料进行全面检查，确保程序到位、材料规范。此外，通过吸纳入党积极分子进入工作团各部门开展相关活动，支部能够更详细地了解每一位入党积极分子的思想态度等情况，减轻培养联系人的考察压力，但并未降低对入党积极分子的考察要求和频率。这样的做法有助于辅导员将主要精力放在对入党申请人、入党积极分子、发展对象、预备党员的谈话、教育等方面，从而更好地保障党员发展的质量。

（三）将支部对班团活动的指导和帮助做得更深入

通过工作团的力量，可以加深学生党支部与班团之间的工作联系，实现对班团活动的指导和帮助。以外国语学院本科生党支部为例，正因为有工作团各部门的协助，在党的二十大召开后不久，支部结合教育部思政司 2023 年"持续深化二十大精神学习宣传贯彻"的工作要求，成立了"二十大精神宣讲队"。宣讲队由高年级学生党员组成，选取二十大报告中的某些要点，结合自身实际，深入各年级各班陆续开展二十大精神宣讲。同时，这些政治立场坚定、理论素养较好的学生党员与各班班委、团委结对子，为宣传党的理论和班级建设提供指导。持续两个月的宣讲活动覆盖了本科所有年级，这也是对照《中国共产党普通高等学校基层组织工作条例》中关于学生党支部对班团工作方面相关职责落实的具体尝试。

在以往的工作中，不同年级和不同专业由不同的辅导员负责，这导致学生党支部在指导班团工作时往往面临无从着力、无法落实的局面。一直以来，辅导员在指导班团工作中付出了大量精力，也取得了许多成绩。然而，学生党支部很难结合支部工作重点，深入班级开展工作。在工作团的支持下，结合支部主要职责，积极宣传党的政策，指导班团开展党的政策宣讲、团组织推优等工作成为可能。在随后的各年级团组织推优工作中，学生党支部通过工作团严格按照党员发展流程和团组织推优流程，监督和指导各班团支部开展相关工作。在入党积极分子培养考察的监督、提醒、记录等方面，工作团也发挥了重要作用。

（四）最大限度地发挥学生党员的先锋模范作用

"学生党员如何发挥先锋模范作用"一直是学生党支部建设中需要重点关注的工作内容。学生以学习为主，学校环境整体安全稳定，以往学生党支部在监督和指导学生党员发挥先锋模范作用方面一般都集中在学业方面，要求学生党员在学习中取得优异成绩，带动班风学风建设。至于其他方面的先锋模范作用，更多的是热心帮助有困难的同学等诸如此类的期望，很少能找到适用于每个学生党员且能让其具体落实的举措。自 2020 年新冠疫情暴发以来，疫情防控工作成为社区、学校等重要的日常工作。在此背景下，许多学生党员响应所在社区和学校的号召，积极参与疫情防控志愿活动，有些学生帮助社区核查重点地区人员；有些学生自愿在小区测量进出人员体温；还有些学生在学校参与核酸检测志愿活动。可以说，我国在新冠疫情防控工作中取得的成绩离不开这些发挥先锋模范作用、甘愿牺牲、甘冒风险的党员。部分学生党员在疫情防控中的表现充分践行了共产党员的先锋模范作用。

当前处于后疫情时代，疫情防控工作进入新阶段，而大学生就业工作依然是最重要的民生工作，也是社会和学校关注的重点。受到三年疫情的影响，许多学生的就业心态发生了巨大变化，考研、考公务员、考编制的学生逐渐增多。许多学生花费更多时间去追求一份稳定工作，这导致虽然学校做了大量工作，但每年仍然有相当一部分同学选择暂缓就业，继续备考研究生或公务员。在这种情况下，外国语学院本科生党支部组织毕业年级党员与本年级学生结对子，每个党员对接几名普通同学，及时了解对方的就业进展，并提供就业资讯和力所能及的就业帮助。通过工作团，及时了解毕业生党员的结对帮扶进展，指导他们积极开展就业帮扶工作；积极发动毕业生党员从自身做起，先就业后择业，发挥党员先锋模范作用。从目前效果来看，通过支部的组织，大部分毕业生党员能够主动及时联系同学，了解他们的就业进展，并提供一定帮助。同时，大部分毕业生党员也能够从自身做起，积极主动就业。接下来，学院将进一步完善党员就业结对子的工作方案，加强过程指导和监督，在支部推进学院就业工作，并更好地发挥党员先锋模范作用。

在优良学风营造上，工作团组织各年级党员与学业困难学生开展学业帮扶活动等。通过支部的指导，联合学院学习发展中心和工作团进行具体筹划和落实，切实帮助学业困难学生提升学业水平，为学院营造优良学风而努力。

三、结语

2010 年 8 月，《中国共产党普通高等学校基层组织工作条例》由中共中央印发，并自同年 8 月 13 日起施行。2021 年 4 月 16 日，中共中央印发了修订后的《中国共产党普通高等学校基层组织工作条例》，该条例是为了贯彻落实新时代党的建设总要求和新时代党的组织路线，坚持和加强党对普通高等学校的全面领导，加强和改进高校党的建设而制定的。作为高校基层党组织，本科生党支部严格遵循条例相关内容和要求，切实履行支部各项职责。该条例成为支部开展工作的重要指导文件。

近期，习近平总书记用"十三个坚持"集中概括了关于党的建设的重要思想。具体而言，"十三个坚持"包括：（1）坚持和加强党的全面领导；（2）坚持以党的自我革命引领社会革命；（3）坚持以党的政治建设统领党的建设各项工作；（4）坚持江山就是人民、人民就是江山；（5）坚持思想建党、理论强党；（6）坚持严密党的组织体系；（7）坚持造就忠诚干净担当的高素质干部队伍；（8）坚持聚天下英才而用之；（9）坚持持之以恒正风肃纪；（10）坚持一体推进不敢腐、不能腐、不想腐；（11）坚持完善党和国家监督体系；（12）坚持制度治党、依规治党；（13）坚持落实全面从严治党政治责任。

高校学生党支部应结合实际情况从不同方面落实"十三个坚持"的要求。外国语学院本科生党支部通过工作团的协助，落实学生党支部具体职责，坚持和加强支委对支部工作的领导；要求加强支部支委建设，以高素质的支委领导学生党支部开展工作，遴选清正廉洁、踏实肯干的支委为学生党员树立榜样力量，将为人民服务的宗旨意识牢牢根植于学生党员心中。通过日常主题党日和实践活动学习，帮助学生党员树立思想建党、理论建党的意识。

在习近平总书记的"十三个坚持"的指导下，高校学生党支部要严格遵守《中国共产党普通高等学校基层组织工作条例》，全面贯彻党的基本理论、基本路线、基本方略，全面宣传和贯彻党的教育方针，坚守为党育人、为国育才，发挥基层党组织战斗堡垒作用，教育和引导学生党员在学业等方面发挥先锋模范作用，不断增强为国家和人民服务的宗旨意识，刻苦学习，努力成为德智体美劳全面发展的社会主义建设者和接班人。只有如此中国特色社会主义现代化事业才会后继有人，中华民族伟大复兴的征程才能一往无前。

融媒体时代高校党建宣传工作模式创新研究

——以迎接学习宣传贯彻党的二十大为中心

杨倩文　单雅威

（新闻与文化传播学院）

一、融媒体时代高校党建宣传工作的新特征

（一）从单一走向多元的党建信息传播渠道

融媒体作为媒介多元化下的全媒体运作模式，凭借其即时、趣味、灵活、便捷等特点，正日益成为高校党建宣传工作不可或缺的载体。加之当前大数据、云计算等新兴技术赋能，人们得以利用庞大的网络搜索引擎，快速地筛选查找自己需要的各种信息。这种融媒体技术带来的大众性，使融媒体传播呈现出内容海量化、传播节点碎片化、传播方式群际化的

发展特点。[1] 在这种融媒传播生态与高校党建宣传工作创新发展的驱动下，高校党建信息传播渠道从单一走向多元的现代化路径。从最初的党建思想交流汇报、红色主题宣讲、主题式活动参展等"线下体验式"点对点一元化结构宣传模式，逐步转化为以两微一端、学习强国、抖音、哔哩哔哩为载体的新媒体"线上矩阵"的多元宣传模式。

（二）从宣传话语到传播话语的模式转变

随着互联技术的纵深发展，在大数据算法规则的加持下，每天都有数以千万计的用户原创内容被源源不断生产出来。新兴媒介技术的时空逻辑决定了产能优先于质量的价值排序，也决定了数量占优决定消费习惯。[2] 在海量信息面前，传统的高校党建宣传内容生产为了增加其吸引力，逐步由宣传主体出发的"说教式"宣传话语体系，转变为以受众为主体的"对话式"传播话语体系。受学生喜闻乐见的"青年大学习"正是利用对话式沟通的传播形态，融入网言网语、动画动漫、时事热点，以互联网新思维进行党建宣传教育，实现党建宣传教育在网络空间上的延伸。

（三）从传播过程中不断强化的受众参与度

融媒体时代，传统的信息产出与接收的固定化主体的单

---

① 卢俊雅. 浅析新媒体时代传播特征及发展趋势［J］. 中国报业，2015（8）：15-16.

② 胡翼青，谌知翼. 媒体融合再出发：解读《关于加快推进媒体深度融合发展的意见》［J］. 中国编辑，2021（1）：67-71.

一格局被打破，流动式的传播格局得以重塑。前者是媒体掌握精英式话语权进行产出，后者则强调每个媒体用户共同参与信息共享和交流，是同时满足信息生产者与受众双重身份的再塑造。这种多媒介的融合交互形式，在高校党建宣传工作中以多样化的新媒体产品进行呈现，如之前的网络爆款宣传《这是我的军装照》，就是在 H5 中融合 AI 合成技术吸引用户参与和分享，实现扩大党建宣传的交互参与效益。

二、融媒体时代高校党建宣传工作开展的现实困境

（一）新媒体环境下传播主体多元化的主体偏离

高校作为意识形态传播的主战场，党建宣传工作的重要基地，承担着宣传党的前沿理论思想、培养党的生力军的重要责任。但随着信息时代的快速发展，新媒体已经渗透到人们生活的各个方面，传播环境的快速变化加大了用户主体身份变革带来的冲击，使得党建宣传的传播主体即大学生无法适应环境转变，产生主体偏离情绪。其一，受众主体偏离。作为管理身份的高校基层党组织，在培育大学生党员的过程中，忽视了学生受众地位的参与度，党建宣传活动缺乏师生互动，党员教育管理方向偏向教职工，使得学生主体的话语权被沉默。其二，传播者主体偏离。学生党员是高校党建宣传工作中的重要力量，但在现实生活中，党建宣传活动的策划与执行始终是从上至下的传统体系设计，学生党员作为信息传播者更多是被动进行工作，这也大大削弱了党建向新发展潜力。

（二）传播语境下的价值冲突动摇高校意识形态阵地

手机、微博等新媒体现如今已经发展到了全时空、全覆盖、多元化主体的程度。这种信息来自所有人的融媒传播模式导致舆论脱离了政府可以控制的范围，无法通过把关检查的过滤机制实现正面舆论引导。加之世界正处于百年未有之大变局，逆全球化与大国关系不睦相互影响，世界处于动荡变革期。西方国家为了加大对我国意识形态阵地的渗透，以网络为渠道对高校进行形式多样、手段隐蔽的舆论引导。他们还通过控制网站，利用媒体培养意见领袖，夸大人民内部矛盾，迎合当代大学生"痛感很强，燃点很低"[①]的特点掀起网络群体事件。尤其是 web3.0 时代的去中心化导致的信息洪流更容易滋生反华反党的谣言，干扰民众的价值判断。

（三）网络安全议题下舆情治理工作矛盾突出

当前，舆情治理逐渐成为我国社会治理中的重要组成部分，对党建宣传教育工作提出新的挑战。高校作为年轻一代党员的培养基地，在舆情应对等方面仍存在诸多问题与不足。第一，高校管理者信息获取滞后，与学生的代际数字鸿沟明显。当前，大学生群体正生活在由互联网和社交媒体构建起来的"拟态环境"中，许多舆情事件在发酵阶段仅在学生群体间流传，管理者没有建立相应的舆情监测预警机制，信息获取手段单一，无法及时发现校园负面信息的辐射。第二，高校

---

① 杨波.新媒体环境下高校党建宣传工作研究[J].新闻传播，2011（4）：183.

舆情管理主体意识不明晰，管理者缺乏专业媒介素养。高校网络舆情应对是一项比较依赖经验的工作，越来越庞大的数据量对高校网络舆情工作带来了新的挑战，大数据工具天然是为了处理多发、多样的网络信息而产生。[1]许多高校设立的舆情管理中心的主体工作意识不明晰，仅从业务思维出发建设队伍，停留在文字解读层面缺乏数据思维，往往在事情发酵后热度已高时才开始重视，错过最佳处理时间。第三，舆情回应和实际处置脱节，舆情公信力不足。融媒体时代，信息高速融通，各类网络舆情在方方面面影响着学生。发生舆情事件后如果不能第一时间主动积极借助平台进行舆论引导，那么在实际处置中的后续措施效果也会被公众弱化，进而导致高校公信力不足的负面形象。

（四）工作信息化应用力度不足，信息服务功能单一化

当前，受融媒体环境影响的高校党建宣传队伍逐步从"管理者"向"服务者"转变，但由于党务宣传的信息化进度较慢，党务干部的信息理论不足，使得高校党建信息服务仍维持原有的单一化特征，许多党务事项仍然只能线下进行。此外，许多高校未搭建统一的党建信息平台，导致党建融媒体工作碎片化，不利于党建工作的宣传和推广。[2]对党的思想理论宣

① 符遥. 大数据背景下的高校网络舆情全过程研究［J］. 新闻传播, 2022（23）: 26-28.

② 李亦晖. 融媒体时代高校党建工作创新路径探析［J］. 中国报业, 2022（22）: 82-83.

传仅局限于学院官网等平台，对其他平台宣传制高点和主动权的把握及宣传覆盖表现不佳。同时，对党务老干部的新媒体技术培训、新进年轻党务工作者的专业理论知识培训不能及时更新，无法培育复合型党建工作队伍，也不利于高校党建宣传工作发挥积极作用。

三、融媒体时代高校党建宣传工作的优化和创新路径

（一）加强理论引导，发挥党建宣传工作的引领力

正向引导，把握"热点"关注。社会热点话题层出不穷，只有把握社会"热点"，引导受众对热点话题的正向关注，才能凝聚受众的共识，传递主流价值观。例如，在进行社会热点话题"党的二十大"的关注报道时，可以通过专题策划设置议题，在预热、推进、发散、影响中进行全流程的关注报道，提炼出学生喜欢的系列报道方案，从而全景式地向学生展示我国这十年的辉煌成就，最终引导受众形成"大事"之"要"、与"我"相关的正确价值判断。

及时回应，形成"焦点"关注。融媒体时代，深度的媒体融合使得传播效率大大提高，信息传播已从传统的线性传播转变为全天候、全过程、全方位的融合传播。要想抢占舆论高地，就要及时回应社会"焦点"，与受众进行良性互动。在迎接学习宣传贯彻党的二十大的过程中，应充分运用融媒体传播技术，从微文章、微视频的角度出发，开设"迎接学习党的二十大"专栏，围绕"党的二十大"报告，实时推送

与大会有关的消息，引起受众全时段的"焦点"关注，从而使传播效能最大化。

扩大规模，打造"重点"关注。传统的党建宣传是就事论事，针对社会热点话题展开讨论，但热度一过，相关的报道就失去了受众的关注。让热点转变为重点就需要在宣传声势上下功夫。这就需要扩大传播内容的广度，即增加主题的重要性和厚重感。规模大小与重大主题报道能否形成宣传声势在一定程度上呈正相关。这既包括内容的广度，又包括传播的宽度。在迎接学习宣传贯彻党的二十大这条主线上，有效运用融媒体手段，通过图片、视频等展现党的一大到党的二十大的发展变化，将国家的重大议题与人民群众的生活紧密相连，增加受众的参与感，引发受众共鸣，从而让热点转变成重点，发挥党建宣传的引领力。

（二）强化品牌保障，提高党建宣传内容的影响力

多重聚焦，展现党建宣传"厚度"。迎接学习宣传贯彻党的二十大属于重大党建宣传报道，具有时间跨度长的特点。时间跨度长意味着消息的动态性、连续性，反而会缺乏系列性的报道，导致受众缺少对宣传报道的全面性认识，消减了舆论引导效果。高校党建宣传作为意识形态的重要阵地，更需要及时进行系列报道，除了依托新媒体的短文、短视频、图片外，还应进行深度专题报道，依托报纸、杂志等深度报道载体传递主流价值观，增加党建宣传的厚度。

贴近受众，增加党建宣传的"温度"。重大主题报道的传播语境一般为叙事性且多为宏大叙事。这样的传播报道方

式不可避免地会出现内容冗长、材料堆砌的现象，拉远了受众与媒体的距离。从传播效果角度来看，受众更愿意接受具有情感性、互动性、贴近性的内容。因此，只有产出有"温度"的内容，才能更迅速地获得受众的关注和认同。录入，学校机关党委的"最美机关人"的报道从具有代表性的机关党员出发，展现他们密切联系群众，敢于担当、积极作为，业绩显著的故事。在迎接学习宣传贯彻党的二十大中，可以运用化大为小、以小见大的叙事方式，将个体的感受与民族的发展紧密相连，以典型代表的故事展现我国这十年的发展变化，通过呈现党员干部、专家学者的真实事迹以及广大群众的真切感悟和未来期盼，展现将党的二十大精神落实到祖国大地上的信心和决心。

打造品牌，丰富党建宣传的"深度"。融媒体时代，我们运用新媒体进行宣传报道时也不能忽视传统媒体的深度报道优势。传统媒体如报纸、杂志的特点之一是报道全面且有深度。受众在接受新媒体的快节奏的报道时也会去寻求传统媒体的精细报道。打造迎接学习宣传贯彻党的二十大的宣传精品十分重要。高校党建宣传需要打造品牌党刊，挖掘品牌党刊的典藏价值，做到报道全面、内容精细，体现"人无我有""人有我优"的报道特点，为受众提供完整报道，实现有效传播。

（三）提高融合效益，主流舆论亲民表达强化传播力

为受众提供"多样化"的参与渠道。随着融媒体技术的飞速发展，互动性成为融媒体的重要特征。通过留言评论、

转发投票、征集评选等方式，让受众参与其中并给予反馈，实现信息传播的良性循环，增强了青年学生的参与意愿。当受众接收到信息时，对信息传播者进行反馈，甚至加入信息传播中，互动性因此产生。而这种互动性打破了传统灌输式的信息传播。每当"融媒体"平台发布信息时，受众既接收到了信息又会对信息的内容进行完善、更正、核实，发表自己的观点并通过点赞、收藏、转发等方式对信息进行传播。值得注意的是，这种互动是平等的，因而增加了受众的互动意愿。

为受众提供"多棱化"的内容表达。不同的报道载体具有不同的报道方式和特点，也会从不同的方面引发受众的共鸣。通过不同的载体、更多的内容丰富整体宣传报道的运行，再通过明确的内容规划，如分区、分类、分时段等把握受众的阅读规律和心理特点，为受众提供及时、有效的信息，从而扩大宣传报道的效益。

为受众提供"新鲜化"的阅读体验。融媒体时代，媒体报道方式也在不断革新，其目的是能够实现更有效的传播。全新的媒体技术不仅能给受众带来一定的冲击力，而且还能引发受众的广泛关注，提高受众的阅读兴趣，使其始终对媒体产生依赖，增加话题的热度，实现有效传播。

"大思政课"视阈下完善高校学生党员发展工作的若干思考①

陈俊华

（党委宣传部）

习近平总书记提出的"大思政课我们要善用之"的思想，为新时代高校如何开展思想政治教育、落实立德树人根本任务提供了根本遵循。教育部等十部门印发的《全面推进"大思政课"建设的工作方案》，对如何抓好"大思政课"建设也提出了明确的要求。从"思政课"到"大思政课"，虽只有一字之差，却体现了思政教育的新理念、新视野、新方向。高校"大思政课"建设效果如何，归根到底要看人才培养的质量如何。大学生党员是高校青年学子中的优秀群体，其党性修养与综合素质代表着高校人才培养与思政工作的具体成

---

① 本文系中南财经政法大学中央高校基本科研业务费专项资金资助（2722024DS027）。

效。基于"大思政课"理念的启发，结合一线学生党建工作中的切身实践，本人体会到高校学生党员发展工作存在的一些不足，需要加强、改进和提高，经过思考和整理，并结合相关资料，在此提出一些浅显的看法，与大家共同探讨，以期对提高学生党员发展工作有所助益。

一、大学生党员相关数据简要回顾

自党的十一届三中全会以来，随着经济发展与社会主义建设需要，高校大学生党员发展经历了平缓阶段、持续上升阶段，党的十六大将"三个代表"重要思想写入党章，明确其指导地位，进一步推动了 21 世纪高校大学生党员的快速发展。2004 年，《中共中央、国务院关于进一步加强和改进大学生思想政治教育的意见》明确提出："高校党组织要坚持标准，保证质量，把优秀高校大学生吸纳到党的队伍中来。"此后，大学生党员的发展数量和发展比例都较前期显著增加。

党的十八大以来，党中央基于党员人数达到一定规模，开始把控党员数量的增速，更加注重党员发展质量，对党员总量进行总体调控，把党员发展质量放在首位。2014 年，中央办公厅印发了《中国共产党发展党员工作细则》，其中提出了发展党员的新十六字方针——"控制总量、优化结构、提高质量、发挥作用"，这意味着党员发展工作进入了控量提质阶段。

党的十九大以后，发展学生党员数量总体平稳，略呈增加趋势，在 2021 年建党百年之际达到历史高点。数据显示，

2021 年全年，新发展党员人数为 438.3 万，其中学生党员为 176.5 万，发展学生党员的比例达到 40%。

表 1　党的十八大以来党内相关数据统计

	2012	2013	2014	2015	2016	2017	2018	2019	2021. 6 (含2020)	2021. 12	2022
党员总数（万）	8512.7	8668.6	8779.3	8875.8	8944.7	8956.4	9059.4	9191.4	9514.8	9671.2	9804.1
大专及以上学历（万）	3408.1	3606.8	3775.5	3932.4	4103.1	4328.6	4493.7	4661.5	4951.3	5146.1	5365.4
学生党员（万）	290.5	260.4	224.7	203.4	187	178.8	180.5	196	306.7	305.2	290.1
新发展党员（万）	323.3	240.8	205.7	196.5	191.1	198.2	205.5	234.4	473.9	438.3	244.9
发展学生党员（万）	暂无数据	94.6	76.7	71.8	68.9	69.9	70.4	84.4	187.2 -	176.5	93.6

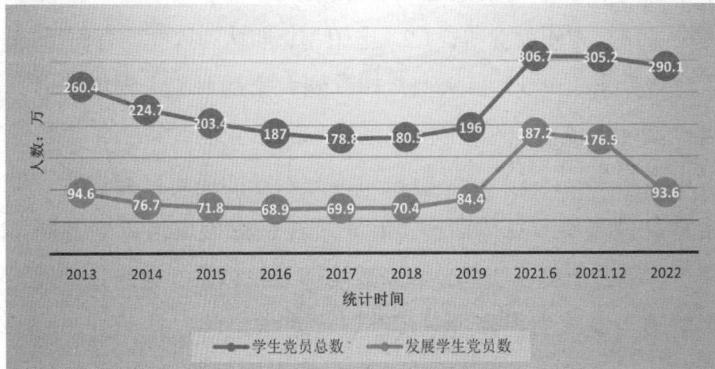

图 1　2013—2022 年学生党员数据图

注：2021 年 6 月指标包含 2020 年数据。

由数据可见，2013—2022 年这 10 年间，我国高校大学生党员发展与全国党员发展工作一样，总体平稳慢升。而党员发展质量特别是在校大学生党员的发展质量受到党中央的高度重视，也是高校党组织必须重点关注的课题。

二、当前学生党员发展工作存在的一些问题

大学生党员是青年学子中的先进代表，在新的伟大征程上，他们勇立潮头，立志做有理想、敢担当、能吃苦、肯奋斗的新时代好青年，努力为实现中华民族伟大复兴的中国梦贡献青春力量。近年来，高校大学生党员发展工作成果显著，发展流程日渐完善、党员发展体系现代化建设稳步推进，在优化党员队伍结构、提升党员质量、发挥党员作用等方面均发挥了显著作用，但也存在一些不足之处。

一是对学生入党动机教育的重视程度不够。在递交入党申请书时，学生的入党动机主要包括：（1）功利型，如为了考公务员、方便就业等；（2）虚荣型，如认为入党"有面子"、入党光荣等；（3）盲从型，如看到大家都写了入党申请书，自己就随大流等；（4）情感型，如感激党的政策，希望为党做出贡献等；（5）成长型，如认为入党能提高自身素质、鞭策自己进步等。总体而言，基于理想信念而申请入党的同学较少。不过值得一提的是，新冠疫情暴发以来，党的先进性、影响力与凝聚力得到进一步凸显，对学生的入党动机产生了明显的正面影响，但注重个人的自我发展仍然占据主流。

二是在学生党员的"量"与"质"的把控环节，存在重数量、相对忽视质量的情况。党员发展指标完成情况是学校对学院党建工作考核的一个维度，但指标数据的定时定量划分必然会影响到对质量的把控，概因学生党员的培养质量无法通过数据体现，且按照"成熟一个，发展一个"的总体原则，学生的党性修养并不会随月份的变化突然提升，追求"量"

的同时，并不能完全保证"质"。

三是党员发展的教育培训工作，存在"重理论，轻实践""重概念，轻实际"的倾向。党校培训工作中的党课学习是学生党员发展各阶段中的重要内容，但当前的党课教育主要以理论讲授为主，且党校培训工作体现出入党前教育多、入党后教育少；发展工作的前期计划十分周详、发展成功后的教育工作相对薄弱；不太注重解决学生现实生活中的实际问题。

四是在课程安排上还存在一些需要进一步协调的矛盾，例如学习内容丰富与学习时间较短之间的矛盾；入党对学生的吸引力很高与党课对学生的吸引力并没有那么高的矛盾；党课管理模式相对松散、考核方式相对单一与学生党员发展工作高质量要求之间的矛盾等。

三、学生党员发展工作重要性浅述

当代中国青年是与新时代同向同行、共同前进的一代，生逢盛世，肩负重任。大学生党员的党性修养事关社会主义事业后继有人，也事关国家和民族的前途命运。因此，高校大学生党员发展工作应常抓不懈并不断完善。

第一，学生党员发展工作是高校思想政治教育工作的重要组成部分。高校肩负立德树人的重要使命，需要源源不断地培养"有理想、有本领、有担当"的青年人才。学生党员毋庸置疑是青年学子中的先锋与模范，他们在思想、学习、工作、生活等方面所起的典型示范作用能引导广大青年积极效仿。倘若学生党员的综合素质良莠不齐，高校思政工作的成效将大打折扣。

第二，学生党员发展工作是教育系统为党和社会主义事业培养接班人的重要方面。为谁培养人、如何培养人、培养什么样的人是高等教育要回答好的根本问题。青年学生党员是党的新鲜血液，毕业后，他们将走上社会的重要岗位，如果党员发展环节不扎实、学生党性薄弱，那么他们精神上就会"缺钙"，无力应对新时代的挑战，甚至出现"软骨病"，给党和人民的事业带来重大损失。

第三，学生党员队伍的质量是体现党的先进性、纯洁性的重要指标。为保持先锋队特质，践行"代表最广大人民利益"这一根本要求，中国共产党始终将保持先进性和纯洁性作为永恒课题。只有始终保持先进，党组织和党员才有凝聚力和号召力。青年是祖国的未来、民族的希望。高校唯有牢牢保证青年党员的先进性和纯洁性这一党的生命线，方能顺利培养一代又一代立志为中国特色社会主义事业奋斗终身的有用人才。

四、完善高校学生党员发展工作的几点思考

（一）以党校为基础，夯实学生党员发展工作育人大平台

党校是对党员、干部、入党积极分子和其他先进分子进行党的基本理论、基本路线、基本知识和党性教育的主要场所。高校党校培训应密切联系大学生的成长实际，教育内容不能过于空洞抽象，而应充分利用"社会大课堂"资源，将

先进典型事迹与青年的理想追求紧密联系起来；将全面脱贫、全面建成小康社会重大成就与青年大学生的学习目标相结合；以杰出校友为圆点，通过形式丰富多彩的交流学习，发散榜样的力量。例如，可以结合"七一勋章"获得者、中共二十大代表张桂梅校长的感人事迹，讲述新时代中国共产党人的初心和使命；结合"全国脱贫攻坚楷模"黄文秀、"四川省脱贫攻坚先进个人"陈闽健的先进事迹，生动讲述中国共产党人在打赢脱贫攻坚战中的艰辛探索和巨大牺牲，深刻认识到消除绝对贫困这一人间奇迹的来之不易。

　　高校各二级学院应加强分党校建设，定期开展党校培训，每学年不少于2次；学习计划应提前制定、科学设计，不能临时赶制；分党校工作人员可由院、系党委书记、分管学生工作的副书记、组织员、党务秘书、辅导员兼任；应重视党课学习纪律，对旷课、代课以及在课堂上做其他作业的现象要严肃处理；党课教师的选拔不应局限于学校中层领导干部与相关思政课教授，深耕学生工作一线的辅导员、资深党员教师也可以为学生讲授党课；每一期党校的培训对象，除当批次发展的入党积极分子、发展对象或预备党员外，学生中的正式党员以及其他批次的预备党员、入党积极分子等也应加入党课学习中，但不参加考核。此外，对学员的考核应区别于专业课、文化课，注重引导、启发学员的深度思考与真实体悟，而不是重点考察学员对党章、知识点的记忆和背诵情况。党课优秀学员的评选、学生党员的党性强弱不能唯分数论。考试上得高分但在实际为同学们服务时犹豫退缩的现象能充分说明"知而不行，是为不知"。因此，对学员的考核应当增设实践考核环节，将最终的考试成绩与为身边同学做好事的实际成效、同学的满意度挂钩，在实际学习生活中直接检验党课学员的培训成效。

（二）以端正入党动机为核心，丰富学生党员发展工作实践大场域

端正入党动机一般被认为是入党前需要解决的问题，但入党动机的端正绝不是一蹴而就的。相反，端正入党动机应该是一个动态的过程，只有进行时，没有完成时。作为一名党员，不仅在入党前需要端正入党动机，入党后依然要不断审视自己的入党动机、在党动机。党的十八大以来，在"打虎""拍蝇""猎狐"行动中落马的领导干部，他们在刚入党时的动机可能也非常纯洁，也曾立志为人民服务。中国科协原党组成员、书记处书记陈刚在毕业时满怀激情，为能参与北京的建设心潮澎湃，但后来忽视了理想信念的锤炼，走上了腐败道路；辽宁省政协原党组副书记、副主席刘国强在大学期间写下的入党申请书，字里行间体现了对党组织的向往和憧憬以及为祖国人民做贡献的朴素热情，然而，对照他后来几十年走过的道路，他与自己的初心渐行渐远。这充分说明端正入党动机需要党员用一辈子的时间来践行。

大学生的入党意愿和行动并不是凭空产生的，除了党组织的教育引导，还受到其他因素的影响。高校发展学生党员的关键在于解决学生的思想认识问题，而思想观念往往是在实践活动中改变的。高校要积极开辟和拓展党建工作的社会实践阵地，在发展学生党员工作中适当增加志愿服务与社会

实践的内容，不仅要让入党申请人、入党积极分子、发展对象、预备党员、正式党员们走近群众、走向社会，更要让他们深入群众、融入社会。志愿服务和社会实践不是一句无力的空口号，更不是一幕刻意的过场秀，高校应积极引导在校学生带着专业知识和探索精神走出校园，通过脚踏实地的"三下乡""小我融入大我 青春献给祖国"等社会实践活动，用实际行动践行"全心全意为人民服务"的宗旨。同时，组织学员参观红色基地、阅读红色典籍、讲述红色故事、参加红色仪式等使他们通过生动场景中深刻认识到革命先烈坚定的共产主义信仰，并启发他们主动承接时代的接力棒，在新时代、新征程中为中华民族伟大复兴的中国梦贡献青春力量。

（三）以身份认同为准绳，明确大学生党员党性修养提升大方向

身份认同是我们对自身归属的主动寻求，也赋予了我们深厚的内生力量。只有树立正确的身份认同，共产党员才能时刻铭记第一身份，明确政治定位。习近平总书记曾强调，任何部门、任何身份和职务的共产党员，"首先要明白自己的第一身份是共产党员"。大学生党员对自身党员身份的认同程度反映了其党性修养的强弱，影响着其在学生群体中先锋模范带头作用的有效发挥。

在身份认同上，党章党规的约束、组织的教育引导均属于外因，而决定事物发展的根本力量来自内因。毛泽东同志曾说："没有马克思列宁主义的理论和实践统一的态度，就叫做没有党性。"这种统一态度需要学生党员不断提高自身

的身份自觉，将自己置身于实践之中，日省三身："党是什么、为何入党、入党后该做什么"。党员的身份自觉要求当代大学生党员要有为党工作的主观意愿，愿意履行党员的义务、承担党组织和人民群众赋予的时代任务——为中华民族伟大复兴的中国梦不懈奋斗。

学生党员在入党后仍应时刻注重加强平时修养，无论身在何处，都应时刻牢记自己的党员身份。即使在境外学习或个人独处时，不能因无法参与组织生活或缺乏外界监督而有所松懈，学生党员应以党员的身份严格要求自己，激发自身的学习潜能，在日常生活的一言一行中充分体现党员应具备的优良作风，认真对待党组织的培养考核，不断进行自我剖析，坚持开展批评与自我批评，虚心接受他人意见，通过自学、自查、自勉不断提高党性修养与身为一名党员的身份自信。

（四）以客观表现为依据，优化学生党员发展质量质检大体系

学生党员入党前后在学习生活中的实际表现能体现其先进性与纯洁性。支部可以营造良好的氛围，促进学生党员在日常生活中不断锤炼党性修养。例如，在年级或班级内设立"一对一"或"一对多"的帮扶关系，安排学生党员对接集体内学习困难、生活困难、心理困难的同学；在学院内组建党员志愿服务队，定期检查学生宿舍、消防安全、楼道卫生等，增强学生党员的服务意识和志愿服务精神。通过收集帮扶同学、年级同学的反馈，观察学生党员参与日常活动的积极性和主动性，检验其作为党员的先进性与纯洁性。

　　另一方面，当前高校对大学生党员的监督机制并不健全，学生党员退出机制也并不完善。有时师生群体对学生党员的要求与普通同学并无特别之处，这对保持学生党员队伍的先进性与纯洁性存在负面影响。加强党内监督是马克思主义政党的一贯要求，也是党的优良传统和政治优势。良好的民主监督是解决党员发展、党员作风问题的重要保障，学生党员群体以及广大团员青年、群众都应增强主体监督意识，根据学生党员的客观表现来判断其是否能体现党员的先进性与纯洁性。支部应定期召开民主评议大会，扎实开展批评与自我批评，同时，应着力加强入党后的监督，重视检举的作用，增强民主监督工作的透明度。结合实际情况，对于部分学生党员入党或转正后学习态度不端正、社会实践不积极，无法很好地发挥先锋模范作用的情况，应及时进行批评教育，采取相应的处理措施，并公布处理结果；对于长期组织观念淡漠、理想信念不坚定、不履行党员义务、不符合党员条件的学生党员，应建立一套量化退出体系，改变学生党员"只进不出"的固有印象，切实提高学生党员质量。

参考文献

　　［1］习近平. 习近平谈治国理政［M］. 北京: 外文出版社，2020.

　　［2］习近平. 习近平重要讲话单行本［M］. 北京：人民出版社，2021.

　　［3］习近平. 论党的青年工作［M］. 北京：中央文献

出版社，2022.

　　［4］边社辉. 大学生入党动机及其教育引导对策［J］. 思想政治教育，2009（8）：84-87.

　　［5］习近平. 扎实做好保持党的纯洁性各项工作［J］. 求是，2012（6）：3-7.

　　［6］余俊渠. 全面从严治党视域下学生党员质量保障评价体系构建［J］. 学校党建与思想教育，2018（19）：60-61.

　　［7］余继军. 把好大学生入党质量关［J］. 人民论坛，2018（31）：114-115.

　　［8］刘芮杉. 共产党员身份认知的三重境界［J］. 前线，2020（11）：32-35.

　　［9］彭锏. 高校党校在全面从严治党中功能作用发挥研究［D］. 重庆：重庆交通大学，2020.

　　［10］沈壮海. "大思政课"我们要善用之：思考与探索［J］.思政政治教育研究，2021，37（3）：26-30.

　　［11］中共中央组织部. 党内统计公报［EB/OL］.［2023-08-15］. https://news.12371.cn/dzybmbdj/zzb/dntjgb/.

管理育人篇

高校学生社区协同育人及综合管理模式的机制研究
——基于湖北高校"一站式"学生社区建设的观察

王 浩

（法学院）

一、文献回顾

（一）国内文献

国内学者对"一站式"学生社区的研究主要集中于社区功能、管理模式等方面。从社区功能的角度看，学者们针对学生社区作为学校管理者的功能得到长足发展，而作为学生共同体的功能却没有得到充分发挥的现状，提出了不同的解决方法。学者史龙鳞认为要继续发挥学生社区在高校管理中的独特作用，将学生社区作为社会管理在高校的延伸，通过学校行政力量推动学生社区的发展，以提高学校治理能力。

学者李刁和陈志认为应当有效激发学生参与的积极性，提高学生对社区的参与度、认同感等。从社区管理模式的角度看，学者徐嘉辉、苏扬婧等针对当前学生社区管理存在的问题，如社区管理模式有待完善、党建领导力度不够、尚未形成育人合力等，提出了有效的解决方式，如优化管理和服务模式、强化党建内核、协同育人等。

尽管许多学者提出了提高学生社区效能的路径，但这些研究大多忽略了学生社区具有多层功能和属性的特点，未能从整体的角度提出系统的方法论。此外，"一站式"社区面临的许多现实困境仍未得到解决。鉴于此，本文进一步研究"一站式"学生社区的育人模式和实现路径，系统分析当前育人模式的特点和不足，并提出切实可行的建议。

（二）国外文献

西方研究者对社区的研究与我国有所差异，他们认为社区具有小区域范围、高情感维系和价值认同等普遍特征。相较于我国的研究，西方学者更注重学生社区作为学生共同体的作用，强调学生社区的自治功能和学生的"主人"身份。本文将借鉴西方对学生社区的认知和研究，结合中国特色，对学生社区的多种功能和属性如何进行有效融合进行探讨和研究。

二、高校"一站式"学生社区建设的背景与价值

（一）高校"一站式"学生社区建设的提出

近年来，众多高校开始实行"学分制"和"大类培养"

然后再专业分流的探索。这导致学习同一个课程的不是同班同学，同学都分散在不同课堂中学习的现象。这种现象形成常态后给之前的班级管理方式带来了越来越多的挑战，比如同学之间互相不认识、班导师和学生不熟悉、毕业拍摄班级合照时人凑不齐等问题。然而，学生与学生、学生与导师之间的互动需求与日俱增。学生社区的作用日益凸显，逐渐成为学生、教师之间交流互动的重要平台，被视为学校课堂之外的重要教育阵地。在此背景下，教育部从 2019 年开始首批试点，后逐步扩大，不断推进"一站式"学生社区综合管理模式建设工作和体制机制创新。①

2020 年，教育部等八个部门发布了《关于加快构建高校思想政治工作体系的意见》，其中要求"推动'一站式'学生社区建设，推进'一站式'学生社区综合管理模式，实现对 1000 所左右高校有效覆盖"。2023 年，教育部思政司发布《高校"一站式"学生社区综合管理模式建设工作指南》，对高校社区综合管理提出了建设性的意见和要求。

（二）高校"一站式"学生社区建设的理论意义

党的十九大以来，教育部启动了"三全育人"综合改革工作，聚焦实现全员、全过程、全方位育人，着力打通育人"最后一公里"。同时，在党的二十大报告中，习近平总书记强调"办好人民满意的教育，全面贯彻党的教育方针，落实立德树人

---

① 吴纯新. 新型学生社区：思政、服务、育人"一站式"完成［N］. 科技日报，2023-04-12（6）.

根本任务，培养德智体美劳全面发展的社会主义建设者和接班人"。"一站式"学生社区是创新大学生思想政治教育工作的重要载体，也是推进高校治理体系和治理能力现代化的重要途径。

"一站式"学生社区是一个以共同价值观念为联结的学生教育生活成长共同体。社区的建设过程不仅是对高校育人模式的一种探索，更是一项系统性的工程；要求以学生为中心，不断创新工作方式方法，进一步提升围绕学生、关照学生、服务学生的工作质量；把学校的管理、服务、党建和思政教育都聚集在社区阵地，整体下沉到学生一线。

三、高校"一站式"学生社区建设的现实困境

为落实"三全育人"综合改革政策、推动"一站式"学生社区建设，目前国内各试点高校已在原有宿舍区、书院的基础上建设了"一站式"学生社区，并初步实行了综合管理模式改革。但因"一站式"社区建设可借鉴的样本较少、部分学校投资成本不足、对"一站式"学生社区定位不清晰等现实问题在"一站式"学生社区建设的具体推进过程中仍存在一些亟待攻克的难点，因此其综合育人功能的发挥也受到了一定的限制。

（一）学生社区的党建领航力度有待增强

很多高校在学生"一站式"社区建设过程中都探索将党建融入其中，开展党建活动，使学生社区更加丰富。例如，湖北工业大学在其"一站式"学生管理中坚持领导干部要带

头下沉，在社区同学生一起开展党建活动，解决学生的诉求；要求学生管理队伍的教师们全部都要下沉，专任课教师根据不同的分类下沉，并且学校的后勤服务人员全天保持下沉到社区，解决学生的困难。华中科技大学"一站式"学生社区开展了"我和党员有个约会"系列活动，学生党员一起进入宿舍为每一名入党积极分子发放党章，讲解党的性质、纲领，帮助大家解决学习生活中的实际困难。但是国内的许多高校在"一站式"学生社区建设时，只局限于社区设施条件的升级以及服务的跟进和完善等，或者只是在建立社区时将党建的设计和空间加入其中，却忽视了如何真正把党的领导落实到学生社区建设中，发挥党组织优势和领航作用。

（二）学生社区职能质量有待提高

随着互联网的迅速发展，学生的学习、生活和工作方式也发生了许多变化。学生社区已迅速成为学生学习和工作的重要场所，为了满足学生的需求，社区教育管理的功能和质量应不断提高。然而，目前传统的学校教育管理模式仍无法及时将职能转移到社区，甚至无法扩展到学生社区，例如，一些学生社区建立在学生宿舍楼栋内，这会导致男女生进出不方便的问题，某些活动难以开展；有些工作需要学校不同部门的联合配合，无法仅在学生社区完成。这将导致大学生作为学生社区建设主体的整体参与度较低。

（三）学生社区的育人合力有待提升

学生社区教育管理目标的实现离不开教育管理团队的多方

协作。然而，由于当前大学教育与日常生活的分离、对"一站式"学生社区管理模式缺乏了解，一些大学认为学生的思想政治教育和日常管理任务只属于学生工作团队的职责。由于教育管理团队和后勤管理团队的身份差异，很难打破部门壁垒，形成教育共识，导致在学生社区教育方面的合作努力不足。

四、湖北高校"一站式"学生社区建设的实践现状

（一）坚持育人导向，营造良好氛围

湖北省各高校深入学习贯彻习近平总书记关于教育的重要论述，以立德树人为根本，坚持育人导向，强化党建引领"一站式"学生社区建设，推动领导力量、思政力量、管理力量、服务力量的落实，为学生思想解惑、心理解压、学习解困、生活解难、就业解忧，精准引导时代新人与祖国共同成长。

近年来，湖北省大力推进"一站式"学生社区综合管理模式建设工作，推动各高校树立大抓基层的导向，成立党组织 2695 个，建立楼栋临时党支部，让党员骨干担任楼层长，实现了社区党的组织和党的工作"纵到底、横到边、全覆盖"，让党旗在学生社区高高飘扬，形成了有特色、有亮点、可借鉴的"一站式"学生社区湖北建设样本。

（二）基本实现全省高校"一站式"学生社区建设全覆盖

自 2019 年 10 月，教育部遴选确定 10 所高校开展首批试点以后，各地各校高度重视，积极学习申报。通过教育部的

政策指导和试点推进，试点高校从 10 所增加到 31 所，通过经验推广又增加到 1447 所，高校积极参与到"一站式"学生社区的建设中。在各地各校的共同努力下，"一站式"学生社区的建设成为推进高校高质量发展的一个有益探索，努力形成新时代中国特色社会主义大学学生教育管理的新范式新经验。

据湖北省委教育工委相关负责人介绍，湖北各高校决策共谋、发展共建、建设共管、效果共评、成果共享，强化党建引领学生社区建设，让学生社区成为"三全育人"新阵地。截至目前，湖北 93.8% 的高校已开展"一站式"学生社区建设，2023 年实现全省高校"一站式"学生社区建设全覆盖。①

（三）"一校一策"打造"一站式"学生社区育人新阵地

近年来，湖北大力推进"一站式"学生社区综合管理模式建设工作，推动各高校树立大抓基层的导向。以湖北 7 所 211 高校为例，武汉大学打造"智慧珞珈"App，使学生能够足不出户在线办理百余项事务。华中科技大学以宿舍片区为单位，建设紫菘学生社区综合体、韵苑学生活动中心等社区育人综合体，总面积超过 4000 平方米，并标准化配备党员之家、学业发展多功能室、"心晴"交流室、师生研讨室、创客空间、互动交流区以及各类生活服务设施，相关设施面向全校师生免费开放，平均每年开展各类校园文化活动 1000 余

---

① 刘维国，程墨，尚紫荆. 党旗在学生社区高高飘扬——湖北省大力推进高校"一站式"学生社区建设纪实［N］. 中国教育报，2023-03-20（1）.

场。中南财经政法大学全面推进"一站式"学生社区综合管理模式试点建设工作，以服务学生成长成才为中心，传承学校红色基因，打造思政工作新阵地，探索"1+1+N"学生社区建设模式，建设党建、学习、志愿、共享、发展"五型"学生驿站，形成了大社区与小驿站、学校主导与学院主体的纵向贯通、横向联合的多维度育人工作格局，构建了更加可感可行的高质量大学生思想政治工作体系。华中师范大学坚持"以生为本"理念，用科技赋能智慧社区建设，线下建成 1个学生事务大厅、3 个片区服务中心、19 个学生社区工作站，线上则以楼栋的智能门禁为终端、学生事务大厅的线上集中服务为主节点，打造学工智慧平台，形成了"1+3+19"便捷师生的智慧社区平台，使学生们"一机在手，校园无忧"。武汉理工大学管理干部、专业教师、朋辈校友等 10 支育人队伍进社区开展思想引导、就业指导、学业辅导、生活服务等200 余次。中国地质大学（武汉）将学生宿舍划分为若干学园，构建"平安学园、和谐学园、魅力学园"。华中农业大学管理服务人员春风化雨、润物无声地融入学生社区，聚力打造集生活保障、运动健康、文化熏陶、成长支持等功能于一体的"1+X"学生社区公共空间综合体。

五、高校学生社区协同育人及综合管理模式的完善路径

（一）突出党建内核，发挥党团组织的凝聚核心能力

围绕党组织和团组织的作用，全力打造党建引领地位，

实现红色领导"全链条"。充分利用"一站式"学生社区平台，坚持党的教育与学生思想政治教育深度融合，将"一站型"学生社区建设成为党团文化战场，唱响主旋律，凝聚正能量。

要加强"一站式"学生社区党建工作体系的建设。首先，高校应形成自身的党校品牌，如积极打造全国样板师生党支部，发挥领航指导作用，从而有助于构建完备的学生社区党建工作体系。其次，要实行学生社区党员的网格化管理，可以以宿舍区域或学院划分，采取学校领导和学院领导下沉学生社区的方式，确保学生党员管理的全面覆盖以及管理的公平、公正和公开。

（二）丰富社区功能，举办多彩活动，促进学生个性发展

"一站式"学生社区建设以学生为中心，立足学校人才培养需求，结合学校特色和学生需求，打破线上线下界限，以党建前沿阵地、"三全育人"园地和平安校园高地为最高标准。突出学生主体地位，贯彻自主发展理念，依托党团组织开展多彩活动，实现学生参与"全覆盖"。依托学生组织挖掘社区育人潜力，全面激发"一站式"社区建设活力，打通服务学生的"最后一公里"。

各高校在学生社区建设的过程中，不仅要满足学生的生活需求，还要考虑到学生多方面的需求，为德智体美劳全面发展提供支持。同时，注重个性化和典型化教育，对优秀的学生代表及其行为事迹进行广泛宣传，增强学生社区的感染力和凝聚力。

（三）强化主体管理效能，全员育人，创新社区育人机制

一个全面多样的社区空间需要有效转变管理和教育理念，不断适应创新的教育机制，加强学科管理和教育的有效性。按照教育部思政司《"一站式"学生社区综合管理模式建设试点工作指南》的要求，结合学校实际情况，从党建引领、队伍入驻、学生参与、条件保障等方面入手，依托学生宿舍建立学生社区，方便学生活动的开展，改革创新服务机制，在社区开展学校的党团组织和管理部门的工作，将社区打造成学习、生活、教育和服务答疑为一体的乐学空间。

将学校管理主体和服务对象纳入学生社区教育管理范围，建立以教育为导向的社区教育管理参与机制和平台，整合校园文化社会实践、学生组织培训。班群共建平台是高校创新拓展教育渠道、提高教育实效的重要手段。

（四）建立学生社区支撑保障制度，提高社区工作实效

良好的制度体系对"一站式"建设发挥重要作用。各社区在建立管理和服务制度时要清楚地认识到学生在社区管理中的重要性，为学生提供一个公开、平等、认可和实现学生个人发展的空间，引导学生在适合的岗位锻炼提升自己，提高社区管理水平。

首先，要以党的建设为统领，建立师德师风建设长效机制。其次，探索学生自治机制，突出学生主体地位，紧紧围绕"以学生为中心"的管理服务理念，扎实推进服务下沉，实现学

生自治。最后，建立涵盖建设管理规划、多元化下沉团队建设、实施有效性的系统评价体系，探索建立自治考核机制，合理建立相关考核评价制度，促进自我管理的有效实施；深入探索学生社区对学生发展的创新评价功能，在打造优质社区资源平台的同时建立学生成长发展的综合价值评价体系，逐步实现评价体系的多元化。

参考文献

［1］陈城，李杨帆. 新时代高校学生社区党建工作体系建构研究［J］. 学校党建与思想教育，2023（1）：29-32.

［2］陈剑，张晓丽. 温暖关爱，陪伴学生成长［N］. 太原日报，2023-07-04（3）.

［3］何小媚. "三全育人"背景下高校"一站式"学生社区辅导员育人模式的构建［J］. 学园，16（10）：16-18.

［4］李刁，陈志. 高校"一站式"学生社区教育管理模式的构建策略［J］. 学校党建与思想教育，2019（12）：65-68.

［5］刘文博，陈城. 新时代高校学生社区管理育人的内涵及实现进路［J］. 学校党建与思想教育，2021（23）：67-70.

［6］林冬冬，徐硕. "一站式"学生社区综合管理模式育人研究［J］. 学校党建与思想教育，2023（1）：90-93.

［7］刘宏达，韩续冰. "一站式"学生社区：高校思想政治工作体系的末端设计及其功能实现［J］. 高校辅导员，2023（3）：7-13.

［8］时长江，徐绪卿．论高校学生社区独特的育人功能［J］．高等工程教育研究，2003（6）：37-40．

［9］史龙鳞，陈佳俊．新时代高校学生社区协同育人的机制研究——基于浙江大学"一站式"学生社区综合管理模式的观察［J］．思想教育研究，2021（3）：149-154．

［10］王懿．高校"一站式"学生社区建设的价值意蕴、现实问题与实践理路［J］．思想理论教育，2022（2）：107-111．

［11］王睿．以高校党建为引领的"一站式"学生社区协同育人机制探析［J］．荆楚理工学院学报，2023，38（3）：11-16．

［12］王斌伟．高校学生社区思政工作体系构建［J］．中国高等教育，2023（8）：28-31．

［13］吴纯新．新型学生社区：思政、服务、育人"一站式"完成［N］．科技日报，2023-04-12（6）．

［14］徐嘉辉，苏扬婧，彭明松，等．"三全育人"背景下高校"一站式"学生社区育人模式与实现路径研究［J］．创新创业理论研究与实践，2022，5（22）：75-77．

［15］严明，潘志娟，蒋闰蕾．高校"一站式"学生社区综合育人研究［J］．学校党建与思想教育，2022（2）：61-63．

［16］赵伟，张克勤，董召勤．"一站式"学生社区综合管理模式下高校双创教育研究［J］．学校党建与思想教育，2023（3）：87-89．

新时代高校安全稳定工作路径研究[①]

胡天豪   蒋小娟

（科学研究部、社会科学研究院；武汉东湖学院 管理学院）

党的二十大报告专门对维护国家安全这一部分作出明确部署，提出推进国家安全体系和能力现代化的总体要求。同时，党的二十大报告中先后出现了91次"安全"，并强调"国家安全是民族复兴的根基，社会稳定是国家强盛的前提"，这足以证明以习近平同志为中心的党中央高度重视国家安全工作。[②]高校作为人才培养的重要阵地，承担着"为党育人、为国育才"的重任，其安全稳定是国家安全和社会稳定的重要组成部分。在后疫情时代，高校安全稳定工作面临新的挑

---

①   本文系2023年中央高校基本科研业务费中南财经政法大学科研培育与全员育人专项高教管理研究项目"高校应急管理体系和能力现代化建设研究"（项目编号：2722023DG007）的研究成果。

②   孙圣虎.总体国家安全观视域下战略自觉的三维向度[J].领导科学论坛，2023（1）：9-14.

战和风险。我们在应对高校安全稳定工作中,务必坚决贯彻落实习近平新时代中国特色社会主义思想和总体国家安全观,深刻理解新时代高校安全稳定的重要意义,深入探究建立健全高校安全稳定防控体系,才能维护国家安全、社会稳定并推动高等教育高质量发展。

一、高校安全稳定工作的重要意义

党的十八大以来,习近平总书记围绕国家安全、社会稳定以及防范化解重大风险提出了一系列重要论述,对于新时代高校安全稳定工作具有重要指导作用。高校也被认为是社会稳定的"风向标""晴雨表""温度计",其安全稳定是分析社会稳定的重要指标。在新形势下,加强高校安全稳定工作路径研究,对于贯彻落实总体国家安全观、维护国家安全、保障社会稳定以及推进高等教育高质量发展具有极其重要的时代价值和现实意义。

(一)高校安全稳定是落实总体国家安全观的重要环节

自习近平总书记提出"坚持总体国家安全观,走中国特色国家安全道路"的开创性战略方针以来,为我国高校在新形势下做好安全稳定工作指明了道路。深入贯彻落实总体国家安全观就成为高校稳步发展的重要遵循。党的二十大报告强调,"必须坚定不移贯彻总体国家安全观,把维护国家安全贯穿党和国家工作各方面全过程"。一方面,全面贯彻落实总体国家安全观,保障国家安全可以为高校稳步发展提供稳定的社会环境，推动高等教育不断发展。另一方面，高校的安全稳定可以为师生提供健康的教育教学环境，保障健康和谐的校园环境，为国家安全和发展提供人才支撑。

（二）高校安全稳定是推动高等教育发展的重要保障

教育是一个国家的国之根本，也是民生之基，高等教育更是如此。在国际竞争越来越激烈的情况下，教育已被提升至前所未有的战略地位，只有坚定不移地高举教育的大旗，才能尽快实现中华民族的伟大复兴。高校作为我国高等教育的重要阵地，承担着为党育人、为国育才的重担，因此高校的安全稳定至关重要。高校的安全稳定是推动高等教育发展的基础和保障，只有保障健康稳定的教育教学环境，才能保障高校稳定发展，进而推动我国高等教育高质量发展。

（三）高校安全稳定是维护学生健康成长的重要前提

高校是我国人员高度集中的重要场所，同时具有人员学历高、思想高度活跃等特点。大部分师生具有不同的生活习惯和兴趣爱好，做好高校的安全稳定工作任务艰巨，如果存在管理不当的情况，容易发生极端突发事件，极易形成社会舆论，产生极其严重的负面效应。同时，高校的办学出发点是以学生为中心，学生能在校园中健康成长是办好一所高校的关键。只有为学生提供一个安全、和谐、健康的校园环境，才有利于保障高校正常的教育教学秩序，进而为国家培养能够担当民族复兴大任的社会主义建设者和接班人。

二、我国高校安全稳定工作面临的外部挑战和内部风险

在新时代下，世界正经历百年未有之大变局，随着国内外形势的不断变化，我国高校安全稳定工作所面临的挑战和风险也在随之变化，受国内外复杂形势以及校内外不安风险的多重影响。

（一）国内外稳定形势不容乐观

随着经济全球化和文化多样化的不断推进，国际秩序也在发生变化，我国面临的风险和挑战持续增加。从国际不安因素来看，世界经济增长减慢，贫富差距持续扩大，各国之间容易产生战争动乱和贸易摩擦，部分西方国家也在持续加大对我国的打压力度，敌对势力不断向国内渗透。从国内不安因素来看，我国的治理体系和治理能力仍有待加强，人民的物质文化需求随着社会经济的发展而日益增长，对物质生活水平的要求也越来越高，同时，意识形态斗争、领土完整、贫富差距等热点问题依然存在。

（二）我国高等教育改革任重道远

当前"双一流"建设是我国高等教育改革的重点。要使我国高等教育实现强素质、提质量、促公平的高质量发展，完成从高等教育大国向高等教育强国的转型。从目前形势来看，我国高等教育改革发展正在贯彻落实中国特色社会主义发展道路，没有现成的模板可供借鉴，这意味着高校的改革需要不断摸索前行、不断打破以往高等教育的发展平衡。逐

步重塑高等教育发展格局可能会进一步激化矛盾,从而影响高校的安全稳定。

(三)高校内部风险隐患逐步暴露

在当前新形势下,高校的安全风险隐患持续增加,类型呈现多元化,如意识形态安全风险、学术不端风险、网络安全风险、电信诈骗风险等。同时,各高校的实际情况和管理理念不尽相同,高校的安全稳定防控体系仍存在各种问题。在体制机制方面,虽然各高校根据上级部门要求建立了安全稳定工作机制,但安全责任机制仍未落实到位,存在安全漏洞;在处置应急事件方面,虽然各高校制定了应对各类突发应急事件的处置预案[①],但大多数预案仅停留于理论文字层面,缺乏实战演练,不能快速、精准地处置突发应急情况;在安全教育方面,虽然各高校组织了形式多样的安全知识宣传教育活动,但很难真正增强大学生的安全意识,安全稳定工作教育效果还有待提升。

三、新时代高校安全稳定防控体系建设的路径探究

(一)加强顶层设计,健全体制机制

高校应加强顶层设计,建立校园安全稳定工作领导机构和工作小组。领导机构由学校领导组成,负责校园安全稳定工作的安排部署。工作小组由业务分管校领导和相关职能部

---

① 韩睿. 新时代高校学生安全稳定防控体系建设的价值与路径研究[J].西安电子科技大学学报(社会科学版),2021,31(2):112-116.

门负责人组成，负责校园安全稳定工作的具体实施和落实。领导机构和工作小组定期召开专题工作会议，汇报和研讨风险隐患，并及时解决问题。同时，要建章立制，健全"横向到底、纵向到边"的校园安全稳定制度体系，将高校校园安全稳定工作细化为政治安全、师生安全、网络安全、消防安全、实验室安全、保密安全、公共卫生安全、交通安全、生产安全以及校舍安全十大安全领域[①]，形成隐患化解机制、压力传导机制，排查化解重大问题和风险隐患，责任明确到人。在高校安全稳定工作中，坚持加强上下互通、内外联合、整体推动，构建"一盘棋"工作格局，提升整体合力，确保各项要求不落空、各项任务不漏项。

（二）加强队伍建设，强化防控能力

高校应结合自身实际情况，组建一支"随时能战斗"的校园安全稳定防控队伍，包含综合协调、安全保卫、学工骨干、后勤医疗保障、心理援助等多方面专业人士。组织防控工作队定期参加理论学习、模拟演习、培训考核等多种培训活动，提升安全稳定防控工作专业能力。结合十大安全领域制定各类突发应急事件处置预案，加强开展应急演练活动，努力做到应急演练常态化，充分发挥应急预案的作用，提高突发应急事件处置能力。同时，建立高效的安全稳定工作沟通机制，利用现代化信息手段畅通安全稳定工作沟通渠道，通过学校

---

① 彭宗超. 统筹发展与安全以新安全格局保障新发展格局［J］. 中国行政管理，2022（11）：16–17.

官网、OA 系统、公众号等网络平台发布校园最新安全信息，及时告知全校师生校园动态，减少不必要的疑虑和不安情绪。

（三）掌握校园动态，加强安全教育

高校应积极落实师生信息安全管理，利用现代化信息手段建立个人信息台账，主要登记师生身体状况、家庭状况、性格特点、心理健康状况等信息，重点关注异常群体，注意保密原则，开展定期跟踪，精准掌握校园整体动态和师生思想状态，及时化解校园风险隐患，确保校园正常教育教学秩序。同时，要加强校园安全教育，坚持安全学习教育常态化，开展多种形式、内容丰富的教育宣传活动，邀请安全领域的专家、学者、一线工作者到校园教授安全教育知识，加强线上线下宣传相结合，使师生树立安全风险意识，进一步提升应对风险危害的能力，努力打造校园安全文化。

四、结语

综上所述，新时代背景下，高校安全稳定工作面临新挑战、新问题和新要求，加强高校安全稳定有利于维护党和国家政治稳定，有利于维护社会和谐稳定，有利于推动高等教育高质量发展。高校要坚持贯彻落实习近平新时代中国特色社会主义思想，以总体国家安全观为指导，加强安全稳定工作顶层设计，建立健全制度体系，加强校园安全稳定防控队伍建设，坚持校园安全学习教育常态化，进一步提升高校应急处置能力，积极主动化解高校安全风险隐患，为大学"双一流"建设和高等教育高质量发展保驾护航。

如何提高高校学生法律素养

艾合买提·吐尔地　禹经理

（统计与数学学院）

作为中国的未来，现代大学生是我国全面建成小康社会，实现民族伟大复兴和社会主义建设的坚定的储备力量。他们的法律认知和法治观念的形成程度与我国的法治建设密切相关。相比以往，如今的大学生的法治意识和行为有所不同。随着大学生犯罪案件的不断出现，法制教育已成为各高校学生素质教育的重中之重。要提高大学生的综合素质，就需要通过大学生法制教育使他们做到知法、懂法和守法[①]。所有适龄学生的法治教育应一体统筹，特别是当大学生的犯罪趋势上升时，高校有必要增加对学生法治观念教育的投入和重视。

培养大学生的法律相关技能和知识是思想政治教育的重

---

① 余志刚. 如何提升高校学生基础法律素养［J］. 法制博览，2018（19）：212.

要一环，也始终是政府和教育部门关注的核心议题。大学生需要具备正确行使法律权益、承担法律义务、形成法制观念的能力以满足社会主义法治的需要，这也是大学法制教育的基本目标。然而，当前，高校在对大学生进行法律教育时，大多仅强调理论知识的传授。为了有效提升学生的法律修养，高校有必要制定一些相关的实践环节。

一、提高当代大学生的法律意识

2005年，教育部与中宣部联合发表了《关于进一步强化和优化高等教育院校思想政治理论课程的建议》，旨在提升学生对法律的理解能力和学习能力。该建议融合了"基础法律"和"思想道德培养"两大部分，不仅提高了学生的道德品质，也推动了他们对社会主义法制的深入理解。

法者，治之端也；法是国之根基，兴国之源。对于政治素质而言，法治至关重要，它也塑造了对于保障国家发展路径的宽泛准则。习近平总书记在党的十九大报告中肯定了这一点，他指出，要坚持全面依法治国，坚持党的领导、人民当家作主、依法治国有机统一，深化依法治国实践，这更是奏响了"法治中国"的最强音[1]。

法律法规是实现中华民族伟大复兴必不可少的关键一环，而遵守法律法规则是集体利益的高度表达。只有以法律为引

---

[1] 高俊. 高校学生法律素养培养研究——以"新青年下乡"活动为例[J]. 科技风，2018（20）：24–25.

导、以法规为准绳，才能使社会面貌焕然一新。在全面推进依法治国的进程中，全体公民的积极参与至关重要。全体公民需要将法治化作内心信念和行为规范。作为新时代的大学生，必须以法律为武器，既保护自己，也保护他人。当个人利益与集体利益冲突时，要优先保护集体利益。当个人行为与受法律约束的行为一致时，应遵守法律法规的规定，为共同打造法治中国、实现中国梦的伟大愿景付出个人努力。

二、当代大学生应树立法治意识

法治是国家的行政架构和能力的核心支柱。当代大学生应树立全面、深入、科学的法治意识。这种法治意识要求大学生不仅要了解法律的基本知识和原则，更要理解法治的精神和价值，并将其内化为自身的行为准则和思维方式。我们每个人都期望生活在一个强盛、有民主精神、具有文化气质、和谐的国家之中，每个人都寄望于处于一个自由、均等、公义、依法治理的社会环境中。这一切都取决于坚实的法制信仰这个基础。法制信仰源于对法治的虔诚崇敬，是对法治的由衷尊重，它蕴含着民族的魂魄，表达了规律和真理。

当代大学生要发展法律思考并提高自身的法律素养。"尊重法律，国家则强；忽视法律，国家则弱"的法治观念为建立现代国家治理体系和提高管理能力奠定了重要基础。倡导法治观念就是要推动在解决问题的策略和方法选择上首选法律，始终主张在国家和社会治理过程中，制度的力量应超越个体，逐渐培养符合法律规定的处理事务的惯性，使法治思维真正成为一种强大的习惯力量。一旦法治观念成为人们的生活习惯，就会产生巨大的习惯力量。如果每个人都深入理解和实践法治理念，将其融入日常事务和生活中，那么以法治为核心的国家将自然而然地形成。

新时代的高校学子正处于青春的飞跃之际，他们所期待的光明未来需要由中国梦和社会主义核心价值观引领。以社会主义法治思维为梦想护航，培养法律认识和实践，拉紧法制素养的共同纽带，实现美好人生，创造美好未来。

三、高校学生法律素养培养

高校大学生对基础法律知识的理解仅停留在表面。许多人只是大概了解国家的法规草则，对基础法律原则一知半解。虽然有专门的法学专业，但是基于专业需要开设的法律课程无法满足学生的需求。

对于部分学生而言，他们并未树立起正确的世界观、人生观和价值观。大部分学校在教学时侧重于学生的知识教育，忽视了他们的心理健康。在这个多元化的社会中，学生作为尚未进入社会的群体，他们的心态相对单纯，不太能从他人的角度思考问题，表现出自私、叛逆的行为，对任何事物都持无所谓的态度。

部分学生并未对国家法律持有正确看法。他们无视法律的威严，甚至对法律不屑一顾，专门与法律相背离。近期接连发生的大学生犯罪案件时刻提醒我们要深刻反思。例如某案中，凶手残暴地向一个陌生的母亲猛砍数刀，直到她当场失去生命。虽然凶手已经受到应得的法律审判，但对于受害者家属而言，这样的惩罚并不能带来丝毫安慰。近年来，大学生违法犯罪现象时有发生，如非法校园贷、非法传销、清华大学刘海洋泼熊事件、复旦大学投毒案等，无不触目惊心、发人深省[①]。

通过深入推进法律素质教育，我们可以激发学生的政治觉悟，引导他们树立正确的世界观、人生观和价值观。学校的使命是培养具备良好道德修养的优秀人才，不仅要使他们掌握实践技能，还要培养他们良好的思想品行。通过加强学生对法律知识的了解，可以提升学校、教师和学生的法律素养和法治意识，预防校园违法犯罪，增强师生的自我保护能力，为构建和谐稳定的校园环境提供有力保障。

在提升大学生法律认知的教学过程中，法律学习务必成为全校所有专业学生的必选课程。在学校的监管下，学生可以深入掌握法律知识，了解违法行为的严重性，培养法制观念。同时，通过各项训练提升教师团队的全面教学水平，要求教师也参与法律学习。只有具备高度法律意识的教师才能正确履行教育教学职责，维护学生的合法权益，预防校园违法犯罪，促进校园的和谐稳定。同时，具备高度法律意识的教师能更好地帮助学生树立法治观念，培养学生的法律意识和法治素养，为学生成为合格的公民打下坚实基础。

对于提升大学生的法律知识水平，关键在于让学生作为

---

① 胡丹琪. 浅谈新时代高校学生法律素养提升 [J]. 汉江师范学院学报，2018，38（3）：30-32.

教育的中心充分理解法律知识的重要性。学校应从宣传和教育两个角度严格执行，首要任务是积极推进法律教育，建设以法治为基础的校园文化环境，将法律学习与校园生活实践融合。考虑到非法学专业学生可能感觉法律学习单调，学校可以通过举办各种不同的校园活动，使学生更有兴趣、更有耐心、更深入地去学习和了解法律。

四、结语

高校大学生法律素养的培养在很大程度上源于社会对法律的理解。要想真正提升，大学生需要在实际生活中加以运用，无论是主动还是被动。大学生对知识充满渴望和好奇，因此在高等学校的法律教育中，应强调理论和实践的融合。要运用适合90后、00后最容易接受的方式和方法来增强当代大学生的法律意识、法制意识。让每一位高校学生成为知法、懂法、守法的合格的中华人民共和国公民。

"新工科"背景下
高校科研育人路径探析

焦馨蕙

（信息工程学院）

一、研究背景

2015 年，中共中央办公厅、国务院办公厅印发的《关于进一步加强和改进新形势下高校宣传思想工作的意见》中首次提到了"科研育人"，并指出"立足学生全面发展，努力构建全员全过程全方位育人格局，形成教书育人、实践育人、科研育人、管理育人、服务育人长效机制，增强学生社会责任感、创新精神和实践能力，全面落实立德树人根本任务，努力办好人民满意教育"。[①]

---

① 中华人民共和国中央人民政府. 中共中央办公厅、国务院办公厅印发《关于进一步加强和改进新形势下高校宣传思想工作的意见》[EB/OL]. [2015-01-19]. https://www.gov.cn/xinwen/2015-01/19/content_2806397.htm.

2016年12月，习近平总书记在全国高校思想政治工作会议上深刻阐释了"为谁培养人，培养什么人，怎么培养人"的根本问题，并强调"要坚持把立德树人作为中心环节，把思想政治工作贯穿教育教学全过程"。[①] 习近平总书记的讲话为高等教育育人工作指明了方向。高等教育具有教学、科研、服务、传承四大职能，四大职能相辅相成、相互联系，而科研育人工作正是落实立德树人根本任务的重要手段。

2017年2月，中共中央、国务院印发的《关于加强和改进新形势下高校思想政治工作的意见》明确提出："坚持全员全过程全方位育人。把思想价值引领贯穿教育教学全过程和各环节，形成教书育人、科研育人、实践育人、管理育人、服务育人、文化育人、组织育人长效机制。"[②] 中共中央办公厅、国务院办公厅印发的《关于深化教育体制机制改革的意见》中也强调"要深化科研体制改革，坚持以高水平的科研支撑高质量的人才培养"。[③]

自2017年以来，教育部为助力高等教育强国建设，适应新一轮技术革命和产业革命发展对工科创新型人才的需求，

---

① 习近平. 把思想政治工作贯穿教育教学全过程开创我国高等教育事业发展新局面［N］. 人民日报，2016-12-09（1）.

② 中华人民共和国中央人民政府. 中共中央办公厅、国务院办公厅印发《关于加强和改进新形势下高校思想政治工作的意见》［EB/OL］.［2017-02-27］. https://www.gov.cn/xinwen/2017-02/27/content_5182502.htm.

③ 中华人民共和国中央人民政府. 中共中央办公厅、国务院办公厅印发《关于深化教育体制机制改革的意见》［EB/OL］.［2017-09-24］. https://www.gov.cn/xinwen/2017-09/24/content_5227267.htm.

积极推进"新工科"建设。"新工科"建设的人才培养目标是培养适应新时代、新技术发展要求的创新复合型人才。在"新工科"的背景下，对高等教育的人才培养提出了新的要求，以高水平的科研支撑高质量的人才培养。在"三全育人"的理念下，推行科研育人是适应新时代、新技术、新经济发展要求的"新工科"建设的重要举措。

二、"新工科"背景下高校科研育人现实问题

（一）教师层面：科研与育人未实现紧密结合

科研育人是指通过科研活动帮助学生形成正确的世界观、人生观、价值观，提高学生的政治、思想素质及科研理想、科学道德和科学精神等[①]。然而，目前高校教师在带领学生开展科研工作的过程中存在一些问题。第一，由于教师面临繁重的科研、教学工作任务，教师对学生的科研指导往往只涉及学年论文、毕业论文等工作，特别是本科生难以参与到教师的科研项目中，从而导致教师对学生的科研指导工作较为有限。第二，一些教师往往从单一的科研评价指标入手，在指导学生的科研工作时未将育人融入科研工作中，导致科研与育人相割裂，也未将思想政治教育贯穿于科研的全过程中。第三，在"新工科"背景下，探索建立工科发展的新范式，从学科导向转向产业需求导向，提倡跨学科的专业融合，这

---

① 刘建军. 进一步重视科研在高校育人中的地位和作用［J］. 中国高等教育，2015（6）：34-37.

对教师的科研育人工作提出了更高的要求。

（二）学生层面：科研育人意识有待提高

在新时代、新技术、新经济发展背景下，学生面临的就业、升学压力愈发突出。一方面，学生仅将科研活动视为获得奖学金、第二课堂学分、就业机会、保研资格等方面的加分项目，功利性较强，对科研项目仅是参与，反映了学生科研的内部主动性不足，同时也存在为了科研而科研的现象，缺乏育人过程。另一方面，部分高校在开展科研竞赛、学术讲座等活动时，缺乏对学生需求的深入调研，导致学生对活动内容缺乏兴趣，缺乏参与活动的主动性和积极性。

三、"新工科"背景下高校科研育人实现路径

（一）完善科研育人的体制机制，营造科研育人氛围

目前，大多数高校在教师职称评定等方面以教师的科研项目、论文、专利等情况作为评价标准，暂未将科研育人指标纳入职称评定体系。教师年度考核、职称评定体系存在"一刀切"的现象。

因此，在"新工科"的背景下，高校需要完善科研育人的体制机制，营造科研育人的氛围。一方面，教师职称评价体系、年度考核体系等应将科研育人成果纳入考核评价，提升教师在科研育人过程中的主动性与积极性。另一方面，在"新工科"的背景下，要提升科研育人的质量，改变"唯论文数量论"的现象，完善科研评价体系，着重考察科研质量与创新性。

（二）搭建科研育人平台，积极培育学生科研团队

在"新工科"的背景下，高校应积极搭建科研育人的平台，为学生提供参与科研活动的软件、硬件条件，从而让学生投入到科研活动中。高校通过让学生参与科研活动，提升他们的创新能力、动手能力、实践能力，从而实现科研育人的目标。具体而言，可以从以下几个方面入手。

学校应搭建学生科研活动场地，如大学生创业创新中心、实验室等，为学生进行科研活动提供充足的场地空间。简化各类场地申请流程，长期向教师和学生开放，为学生从事科研活动提供物理空间。

高校应设立各级各类学生科研项目及竞赛，鼓励学生积极申报各类学科竞赛。通过科研竞赛、科研项目的申请、实施、结项过程，高校可以实现科研育人，培养学生的创造性思维、创新能力和团队协作能力。

高校应积极培育学生科研团队。一方面，选培有经验、有能力的教师对学生科研团队项目进行指导；另一方面，通过高年级学生带动低年级学生参与学生科研活动，形成传帮带的效应。

高校应积极宣传科研团队的优秀事迹和先进成果。通过宣传优秀事迹和先进成果，高校可以激励广大师生积极投入到科研育人的工作中，培养学生的家国情怀、使命担当和科研创新精神。

（三）科研与教学融合，实现协同育人

教学和科研是高等教育的两大职能，二者相互联系、相

互促进。同时，科研和教学也是高校培养创新型人才的重要途径。在"新工科"的背景下，对教学和科研都提出了更高的要求，传统的"填鸭式"教育难以满足学生创新能力与动手能力的培养要求。因此，科研应当与教学相融合，实现协同育人。

从学校层面来看，安排课程时应充分考虑教师的专业背景及科研方向，为教学与科研的协同育人创造良好的条件。

从教师层面来看，一方面，教师在教育教学的过程中，可以将学科内最前沿的科研成果融入教学内容，开拓学生的视野，培养学生的创新能力与创造性思维；另一方面，教师在教育教学的过程中，可以适当扩充实验教学的内容和考核方式，加深学生对基础知识的理解，将传统的"填鸭式"教育转变为实践型教育模式，提升学生的动手能力和团队协作能力，以适应"新工科"的发展需求。

（四）加强校企合作，产学研结合

在"新工科"背景下，对工科专业学生的培养更加注重实践性的培养，因此高校应加强校企合作，实现产学研结合。一方面，加强校企合作能帮助高校了解企业的发展需求，避免教学、科研与产业相脱节；另一方面，企业参与高校人才培养过程能帮助高校培养适应社会发展需求的人才。具体来说，学校和企业可以从以下几个方面加强合作，以实现科研育人。

积极搭建产学研合作平台，高校与企业合作共建实验室。同时，高校应鼓励教师和学生参与其中，提升他们的实训能力和科研水平，解决企业在发展过程中遇到的实际问题。

加强校企合作，鼓励高校教师到企业挂职锻炼。在新技术革命的冲击下，高校教师挂职锻炼可以帮助他们了解行业发展现状，及时调整科研方向，更好地指导学生开展科研工作。

高校可以邀请企业专业人士参与人才培养方案、实习方案等的制定，将产学研结合融入人才培养的全过程中，以培养适应社会发展需求的人才。

实践育人篇

习近平法治思想引领法律硕士研究生德育工作的实践探索[①]

易 育 柯希鹏

（法律硕士教育中心、刑事司法学院）

习近平总书记强调，"全面推进依法治国，建设一支德才兼备的高素质法治队伍至关重要。"坚持建设德才兼备的高素质法治队伍是习近平法治思想的重要内容。法学教育和法治人才培养是建设高素质法治工作队伍的基础工作。法律硕士教育是法学教育改革的重要创新，旨在培养具有社会主义法治理念、德才兼备、适应我国社会主义市场经济建设需要的实践型、复合型、高层次的法治人才。需要坚持立德树

① 本文系中南财经政法大学中央高校基本科研业务费专项资金资助思政教育研究与高教管理研究项目（三全育人）（项目编号：2722021DQ005）；中南财经政法大学研究生教学教改项目专项资金资助育人样板团队建设项目（项目编号：YRTD202310）阶段性成果；中南财经政法大学党建理论研究项目资助（项目编号：DJYJ2024013）阶段性成果。

人，促进法律硕士研究生德法兼修，服务法治社会建设。为此，需要高度重视法律硕士研究生的德育工作。当前我国在法律硕士研究生德育工作的形式、内容等方面存在一些不足，本文将针对上述问题的德育实践进行分析探讨，创新法律硕士研究生德育工作模式。

一、习近平法治思想引领法治人才德育工作的内涵及必要性

习近平法治思想是新时代法学教育和法治人才培养的行动指南。习近平总书记强调，法学教育要坚持立德树人，不仅要提高学生的法学知识水平，而且要培养学生的思想道德素养。研究生德育工作的教育对象是青年学生，也是当前德育的主阵地之一。

（一）习近平法治思想引领法律硕士研究生德育工作的内涵

习近平法治思想立足于新时代改革开放实践，坚持和发展了中国特色马克思主义科学，深刻把握了新时代的历史方位。习近平法治思想视域下法律硕士研究生德育工作属于大德育的范畴，包括道德教育、思想教育、政治教育、爱国主义教育、价值观教育、传统文化教育、法治教育等。主要包括以下两个方面：

（1）以习近平法治思想为指导推进法律硕士人才培养改革。将习近平法治思想的重大意义、核心要义、主要内容融入新时代法学学科体系中，形成体现中国立场、中国智慧、

中国价值的理念、主张、方案。根据新的实践不断推出新的理论，为制定各项方针政策、推进各项工作提供科学指导。

（2）坚持把习近平法治思想作为法治人才培养的核心内容。法律硕士教育要将习近平法治思想融入人才培养全过程。坚持立德树人、德法兼修，加强研究生对社会主义法治的认同，增强其责任感和使命感。加强理想信念教育，深入开展社会主义核心价值观教育和社会主义法治理念教育，将德育工作贯穿法治人才培养全过程①。

（二）加强法律硕士研究生德育工作的必要性

1. 助力法治人才培养

研究生总体上思想相对成熟，认知能力和自我管理能力较强，但是在思想多元化的互联网冲击下，研究生的思想认知可能会受到负面影响，不利于正确思想观念的形成和个人发展。因此，对于研究生的德育仍然不能被忽视。

对研究生的思想政治教育可以帮助其树立正确的价值观、人生观和世界观，坚定理想信念，进而规范其思想。思想指导行为，通过思想政治教育可以引导研究生加强自身修养，端正品行，培养高尚的人格，增强心理素质，使其遵纪守法和国家政策方向保持一致，避免误入歧途。在飞速发展的社会现代社会中，坚定的信念、过硬的心理素质和良好的品德能够使个人更好地应对复杂的环境，获得他人的信任与支持，

---

① 马怀德. 贯彻习近平法治思想，培养高素质法治人才［N］. 中国教育报，2020.

更好地适应社会，实现个人价值。对于法律硕士研究生而言，通过思想政治教育引导他们自觉维护社会主义法治，遵守法律职业伦理，可以帮助他们更好地匹配社会法治人才需求，避开误区，更好地成长发展[1]。

2. 推进法治社会建设

法律硕士研究生是高校培养的较高层次的法治人才，承担着中国特色社会主义学术研究、法治建设、社会服务等重大社会责任。2018年教育部、中央政法委发布《关于坚持德法兼修实施卓越法治人才教育培养计划2.0的意见》《"十四五"规划和2035年远景目标纲要》和2023年《关于加强新时代法学教育和法学理论研究的意见》都强调了德育工作的重要性。开展法律硕士研究生德育工作是落实国家新时代育人理念的要求，加强法律硕士研究生德育能够促进德法兼修、明法笃行的高素质法治人才的培养，推动新时代卓越法治人才队伍的建设，加快法治国家、法治社会的建设与发展[2]。作为受到高层次教育的群体，研究生对整个社会具有重要的示范引领作用。加强法律硕士研究生德育工作有利于坚持和发展社会主义事业，弘扬社会主义主旋律，促进社会主流价值观的传播，推动和谐社会秩序和良好社会风尚的形成，推动社会进步。

---

[1] 马仁秒. 论思想政治教育在学生素质培养中的重要性[J]. 中国教育学刊，2019（S1）：232-233，236.

[2] 李四军. 我国高校道德教育创新的必要性及其路径探析[J]. 理论导刊，2010（4）：61-64.

二、当前研究生德育工作的现状

近年来，我国研究生报考与录取人数都在快速增长，研究生群体也随之扩大。2022 年 474 万人报考研究生，相比 2020 年的 341 万人，增幅达到 39%。2023 年研究生录取人数超过 120 万人，在校研究生数量超过 250 万人。研究生群体面临着社会、家庭等多方面的巨大压力，对于思想政治教育和引导有着更大的需求。新时代研究生群体的思想观念、行为方式呈现出新的特点，现有的研究生思想政治教育体系不能满足现实需求。基于新时代法治人才培养的视角可以发现当前的研究生德育工作主要存在以下几个问题。

（一）研究生德育的内容相对滞后

目前我国大多数高校的研究生德育观念未能与时俱进，依旧停留在思想政治教育范畴内。教学内容大多局限于政治理论方面，课时设置少，且以理论讲授为主。互联网时代，研究生能较为便捷地获取纯理论知识。高校德育更重要的目标是引导研究生主动思考。研究生群体在学术研究、职业发展和心理健康等方面都面临着巨大压力，需要积极地教育和引导，其对德育的需求迫切程度甚至不低于政治思想教育。现有的德育课程未能很好地服务于研究生的实际需要，近期发生的多起有关研究生的悲剧正体现了这一问题。为此，研究生德育的内容急需扩展与完善[①]。

---

① 黄锐. 高校专业学位硕士研究生德育工作存在的问题及对策探析 [J]. 思想理论教育导刊, 2012（10）: 113–115.

（二）研究生德育的形式较为单一

高校德育课堂教学往往是通过理论灌输的方式开展，课堂缺乏互动，而抽象复杂的理论无法引起研究生的学习兴趣并产生良好的德育效果。当代研究生群体出生于互联网时代，获取资讯便捷，接触的思想多元化，善于思考与探索。单纯的理论灌输式教育较为枯燥单调，缺乏交流与实践。学生的学习兴趣低落、参与度不高，难以深入了解德育的内容并发自内心认同，无法达到预期效果。由于研究生德育内涵的广泛性和研究生需求的个性，课堂理论教育往往无法针对性地解决研究生所面临的德育问题。研究生的德育培养任务也是思政课任课教师无力独自承担的，需要在高校层面进行统筹安排。

（三）研究生培养评价体系不完善

当前许多高校对研究生的培养评价主要基于学业表现和科研表现，而对德育、心理等方面的重视程度不足。培养与评价制度是从根本上引导研究生培养的制度，它规定了高校对合格和优秀研究生的认定标准，一旦确立，高校师生都会积极向它靠拢。在研究生评价规则方面重视德育有利于扎实推进德育制度，助力德法兼修的法治人才培养。因此，个人品德、学术道德等方面的指标需要纳入研究生培养考察体系。

三、新时代法律硕士研究生德育工作模式的探索

（一）坚持以习近平法治思想为指导

推动习近平法治思想进教材、进课堂、进头脑，使之成

为法学专业学生观察、思考、处理法治问题的世界观和方法论。积极开展习近平法治思想宣讲活动，推动习近平法治思想走进师生、深入人心。

1. 坚持"立德树人、德法兼修"的教育目标

习近平总书记针对法学教育和法治人才培养提出，要坚持立德树人，德法兼修。2018 年，教育部联合中央政法委发文，强调德法兼修的法治人才培养标准。新时代社会主义法治人才不仅要具备高水平的法学专业知识、理论、专业技能，还必须具备良好的品德。因此，对法学生的教育，既要加强专业教育，更要加强思想政治教育和品德教育，培养高素质的法治人才。2023 年，中共中央办公厅和国务院办公厅发文指导法学教育和法学理论研究，高度重视"立德树人"，培养德法兼修、德才兼备的新时代法学人才。同时，在法律硕士研究生德育培养过程中，也要与法学专业相结合，使德育工作与法学教育相匹配，引导法律硕士研究生群体提高在学术研究、专业工作、个人生活与社会公共生活领域的道德水平[①]。建立更全面的培养考察体系，积极引导研究生更加重视德育，积极提升自身道德水平。

2. 打造法学学科与课程思政深度融通的新模式

挖掘多门法学课程的思政元素，如法学理论课程中的"社

---

① 潘剑波，李安萍. 网络环境下研究生德育工作应对之策［J］. 江苏高教，2012（5）：130-131.

会主义法思想"、宪法学课程中的"宪法是国家的根本大法"、中国法制史课程的"中国的传统法文化、制度"内容等，传承红色基因，强化思想引领，厚植家国情怀。邀请科学家走进课堂，如辽宁号总设计师、中国工程院朱英富院士以"强国梦与爱国心——增强海洋意识，建设海洋强国"为主题，将航空母舰等我国科技领域的最新成果引入了思政课堂，更形象地展示科技前沿，激发学生爱党爱国爱社会主义的巨大热情。深挖校外导师资源，将实践教学引入课堂，开设类型丰富的实务课程，培养学生专业思维和职业素养。

（二）打造"学科 + 德育"的立体育人环境

1. 打造新时代思政课程体系

培养德法兼修的法律硕士研究生，首先要打造和完善与培养目标相匹配的思政课程体系。目前高校研究生德育相关的课程主要是两门公共课，研究生除了学习指定的公共课程和专业课程之外，不能根据自身需要和未来发展计划选择相关德育课程[①]。除了坚持发挥现有思想政治理论课的教育主渠道作用之外，还必须加入职业道德、社会责任等方面的课程内容，帮助学生建立符合国家和社会需要的道德观念和职业操守。在德育相关课程的内容设计上，还需要认真考虑与社会和现实的结合，进一步增强教学的针对性和实效性。除了课堂教学之外，还可以引入优质思政慕课作为补充，为研究

---

① 林仕尧. 德育融入研究生培养体系的理论探索［J］. 研究生教育研究，2018（6）：14-17，89.

生提供更多德育课程选择空间，鼓励研究生自主学习。

2. 重视法律职业伦理培养

法律硕士研究生德育要针对法律专业性质和实践导向，强化法律职业人格和法律职业伦理培养。在法律硕士的培养过程中，应高度重视对法律职业人格的塑造。通过加强社会主义法治理念教育，培养符合社会主义核心价值观的法律职业情感，使法律硕士研究生形成良好的法律职业人格。职业伦理的强化和职业人格的提升应当贯穿法律职业者的整个职业生涯。法律硕士培养阶段是形成与提高职业者职业伦理和职业人格水平的关键时期。因此，在培养过程中，必须将法律职业人格的塑造贯穿始终。在传授法律知识、提高其法律实务能力的同时，加强对其法律职业人格的塑造，真正向社会输送法治中国建设需要的高素质法律人才。

3. 探索多样化实践教育模式

德育不仅是理论课题，更是实践命题。通过形式多样的活动积极开展理想信念教育，以潜移默化的方式提高广大研究生的思想觉悟和道德水平。仅仅依靠相对抽象的理论知识，难以让广大研究生自觉地深刻地理解德育工作的真正内涵和意义，也难以实现德育工作的深入推进。内容丰富、形式多样的活动能够将德育工作和研究生的日常学习生活紧密联系起来，在有趣的活动中使研究生对正确的价值观形成深刻认同，并强化理想信念。只有学生真正认同的，才会切实践行，才能实现德育工作的目标。就法律硕士研究生而言，参观红色景区，开展专业读书会、辩论赛、志愿活动都是非常好的德育实践活动。学生们可以在实践中感悟个人品德、学术道德、职业道德和社会公德的意义，在思想的碰撞交流中深化对德育的理解和认同，更能够明辨是非，树立正确的价值观念。德育并非一时之功，需要耐心地切磋琢磨，才能雕刻出光彩照人的美玉。

（三）构建科学的育人管理体系

加强法律硕士研究生德育建设要构建科学的育人管理体系。要加强党建引领，由学校党委领导，党政协同，师生共同参与，统筹把握法律硕士研究生思政教育，做好宣传工作和舆论引导。充分调动各层级、各方面主体的积极性，全面协同推进法律硕士研究生德育和专业教育。

1. 全面落实研究生导师立德树人职责

导师与研究生的互动关系是影响研究生培养质量的重要因素。研究生群体承担着较多的学术研究任务，在其学习生活中，与导师互动密切。导师充分了解研究生的思想道德水平、个性特点和学习生活中所遇到的困难，并能对研究生进行学业与科研指导，提供学术等方面的资源支持。高校应打破传统陈旧观念，强化导师德育工作在研究生培养中的地位，明确导师对研究生德育工作和心理健康教育的责任，让导师有效参与到研究生德育工作中，在学术研究和职业道德方面开展针对性的教育与引导。完善导师的聘任和考核机制，聘任导师不仅需要考察其学术研究能力，更要重视其思想政治觉悟和道德品质水平，充分发挥其在研究生培养过程中的引导和示范作用。实施导师对研究生定期谈话教育制度，将研究生德育工作纳入导师的工作考评体系，以激励导师主动开展研究生德育工作。

2. 提升学生工作者的德育工作能力

学生工作者要与时俱进，优化策略，多渠道多途径提升自身的德育工作水平。学生工作者是开展研究生德育工作的主要力量，是学生思政工作的组织者、实施者和指导者。辅导员直接参与学生考核、管理、就业和德育工作，了解研究生的思想和心理动态。因此，学校应明确和规范辅导员岗位人员的任职条件，考察其专业素养和职业能力，并为其提供充分的进修或培训机会，帮助其更好地了解研究生德育工作的新变化，掌握新技能。高校应积极探索建立和强化以心理咨询专家和辅导员组成的校内心理服务机构，强化高校心理服务工作，积极引导存在心理障碍的研究生。辅导员在开展学生德育工作时要重视发挥班干部和党员的力量，深入扎实地了解研究生的思想动态。在开展学生工作时，辅导员需要更加重视德育，例如在与学生宣讲时要强调学生德育水平、执行学生综合考评时要重视德育评价，注重学生的全面发展。

3. 依托党团建设实现德育全覆盖

高校基层党团支部是高校德育工作的重要阵地。要充分发挥学生党支部的战斗堡垒作用，党建带团建，引领团组织健康发展。打造"党建＋学习培训"，创新理论学习形式。

通过开展"党在我心中"知识竞赛、"初心不忘"读书社等系列活动，推陈出新，不断拓宽党建知识的学习渠道，注重党员思想建设以提升党员理论知识水平。打造"党建+志愿奉献"，增强党员服务意识。通过"环保卫士"校园环境清洁活动、"缅怀先烈"清明节烈士陵园扫墓活动等，鼓励同学们响应国家环保政策号召，积极参与志愿活动，牢固树立奉献意识和牺牲精神。打造"党建+专业技能"，辅助提升专业储备。开展"同心同力"法律援助工作站、"法治先锋"疫情期间常见法律问题速递等活动，让同学们在投身实践、服务社会的同时提升法律职业技能。打造"党建+时代命题"，激活支部内生动力。通过"同舟共济，共战疫情"抗击疫情诵读会、微党课大赛——抗"疫"先锋的活动，从时代精神中寻求党建组织的力量源泉，鼓励和引导支部党员团结一致、立足贡献，在提升党建知识、专业技能、服务意识的基础上，将党支部打造成坚强的战斗堡垒。

（四）建立"互联网+德育"工作新格局

随着互联网技术的迅速发展，网络成为研究生德育工作的重要载体。互联网在研究生的学习生活中发挥着重要作用，研究生的大量时间精力都与互联网紧密关联。开展研究生德育工作应充分利用网络平台，进行针对性的宣传和引导，强化高校对研究生德育工作的管理与服务。

1.充分发挥新型社交媒体的教育功能

推动德育工作与信息技术高度融合，打造思想引领网络阵地，重点建设高校官方网站、官方微信公众号、官方微博和研究生会、班级微信公众号，充分发挥学生工作者在QQ群、微信群、微博等手机App中的引导作用，开辟学党史主题教育活动讨论专区、学党史主题成果展示和先进典型专栏，扩大德育工作的覆盖面。发布学术前沿信息和社会热点事件资讯与评论，融入学术道德、职业道德、社会公德的思想。要抓住网络教育这个关键平台，通过云班会、云党课、云上课打卡、云运动打卡等多种形式，依托微视频、抖音等载体，积极开展网络德育工作。

2. 开展丰富的网络文化建设活动

开展"微党课大赛""'艺'心向党"等网络文化建设活动，传播主旋律，弘扬正能量，谱写网络育人新篇章。通过视频、动画和网络等其他媒体元素进一步强化学生的学习内容，使学生在快乐的环境中接受更多的知识信息。组织研究生积极参加"互联网+"创新创业比赛，培养研究生的团队协作能力和创新创业精神，为创业奠定基础。

3. 注重研究生网络道德素质和法治观念的培养

高校要努力培养研究生自我管理、自我教育和明辨是非的能力。例如，在党课中教导学生如何正确使用微信和朋友圈、如何正确看待网络舆论。培养研究生以积极健康的心态开展学习。加强网络法律法规宣传教育，增强研究生网络安全意识，如维护国家安全和校园稳定的教育、法治观念和法律知识教育、网络安全防范知识教育、防网络诈骗教育等。加强对研究生日常网络的管理工作，聚焦网络思政，站稳宣传阵地。

新时代德法兼修的高素质法治人才培养探析

李 晓

（党委办公室、学校办公室）

当谈及法治建设与法治人才培养，习近平总书记的思想不可忽视。自 2017 年 5 月习近平总书记在中国政法大学考察以来，多次强调全面推进依法治国是一项系统工程，是坚持和发展中国特色社会主义的本质要求和重要保障。为此，他主张结合马克思主义法学思想和中国特色社会主义法治理论来构建具有中国特色的社会主义法治理论体系，不仅要加强法学专业知识的传授，更要注重学生的思想道德素养的培养。习近平总书记在 2017 年十九大报告中明确指出，要坚定不移地走中国特色社会主义法治道路，提高全民族的法治素养和道德素质。随着时代的发展，社会法治观念不断深化。2018年 9 月，教育部和中央政法委联合发布了《关于坚持德法兼修实施卓越法治人才教育培养计划 2.0 的意见》，明确了新时代法治人才培养的指导方针，强调坚持立德树人、德法兼修、践行明法笃行、知行合一的新时代要求。新时代法学教育教学改革应运而生，教育界呼吁不断深化法学实践教育，完善协同育人机制，努力构建法治人才培养共同体。在新时代，培养高素质的法治人才既是全面依法治国的战略要求，也是根本保障。作为法治人才培养首要阵地的高等院校，应当贯彻"育人为本，德育为先"的教育理念。习近平总书记强调，立德树人应成为核心环节。这不仅意味着传授法学专业知识时融入思想道德教育，更意味着在整个培养过程中，高校需要将学生的德行修养与法律素养紧密结合，培养出既具备卓越法学知识，又具备高度思想道德素养的法治人才。因此，高校需要探索新的培养模式，实现全员育人、全过程育人、全方位育人的目标，以适应新时代建设法治中国的需要。总之，在习近平法治思想指引下，培育法治人才成为推进中国特色社会主义法治建设的重要举措。在新时代，我们需要不断深化法学教育的本质，培养一批又一批具备德法兼修、道德崇高的新型法治人才，为实现全面依法治国目标提供有力的人才支持。

一、德法兼修的理论探析

（一）德法兼修的理论含义

道德与法律兼具调节社会关系、规范社会行为、维护社会秩序的作用，法律是社会的书面规定，而道德是个体内心的准则。道德代表了人们内在的自我约束和行为规范，而法律则体现了国家的外在强制和意志。法治人才的培养既离不开法治的教育，也离不开德育的培养。法为德之资，德为法之帅，只有德法兼修，进退行至方可适度。换言之，在当前的背景下，培养法治人才必须成为积极践行法律、遵守法律、运用法律的先锋，同时通过实际行动引导整个社会积极向善、尊重法治的表率。在法治人才的培养中，德育和法治应该具有相同的地位，主要解决"培养何种人、如何培养人、为谁培养人"这一根本问题。因此，法治人才的培养不仅需要关注法学知识和专业技能的传授，更需要强调德育教育，塑造法治人才的道德品质、法律信仰，构建完善的法治人格，实现法学教育的最终使命。

（二）德法兼修的实践意义

古语云："才者，德之资也；德者，才之帅也。"司马光的用人标准是德才兼备，有德无才者次之，无德无才者又次之，有才无德的小人最不能用。因此，人才培养必须统一育人和育才，其中育人至关重要。人的品德是培养的基础，尤其是立德。然而，现今法学教育普遍偏重智力，忽视了道德教育，导致毕业生在社会中出现信仰摇摆、价值观混乱、责任心缺失和职业操守问题。因此，人才培养要重视培养德行，特别是在法学教育中，要纠正智育与德育失衡，注重培养学生的价值观、社会责任感和职业道德，使他们在复杂社会中始终坚持正确的价值观，为法治和社会发展做出积极贡献。因此，德法兼修成为大学生全面发展的迫切需求。通过德育教育和法治教育的有机结合，可以培养大学生形成坚定的法律意识、深刻的法治观念和积极的法治精神，同时传承、内化并发扬我国优秀的传统道德和现代文明公德。在道德建设和法治实践中，德法并进，德育与法治融合，既要运用道德对学生进行教育和引导，又要运用法律对学生进行规范和约束。这样，可以更有效地提升学生的思想道德修养、科学教育水平以及民主法治观念，进而培养高素质的社会公民。

二、法治人才培养现状剖析

新时代法学教育以培养卓越的高素质法治人才为根本，以全面依法治国为导向。这不仅为实现国家治理现代化提出了要求，更是坚持中国特色社会主义、实现中华民族伟大复兴的根本任务。因此，在中国特色社会主义进入新时代的背景下，培养德法兼修的高素质法治人才具有重要意义，在推进法治建设、保障国家法治安全、维护社会和谐稳定、推进法治现代化、维护社会公平正义等方面扮演着重要角色。然而，目前的法学教育在培养法治人才方面存在一些问题，下文将对这些问题进行简要分析。

（一）法治人才培养目标不明确

素质教育自提出以来，对基础教育到高等教育的影响可谓深远。就高等教育而言，素质教育最突出的改变就是让专才教育转向通才教育模式。学生学习的课程更多，掌握的知识更广泛，但是德智体美是否得到全面发展则值得考量，因此培养的通才也需要打上引号。政法类高校担任法科学生教育、法治人才培养的重任，法学学科知识和专业技能是最基础的教育内容，仅仅传授专业知识的教育过程是不完整的，法学教育和法治人才的培养就存在问题。从另一角度来看，也是因为当前对于法治人才培养目标的界定缺乏共识和统一的标准，不同高校、机构或学者对此有各自的见解。虽然总体上侧重于将学生培养为法官、检察官、律师等法律职业人才，但在制定培养目标的过程中可能并没有综合考量当下的法治实践、法学理论以及法治人才培养的实际情况等多方面的因素。培养目标可能无法实现科学性与可操作性兼具，且实施的过程中也没有建立起确保目标实现的有效的评估监督和反馈机制，加之教学资源、师资力量、培养方案等方面的限制易造成培养质量不够高、培养目标无法达成的结果。此外，随着社会的急剧发展以及法治建设的不断推进，法治人才的需求呈现出多元化倾向，法治实践需要越来越多具有交叉学科背景的复合型法治人才，但是现有的培养目标未充分考虑到这样的需求，致使人才培养相对薄弱。

（二）学科结构设计失衡

构建完善的法学学术体系、学科体系、教材体系和话语体系对于培养优秀的法治人才至关重要。然而，在当前的高等教育中存在着学科结构不够合理的问题，主要体现在法学学科教育体系设计和课程设置方面尚未配套完善。法学学科体系在学科分类上存在一定的不合理性，如传统的法学学科分类包括宪法学、民法学、刑法学、行政法学、诉讼法学等，划分过于细化，导致学科之间的衔接和联系不够紧密，使得学生在整个法学学习过程中缺乏对法律的整体性认识，难以形成系统的法学知识体系。同时，在传统的法学学科占据主导地位的情况下，法学学科体系在一定程度上缺乏对新兴法学领域的关注，导致其他交叉学科的发展受到限制，使得法学教育内容相对单一，缺乏多样性和包容性。课程体系方面，部分高校的法学课程设置过于繁琐，重复设置的课程较多；某些课程设置过于狭窄，缺乏跨学科的综合性课程；课程内容的更新速度较慢，不能及时跟上法治实践的发展；缺乏对法律实务、法律技能以及法律职业伦理等课程的深入研究和教育，不利于学生综合素质和解决实际问题能力的培养。

（三）新兴学科和社会需求对接不足

随着社会的发展，互联网、人工智能、生物科技等新兴领域和新兴行业不断涌现，新兴法律问题层出不穷，社会也随之衍生出新的法律服务需求，进而提出了对新时代高素质法律人才的需求。因此，对于新型法治人才而言，既要求他们具备涉及相关领域的法律知识，也要具备相应的专业技能。然而，目前的法学教育未能与这种需求有效衔接。由于新兴学科的设置和发展需要一定的时间和资源投入，目前高校的法学教育在这些领域的开设还存在明显不足。这不仅制约了法治人才的知识储备和应用能力，也会在一定程度上限制社会对法治人才的需求。同时，由于学科交叉和融合的趋势不断提高，法学学科也需要同其他学科领域进行融合交叉，形成新的学科生长点，以拓宽学科视野，提高法学教育的实用性、创新性和针对性，提高教育质量。然而，目前法学教育过于注重自身的学科体系和课程设置，法学和经济学、社会学、哲学等其他学科的交叉融合尚不充分，影响了法治人才的知识结构和整体素养，导致其在处理一些复杂问题时缺乏充足的知识容量。

（四）理论建设滞后于实践

在高校法治人才培养中，某些法学学科的理论建设落后于实践的问题较为突出，致使其不能有效地回答和解释法治进程中存在的诸多现实问题，也无法满足社会对法治人才的需求。这主要表现在一些法学学科的学术理论研究过于理论化和抽象化，缺乏对现实问题的关注，学术研究成果难以解决实际问题。同时，部分法学理论缺乏案例研究和实证研究，导致法学理论研究的可靠性与实用性大打折扣，不能很好适用于当下的法治社会实践，也不利于法治理论和人才的产生。

（五）教材与教学对西方法学理论依赖较重

目前，在培养法治人才的教育过程中，我国法学教材与教学存在对西方法学理论依赖较重的问题。这些理论往往对习近平法治思想和中国特色社会主义法治理论研究有所忽视，尚未充分将习近平法治思想和中国特色社会主义法治理论同中国社会实践紧密结合，部分课程和教材缺乏对具有中国特色的社会主义法治理论的鉴别和批判，直接使用将导致学生在对习近平法治思想和中国特色社会主义法治理论的学习过程中缺少深入的理解和认识，这可能导致他们无法正确地理解和运用这些理论。同时，法学教育对我国本土法治理论的研究和开发仍不足，有碍于具有中国特色的法学理论体系的形成与发展。

（六）法治人才仅注重专业培养

以往的教育无论是基础教育抑或高等教育，更多强调素质教育，即使是在高等法学教育中，其实也存在着只注重培养结果，而不重视"为谁培养人"这一核心问题。具体体现在法治人才的培养过程中无论是在校学习的具体课程的设置还是课堂教材的编写、选用都特别注重学生对法学专业知识的学习和掌握，但忽略了尤为重要的对学生思想政治素质、法律职业伦理道德及法律实际运用能力的培养，不利于学生形成正确的世界观、人生观和价值观，甚至造成其在走上法治工作岗位后容易出现"有才无德办坏事"的消极现象。

三、新时代德法兼修的高素质法治人才的培养路径

高等院校作为培养新时代高素质法治人才的主要场所，人才培养的质量直接关系到国家依法治国的实现程度。在立法、执法、司法以及守法等各个环节中，具有决定性意义的始终在于"人"。因此，不论是法学教育教学改革还是法治人才培养都提出了更高要求。为了进一步提高法治人才培养能力，助力新时代德法兼修的高素质法治人才的培养，政法院校可以从以下几方面入手。

首先，为了培养德法兼修的高素质法治人才，新时代的法学教育应当坚持以习近平法治思想为指引，创新法学学科体系、课程体系、教学体系、教材体系。新时代法学思想和中国特色社会主义法治理论要坚持以马克思主义为指导，做

好适合我国法学教育学科体系的顶层设计。在法治人才培养中，服务国家重大战略，要在融入中国特色社会主义法治理论体系主要内容的基础上，进一步明确人才的培养目标、定位以及具体方案。当今社会的重大特征是学科交叉、知识融合、技术集成，面对社会中出现的新领域、新情况，传统的法学二级学科"单枪匹马"难以有效应对和处理，此时就提出了多学科交叉、协同研究的需求，所以必须加强法学教育的交叉性，推动法学学科与其他各类学科在研究内容、研究方法等方面交叉融合（"法学+X"学科），以学科建设助力新时代法治人才培养。

其次，深化法学教育改革，打造新时代德法兼修的高素质法治人才培养模式。"培养法治人才必须树立社会主义核心价值观的大德，把人才培养中价值观的'扣子'系得更紧"，这被认为是培养的首要任务。要在法学生的培养全过程中，将中国特色社会主义法治理论教育、法律职业伦理教育等贯穿始终，引导法科学子坚定法治信仰，做到眼中有职业准则、心中有道德律令，在进入法律行业前扣好第一粒扣子。创新法学教育模式，发挥法学人才培养模式改革的示范效果，打造"专业教学+通识教育+跨学科教育+第二课堂+社会实践"多维并举、并重的人才培养体系，让学生"又博又专、越博越专"。法学在其学科属性上不仅具备"社会性"，更蕴含浓厚的人文主义精神。法学是一门兼具"社会性"和"人文性"的"人文社会"科学，其中更蕴含着内在的"实践性"品质。着重强调实践育人，通过各种手段如"诊所教育"、模拟法庭、模拟仲裁、法律援助、法律咨询、普法宣传、实地实习等，培养学生的创新潜质，塑造科学、批判性的思维方法，加强意志力培养，坚定法治理想和法治精神，培养人文情怀和社会责任感，使其成为法律的倡导者、捍卫者以及传播者。经济全球化、格局多极化的背景下，法治人才的培养不能固步自封，要走国际化道路，通过完善国际学科竞赛体系、国际化人才培养资助体系等，派出学生到联合国、世界贸易组织、世界银行、国际统一私法协会、国际电信联盟、国际移民组织、世界粮食计划署等国际组织进行实习、参加国际学科比赛等，联合国外高校进行国际培养等，提升学生的国际交流能力和工作能力，以此培养出更多讲好中国故事、传播好中国声音的法治人才。

再次，加强法学教师队伍建设，引导教师成为马克思主义法学思想和中国特色社会主义法治理论的积极传播者、坚定信仰者和模范实践者。重视对法学教师的全面培养，不仅是职业素养、业务能力要过关，职业品格、师德师风也要加强，真正做到言为人师、行为世范。在法学教师绩效评价中突出思想政治与品德考核要求，促进教师队伍优良学术品格和风清气正氛围的形成。习总书记曾说，"法学教师参与法治实践机会比较多，对社会各个层面的感知比较丰富，要实事求是地看待社会，多看主流和光明面，多用正能量鼓舞激励学生。"[①] 因此，教师在开展学术研究和教学教研工作的同时，也要积极参与到公检法等法律实务中进行实际锻炼，了解实

---

① 习近平. 全面做好法治人才培养工作 [M] // 习近平. 论坚持全面依法治国. 北京：中央文献出版社，2020：178.

际工作，交流互鉴，推进法学理论与法治实践相结合，提高自身业务能力。实施理论教育与价值导向培育方案，从重科研转变为重教研互动，破除"唯成果"论，让教师回归教学本位，在教书育人中培养法治人才。法学教材是培养德法兼修高素质法治人才的基本素材，也是落实中国特色社会主义法治理论的重要载体。在教材的编写、选用及课堂讲解中，法学教师应坚持马克思主义在意识形态领域的指导地位，带头践行社会主义核心价值观，深入挖掘专业课程中的思政元素，促进习近平新时代中国特色社会主义思想和党的十九大精神融入教材、融入教学过程、融入学生思想，引导学生树立坚定的道路自信、理论自信、制度自信和文化自信，以此为基础培养高素质法治人才，使其内心坚定、品德高尚。

最后，应强化与实务部门的合作，建立起长期有效的协同育人机制。习总书记强调，为了消除高校与社会之间的体制壁垒，高校可以引入实务部门的优质实践教学资源，加强校地、校企、校所合作，充分发挥公检法机关、律师事务所、企业等在法治人才培养中的积极作用。法学教育和实务部门的从业者应互相交流、借鉴彼此的优点，将法学理论与司法实践紧密结合起来。同时，实务部门也应选派职业素养较高的专家到高校任教，参与人才培养方案制定、专业教材编写、课程体系设计以及专业教学，将法治建设实践中的最新经验和生动案例引入课堂教学，为法学人才的培养提供更丰富的实践支持。当下的法学教育要积极容纳实务部门的工作人员参与其中，高校可以引进法律实务部门的优质师资，以便让法学生从法治实践中了解真实的国情民生，以实际行动将所学理论知识应用于实务中，切实提升其法律实践技能和法律职业修养。

法律的生命在于实施，而法律的实施要依靠人来实现。科学立法、严格执法、公正司法、全民守法的每个环节，法治国家、法治政府、法治社会的每个领域，都需要依赖高素质的法治人才队伍来实现。习近平总书记指出："法治人才培养上不去，法治领域不能人才辈出，全面依法治国就不可能做好。"①新时代德法兼修的高素质法治人才的培养离不开法学教育，"功崇惟志，业广惟勤"，法学院校使命在肩，将在习近平德法兼修高素质法治人才培养思想的指导下，牢记"培养什么人、怎样培养人、为谁培养人"，做到为党育人，为国育才，培养出能够为法治中国建设做出贡献的高素质法治人才。

参考文献

［1］付子堂. 立德树人、德法兼修，为全面依法治国培养高素质法治人才［J］. 中国法学教育研究，2017（3）：99-103.

［2］郜占川. 新时代卓越法治人才培养之道与术［J］. 政法论坛，2019，37（2）：38-46.

［3］郭为禄. 以习近平法治思想为指引推进高素质法治

---

① 立德树人德法兼修抓好法治人才培养励志勤学刻苦磨炼促进青年成长进步［N］. 人民日报，2017-05-04（1）.

人才培养［J］. 法学教育研究，2022，37（2）：20–29.

［4］胡明. 创新法学教育模式培养德法兼修的高素质法治人才［J］. 中国高等教育，2018（9）：27–28.

［5］黄进. 坚持立德树人、德法兼修培养高素质法治人才［J］. 法学教育研究，2017，19（4）：3–12，347.

［6］黄进. 培养德法兼修的高素质法治人才引领中国法学教育进入新时代［J］. 中国高等教育，2018（9）：29–31.

［7］李玉基. "德法兼修"高素质法治人才培养体系的构建和创新［J］. 法学教育研究，2017，19（4）：60–72，347.

［8］梁平. 德法兼修：新时代卓越法治人才培养的实践进路探索［J］. 河北法学，2021，39（3）：51–60.

［9］梁平. 新时代"德法兼修"法治人才培养——基于习近平法治思想的时代意蕴［J］. 湖北社会科学，2021（2）：27–32.

［10］刘仁山. 培养德法兼修高素质法治人才的中南共识与建议［J］. 中国法学教育研究，2017（4）：3–12.

［11］刘同君. 新时代卓越法治人才培养的三个基本问题［J］. 法学，2019（10）：137–148.

［12］马怀德. 法学教育法治人才培养的根本遵循［J］. 中国党政干部论坛，2020（12）：50–53.

［13］马怀德，王志永. 完善中国特色社会主义法学学科体系的实践路径［J］. 比较法研究，2021（3）：1–10.

［14］"培养德法兼修高素质法治人才研讨会"纪要［J］. 中国法学教育研究，2017（3）：3–98.

［15］王利明．培养明法厚德的卓越法治人才［J］．中国高校社会科学，2017（4）：10-12．

［16］武建敏．走向实践智慧——法学教育改革的基本原则［J］．河北法学，2017，35（9）：2-10．

［17］习近平．决胜全面建成小康社会夺取新时代中国特色社会主义伟大胜利——在中国共产党第十九次全国代表大会上的报告［EB/OL］．［2017-12-27］https://www.gov.cn/zhuanti/2017-10/27/content_5234876.htm?eqid=d3caac3e002b6bf000000002646a0b56．

［18］习近平．全面做好法治人才培养工作（2017年5月3日）［M］//习近平．论坚持全面依法治国．北京：中央文献出版社，2020．

［19］杨宗科．坚持立德树人根本任务培养德法兼修高素质法治人才［J］．法学教育研究，2017，19（4）：48-59，347．

［20］杨宗科．习近平德法兼修高素质法治人才培养思想的科学内涵［J］．法学，2021（1）：3-17．

［21］叶青．推进新时代政法院校法律人才培养创新——华东政法大学新时代法律人才培养改革的实践与探索［J］．法学教育研究，2020，28（1）：10-19．

［22］叶青．以立德树人为本以德法兼修为要——政法院校高素质法治人才培养的思考与实践［J］．法学教育研究，2017，19（4）：25-36，347．

［23］郑艳．习近平法治思想下的民航院校"德法兼修"人才培养路径探析［J］．世纪桥，2023（5）：47-49．

新时代高校思政融合乡村法律援助研究与实践

徐金花　巩师睿

（法学院）

习近平总书记在学校思想政治理论课教师座谈会上强调："马克思主义是在实践中形成并不断发展的，要高度重视思政课的实践性，把思政小课堂同社会大课堂结合起来。"新时代高校思想政治教育融合乡村法律援助是"大思政课"理念的具体实践，充分协调了高校思政教育与社会实践育人的辩证统一关系，高度强化了乡村社会教育的场域作用和育人功能，具有重要的理论和实践研究价值。通过理论研究探讨高校思政融合乡村法律援助的必要性，梳理国内现有高校法律援助融合的内容、形式、成效，比较研究国外高校人才培养模式，在已有的社会调研基础上进一步设计高校思政融合G省乡村法律援助的实践目标和内容。

一、问题的提出

（一）新时代高校思想政治教育融合乡村法律援助是"大思政课"理念的具体实践

党和国家高度重视人才培养工作。新时代"人才培养"是全面推进国家法治建设现代化的重要组成部分。党的二十大报告提出，强化现代化建设人才支撑，推进产教融合，加快建设中国特色、世界一流的大学和优势学科。由此可见，大思政课在党中央治国理政战略全局中的地位日益凸显。高校肩负着培养社会主义建设者的重要使命，全面推进大思政课建设是高校落实立德树人根本任务的战略举措。党的十八大以来，国际国内形势复杂，意识形态工作面临巨大挑战，思政教育面临一系列新问题，但习近平新时代中国特色社会主义思想铸魂育人成效显著，高校学生常规思想政治工作稳步推进，高素质思政队伍培养壮大，高水平课程建设进展顺利，切实推动精准思政落地落实。[①]本文聚焦新时代高校思政工作者，在强化现代化建设人才支撑背景下，在一流高校、一流学科建设环境中，在加快建设法治社会过程中，根据"供需"理论，引导学生有目标、有规划、分阶段对乡村法律援助的"现实需求"开展实践调研，利用社会大课堂拓宽"大思政"育人实践路径，从多元主体视角探索完善乡村法律援助的措施，并以"提案"方式为 G 省法治建设、现代基层法律服务体系、

---

① 全面推进"大思政课"建设的工作方案[J]. 教育科学论坛，2022（27）：3–7.

法律援助、法治示范村建设提出可行建议，发挥一流学科优势服务地方发展，推进校地合作，提升社会治理法治化水平。

（二）我国思政教育仍存在一系列尚未解决的困境

我国思政教育虽然取得了较好的成效，但仍存在一系列问题，包括传统教育思维方式僵化、教育路径狭窄；对学生单向输出导致教育效率低下；创新路径针对性不足、忽视以人为本的精神；在思政教育中缺乏资源的有效利用和整合等问题。具体表现为不同高校对"大思政"的认识深度和重视程度不一、对社会资源的引进和输出利用情况不同、统筹学校与社会的能力不齐、发挥社会资源实践育人效果不平、第二课堂重活动轻引领、课程思政存在"硬融入""表面化"等现象。[①]

（三）高校辅导员是落实大思政建设的重要成员

作为新时代高校思政教育工作者，必须坚持以习近平新时代中国特色社会主义思想为指导，聚焦立德树人根本任务，善于用党的创新理论铸魂育人，不断增强思政教育的针对性、吸引力、有效性。[②]坚持开门办思政课，强化问题意识，突出实践导向，充分调动全社会力量和资源，引导学生有目标、有规划、分阶段地对乡村法律援助的"现实需求"开展实践

---

① 张国祚，沈湘平，徐艳玲，等．"大思政课"创新研究（笔谈）［J］．文化软实力，2022，7（3）：5-18．

② 刘捷．"大思政课"格局下实现各类课程与思政课程同向同行的思考［J］．教育评论，2022（11）：97-103．

调研，利用社会大课堂拓宽"大思政"育人实践路径。在充分沟通的基础上，走出校门与地方共同搭建融合平台，带领学生发现、接触、处理真实的法律纠纷，更好地提升学生的实践能力和综合素质。高校发挥学科优势服务地方发展取得了显著成效。近年来，"校企合作""产教融合"人才培养模式取得较好的效果。各大高校通过与企业深入合作，为学生创造求职机会；企业积极推动与高校共建，参与课程设置。地方高校利用优势学科投身于区域公共法律服务建设，丰富了公共法律服务的供给渠道，提升了服务质量。这是高校服务社会、推进教育教学改革的现实需要，为高校思政教育拓宽了平台和场域。

（四）我国乡村法律援助政策还有较大提升空间

乡村法律援助制度的进一步普及和完善具有重要意义。前期在全国东中西地区的 19 省 101 村的调研结果显示，我国现阶段乡村法律援助制度存在受众范围局限、维权程序繁琐、法律援助流于形式、各主体分工不明确和参与主体单一等问题。上层组织等主体在宣传普及法律知识方面发挥了积极作用，宣传方式多样化且可持续，但在其他公共法律服务的开展方面还存在改进空间，如法律援助的工作内容重心应向土地、人口、劳动等问题倾斜，基层工作者应更多地深入群众中收集更多的法律诉求，根据"需求"培养援助队伍、更新援助方案、创新援助形式等。在前期调研的基础上，计划进一步在 G 省以市为单位开展实践调研，通过确定调研村及数量、调研村民、法律顾问、村委会等主体，收集整合更多层次、更多主体的需求。

综上所述，高校思政工作融合乡村法律援助的研究和实践具有充分的政策支持和现实背景。

二、高校思政教育融合乡村法律援助服务国内外研究现状

作为推动"大思政课"落地见效的必然要求，必须推动思政小课堂与社会大课堂紧密结合。教育部联合多部门指出，要"充分调动全社会力量和资源，建设'大课堂'、搭建'大平台'、建好'大师资'"①，这为全面推进"大思政课"建设融合乡村法律援助服务提供了指引，有计划地组织学生走出校门、深入乡村、深入村民，通过深度的实践调研及广泛的法律实践，把思政课堂搬到更多现实的、鲜活的法律场景中，让理论在实践中得到印证支撑。②目前，国内外文献研究主要围绕新时代高校人才培养及思政工作的新要求、新趋势、新方向，充分阐释了新时代高校思政融合社会发展的背景和价值。相关文献探究了产教融合及校企合作的现状、内容、路径，深入分析了高校思政融合乡村法律服务的必要性和可行性。对国内外法律援助的现况、困境、举措的相关研究为学科优势对接法律援助提供了可借鉴、可迁移的经验模型。

---

① 崔小爽. 在强化协同效应中全面推进"大思政课"建设［J］. 当代广西, 2022（18）：25.

② 刘建军, 朱倩. 论思想政治理论课的社会适应与自我调适［J］. 思想理论教育, 2022（7）：74-78.

（一）高校思政教育融合乡村法律援助服务的必要性

一是目前高校法律人才培养模式存在弊端。当前的法律人才培养存在教育理念上以法学理论教学为主而导致学生实务能力欠缺的问题。"法律的生命不在于逻辑，而在于经验"，法学是一门实践性要求极高的学科，缺乏实践经验易导致法学教育与社会现实需求脱节。在教学方式上，大多数高校仍然延续传统做法，以教师为中心、课堂为中心、教材为中心，对学生的课堂参与度和独立探索解决问题的能力不够重视。在课程设置上，必修课在课程体系中占比过大，法律实务课、专业技能课的比例相对较低。在师资分配上，学术型教师所占比重较大，实务型教师相对缺乏。在理论与实务、课堂与社会之间的联系上，思政工作者发挥的影响力不够显著。二是多元主体下的法律援助制度存在困难。在政府层面，首先，乡村法律援助因缺乏足够的财政资金支持，导致援助门槛较高。[①] 其次，全国乡村公共法律服务的政府供给占绝对主体地位，并且针对乡村的法律服务工作缺乏长效的规划。[②] 在乡村村委会层面，基层干部对法律了解不深，法律知识匮乏，经济建设素质偏低，以言代法、以权压法现象普遍，依法进行经济建设、处理社会事务的能力和水平不高；村委对法律和上级决策的宣传力度不够。在高校层面，缺乏健全的法律管

---

① 杨宏. 乡村法治振兴背景下农村法律援助问题与对策研究［J］. 农业经济，2021（6）：34-36.

② 常静，苏金浩. 农村基层公共法律服务供给定位与完善［J］. 农业经济，2021（2）：50-51.

理体制。对于高校法律援助，国家仅将其划为学校范围，并没有专业的地方司法行政机关进行指导和培训，且相关部门也没有给予高校的法律援助部门相应的支持。同时，高校专业人员流动性大，这影响了法律援助工作的长远性和稳定性。三是高校思政教育与法律援助制度相融合的优势。首先，全面依法治国提高了公民的法律意识，因此公民通过法律途径维权的意愿增强。乡村经济不发达的情况下，法律援助成为弱者的最优选择。据统计，法律援助案件以每年 14.3% 的数量增长，目前政府法律援助服务已经不能满足日益增长的社会需求。[①] 高校与乡村开展法律援助具有诸多优势，我国目前开设法学专业的高校众多，拥有大量的法律专业人才，高校专业师资优势明显。高校思政工作者带领学生开展调研与援助实践，为校地合作增添了新生力量，不仅能够保障过程中学生在援助过程中的安全，加强管理服务，还能够在专业实践中提升思政育人的力量，更好地发挥社会资源的思政育人实效。

（二）高校思政教育融合乡村法律援助服务研究主要围绕融合的形式、内容、成效展开

（1）融合形式。目前各大高校的融合方式有高校法律专业的学生社团自主进行、以地方法律援助中心为组织、高校与知名律所进行校企合作等运行模式。1992 年，我国第一个

---

① 刘亦峰，严若冰. 高校法律援助机构的运行与发展模式［J］. 天津法学，2019，35（2）：73–79.

高校法律援助组织——武汉大学社会弱者权利保护中心成立。随着我国政府法律援助体系的逐步建立和完善，各高校法学院系陆续建立自己的法律援助组织，大量法学专业的学生参与到法律援助事业中。同时，《法律援助条例》和相关文件的出台也为司法行政部门监督管理高校法律援助组织提供了法律依据，从而保证了高校法律援助组织运作的规范性。

（2）融合内容。作为"大思政课"育人实践的重要内容，高校思政教育融合乡村法律援助服务主要是指围绕"学以致用，服务社会"的宗旨，高校法律援助为在校学生理论与实务结合、知识与见识链接、智慧与人情融合、理想与现实协调提供了平台。[①] 学生可以依据所学法学理论知识接触乡村、认识乡村、贡献乡村，领悟现实生活中思政教育的魅力。

（3）融合成效。各高校在具体融合过程中形成了一些特色鲜明的工作经验。中南财经政法大学依托本校法学资源，由法学专业的在校学生自愿组成公益组织——"中南法援"，致力于为社会弱势群体提供高质量的无偿法律援助创造了公益志愿与高校教育、社会实践有机结合的"中南模式"。他们不仅提供社区普法宣传方面的"预防型"法律服务，还系统地为周边社区提供专业法律咨询、法律文书撰写、代理出庭等多样化的志愿工作。武汉大学通过维护和定期更新的"武汉大学法律援助中心"微信公众号，持续向社会公众发布温暖且有深度的原创普法推文，并通过电话热线、公众号后台

---

① 姜飞燕. 应用型人才培养模式下高校法律援助制度研究 [J]. 华北理工大学学报（社会科学版），2021，21（1）：22-27.

留言等方式为社会公众提供及时有效的在线法律咨询，创建了法律援助新模式。中国政法大学深入苏林毛都嘎查，开展"乡村法律援助服务"，开办"乡村振兴法治课堂"，创建"乡村法治文化矩阵"，实施"乡村企业法治会诊"，搭建"乡村法律服务平台"，全方位多层次将思政教育渗透到法律援助中。中南民族大学以维护少数民族权利为特色，与本地法院就"少数民族及其他少数人语言法务翻译诊所援助教学法探索"展开课题调研并取得成果。

综上所述，已有的高校法律援助实践形式为高校思政融合乡村法律援助提供了可借鉴、可传承、可创新的实践基础。

（三）国外法律人才培养模式

一是国外法律人才培养强调职业性和实践教育，注重人才培养与社会需求的结合。国外法律人才培养在培养目标上追求培养专业型职业法律人才，在培养方案上强调实践教学与社会合作。以美国高校法律教学为例，在培养目标方面，高校注重对应用型目标的追求，关注提升学生对法律事务的辩证思维、独立思考、自主解决问题的能力。而在培养方案上，美国法律人才培养强调学科交叉，将"判例教学"作为主要的课堂形式，重视技能课程的开设。二是国外法学教育重视高校与法律机构、企业之间相互合作。开发实习、科研、员工培训等多样化项目，联合设计课程体系，提供实践资源，培养法治实务能力。例如，得克萨斯大学法学院提供广泛的实习计划，为学生提供与各种组织合作的机会，包括律师事务所、政府机构和公司；芝加哥大学法学院与奥米迪亚网络合作，启动了与在线身份相关的法律和政策问题的联合研究项目；加州大学伯克利分校法学院为内部律师提供培训计划，旨在让他们更好地了解商业法及如何将其应用于工作。

三、新时代高校思政融合乡村法律援助实践目标与内容

新时代高校思政工作与基层法治建设相融合，旨在通过高校辅导员与高校学生之间的紧密联系激励学生由理论走向实践。

（一）新时代高校思政融合乡村法律援助研究目标

（1）习近平新时代中国特色社会主义思想全面引领高校人才培养。新时代高校的根本任务是立德树人，一流大学要有一流的育人体系，培养一流人才方阵。引导学生深入乡村，了解乡村社会发展的真实情况，让学生在社会实践中了解国情社情乡情，树立远大理想，厚植家国情怀，充分发挥人才培养服务国家发展的作用。建立"学校—学生—社会"的立体社会实践架构，特别是在哲学社会科学院校和法学专业领域，对培养实践型人才、社会需要的法学人才具有建设性作用。同时，对校企融合、产教融合等实践型人才培养模式的社科化移植能够充分提高法学学生的综合素养，在加快推进法治进程中培养一批既懂理论又懂实务的实践型、现代化法律人才，推动法治社会建设纵深发展。

（2）学校小课堂与社会大课堂深度融合。一是法学理论学习与地方法律服务实践相融合。法学教育和法学理论研究承担着为法治中国建设培养高素质法治人才、提供科学理论

支撑的光荣使命，在推进全面依法治国中具有重要地位和作用。[①]在第二轮法学一流学科建设背景下，通过将法治理论知识和基层法治建设实践相结合，让学生在实践中探索法治前沿，在亲身调研中推动法治建设。二是构建"行走的思政课"。组织学生参加社会实践调研，走遍祖国大地，调研经济社会法律事业发展，深入乡村实践考察，了解乡村法律援助的现状。在这样的大思政课中，学生亲身参与实践研究，将理论思考写在调研报告中。大思政的实践性和参与性有利于让学生在实践中提高认识和思辨水平。三是推动"校地—校乡"合作走深走实。引导学生深入基层，深入群众。

（3）学科专业优势完善法律援助制度和乡村法律援助政策。如前所述，法律援助制度和乡村法律援助水平仍有上升空间，作用发挥仍受限。

（二）新时代高校思政融合乡村法律援助实践内容

通过国外法律人才培养模式和国内相关高校融合实践的比较研究，围绕国内外法学人才培养路径，国内外产教融合、校企协作路径，新时代大思政建设实践理论研究重点，基于《"乡村振兴，法治同行"：乡村公共法律服务推动乡村有效治理的困境及出路——基于19省101村的实地调研》项目（该项目曾获得第十八届"挑战杯"全国大学生课外学术科技作品竞赛哲学社科类社会调查报告类湖北省特等奖），继

---

① 中办国办印发《关于加强新时代法学教育和法学理论研究的意见》[N].人民日报，2023-02-27（1）.

续在 G 省以市为单位，设计一定数量的村级调研，对村民、法律顾问、村委会等多主体开展调研实践。

（1）实践地点。将深入 G 省 12 地进行实地考察研究。为使调研具有普遍性和说服力，选择具有不同文化特点、地理位置、风俗习惯、经济条件的地域和村落。基于多元主体视角，从村民的法律援助需求和专家的建议出发，为 G 省法律援助制度的运行和推行困境提供可能的解决方案。

（2）调研对象。围绕多元主体协同参与乡村法律援助展开，首先选择当地县司法局、乡镇政府人员作为调研对象，了解相关工作情况。其次，选择当地村委会干部，对乡村法律援助情况进行调研，征求意见，获取近年来他们记录的法律问题，了解该村的实际情况。在此基础上，根据村委会干部提供信息，借助村委的力量，通过调查问卷、入户访谈等形式了解村民的实际需求。最后，整理汇总前期调研情况并与该地法律援助工作者进行访谈，了解法律援助的实际开展状况，之后征集高校专家学者的建议，形成乡村法律援助改进方案。

新时代高校思政融合乡村法律援助理论与实践研究通过高校辅导员这一主体性视角，有效利用思政教育与乡村法律服务理论研究和调研实践之间的紧密联系，根据西部地区某省乡村振兴和乡村法治建设实际需求，引导法学专业学生在乡村法律援助调研与实践中树立远大志向，有计划、有选择、有加工地运用乡村法律援助育人资源，切身感受乡村法治建设过程，从"供需"理论出发，了解乡村法律援助的需求和困难，探索改进乡村法律援助的途径，引领学生成为新时代法治建设的奋斗者，鼓励学生到基层去、到祖国需要的地方去。

"三全育人"视域下高校实践育人
功能实现路径研究 [①]

李　奥

（金融学院）

实践育人作为一项系统性工程，是高等教育的重要组成部分，具有深厚的思想根基、重要的现实需求和鲜明的时代特征。习近平总书记始终高度重视实践育人工作，在考察各类学校、给青年学生回信以及重要会议讲话中就实践育人进行了一系列重要论述，深刻指明了为什么要实践、怎样实践等重要问题，多次强调社会实践在大学生成长成才中的重要作用，是新时代高校实践育人工作的行动指南。党的二十大报告立足全局高度科学谋划了未来党和国家教育事业发展的目标任务，多次提到"实践""人才"等关键词。党代会报告首次提及"劳动教育"四字，将实践育人提升到全新高度，

---

① 本文系金融学院 2022 年度教育教学建设项目研究成果。

为新时期实践育人工作如何强基固本、锐意创新提供了根本遵循、明确了前进方向、注入了奋进力量。

一、"三全育人"背景下高校实践育人的价值意义

坚持教育的生产劳动与社会实践相结合,坚持走出课堂,向实践学习、向人民群众学习是大学生成长成才的必经之路。在"三全育人"背景下,强化大学实践是现实需要,也是解决理论和实践联系不紧密问题的路径。同时,这也是培养知信行统一与学思悟并重的综合性人才的工作需要,以及提高大学道德教育质量的实际需求。2017 年 12 月,教育部发布了《高校思想政治工作质量提升工程实施纲要》,明确提出"切实构建实践育人在内的'十大'育人体系"。有关实践育人的重要指导文件不断发布,大学实践教育机制不断完善、质量逐渐提高,其重要性得到了充分的凸显。锚定新时代大学实践育人的发展方向,调研实践育人的实际状况,了解实践育人的内在规律,关注青年学生的真实需求,构建适合大学实际工作的实践育人体系,这是全面实施党和国家的教育政策的必然要求。

(一)立德树人是新时代高校加强实践育人的价值旨归

2018 年 9 月 10 日,习近平总书记在全国教育大会的重要讲话中多次提到"立德树人"四个字,并强调"要把立德树人融入思想道德教育、文化知识教育、社会实践教育各环节",落实立德树人根本任务是新时代贯彻党和国家教育方针的重

要体现，也是高校开展实践育人的目标指引。"立什么德""树什么人"是高校立德树人工作的思考点和着力点。自改革开放以来，高校实践育人呈现因事而化、因时而进、因势而新的发展趋势，结合党和国家的大政方针始终不断改进提升。依照《关于开展"三全育人"综合改革试点工作的通知》规定，在学校层面，应该以高校十大育人体系为基础，把高校的思想政治教育工作融入高校人才培养的全方位、各环节。实践育人是"三全育人""十大育人体系"的重要部分。实践教育在思想政治教育中占据着不可替代的重要地位，本质是其一部分。因此，服务于高校立德树人工作，是实践教育的天然使命。对于高等教育而言，实践教育的达成过程覆盖了实践教学、军事训练以及社会实践等重要环节。融合课程思政与实践教学，就能增强课堂教学的吸引力，更有力地帮助推动习近平新时代中国特色社会主义思想进教材、进课程、进头脑，理论和实践相辅相成，有利于鼓励学生走出教室，搭建一个更完备的思想政治教育体系。而社会实践作为高校第二课堂的重要形式，凝聚了行地校企等多方资源，充分发挥了各方育人合力，构建"三全育人"体系。

（二）实践育人是大学生德智体美劳全面发展的个体需要

马克思主义人才观认为"培养什么人"是发展的、动态的，而非静态的。"培养什么人"需要与社会发展的最新需求紧密相连。不同的区域和时期对于这个问题有不同见解，而中国特色社会主义教育的目的是培养社会主义接班人。那么，社会主义接班人应该具备什么样的特质？在全国教育大会上，习近平总书记提出了"五育并重"的理念，相较于旧有观念，他增加了"劳"的体现，展示了实践教育的价值。党的二十大对当前科技、教育、人才全方位一体化发展作出了重要部署，推动高校实践育人是高校提升人才培养质量的抓手。

实践育人的过程就是引导青年将理论与实践相统一、将脑力思考与体力劳动相统一、将学校小课堂与社会大课堂相统一，为学生提供学以致用、锻炼实践的良好平台，引导学生在火热锻造中坚定理想信念、提高专业能力、培养创新意识、养成吃苦品质。对于学生而言，在实践育人的实施过程中，学生能够通过观察社会、观察中国，主动思考行业发展和国情社情，培养学生关注社会的热情，有利于学生厚植家国情怀，培养社会责任感，增强对社会主义核心价值观的认同。换个角度看，实施实践教育的过程，能极其有效地提高学生在教育活动中主动参与的热情。学生主动融入实践课程中，积极参加师生团队项目，挑选实践主题，设计实践步骤，梳理和概括实践成效。这种方式能够帮助学生将所学知识应用于实际生活中，并在实际操作过程中提高发现问题、分析问题和解决问题的真实能力。这不仅能激发学生的创新精神，也能增强团队协作的能力，从而达到教育效果的最优化。

二、新时代高校实践育人工作的现实困境

建设应用型、创新型高校，培养大学生的专业实践能力是我国当前人才培养面临的重要一环。如今，实践教育已逐

渐成为高等教育中的人才培养机制，它存在于高校的主要课程和辅助课程中，其实践形式、载体和场所均多种多样。在实践项目、实践基地、实践设计等方面积累了宝贵经验。尽管高校实践育人工作取得众多成绩，但依然存在一些薄弱环节，亟须进一步改进。

（一）对实践育人队伍建设不够完善

高校实践育人队伍是实践育人工作的主体和保证，也是大学生全面发展的导航仪和定盘星。实践育人队伍的政治素质、思想高度、工作专业性等因素，都对高校学生产生了潜移默化的影响，也影响着高校实践育人的整体质量。当前，各高校各学院都整合了以党政领导干部、专业课教师、专兼职辅导员、团干部、班主任（班导师）等多方力量，将实践育人工作从课堂教学延伸到教学实践，从日常活动延伸到社会实践，从专业学习延伸到实习见习。由于育人队伍中的主体在工作体系内仍然兼有其他工作，该队伍的稳定性不够强，在实践育人方面的职业成就感较低。一方面，从教师个人的成长发展来看，实践育人队伍各主体散布在各个岗位和科室，要先做好自己的本职工作，再安排固定的、较少的时间指导学生开展实践活动，因此投入的时间和精力有限，实质性成果较少。另一方面，从高校及院系的发展来看，并未对该队伍的发展作出规划，教师积极性不高，被动式完成实践工作，缺少学习、挂职、锻炼的机会。此外，高校实践育人工作队伍应具备非常高的理论知识素养、专业知识素养以及丰富的社会实践经历，更需要具备坚定的政治素质、道德素质和责任心。从当前的工作实际来看，该队伍是因一个共同的工作任务和目标汇聚在一起，未经过严格遴选，因而专业背景、专业水平、实践能力各有不同，在实际开展工作过程中，合作效率不高。部分高校也考虑引入了校外专家进行指导，但专家对于学生成长过程和成长规律不熟悉不了解，往往未达到目标实效。

（二）实践育人各环节衔接不够紧密

从理论学习到实践教学到考评考核的紧密衔接，形成实践育人各环节的体系化，是保证育人实效的重要一环。当前高校实践育人工作从理论教学到实践锻炼到考评考核的脱节比较普遍。从课程来说，一些课程的教学体系和实践内容缺乏连贯性，忽视了学生对该专业课程学习的实际需求，也忽视了学生就业的实际需求。在培养过程中，从课程学习到毕业设计主要都来源于教材，课堂所学和实际所用相差甚远，无法做到紧密联系社会需求，"学的没有用、学的用不上"这一情况也大大降低了学生的积极性。在考核测评方面，缺乏规范的评价体系，依然是以分数为主的考核评价方式，机械地完成这一任务，学生缺少主动思考。对实践能力的考核应该是对理论知识应用于实践的考核，但是目前很多只关注实践实习报告的考核方式无法科学客观地评价学生的实践成果。

（三）实践育人的内容形式不够丰富

对于第二课堂而言，实践育人工作最核心的体现就是社会实践活动，社会实践是提升大学生专业能力和动手能力的重要途径。大学在培养方案设置中，对第二课堂的实践学分提出了要求，并且在各类实践活动中，鼓励"专业+"的社会实践项目。但是，在实施过程中，存在内容设计不够吸引人、方法运用不够现代化、成果体现不够丰富等问题。对于内容设计，学生在制定实际课题时，网络成为他们获取信息的主要途径。然而，网络是一把双刃剑，充斥着大量零碎信息，学生在设计和准备阶段常缺乏全面系统的学习，往往在执行过程中也易被娱乐化元素影响。其次，在社会实践领域的方法运用中，大数据技术的运用还仅停留在认知层面，缺乏大数据技术对实践活动信息管理的有效支撑，无法通过技术对大学生的需求进行全面捕捉，实现精准指导，在实践队伍管理和后续考核中，也缺乏高效对接。此外，社会实践基地建设出现同质化，缺乏学校特色和学科特色，基地育人实效不明显。

三、"三全育人"背景下高校实践育人的提升路径

要提升高校实践育人工作实效，必须回答好党要求高校实践育人做什么、助力人才培养怎么做、融入时代大局做什么等关键问题。总结过去实践育人历史发展经验，站在当前历史方位，明确高校实践育人工作的未来走向。

（一）思想引领必做"加法"，紧扣大局凝心铸魂育人

坚强有力的党组织领导是确保实践育人工作发挥实效的关键。必须坚持不懈地运用习近平新时代中国特色社会主义思想武装头脑、指导实践，用习近平总书记关于教育、青年

工作、实践育人的深刻论述作为工作指引，把握实践育人的重点和要务，凸显时代的重大主题，在实践育人的全程和各环节中引导青年坚守理想和信仰，在传承红色基因上持续发力。把握共青团中央《关于增强新时达大学生社会实践活动实效 深化共青团实践育人工作的意见》的工作要求。发挥基层党组织和团组织的战斗堡垒作用，用党的科学理论武装青年，用党的初心使命感召青年，将党史、国情、地方史、校史等红色资源、红色品牌、红色精神和红色文化融入课程教学等第一课堂全方位，贯穿于社会实践、志愿服务、创新创业、社团活动、文体比赛等第二课堂全过程，做到"第一课堂"和"第二课堂"培养人才的有效衔接，让红色基因代代相传。

（二）服务学生巧做"减法"，缩短距离贴近师生需求

依托大学生成长成才规律和生涯发展需求精准施策。以学生为中心，倾听青年声音，回应青年诉求。紧扣主题的同时又要分层分类分项目开展团队与个人相结合、长时与短时相结合的实践活动。可以通过调查问卷、座谈会等形式充分调研师生需求。在实践育人工作中，发挥具有号召力的学生骨干引领作用，广泛组织动员宣传，充分发挥榜样引领，通过经验分享会、一对一指导、沙龙交流，营造良好氛围，给予学生贴心指导，引导学生树立扎根基层锻炼的使命感和责任感。同时，要加强以服务就业为导向的实践教学，增强校企合作，开展访企拓岗，为学生顺利走上就业岗位添砖加瓦。

（三）融入大局善做"乘法"，乘势而上凸显青春建

指导推动学生用习近平新时代中国特色社会主义思想解

决问题，围绕学科发展方向和社会热点问题进行研究，鼓励并引导学生主动在本科生党总支、团学组织、基层团支部等平台有所作为，锤炼过硬本领，打好实践基础。鼓励引导学生走进社区，走进基层，贴近民生。将学生参与社会实践纳入人才培养全过程，以第二课堂系统为平台设置不同学分，针对挑战杯、"互联网+"、科技创新大赛等比赛建立导师库和导师选拔制，制定队伍培养标准和导师考核机制，推动专业指导。在志愿服务中，应落实各级青年志愿者组织的孵化培育、规范管理和人才培养，确保各项志愿服务工作顺利规范落地。

（四）平台建设多做"除法"，凝聚资源促进活力提升

凝聚领导、专家、班导、学工、朋辈、校友等多方合力，坚持学科引领，多维融合，构建"专业+"实践育人体系，形成具有学科特色的实践育人模式。依托专业学科和才智资源优势，坚持"协同推进，特色发展"，积极促进行地校企多方联动，持续推进品牌项目发展。提升课外教育场所的建设质量，打造主题突出、功能完善的沉浸式、交互式实践基地，探讨层级化、链条式的教育策略，达到资源共建共享。为学生上好理论与现实相结合的"大思政课"搭建良好平台，凝聚各方合力，帮助学生在实践中受教育、长才干、作贡献。

参考文献

［1］蒋晓俊，焦艳. 推动新时代高校思想政治教育实践育人创新发展——"新时代高校思想政治教育实践育人高

端论坛"综述 [J]. 学校党建与思想教育, 2018（22）: 95-96.

　　[2] 成尚荣. 实践育人的理论基础、核心要义与基本形态 [J]. 中国教育学刊, 2022（10）: 55-60.

　　[3] 周远, 牧士钦. 新时代高校实践育人精准化理念与模式探析 [J]. 江苏高教, 2021（10）: 104-108.

双一流建设背景下高校第二课堂育人作用发挥路径研究

胡　源　赵达骋　赵长越

（科学研究部、社会科学研究院　会计学院　校团委）

一、加强高校第二课堂建设的时代背景

（一）双一流建设促进高校改革

第二课堂作为我国高校教育体系中一个重要的组成部分，在发挥高校人才培养作用的过程中起到举足轻重的推动力。我国对教育事业的发展给予高度重视的态度，自 2017 年发布《统筹推进世界一流大学和一流学科建设实施办法（暂行）》以来，双一流建设如火如荼。该办法是"双一流"建设全面启动的标志，表明国家要求高校在新时代背景下更加注重人才培养，努力提升教育质量。此外，双一流建设较以往高校实力评价体系的一个重大改进在于实时评估、动态管理的遴

选认定方式。高校评估结果并非一成不变，而是打破一劳永逸和身份固化，通过压力和动力双管齐下，激励各个高校摒弃懈怠，永恒努力。

在这一政策倾向下，高校要以"双一流"建设为引领，以"双一流"大学为榜样，积极响应国家号召，在我国庞大的高等教育生态体系和愈发激烈的竞争中锁定自身发展优势，大力推进教育体系和培养方式的改革创新，在保证一线教育成熟完善的同时，着力发挥第二课堂对学生的全面培养作用。

（二）高校三全育人的战略部署

"三全育人"要求全员育人、全程育人和全方位育人。全员育人表明教育的场所和对象不仅仅局限于教室和授课讲师。对于学生的培养和引导，高校整个团队和集体都肩负着责任。科学文化知识的掌握和思想道德品质的修养是长久的，甚至是带有曲折的过程。正因如此，对于学生的培养和熏陶要贯穿其学业生涯的始终，并且要注重实现学生的全面发展。在这个过程中，高校第二课堂对学生思想道德品行、学术科研创新、创业就业实践、人文艺术素养、劳动技能与劳动体验等方面的培养显得尤为重要。在科教育人的模式下，实践育人和管理育人形成了对人才培养的有力补充。

（三）人才培养模式亟需新突破

我国高校数量众多、规模巨大，教育教学体系日臻完善，但是在长期的发展过程中，也不可避免地存在一些问题。学术文化不浓、教学目标不清、创新意识淡薄、导向规划缺位、职责担当不明等问题在高校建设过程中或多或少存在。其中，最为典型且最难以挣脱的桎梏是素质教育的发展。学生对于知识的理解和掌握只是浅层地停留于书本表面，做题容易动手难、缺乏实践锻炼和独立思考能力的现象长期存在。在这种情况下，高校要着力寻求突破，加大创新改革力度，将各项针对措施落到实处。为此，应大力发展第二课堂，补足学生的课外素质教育环节，使第二课堂成为高校人才培养的重要组成部分，完善人才培养方案，实现第一课堂与第二课堂的互动互补、互相促进。

二、发展高校第二课堂教育的现实意义

（一）助力人才强国战略

人才的培育和高等教育的质量是衡量国家国力和发展潜力的重要指标。在新时代的要求下，国家提出了人才强国的发展战略，客观上要求党和国家要拥有一支强大的人才队伍，以应对政治、经济、文化各方面的建设需要。通过第二课堂实施路径的探究和一体化育人体系的构建，支撑社会主义现代化建设的推进、中国特色社会主义新局面的开创、中华民族的伟大复兴以及中国梦的实现，将人才兴国与贯彻落实科学发展观、建设创新型国家紧密结合起来，确保中国在风云变幻的国际形势和国际竞争中以强大的人才资源为特色优势，始终保持战略主动地位。

（二）增强高校核心竞争力

高校作为人才教育和培养的主体，其地位不容忽视，其责任也十分重大。在国际竞争加剧、政局错综复杂、新冠肺炎导致全球危机的时代背景下，高校肩负着国家和人民的期望，应怀揣强烈的历史使命感和社会责任感，不断实现自我完善和自我剖析，自觉融入民族复兴的伟大进程中。

高校要想深入挖掘自身优势，拥有创新性的科研成果、显著的人才培养成效、浓厚的大学文化和开放的国际化交流，前提是做好自身改革与完善。第二课堂的育人模式能够将高校改革的突破点较大程度地具体化、可操作化，通过科学完备的第二课堂成绩评价体系，充分体现高校管理层的制度设计智慧、执行者的指挥落实效率以及在教学体系中的垂直关系互动效果。探索更好更适合学校和学生的育人模式的过程以及实行过程都是对高校实力的考验，更是提高竞争力，形成核心特色优势的巨大推动力。

（三）实现个人综合能力全面发展

第二课堂是学生在一线教学之外接受教育、完善自我的重要途径。在教育事业繁荣发展、人才辈出、竞争空前激烈、就业生活压力倍增的新时代，每个个体都要努力提升各方面的实力以更好地适应社会。实践证明，第二课堂和第一课堂所能学到的同样重要。学生在追求全面发展和综合素质提升时，高校对于发挥第二课堂作用的路径探索和方式选择将直接影响每个学生的具体行动和思想。这种影响广泛且具体，对个人的成长意义重大。第二课堂的育人模式，只有通过科学、高效、合理的传导路径，才能发挥更好的作用，达到更理想的效果。因此，完全有必要将其作为一个课题加以仔细审慎研究，并考虑各种路径下的预估效果以及确定最佳方案，以形成积极健康运转的教育生态体系，促进每个学生各方面素养的高水平均衡发展，为国家和社会输送源源不断、生气蓬勃的人才储备。

三、发挥第二课堂育人作用的实施路径

（一）遵循原则

1. 坚持育人导向原则，注重第二课堂的长效性

第二课堂属于学校全程培养方案的"课外素质教育"环节。相较于以教授专业知识为主的第一课堂而言，第二课堂是对第一课堂的有机补充和重要拓展，是全面推进教学改革的重要组成。中央31号文件和全国高校思想政治工作会议明确指出，以立德树人为根本，以理想信念教育为核心，以社会主义核心价值观为引领，把思想价值引领贯穿教育教学全过程和各环节，形成教书育人、科研育人、实践育人等长效机制。因此，第二课堂的建设与推进要牢牢把握"三全育人"的育人目标，明确第二课堂是完善高校人才培养方案、全面提升大学生综合素质、助力培养德智体美劳全面发展的社会主义建设者和接班人的有效依托，要牢固树立第二课堂育人长效性意识，坚持长期且持续地开展第二课堂育人工作。

2. 坚持全面发展与精准施策相结合原则，增强第二课堂的灵活性

第二课堂内容丰富，覆盖了思想道德品行、学术科研创新、创业就业实践、人文艺术素养以及劳动技能与劳动体验等板块，是品德锤炼、技能拓展、素质提升的重要实践平台。在第二课堂的长期实施过程中，我们要始终遵循学生成长规律，把握学生的思想特点和发展需求，将普遍要求与分类指导相结合，针对过程中出现的问题进行及时分析研判，有效识别共性问题或个性差异，并采取相应的调整措施，增强第二课堂的灵活性。

3. 坚持自我更新原则，激发第二课堂的内生动力

目前，"第二课堂成绩单"制度仍处于初级阶段，因此第二课堂在育人过程中要注重不断进行自我更新，要充分尊重学生成长成才的客观规律，同时在理念思路、形式内容以及方式方法等方面要与时俱进，增强工作的时代感和实效性，在第二课堂的实施过程中充分激发学生的内生动力，使学生从被动地完成考核转变为自觉积极地锻炼自己，全面提升自身综合素质。

（二）实施路径

1. 合理布局完善第二课堂项目库

目前我校第二课堂设有思想道德品行、学术科研创新、创业就业实践、劳动技能与劳动体验以及人文艺术素养这五

个类别。这五个类别分别以参加党团校等思想政治活动、学术科技培训学习活动、社会实践活动、学生工作经历、文化礼仪主题活动为代表。在实际推行过程中，各类别活动认定不能囿于文件所列，而是要完善学生申请认证机制，对于学生参与的课外活动充分给予自主选择权。同时，在第二课堂育人体系的建设和管理上要进一步加强不同类别活动的良性互动，以实现各环节、各类别的协同作用，在系统下整合成自成体系的高校育人生态链，与第一课堂相互补充配合。

2. 加强学生组织引领

在第二课堂的建设过程中，我们必须重视校院两级学生组织以及班级委员的作用。校团委、学院分团委、学生会、志愿者协会等学生组织以及班级团支委与学生的联系紧密，且信息传递十分迅捷有效，在高校学生群体中具有比较重要的影响力。因此，我们应该充分认识并有效利用各级学生组织的引领作用。一方面，要想最大化发挥第二课堂育人作用，首先要改变传统的教育观念。受传统教育观念的影响，部分大学生对第二课堂的认识不足，不愿意参与实践教学活动，难以正确处理第一课堂与第二课堂之间的关系。因此，我们需要加大对各学生组织的研究力度并融入其中，通过各学生组织向广大学生群体宣传第二课堂的教育理念与教育方式，例如开办小型讲座、主题团日活动、班会等，完成学生对第二课堂从被动接受到主动积极参与的转变。与此同时，各学生组织应及时向教师反馈学生在参与过程中的实践效果和思想动态，以便学校和教师了解具体的教学效果，并采取相应的科学决策进行动态调整。另一方面，要加强与学生组织负责人的沟通，除了信息的传达与反馈之外，还要了解学生的思想动态。当出现具有某些不良或者消极思想的同学时，可以利用学生组织与学生间较为亲近的关系，请负责人代替教师进行思想纠正和压力疏导，帮助他们塑造健全人格。

3. 开辟社会活动基地

第二课堂的核心是实践教育。学校通过第二课堂帮助学生完成理论知识的内化、提升实践操作和应用能力，并在实践中引导他们塑造正确健全的世界观、人生观和价值观。因此，学校应充分整合利用各类资源，开辟第二课堂社会活动基地，为学生提供相应的活动空间。以志愿活动和创新创业活动为例，高校可以与偏远贫困地区的学校建立定点帮扶机制，将其作为本校学生的社会实践活动基地之一，每年寒暑假可以为有意愿的同学提供支教机会，这既能补充贫困地区的教育资源，又能让本校学生在志愿支教的过程中锻炼能力和品性。虽然我校已设立创新创业基地，但实际上与学生教育的贴合度不够，主要是通过开设《创业基础》等课程向学生普及创业知识，在学生的创新创业方面提供的支持有限。学校可以考虑为在校生配备创业导师，以一对多的方式形成以创业导师为中心的团队模式。这样，学生既能高效地获取导师的帮助，又能与同在导师团队中的其他同学进行课题探讨，更易于快速组建项目团队。此外，学校还应与校友企业保持密切联系，争取创建实习基地，为学生提供实习岗位；与当地的红色历史博物馆、革命纪念馆等合作，创建红色教育基地，加强学生社会主义核心价值观教育等。

（三）存在问题及不足

我校以 2021 级本科生为主体推动了第二课堂制度的试行，根据具体的实践效果和学生反馈，总结出改进第二课堂的相关经验，据此推进第二课堂成绩单制度的改革。目前，存在的问题主要有以下几点。

1. 缺乏积极正面的引导，未能充分调动学生参与的积极性和主观能动性

学生普遍未能认识到第二课堂的意义，第二课堂制度的实施停留在任务驱动、学分驱动的层面，距离自我要求、任务驱动、兴趣驱动尚有较大距离。学校在倡导课堂外实践活动的过程中未将学生作为第二课堂教育的主体，缺乏对学生思想层面认知的引导。学生应该参与哪些活动、学生参与这些活动的意义，以及学生参与活动的方式和途径等方面缺乏专业老师的指导。这使得学生在参与第二课堂活动时存在完成任务的敷衍态度，无法真正从中获得思想意识和个人能力的提升，形式主义成为阻碍第二课堂质量提高的主要因素。

2. 第二课堂评价体系尚不完善

育人实践工作的规范和标准不明晰，导致素质教育目标与结果脱节。大学生能参加的校内与校外活动范围广泛，有所裨益的实践活动种类甚多，而学校第二课堂制度尚未将大多数活动纳入其中，存在学生参与活动却无法计入评价的情况。学校第二课堂制度的设置难以有效切合现代高等教育的

发展和需求，第二课堂未能成为第一课堂专业知识和基础知识教育的有效补充。

3. 缺乏有效的调查和反馈

第二课堂制度的设置受到传统教育体系的深刻影响，在学生第二课堂活动的参与度、学生对第二课堂活动的评价方面，调查频率较低，这导致无法及时验收第二课堂的实施效果，影响了第二课堂教育的时效性和有效性。此外，相关问卷调查和数据支持的缺乏也影响了学生参与的积极性，学生在第二课堂活动中遇到的问题无法得到有效和及时的解决，制度设置难以得到相应的改进和提升，进而影响了人才培养的质量和效果。

4. 第二课堂支持政策不完善，会与第一课堂发生冲突

第二课堂活动的专业指导老师配置不完善，学生难以找到提升自己的路径和方法，导致第二课堂活动效率较低。此外，第二课堂在班级内部与学生社团之间的渗透有限，未能利用有效的学生关系来提高学生参与第二课堂活动的积极性。第二课堂活动一定程度上会与第一课堂发生冲突，缺乏合理规划的第二课堂会压缩第一课堂的学习时间，进而导致学生专业基础教育的不牢固。

（四）优秀案例

学习优秀案例并结合实际情况改进是改善第二课堂制度建设、提升第二课堂活动质量的重要途径。南京大学的第二课堂制度得到了教育部、江苏教育报等的机构的认可和报道。

第一，南京大学将社会实践、创新创业计入第一课堂学分，充分利用产学研合作平台和资源，依托教师课题、学科优势和专业特色组织开展社会实践核心项目。积极引导第一课堂师资参与第二课堂，开展"实践大讲堂""创新训练营"等创业实践课程，每年举办200余场创新创业教育讲座、沙龙、工作坊等，不断夯实第二课堂课程化建设。围绕"悦读经典"第一课堂通识课，开展"追问名师"等第二课堂系列活动，营造校园书香氛围，构建覆盖本科四个年级、课内到课外、第一课堂到第二课堂的立体化课堂体系。

第二，南京大学依托"南青实习岗"项目，与政、企、研、媒等校外单位建立常态化合作，为学生提供实习岗位、创业实训项目、实践课题等，参与项目的学生达1500余人。南京大学还设立了中国工商银行大学生金融实践中心、省级机关青年实习岗、省红十字会大学生实习实践基地等南京实习岗项目，进一步推动南京大学实习实践基地建设。2016年，该校拓展创业实习岗，累计为近千名学生提供了实习实践机会。整合第二课堂活动资源，量化记录学生第二课堂活动经历，为学生就业添力加码。探索第二课堂成绩单制度，研发"南青足迹"南京大学学生第二课堂成绩单平台系统，增设成长记录时光轴、公开公示、打印查询、数据分析等平台特色功能，为学校和用人单位提供客观、科学的学生第二课堂表现依据。目前，已有3165名学生通过该平台系统建立了第二课堂成绩单。

第三，南京大学以社会主义核心价值观培育践行为引领，开展符合青年需求的校园文化活动。开展"梦想公开课青年南大人说"系列活动，引领青年学子树立理想、坚定信念。

邀请校友走进文化课堂，开展小蓝鲸音乐节、体育节、"青春与春天"校园诗歌节、"同心筑爱"校园民族文化节等活动，弘扬传统文化、打造特色项目。引导学生结合自身专业开展志愿服务项目，持续开展"校园义工岗""环保教育课堂""西部学子第二课堂""李四光讲师团"等项目。全校注册志愿者覆盖率达到 70%，总录入服务时长逾 21 万小时。

南京大学在第二课堂活动创新与拓展以及第二课堂制度建设方面开拓出适合学生能力提升和个人发展的道路，为其他高校第二课堂制度的探索与完善提供了优秀的范例。

四、结论与建议

（一）结论

通过以上分析，我们可以发现，第二课堂对于实践"三全育人"和提升学生综合素质以适应现代社会职业需求具有重要意义，对高校基础教育具有补充作用。然而，目前的第二课堂制度建设尚存在一些不足之处，在提高学生积极性、完善评价体系、健全反馈与改进机制等方面尚有很大的提升空间。结合南京大学的第二课堂实施案例可以看出，完善第二课堂制度可以从校企合作、实践基地建设、专业老师提供实践讲座，以及丰富实践活动种类等方面着手。

（二）建议

针对前文所述的第二课堂制度的不足之处，结合南京大学优秀案例，我们提出以下建议，以完善第二课堂成绩单制度建设。

1. 为学生提供正确、积极的引导

学生参与第二课堂活动的积极性很大程度上取决于他们对活动意义的认知。而学生对第二课堂这一全新教育模式的认识需要学校辅导员、任课教师、学院教师正确、积极的引导。学校可通过举办相关讲座、开展相关的趣味活动、在班级集体内宣传等方式，从思想上改变学生的应试思维，指引学生适应现代职业社会的要求，培养学生的创新思维和能力。

2. 丰富第二课堂实践活动的形式

第二课堂实践活动不仅需要紧跟现代教育改革的步伐，满足现代社会对高校教育的要求，还需要满足学生对多种类、多途径实践活动的需求，结合学生的兴趣点改进活动的组织形式。第二课堂实践活动可以涵盖社会实践、科研活动、文学素养活动、社会实习等多个种类，同样种类的实践活动也可以在形式和具体内容上进行创新，以提高学生参与第二课堂活动的主观能动性。

3. 提供专业师资力量的支持和社会支持

第二课堂实践活动需要与第一课堂基础教育紧密结合。第二课堂从实践方面丰富基础教育内容，为学生各方面技能的培养提供平台和激励。实践活动的设置与组织需要相关老师提供专业上的支持，学生参与实践活动也需要专业老师的指导。专业老师的指导能够推动学生迅速进步，引导学生有意识地提升创新能力和实践水平。

同时，实践能力的提升离不开广泛的社会实践。校企合作

可以为学生搭建便利的实践平台，促进第一课堂专业知识在实践中的运用与深化，以适应现代社会发展对高等教育的要求。

4.有效运用现代科技，便利第二课堂的开展

在数字科技飞速发展的现代社会，互联网和大数据为人们的学习和实践提供了极大的便利。学校可以利用现代科学技术搭建支持第二课堂互动的互联网平台，以便在校内广泛分享第二课堂的实践活动，相关讲座也可以通过互联网平台开展。此外，学校应注重对第二课堂实践状况和学生评价的调查与了解，根据反馈及时改进制度建设和活动设置，保证第二课堂实践活动的时效性，紧跟现代教育需求的变化，以更好地发挥第二课堂的育人作用。

参考文献

［1］柏东良. 新时代高职学院第二课堂育人研究与实践［J］. 当代教育实践与教学研究，2020（13）：42–43.

［2］孙雪，徐慧宁，张鑫宇，等. 当前高校第二课堂建设的调查与建议——基于武汉市江夏区高校的调查［J］. 湖北经济学院学报（人文社会科学版），2020，17（9）：130–132.

［3］刘壮壮. 基于第二课堂成绩单制度探究高校共青团融入人才培养新体系[J].佳木斯职业学院学报,2020,36(9):64–65，68.

［4］周海晶，撖韶峰，魏小冈. 基于校企深度合作的第二课堂实践型人才培养的探索［J］. 知识经济，2020（19）：140，144.

坚持"三个第一"创新科研育人实践

王　胜　杨　苗

（科学研究部、社会科学研究院）

一、坚持"三个第一"的科学内涵

党的二十大报告指出，教育、科技、人才是全面建设社会主义现代化国家的基础性、战略性支撑。必须坚持科技是第一生产力、人才是第一资源、创新是第一动力，深入实施科教兴国战略、人才强国战略、创新驱动发展战略，开辟发展新领域新赛道，不断塑造发展新动能新优势。

坚持"三个第一"的重要论断，把教育、科技、人才三者创新性地独立成章、系统论述，既反映了三者之间协同配合、互促共进的内在逻辑关系，又凸显出在我国全面建设社会主义现代化国家历史进程中，教育、科技、人才的基础性、战略性支撑作用。

立足中国特色、时代发展特征和中国发展的阶段性特点，坚持"三个第一"深刻回答了迈入新征程，中国教育"培养什么人、怎样培养人、为谁培养人"的时代之问。教育、科技、人才三者之间协调共进，为经济社会发展塑造动力与势能，协同支撑起发展这一第一要务。

二、高等院校坚持"三个第一"的重要意义

高等院校作为高等教育的根据地，肩负着为党育人、为国育才的历史使命，是高层次人才培养的重要摇篮。与基础教育不同，高等院校长期以来还是我国基础研究的主力军和重大科技突破的策源地，在解决国家重大战略需求、攻克社会发展关键难题、应对风险挑战等方面发挥着重要作用。科研育人是高等院校教育、科技、人才三者有机结合的重要落脚点和着力点，高等院校通过科研育人深度服务国家重大战略需求能力的提升，既是新时代背景下高等教育实现社会价值的关键体现，也是高等院校推动新型举国体制下科技创新的核心举措。

当前，我国正处于新发展阶段，推动经济社会高质量发展，满足人民群众日益增长的美好生活需要，是全社会共同的奋斗目标。作为高等院校，如何切实做好科研育人创新实践，助力基础研究和应用基础研究向纵深发展，以高水平的科学研究成果推动解决经济社会发展中面临的关键难题，是高等院校高质量发展的重要突破口和增长点。区别于高新企业、专业研究机构，高等院校在学科分布、人才结构、研究资源等方面具有相当的优势。在新发展阶段，高等院校更应主动

出击、主动谋划、主动对接，以国家需求为导向，明确科学研究攻关方向，通过创新科研育人生动实践，在服务国家经济社会发展的具体实践中更加彰显科研创新的强大驱动力。

坚持好"三个第一"能够让高等院校更加清晰地把握教育、科技、人才三者之间的协调发展关系，能够更加明确高等院校在加快建设教育强国、支撑中国式现代化中所承担的历史使命，更能够切实推动高等院校创新科研育人实践提升服务社会的能力与水平，为国家、省市重大战略及区域经济社会发展提供强大的智力支持。

三、高等院校践行"三个第一"创新科研育人的有效实践经验

近年来，一些人文社科类院校在践行"三个第一"原则和创新科研育人实践方面表现较为突出。以中南财经政法大学为例，其一些经验做法值得推荐，可总结为以下几点。

（一）赓续红色血脉，"立德树人"摆在首位

红色血脉赓续传承，始终将"立德树人"摆在首位。"双一流"建设如火如荼，始终将"科研强校"作为发展战略。中南财经政法大学诞生于解放战争时期，是一所"抗大式"的革命大学。"党办的大学让党放心，人民的大学不负人民"的精神品格始终熔铸于学校的血脉之中，弘扬"砥砺德行、守望正义、崇尚创新、止于至善"的办学精神和"由党创办、建校为党、成长为国、发展为人民"的红色基因，形成了财经政法深度融通的办学特色和"融通性、创新型和开放式"

的人才培养特色。学校始终坚持科研强校发展战略，持续加强有组织科研，以"科研能力提升、思想品格塑造"作为学校主要育人目标，着重培养师生把论文写在祖国大地上，努力造就师生扎根中国、服务人民的家国情怀，进而锤炼师生求真务实、勇于创新的学术品格，为中国的经济社会发展输送"经世济民"的人才，持续推动哲学社会科学研究的繁荣发展。

近十年来，学校承担并完成国家、省部级重点科研项目1500余项，产出科研成果15000余项，成为国家组织高水平应用研究、开展高水平学术交流、聚焦和培养优秀社科人才的重要阵地。鲜明的红色基因与一流的学科实力为学校的科研育人实践提供了源源不断的精神源泉和坚实的平台根基。

（二）发挥项目导向作用，精准对接发展需求

中南财经政法大学始终坚持习近平新时代中国特色社会主义思想，在科学研究工作部署中，牢牢把握"双一流"建设中心任务，明确"重大科研项目持续发力"的战略目标，切实发挥科研项目的示范引领作用。在中央高校基本科研业务费项目规划上，凸显正向引导，科研资金分配上重点倾斜、持续资助基础前沿、交叉新型学科和公益性研究等重点领域。充分发挥中央高校基本科研业务费项目的引导、培育及杠杆作用，主要支持以一流科技领军人才和创新团队建设为代表的核心项目，重点培育一批具备原始创新能力和潜力的青年科技人才领衔的跨学科、跨领域优秀团队。突出"大专家、大团队和大平台"的示范引领作用，稳定支持其开展原创性、引领性科研攻关，

挑战关键核心领域的重大科学难题，集中力量、整合资源进行多学科交叉的基础性、支撑性和战略性研究。

资助周期内，对获批培育建设的个人或团队实行全过程跟踪培养，定期对任务完成情况开展绩效评估和中期考核，根据评估结果动态调整支持对象和支持额度，已孵化一批具有重大学术影响力的一流科技领军人才和具备重大问题攻关能力的高水平优秀科研团队，以点带面地提升学校服务中国式现代化战略需求的整体科研硬实力，培育并斩获更多国家级社会科学重大项目，为国家、省市的重大战略和区域经济社会发展提供强大的智力支持。

（三）创新落实"放管服"政策，有效激发科创活力

近年来，中南财经政法大学不断优化科研项目培育机制和激励机制，持续开展教育部哲学社会科学重大课题攻关项目、教育部人文社科研究一般项目、国家社科基金项目、国家自科基金项目等国家级重要项目申报全过程辅导。通过构建专业化、精细化、体系化的国家级重要项目挖掘、培育、激励工作机制，有效增强了国家级科研项目申报竞争力。

同时，学校坚持遵循科研活动规律，按照国家相关规定，扩大和保障科研机构和科研人员享有相应的科研自主权，优化科研管理体制，简化科研项目管理流程，强化创新导向、结果导向和实绩导向。制定并发布了《中南财经政法大学科研项目资金管理办法》《中南财经政法大学中央高校基本科研业务费管理办法》，不断完善科研经费管理机制，推进基于绩效、诚信和能力的科研管理试点。近年来，省部级以上

课题立项数稳步上升，国家级项目屡创新高。

上述成效的取得得益于学校相关政策的有效实施，更得益于以实际行动对坚持"三个第一"的积极响应。可以从三个方面总结：一是提高政治站位，全校上下高度重视科研工作，重视科技是第一生产力；二是牢牢把握人才资源，重视人才、呵护人才、保障人才，高度重视人才资源的关键作用；三是坚持创新、引导创新、推动创新，破除"五唯"顽疾，注重科研成果的质量，以高质量发展为目标，鼓励产出原创性、标志性重大科研成果。

四、高等院校坚持"三个第一"创新科研育人实践的提升路径

坚持"三个第一"创新科研育人实践是我国高等院校深入实施科教兴国战略、人才强国战略、创新驱动发展战略，推动高等教育高质量发展，落实立德树人根本任务的重要举措，是开辟新赛道、塑造新动能的关键突破。高等院校只有切实坚持"三个第一"创新科研育人实践，持续强化有组织科研，才能更精准地对接和有效服务国家重大战略需求，为推动中国式教育现代化、培养担当民族复兴大任的时代新人而努力奋斗。

（一）提高政治站位，把牢正确办学方向

高等院校是党和国家培养高层次、高质量人才的重要阵地，也是思想文化交融、碰撞、创新的重点领域，要坚持党建引领、加强政治建设、把稳政治方向，推动高校党的建设

与高等教育事业发展深度融合，在人才引进、培养、使用等全过程，要切实严把政治关，坚持政治标准和学术标准并重。高等院校要坚守为党育人、为国育才的初心使命，坚持"四个不动摇"的战略定力，把牢正确办学方向。始终坚持习近平新时代中国特色社会主义思想，认真贯彻落实党的二十大精神中实施科教兴国战略、强化现代化建设人才支撑的指示，坚持培养社会主义建设者和接班人的目标不动摇。

（二）价值引领全方位，有效发挥项目导向作用

高等院校应切实发挥科研项目的示范引领作用，将育人工作作为科研管理的核心环节。坚持把教育引导、价值引领贯穿于科研项目的选题设计、立项评审、探索研究、成果转化等科学研究全过程。在项目选题设计上，强化正确的价值导向，提高政治站位，坚持"四个面向"，服务"国之大者"。在项目申报和评审环节，在关注申报文本质量的同时，还要注重考察申报人的政治素养、师德师风、学术道德等方面情况，审核申报人是否具备承担项目研究的政治素养和业务能力；在项目中期考核、结项验收环节，注重考量项目成果对经济社会发展、学生培养、学科建设等方面产生的实效。同时，注重结合本校学科特色，围绕国家、地方重大战略需求，充分发挥哲学社会科学育人功能，在构建中国自主知识体系和提升高校智库咨政服务能力方面做出应有的贡献。

（三）推动思政融入科研全流程，实现科研过程育人

建立科研项目申请、立项、实施、结项、成果评价、成

果推广及转化应用与思想政治教育有机融合的科研全过程育人模式，开设《科研创新课程》、加大对学生自主科研项目的资助力度、鼓励教师将最新的学术成果运用于教学实践、支持和指导大学生参加科研创新与创业实践活动，这样能够使学生在充分体验科研活动的过程中熟悉科研环节、掌握科研方法、产出科研成果、体悟创新过程、感受学术的严谨，从而增强其科研能力，提升其科学素养，建立师生学术共同体。

（四）健全科研评价机制，释放"放管服"红利

坚持以师生为中心的发展思想，将人才培养质量纳入科研评价体系，树牢以质量、绩效、贡献为核心的评价导向。立足本校学科特色，坚持科研育人为本，结合不同学科自身的特点，建立健全导向正确、科学合理的多元、分类评价机制。注重引导教师在哲学社会科学研究中更加关注人才培养贡献度，并提高各级各类科研项目与立德树人目标的关联程度。将学生取得的科研成绩、综合素养提升作为教师科研育人的评价依据。加强科研实践在学生综合评价体系中的权重，不断优化学生评价标准。推动科研评价制度不断健全，通过科学、合理的评价机制有效发挥科研评价对育人育才的导向和激励作用。

按照"重贡献、重实效"的分配原则规范绩效分配方式，加大绩效工资分配向科研人员的倾斜力度。扩大经费包干制范围和结余资金留用自主权，赋予科研人员更大的经费使用自主权。坚持科技创新质量、绩效、贡献为核心的评价导向，健全科研成果管理制度，完善科研成果奖励办法，鼓励产出

原创性、标志性重大科研成果，充分调动科研机构与科研人员的研究积极性和创造性。

参考文献

［1］苏明，罗东方. 新型举国体制下高校服务国家科技重大任务的内在逻辑及能力提升［J］. 北京教育（高教），2023（5）：36-38.

［2］段从宇，胡礼群，张逸闲. 中国式现代化进程中教育、科技、人才三者关系的科学识辨与正确处理［J］. 教育科学，2023，39（2）：48-55.

［3］刘凤义，赵夫鑫. 推进中国式现代化的几点思考［J］. 理论与现代化，2023（2）：5-13.

［4］周洪宇. 全面建设社会主义现代化国家的基础性战略性支撑［J］. 中国党政干部论坛，2023（3）：5-10.

［5］苗志军. 响应二十大报告中关于"深化科技评价改革"的要求，完善科技成果评价机制［J］. 橡塑资源利用，2023（1）：1-5.

［6］王玥. 三个"第一"为何重要［N］. 深圳特区报，2023-02-14（B02）.

［7］杨志成. 把握发展素质教育的本质和内涵［J］. 人民教育，2023（1）：23-26.

［8］李峰. 充分发挥财政职能作用推动教育科技人才事业高质量发展［J］. 中国财政，2022（24）：62-64.

［9］陈洪. 中国式体育现代化的历史维度、内涵场景与

实现路径［J］．天津体育学院学报，2022，37（6）：658-663，696．

　　［10］王萍．筑牢国家强盛之基——以教科法治助力中国式现代化［J］．中国人大，2022（23）：40-41．

　　［11］武力．高质量发展是实现中国式现代化的关键［J］．马克思主义与现实，2022（6）：25-28．

　　［12］刘凯．深入贯彻科教兴国战略全面推动西藏高等教育高质量发展［J］．西藏民族大学学报（哲学社会科学版），2022，43（6）：1-6，153．

　　［13］潘玉腾．高校实施有组织科研的问题解构与路径建构［J］．中国高等教育，2022（Z3）：12-14．

　　［14］胡海琼．新时代背景下高校科研评价改革研究［J］．才智，2022（11）：187-189．

新时代五育并举视角下博士生服务团实践育人模式探析①

——以中南财经政法大学为例

白　玉

（党委研究生工作部）

一、引言

三全育人、五育并举是高校人才培养的重要理念和指导思想。其中，五育并举是指德育、智育、体育、美育和劳动教育五个方面的综合发展，是中国传统教育的重要特色之一。党的十八大以来，习近平总书记立足党和国家工作全局，围绕五育并举发表一系列重要讲话、作出一系列重要指示。2018年9月，全国教育大会提出培养五育并举全面发展人才

① 本文系中南财经政法大学2022年度研究生教学教改项目（项目编号JCAL202232）研究成果。

的倡导；2019 年 7 月，中共中央、国务院在《关于深化教育教学改革全面提高义务教育质量的意见》中，将五育并举上升到国家教育指导思想层面。作为现代教育理论和实践中的重要指导思想，五育并举的实施和推广对于促进学生全面发展、满足社会人才需求、支持教育改革发展具有重要意义。

社会实践作为五育并举中实践育人的主要形式，在研究生培养和教育中发挥着重要作用，是高等教育内涵式发展的主要内容。2020 年 4 月，教育部等八个部门颁发了《关于加快构建高校思想政治工作体系的意见》，强调要深化实践教育，将思想政治教育融入社会实践、志愿服务、实习实训等活动中，创办形式多样的"行走课堂"。随着中国研究生队伍的不断壮大，研究生逐渐成为社会各界力量的重要支撑。研究生教育承担着为国家和社会输送高素质人才的主要任务，如何真正践行五育并举理念，培养德智体美劳全面发展的高层次拔尖创新人才，是研究生教育领域的重要议题。

本文拟从新时代五育并举的视角出发，依托中南财经政法大学博士生服务团的社会实践活动，探讨和探索研究生创新型实践育人模式及其作用影响。

二、新时代五育并举的内涵和要求

"五育并举"德智体美劳是基于我国青少年的全面发展而提出并不断完善的。其中，德育以培养理想信念，社会主义核心价值观等为主要内容；智育以培养认知能力，激发创新意识为重点；体育将健康放在第一位；美育与地方文化以及优秀传统文化乃至于世界文化相结合；劳育以实践为核心。"五育"在功能上既相互独立，又相互依赖，共同促进我国青少年的全面发展。

随着政策的推行和各个阶段教育实践的丰富和发展，中共中央、国务院印发了《深化新时代教育评价改革总体方案》（以下简称《方案》），进一步发展和完善了"五育并举"这一方针内涵。对大学生、研究生乃至于博士生的培养方面，《方案》进行了明确。除对强调德育和智育的重要性外，在体育、美育、劳育方面也作出新的调整和补充：在体育上加强大学生体育评价，探索在高等教育所有阶段开设体育课程；在美育上推动高校将公共艺术课程与艺术实践纳入人才培养方案，实行学分制管理，学生修满规定学分方能毕业；在劳育中将参与劳动教育课程学习和实践情况纳入学生综合素质档案。在《方案》指导下，各大高校不断完善学生的培养方案及计划。

三、博士生服务团的实施现状

（一）博士生服务团基本情况

近年来，高校逐渐重视硕博研究生的实践能力培养，通过组织专业实习、社会调研、志愿服务、顶岗挂职等社会实践活动促进学生的全面发展。博士生服务团是一种由高校自主组织的志愿服务组织，服务项目和方式多样，有义教、科普、环保、扶贫、文化传承等各领域志愿服务活动，也有为地方政府、企事业单位提供技术咨询、项目研究等服务。通过志愿服务可以加深博士生对社会的了解和认知，提高博士生的培养质量和综合素质，同时推动高校与社会的交流与合作。

国内较为成熟的实践项目是复旦大学的博士生医疗志愿服务团。该服务团创立 27 年来，在全国 13 个省份 22 个县、32 所医院开展支援服务，接诊群众达 5 万余名，累计服务时长达数万小时，开展各类医疗培训 500 余场，这些博士生志愿者被居民称为"行走在大山深处的白衣天使"。医疗团通过链接博士生专业知识与基层社会实际需要，为博士生深层次发展、解决群众就医的急难求困提供了重要渠道。此外，贵州大学的"博士村长"实践项目也产生了深远影响，该项目 2017 年启动，通过选派农林专业的博士生为村民脱贫攻坚乃至发家致富提供专业技术指导。项目探索出了科学研究与生产劳动、社会实践相结合的实践育人新模式。"博士村长"项目将学生派遣到基层第一线感受并参与中国社会的发展与演进，激发了博士生对中国发展与进步的认同感，增强了他们投身基层建设的主动性与积极性。

（二）博士生服务团的特点与优势

1. 专业知识优势

与其他服务团相比，博士生服务团在专业领域的研究水平较高。一方面，博士生接受了深度且系统的学术研究和专业技能训练，具备较高的学术水平和专业能力；另一方面，博士生通常具有跨学科的宽口径理论知识，能够在服务团中承担多学科的研究任务和服务职责。因此，博士生服务团往往具有比较扎实的理论功底和专业竞争力。

2. 经验技能优势

博士生服务团的经验优势主要体现在学术研究经验、项目管理经验以及学术推广经验上。博士生在本科和硕士阶段积累了丰富的学术科研经验，通常能够熟练地运用各种研究方法和技巧，这为博士生服务团投身基层、投身社会提供了扎实的经验基础。此外，博士生大多具有丰富的项目研究经历，了解项目管理的各个环节，能够在志愿服务工作中更科学、更高效地完成任务。

3. 综合素质优势

通过长时间的学术训练，博士生往往具备批判性思考评估信息、创新性解决复杂问题的综合素质能力。在这些能力加持下，博士生能够根据实际需求调整服务形式或者提供个性化服务。此外，博士生的书面和口头表达能力、团队协作能力较强，这些都有利于提升服务团的整体服务水准和质量，增强社会对服务团的满意度和信任度。

（三）博士生服务团的重要作用

博士生服务团通过实践育人模式实现了对研究生教育的重要支撑与深度提升，与"五育并举"育人理念深度契合。

第一，博士生服务团为博士生提供了参与社会服务和实践的平台。通过社会实践，博士生能够认识到自己在社会中的责任和义务，了解社会需求和社会问题，感受为社会服务的意义和价值，体会"科技服务社会、知识回报人民"的真正内涵，进一步增强自身的思想觉悟和担当作为的责任意识。

第二，投身社会和基层的博士生能够利用自身的专业化知识，针对地方需求，以多种形式为地方经济社会发展提供系统性知识服务。博士生服务团的实践活动涉及领域广泛，如环境保护、社区服务、教育支持、文化传承等，团员们通过实际行动贡献自己的智慧和力量，促进社会的文明、进步和发展。

第三，博士生服务团推动博士生下基层，深入企业、政府、社区等地区进行调研，用实践和亲身经历感悟社会和地区发展的确切问题。通过基层调研，博士生获得第一手数据和信息，进而提升自身开展科学研究的针对性和实效性。

第四，博士生服务团通过参加各类社会创新活动，有助于增强博士生运用专业知识分析和解决实际问题的能力，提高博士生的劳动技能和就业竞争力。

同时，不同专业背景的成员们，通过共同的服务活动建立起相互信任、相互支持的合作关系，将为他们未来的研究和工作打下坚实的基础。

四、中南财经政法大学博士生服务团实践育人模式

（一）服务团组建背景

2022年5月，为推进校地政企人才培养合作，增强博士生社会实践能力，切实践行五育并举的育人理念，中南财经政法大学经过严格遴选程序，选拔出12名博士生组建成立首届博士生服务团。自2022年6月至9月，这12名成员分赴武汉市重点企业、区直部门、街道（乡镇、园区）党政机关、

社区（村）等单位开展社会实践锻炼。

（二）服务团前期准备

博士生服务团成立后，学校研究生院、党委研究生工作部邀请专家学者开展了有针对性的岗前培训和行前教育，力争在最大程度上提升服务团成员的职业素养和适岗能力。分管校领导高度重视博士生服务团社会实践工作，亲莅东湖高新区、江夏区、汉口银行和金控集团等实践单位参加见面会并进行接洽，为博士生服务团实践活动的顺利开展保驾护航。

（三）服务团实践模式

自博士生服务团成立以来，学校研究生院、党委研究生工作部以武汉市委组织部博士生暑期社会实践项目为契机，从管理方式、组织制度中探索构建政府、学校、企业三位一体的实践育人协同模式，为推进学校研究生教育改革创新和高质量发展作出贡献。

1. 以政府为主导，做好做实"校地对接"

博士生服务团在创立和实践的全过程中始终坚持以政府为主导，并在武汉市政府及属地政府的支持下进一步拓宽校地合作领域。通过社会实践见面座谈会，学校师生分别与江夏区、东湖高新区组织部门和实习单位的相关领导进行了沟通交流，并对相关具体细节进行对接。在首届博士生服务团中，有6位博士生分别前往东湖高新区党工委组织部、江夏区司法局、关东街道南湖社区、关东街道当代社区、江夏区郑店街道等政府职能部门或社区街道，在政府相关部门领导的支持和引导下，结合自身专业优势和学校所学，实际参与到政府工作或社区治理当中。其中，马克思主义学院博士生王子秦随高新区党工委组织部深入社区基层一线，实际参与基层党建工作，服务于高新区基层党建日常事务并探索社区治理的创新路径；法学院博士生田骥威在江夏区政府的领导下实际参与司法局法制事务中心的具体工作，参与区政府重大行政决策合法性论证工作。

2. 以学校为保障，做深做严"人校对接"

在博士生服务团组建与实践过程中，学校研究生院、党委研究生工作部精心组织了职业能力培训和行前教育活动，帮助博士生服务团成员提升职业技能水平。学校领导高度重视，亲自带队将服务团成员送至实践单位并进行接洽。在实践期间，实行学校、实践单位实行"双导师"管理制度，并全程参与指导，积极做好全过程追踪，全面掌握服务团成员工作学习情况和思想状况，同时做好实践期间的安全管理，切实保证博士生服务团实践活动的有序开展。社会实践结束后，研究生院、党委研究生工作部同实践单位组织服务团成员撰写实践总结，对实践表现情况进行评定，组织服务团成员集中返校。2022 年 9 月，研究生院、党委研究生工作部组织召开博士生服务团社会实践活动总结交流会，服务团成员围绕实践内容、个人收获、心得感悟等方面分别进行了汇报。与此同时，在微信公众平台上开辟了"博士生服务团"专栏，全面报道和展示服务团成员的实习情况与总结，充分发挥优秀服务团成员的榜样引领作用。

3. 以岗位为平台，做专做精"人岗对接"

在博士生服务团实践活动过程中，政府、学校综合考虑博士生所学专业、成长需求与岗位适配，实现"人岗对接"专业化、精准化，让博士生能够最大限度地发挥才干，从而达到人岗适配协调契合，使服务团成员充分将学校所学与实践目标及岗位诉求相结合，在实践过程中巩固专业知识、提高专业技能，加快从知识掌握到能力形成的转化。同时，企业与学校根据服务团成员自身学业背景、岗位需求与实践要求，为每位成员安排了相应的岗位。例如，经济学院博士生张钰林在实践中进入湖北省科技投资集团项目融资部工作，他根据企业实际情况并结合自身所学专业背景，完成了一份调研报告，包含1000余条数据，共计5万余字。实现了理论与实践的相互促进、融通发展，展现出我校博士生服务团的专业水平与实践成果。

（四）服务团效果评估

首届博士生服务团实践活动的开展，充分展现了中南大青年的良好学风、作风和政风，得到政府部门及实习企业的一致好评，多位博士生的事迹被中新网、《长江日报》等媒体报道。

为拓宽行业企业与学校的双向人才交流渠道，构建多元化、多层次、多形式的校企、校地协同育人机制，学校积极建立了"政府、学校、企业"三位一体的总结考核与效果评估体系，并将服务团社会实践经历纳入研究生"劳育"考核环节，作为个人评奖评优的重要参考指标。

首届博士生服务团实践活动顺利完成后，学校认真总结经验，为今后的工作奠定良好基础。下一阶段，学校将优化对服务团成员的选拔及行前教育机制，力争将博士生服务团打造成"中南大"特色品牌项目；同时，进一步加强对服务团成员的指导、管理和沟通联络，及时整理实践活动相关经验、问题与成果，并在校内外广泛宣传推广优秀经验，促进博士生服务团充分发挥示范效应。

五、结语

实践育人是思政教育的进一步延伸，是学生从"学"到"悟"的桥梁，促使学生不仅仅着眼于理论学习，更要通过实践锻炼直观感受到社会现实的发展与进步，更加积极投身于社会建设大潮中。组建博士生服务团，引导学生走出校园，到现实中去实践，去发现问题并以此为导向开展科研创新，是加强产学研结合、促进学生全面发展、提升学生培养质量的重要途径。

中南财经政法大学以博士生暑期社会实践项目为契机，组建首届博士生服务团，发挥高学历人才优势，推动校地政企人才培养合作跨越式前进，打造了"校地对接、人校对接、人岗对接"的"三对接"实践育人路径，从管理方式、组织体系中探索构建政府、学校、企业三位一体的实践育人协同模式，深耕践行五育并举的育人理念，为推进学校研究生教育改革创新和高质量发展作出新的贡献。

参考文献

[1]张俊宗. 努力构建德智体美劳全面培养的教育体系
[J]. 中国高等教育，2019（Z3）：70-72.

[2]颜怡，冯益平. 高校"五育并举"育人体系构建研
究[J]. 学校党建与思想教育，2021（20）：82-84.

[3]李政涛，文娟. "五育融合"与新时代"教育新体系"
的构建[J]. 中国电化教育，2020（3）：7-16.

[4]朱华炳，沈鹏，李小蕴. 以实训基地为依托开展劳
动教育的探索[J]. 中国大学教学，2022（5）：38-42.

[5]云电军，王欣艳. 七色文化：基于"五育并举"的
地方高校育人模式创新[J].沧州师范学院学报,2022,38(3)：
1-7.

[6]蒋时红，张文娴，郑昊，等. 高校研究生社会志愿
服务实践育人功能的探索——以河南中医药大学"仲景"硕
博志愿服务团为例[J]. 中医药管理杂志，2022，30（11）：
5-7.

[7]林成涛，李泽芳，王悫，等. 构建博士生社会实践
模式的思路与实践[J]. 北京教育（德育），2011（6）：
29-31.

[8]石泽平，邹绍清. 构建研究生实践育人长效机制的
现实意义及路径[J]. 教师教育学报，2016，3（1）：102-
109.

从"送文化"到"种文化"：
高校志愿服务融入社区治理实践探究[①]

——以中韩新媒体学院为例

黄祯辉

（中韩新媒体学院）

中南财经政法大学中韩新媒体学院艺·中南志愿服务队以美育素质教育为宗旨，整合电影学与视觉传达设计两大专业核心优势，综合运用影视、美术、音乐、文学等美育培养方式，为社区下一代传播弘扬我国经典文化内涵，打造多维度文化体系，为社区治理注入青春活力，为完善社区的科学化运作及优化社区基层治理模式提供助力，提升社区科学化治理水平和人性化服务水平。高校志愿服务作为居民社会服务需求

① 本文获中南财经政法大学中央高校基本科研业务费专项资金资助（31512212103/121）；本文为"2022年度教育部高校思想政治工作创新发展中心（武汉东湖学院）专项研究课题"（项目编号：WHDHSZZX2022014）研究成果。

的补充，在文化传播、美学教育、艺术创造等方面占据了有利优势，是社区治理中不可替代的一部分。

一、实施背景与目的

（一）协调社区创新发展，满足社区儿童艺术需求

习近平总书记在给中央美术学院周令钊等8位老师的回复中强调，美育工作不仅是传承和弘扬中华美德的重要手段，也是促进新时期教育改革和实现立德树人的关键步骤。美育不只局限于艺术教学，更是一个全面的、旨在提升当今社会公众整体素质的系统性计划。

为了丰富孩子们的寒暑假生活，培养他们对于音乐、美术、文学的认知力和感知度，中南财经政法大学中韩新媒体学院艺·中南志愿服务队集结优秀志愿者，通过寒暑假实践为社区儿童提供全方位、多角度的美学培养，创造具有中南财经政法大学风采的社会价值，以高校志愿团队的志愿性对口社区的公益价值。同时，社区儿童受到了高校志愿者的多维度公益教育，这促进了志愿项目长期有效且持续性发展，在完成公益价值升华方面延伸为社会性导向，扩大整体项目的价值意义。

（二）塑造美的理念，弘扬中华美育精神

1. 弘扬爱国为民的中华美育精神

以美的观念为指导、以美的原则为准则，这种思想深植

于五千多年的中国历史中，体现了浓郁的东方文化精神。近代以来，中华文化的精髓不断演进，其内涵也在不断地演变和更新。在新时代，中国共产党带领中国人民勇敢地面对挑战，坚定地抵抗外来侵略，实现国家的自主发展和进步。在社会主义建设的时代，人们勇于探索，努力打造一个更加美好的家园，并全心全意为社会主义服务。通过改革开放，我们看到了一种全新的思维方式——勇于冒险前行。随着社会主义的发展，美育的内容和层次不断丰富和拓展，既体现了国家的繁荣昌盛，又体现了民族的振兴，更体现了人们的幸福安康。

2. 弘扬根植传统的中华美育精神

传统的文化资源具有重要的作用，它们能够将个人的修养和国家的发展紧密结合，从而培育出更加健全的价值观和精神状态。中华优秀传统文化是培育中华美育精神的沃土，在锻造人们的心灵情感品行方面具有独特的优势。充分利用优秀传统文化资源，充分挖掘和运用蕴含其中的民族审美特质，对坚持文化自信、自强，弘扬中华美育精神具有重要推动作用。中华传统文化拥有深厚的人文底蕴，为我国新时代学校美育发展提供了丰富的文化资源，是培养学生文化认同的重要基础，具有不可替代的价值。

（三）引导儿童欣赏优秀文艺作品，增强文化自觉与文化自信

通过引导和帮助，让青少年儿童更好地欣赏和体会文艺作品的魅力，从而延续优秀的文化传统，激发他们的自豪感

和自信心。古代先贤们以"德艺双馨""艺品如人品"为榜样，将精神上的崇高、爱国主义热忱以及对祖国的深厚热爱融入他们的美学思想中，以文学艺术的形式表达出来，激励了一代又一代的中华子孙。大学生群体将专业所长融合美育教育宗旨，为社区下一代传播弘扬我国经典文化内涵，为各个年龄阶段的儿童带来形式丰富、意义深远的文化课程，引导青少年更好地认识和体验传统文化，培养他们正确的历史观、民族观、国家观以及文化观，让他们在文化的熏陶下更加热爱祖国。

（四）创新美育教学方式与内容，提升美育课程吸引力

教学是评估课程质量的关键因素，而实施"审美体验"和"意义生成"取决于如何运用美育课程的模式。随着5G、虚拟现实和人工智能等前沿技术的普及，"青少年＋艺术＋互联网技术"正在探索一条全新、充满活力的美育之路。它将计算机技术与艺术媒介完美结合，为观众带来前所未有的视觉体验。近年来，文化艺术机构纷纷搭建数字博物馆、网上美术馆，云音乐厅、云剧院等也经常直播高质量文艺演出，通过创意创新和技术赋能实现更广泛的触达。美育课程教学也应打破固有模式，积极创新内容和形态，大学生参与美育工作是积极挖掘探索校外优质美育资源、校社联动合作的重要体现，同时艺中南志愿服务队也在课程设计中引入"互联网＋"，守正创新推动中小学美育高质量发展。

二、实施路径探索

（一）聚焦志愿服务

1. 提升实践育人效果，定制多元美育课程

艺·中南志愿服务队结合中韩新媒体学院电影学与视觉传达设计两大专业核心优势，综合运用影视、美术、音乐、文学等美育培养方式，定制了以"继承红色基因，理解国学经典，传承非遗文化"为核心内容的多元美育课程。该课程为社区儿童提供了全方位、多角度的美学培养，丰富了社区知识课程，真正让志愿服务给受众对象带来切实的帮助，创造了具有中南大风采的社会价值和公益价值。

作为高校学生广泛参与的一项重要活动，志愿服务承载着高校实践育人的重要使命。通过参与志愿服务活动，高校学生发扬了奉献、友爱、互助、进步的精神，培养了责任意识和担当精神，并在潜移默化中获得成长和蜕变。志愿服务具有助人和育人的双重功能，青年志愿者在为他人幸福和社会进步提供帮助的同时，也获得了思想道德的教育和个性人格的完善。参与志愿服务不仅可以让大学生更好地了解国情民情，提升社会知识水平，还可以培养团结协作、改革创新的精神，提升优良品德，锻炼意志品质，树立崇高理想信念和社会主义核心价值观，激发社会责任感和担当精神。

2. 树立先进服务理念，促进高校公益创业

高校志愿服务是德智体美劳"五育并举"中劳育育人的

有效载体。与传统的社区志愿服务形式相比，当今的高校志愿服务更加注重实践性，通过项目化的方式，将社区的需求转移到社会组织身上，从而获得更多的资源，更好地满足社会的发展需要，并且能够更好地保证社区的长期发展。高校志愿者组织成立的社会组织规模小、结构简单，需要社区的公益项目特别是诸如社区创投项目给予这些组织生存和发展的机会。在高校公益创业的初期，项目的运营发展是必不可少的，但由于其特殊的性质，项目的规模必须尽可能小，而社区购买志愿服务则有助于推动高校公益创业的发展。艺·中南志愿服务队与邻近社区开展长期合作，形成一定规模且结构完整清晰，深入了解社区儿童的需求，开展相对应的丰富课程，长久地打响志愿服务招牌。

（二）聚焦文化建设

在艺·中南志愿服务队组织的多次志愿活动中，社区儿童接受了高校志愿者的多维度公益教育。这些活动促进了志愿项目的长期有效且持续性发展，在完成公益价值升华方面延伸为社会性导向，扩大整体项目价值意义。艺·中南志愿服务队充分利用高校的学科优势，如中南财经政法大学中韩新媒体学院同学在影像、动漫相关专业上的优势，服务更为广泛的人群。这既满足了居民的艺术需求，也增强了社区的凝聚力和向心力。

经过两年多的实践，艺·中南志愿服务队开展的活动更加广泛和全面，真正在便民、为民上做出了努力。群众性文艺作品有别于以学科知识为基础的范式创作，具有更强的质朴气息和个人阅历色彩，例如在"青松联谊会"摄影大赛中，许多离退休教职工通过作品呈现出那一代人对自然事物的审美情趣和时代风骨；建党百年暑期夏令营的绘画创作中，10后的孩子们用自己的视角表达了对祖国深情的爱，展现出童真的色彩和青春的活力；爱德面包坊的心智障碍人士虽然智力发育停留在了十岁，但创作的文创礼盒却处处饱含对生命的美好追求。

（三）优化社区治理机制，协调社区创新发展

在艺·中南志愿服务队的建设和发展过程中，与社区保持着密切联系。社区作为基层社会治理的重要载体，十九届五中全会提出了"坚持把实现好、维护好、发展好最广大人民根本利益作为发展的出发点和落脚点，尽力而为，量力而行，健全基本公共服务体系，完善共建共治共享的社会治理制度"的重大指示，"共建共治共享的社会治理制度"更加突出了合作治理、民主协商和多元协同的制度建设，以期更好地促进社会公平正义、维护人民群众的权益。

艺·中南志愿服务队走进社区，不仅带来志愿服务课程，也为基层社区治理贡献了一份力量，帮助共同构建完善的社会治理框架，保障社区志愿服务的顺利开展。在深入社区开展志愿者服务活动的过程中，艺·中南志愿服务队充分发挥高校学科优势，为社区创新发展提供源泉，使社区服务内容更加充实，服务质量和水平得到提高，为构建学习型社区、加速社区的创新发展提供了智力支持。同时，志愿服务队也通过志愿服务不断提升团队成员和团队的综合素质，实现双

方的共赢。

三、实践前景展望

（一）树立先进的服务观念

　　大学生志愿者活动为"五育并举"提供了一个培养学生的有力平台。学生在第一课堂上不仅要接受传统的思想理论教育，还要深入了解并实践各种优秀的精神文化，以便更好地掌握知识的实际应用。通过志愿服务为学生提供真实的情境和经历，让他们能够亲身参与并为之付出努力。通过这种多维度的感官体验，学生可以从客观环境中获取全面的信息，并根据自身经验和理解形成独特的认知，从而提升自身的判断力。

（二）健全完善的运行机制

　　为了使高校志愿服务成为一个品牌，我们需要建立一个完善的组织架构，拥有一支经验丰富的工作团队，并制定一套完整的运营机制，以确保服务的持续发展。中韩新媒体学院艺·中南志愿服务队是学校团学组织的重要成员，拥有一支完善的工作团队，由专业的教师和团组织干部提供指导，学生骨干构成团队的主体，负责实施和执行。志愿服务队在前期对具体的志愿活动项目进行全面调研，了解项目的背景、规模、实施难度、是否与学生所学专业相关，以及项目的难度是否与高校学生的平均能力相匹配等因素，同时还结合团队同学的专业优势和能力，与社区协商，设计、调整具体的志愿课程。为了更好地宣传项目，志愿服务队使用多种渠道宣传，包括线下和线上宣传。招募方式采取面试择优录用，审批程序科学、公正、公开，最终按照既定计划实施，以确保项目的顺利完成。

（三）搭建精准的评价体系

优秀的评估体系能够深入洞察志愿服务的每一个细节。正是通过这些细节的反馈，志愿活动变得更加完善和成熟。艺·中南志愿服务队从建队至今搭建了精准的评价体系，针对志愿者们展开绩效考察，评估志愿者的志愿活动，并挖掘学生的潜力，激发同学们的志愿热情，输出积极有益的知识和观点，对优秀的同学予以奖励。在精准评价体系下，艺·中南志愿服务队的活动保持有序开展，且持续向好，同时，志愿者也能够通过志愿服务活动提高自身的综合素质，实现双向的成长。

（四）共建高校社区志愿服务联动机制

社区是志愿活动的主要受益方，也是活动的举办地。为了实现从单方面的知识输出到双方的交互式反应、让志愿服务从"送文化"到"种文化"、安排好大学生志愿服务走向社区的工作，必须增加学生与社区工作人员、志愿服务对象的交流频率和深度。从实践中来才能到实践中去，真正从社区出发，与相关人员的沟通交流才能深入了解社区的具体情况与工作内容。只有这样，学校根据学生自身实践水平，针对性地开展相关培训，制定相关的志愿活动准则与宗旨，结合社区实际，有的放矢，依托社区基础开展相关志愿服务。

网络育人篇

新时代高校网络思想政治教育创新研究

董星仙

（法学院）

当下信息技术飞速发展，网络已经渗透到人们生活的各个方面，成为获取信息、交流思想、传播知识的重要渠道。在这个背景下，高校网络思想政治教育也必须与时俱进，创新方式方法，以更好地引领青年大学生，培养符合新时代需求的时代新人。党的二十大报告阐明了新时代思想政治教育的社会环境和定位指向，提出："用社会主义核心价值观铸魂育人，完善思想政治工作体系，推进大中小学思想政治教育一体化建设。坚持依法治国和以德治国相结合，把社会主义核心价值观融入法治建设、融入社会发展、融入日常生活"。①

---

① 中华人民共和国教育部. 习近平：高举中国特色社会主义伟大旗帜为全面建设社会主义现代化国家而团结奋斗——在中国共产党第二十次全国代表大会上的报告［EB/OL］．［2022-10-28］．http://www.moe.gov.cn/jyb_xwfb/xw_zt/moe_357/jjyzt_2022/2022_zt17/bg/bg_bgzy/202210/t20221028_672948.html.

习近平总书记关于思想政治教育的讲话为我们指明了方向："做好高校思想政治工作，要因事而化、因时而进、因势而新。"①《关于加强和改进新形势下高校思想政治工作的意见》中明确提出："树立互联网思维，推动思想政治工作传统优势与信息技术高度融合，使互联网成为开展思想政治教育的新平台。"②因此，高校应当充分利用网络平台，创新教育模式，深化网络思想政治教育，引导学生树立正确的世界观、价值观和人生观，增强社会责任感，培养时代新人。

一、高校网络思想政治教育的发展

我国高校网络思想政治教育经历了门户时代、社交时代、融媒体时代三个互联网发展阶段，并在这些阶段中取得了积极的发展与创新。

（一）门户时代

在互联网发展初期，高校网络思想政治教育主要以门户网站为主要平台。学校设立了官方网站，发布与思想政治教育相关的内容，如国家政策法规、历史文化知识等。这个时期，

---

① 中华人民共和国教育部. 习近平在全国高校思想政治工作会议上强调：把思想政治工作贯穿教育教学全过程开创我国高等教育事业发展新局面［EB/OL］.［2016-12-08］. http://www.moe.gov.cn/jyb_xwfb/s6319/zb_2016n/2016_zb08/201612/t20161208_291276.html.

② 中共中央国务院. 中共中央国务院印发《关于加强和改进新形势下高校思想政治工作的意见》［EB/OL］.［2017-02-27］. https://www.gov.cn/xinwen/2017-02/27/content_5182502.htm?eqid=d7e3175400035dc80000000664560dfe.

信息传递主要是单向的，教师和学生的互动相对较少，很多内容都是静态的，缺乏互动和参与性。

（二）社交时代

随着社交媒体的兴起，高校网络思想政治教育逐渐进入了社交时代。微博、微信公众号、论坛等平台成为信息传递和交流的重要途径。学校开始在这些平台上开设官方账号，发布与思想政治教育相关的内容，并引入互动环节，如在线讨论、问答互动等。这使得教育内容更具活力，学生们也更容易参与讨论，分享观点，形成了一种更加开放的教育模式。

（三）融媒体时代

进入融媒体时代，高校网络思想政治教育开始充分利用多种媒体形式，如文字、图片、音频、视频等，进行更丰富多样的内容呈现。教育内容更加生动有趣，能够更好地吸引学生的注意力。同时，高校开始探索利用虚拟现实（VR）技术、直播等创新方式，将思想政治教育融入学生的日常生活和互动中，使之更具体、更贴近实际。

二、新时代高校网络思想政治教育的新要求

随着技术和社会的不断发展，高校网络思想政治教育也持续创新与变革，同时面临着新的挑战和机遇，需要以更加精准、深入的方式引导青年大学生的思想政治建设。在新的时代背景下，高校网络思想政治教育提出了新的要求，主要体现在以下几个方面。

（一）融入网络发展趋势，创新教育模式

新时代高校网络思想政治教育需要充分融入网络发展的趋势，创新教育模式。互联网的普及使得信息传播变得极为便捷，然而这也带来了信息过载和碎片化的问题。高校应当针对学生的特点，开发适应网络环境的教育内容和形式。利用短视频、微信公众号、在线互动平台等，将丰富多样的思想政治知识以富有创意的方式呈现，吸引学生的注意力，增强他们的学习兴趣。此外，还应借助人工智能等技术，为学生提供个性化的学习建议和资源推荐，使思想政治教育更具针对性和效果性。

（二）强化核心价值观，培养社会责任感

新时代高校网络思想政治教育要强化核心价值观教育，培养学生的社会责任感。习近平总书记强调要引导青年学生成为社会主义建设者和接班人，这就要求高校思想政治教育要有针对性地培养学生的家国情怀和社会责任感。在网络思政教育中，可以通过案例分析、社会问题讨论、志愿活动等方式，引导学生深入了解社会现实，增强他们的参与感和责任感。此外，高校还应加强对核心价值观的系统教育，帮助学生树立正确的世界观、人生观和价值观。

（三）坚持正确导向，防范网络风险

新时代高校网络思想政治教育要求在互联网时代为大学生营造一个向上健康、清朗纯净的网络环境。学校应通过引导和倡导，加强网络道德教育，提升学生的网络素养，防范

网络暴力、虚假信息和不良内容的影响。高校应当加强对学生的网络素养教育，培养他们辨别信息真伪的能力，防范虚假信息的影响。同时，引导学生树立正确的网络行为规范，避免陷入网络暴力、网络谣言等不良风气之中。还可以通过网络思政教育，帮助学生认识到网络行为的社会影响，引导他们用网络平台传播积极正能量，成为网络空间的文明传播者和积极参与者。同时，借助技术手段，建立网络监管机制，严格管理学校官方平台，确保网络空间的干净和良好，为学生提供一个积极向上的学习、交流和思考环境。

（四）占领网络舆论阵地，巩固思想引领

在信息传播高度发达的今天，高校网络思想政治教育必须积极参与和引导网络舆论。学校要充分利用微博、微信公众号、论坛等社交媒体平台，建立并维护官方账号，及时传递正面信息，回应热点问题，引导舆论关注。同时，也要积极培养学生的网络舆论意识，引导他们积极参与网络讨论，发表合理声音，让学生在网络空间中能够自信而理性地表达自己的观点，增强学生的网络话语权。

（五）推动思政课创新，激发课堂活力

新时代的高校思想政治教育要求不断更新教育方式和手段，推动思想政治理论课的创新。传统的教育方法可能难以引发学生的浓厚兴趣，因此，可以结合多媒体技术、互动教学、案例研讨等方式，使课堂更加生动有趣。此外，还可以引入跨学科知识，将思想政治理论与社会问题、经济现象等实际情境

相结合，提升学生的综合分析能力。同时，鼓励教师与学生积极互动，创设开放的学术环境，激发学生的思考和探索欲望。

三、新时代高校网络思想政治教育的现状分析

随着信息技术的迅速发展和互联网的普及，新时代高校网络思想政治教育正面临着全新的挑战和机遇，大学生的学习和生活方式都发生了巨大变化。以下从四个方面分析其现状。

（一）多元化价值观的冲突

在知识和信息跨国界传播的背景下，互联网为学生提供了广泛的信息来源，但也带来了不同观念和价值观的冲突。在这样的背景下，高校网络思想政治教育需要培养学生的批判思维能力，引导他们正确对待信息，培养健康的价值观。同时，高校可以引入国际比较、全球议题等内容，培养学生的全球视野和国际意识。

（二）信息碎片化带来的挑战

大学生在网络上获取信息的方式变得碎片化，他们可能被不同来源的信息冲击，容易产生信息过载和信息混淆。在这种情况下，高校网络思想政治教育需要更加有针对性地提供有组织、深入的内容，以帮助学生建立系统性的思想政治知识体系。

（三）互动性和参与度的提升

在社交媒体和在线平台的影响下，学生对于教育内容的

互动性和参与度要求越来越高。高校网络思想政治教育应积极借助社交媒体等工具，鼓励学生参与讨论、辩论、分享意见，引入多媒体、互动式教学、虚拟实境等方式，提高教育的吸引力和有效性，从而更好地促进思想碰撞和交流。

（四）数字化趋势的发展

伴随着信息技术的高速发展，00后大学生已成为高校主体，他们越来越依赖数字化学习平台，通过在线课程、微信公众号、学习网站等多样化的数字化工具。此时大数据不仅是信息，也是一种解决问题的方法和途径。高校也要紧跟时代发展，利用数字化平台和新媒体工具，更加灵活地传递思想政治知识，实现从"大水漫灌"到"精准滴灌"的转变，应对数字化趋势的挑战。

四、新时代高校网络思想政治教育的实现路径和对策

高校网络思想政治教育要紧跟时代脚步，以新的理念和方法引领青年大学生的思想政治建设。针对上述现状，实现新时代高校网络思想政治教育的创新需要针对性地从以下四个方面着手。

（一）聚焦主题，提升学生思想政治素养

在新时代，青年学生不再局限于获取知识，还需培养核心价值观、社会责任感和创新精神。高校思政教育目标正由知识传递向能力培养转变，教育内容中融入核心价值观、国

家意识和社会责任等元素，通过深入浅出的讲解激发学生思考、互动式教学引导学生自主思考、质疑和探索。通过案例分析、社会实践等多元化教学引导学生更好地融入社会，培养合作精神和适应能力，使他们在深刻了解社会问题的同时明白作为大学生的责任，不断提升自身思想政治素养。在教育部组织开展的"网上重走长征路"暨推动"四史"学习教育工作中，官方微博推出十余篇图文，深度报道全国高校学习"四史"的特色做法，营造了浓厚的主题教育氛围。五四青年节前后，全国各大高校的大学生积极响应习近平总书记号召，献礼建团百年，彰显新时代青年的担当与力量。

（二）整合资源，构建有深度的教育内容

在信息爆炸的时代，学生面临着大量碎片化的信息，深度思考和系统性学习变得困难。高校作为教育的阵地，肩负着应对这一问题的使命。高校应创新整合资源，构建深度教育内容，引导学生在信息涌潮中保持清晰认知和批判性思维。首先，建设内容丰富、权威可靠的知识库，汇集国内外专家学者研究成果，为学生提供知识基础。其次，推出精品网络课程，覆盖政治、历史、法律等领域，让学生在线获取高质量教育资源。高校应促进不同学科之间的合作，将各领域的知识融合，呈现全面立体的思政教育。同时，高校还可以借助外部资源，如社会名流、专业机构，呈现多元观点和实践案例，拓宽学生的视野。这样能够满足新时代学生的需求，并凸显高校在网络思政教育中的责任和使命。

（三）融合创新，打造有互动的教育形式

传统的教育方式已难以满足新时代青年的需求。为了提高学生的参与度和互动性，高校应当融合创新，打造互动性强的教育形式。在网络思政教育中，多媒体教学方式如短视频、微课程、在线讨论等已广泛应用。这些形式不仅能够将知识进行碎片化处理，提高学生的学习兴趣，还能激发他们的思辨能力和批判思维。另外，高校可以借助人工智能等技术，为学生提供个性化的学习建议和资源推荐。通过分析学生的学习习惯、兴趣和学习进度，定制化的学习方案能更好地满足每位学生的学习需求，提高学习效果，使网络思想政治教育更具针对性和效果性。例如中国大学生在线微信公众号推出"我的树洞"栏目，以大学生最关心、最直接、最迫切需要解决的各类问题入手，邀请高校教师与团队学生共同撰文，帮青年解难题办实事，也联合多所高校的专业教师组成答疑团对问题进行私信回复，这一做法收获了学生的好评。

（四）数据赋能，探索精准化的思政范式

教育部党组书记、部长怀进鹏在《不断推动高校思想政治工作高质量发展》一文中指出："要积极推进大数据技术赋能精准思政工作"。[1] 高校网络思想政治教育要不断强化大数据意识，推进大数据建设，探索运用大数据指导工作，增强思政教育影响力。例如充分利用"智慧校园"的数据管理

---

① 怀进鹏. 不断推动高校思想政治工作高质量发展［EB/OL］.［2021-12-30］. https://www.sizhengwang.cn/a/szgzhjs_tbtj/211230/1003182.shtml.

平台，整合高校思想政治工作相关部门的信息资源，为各部门之间的协同联动提供可能性和便捷性，对接信息门户、移动校园、网上服务大厅等系统数据，整合学生校园消费、图书借阅、体育运动等用户行为数据，辨识和预测学生的思想动态与成长规律，优化管理、教育、服务学生的要素，提高高校思想政治教育的专业化和科学化，从学业规划、校园生活、精准资助、心理健康等方面有效构建应用场景化模块，探索精准化的思政范式。

综上所述，高校应充分发挥网络优势，创新教育模式，以更精准和深入的方式引导青年大学生的思想政治建设。同时，还需不断调整和优化教育策略，紧跟时代发展，确保思想政治教育能深入人心、发挥实效，培养更多具有责任感和创新精神的时代新人。

参考文献

［1］薄建柱，赵梦园. 新时代高校网络思想政治教育创新研究［J］. 华北理工大学学报（社会科学版），2023，23（3）：36-40.

［2］贾正枝，江龙. 新时代高校思想政治教育协同育人路径选择［J］. 才智，2023（4）：65-68.

［3］侯佳卉. 大数据背景下高校网络思想政治教育路径研究［J］. 信息系统工程，2023（3）：16-18.

［4］雷媛. 浅析高校网络思想政治教育［J］. 学理论，2011（10）：310-311.

［5］余俊丽，周俊武. 大学生思想政治教育共同体的建构研究［J］. 湖南师范大学教育科学学报，2022，21（6）：112–117.

［6］崔春梦. 人工智能赋能高校精准思政的价值意蕴、内在机理与实践路向［J］. 山西高等学校社会科学学报，2023，35（2）：61–66.

［7］田红芳. 利用大数据创新高校思想政治工作［J］. 北京教育（德育），2023（5）：11–14.

高校党建工作数字化创新
实践路径研究[①]

田　雨　魏晨雪

（公共管理学院）

数字新技术的广泛应用推动人类社会迈入大数据时代。与传统社会相比，大数据时代有其自身的主要特点：信息处理性能逐步提升，信息整合能力显著提高，数据利用范围及领域空前扩大，应用信息数据方式及媒介平台的灵活性不断增强，进一步突破时间和空间的限制，以实现新时代高水平信息治理。以云计算、大数据、物联网和移动互联网为代表的新一代数字技术正在彻底改变人们的生活，为建设智慧社

①　本文系中南财经政法大学 2023 年度党建理论研究与实践创新计划（党建研究课题）项目"高校党建工作数字化创新实践的影响因素与路径研究——基于模糊集定性比较分析（fsQCA）"，科研培育与全员育人专项（项目编号：2722023DS012）的阶段性研究成果。

会作出贡献。

在大数据时代，高校基层党建面临的手段、方法、对象和环境都发生了巨大变化。在"智慧党建"理念的推动下，当代高校党建正逐步迈向数字化的轨道，通过云计算和大数据等技术的加持和补充，辅以现代化通信技术和网络存储技术，高校党建工作提质增效明显。

一、高校党建工作数字化的重要意义

高校是青年学生的聚集地，肩负着立德树人的重要使命，是基层党组织中较为特殊的存在，必须坚持社会主义的办学方向。目前，高校学生党员不断增加，高校党建管理任务在不断增多，党建工作难度和压力都在加大，为推动党建工作高效化、精细化，"智慧党建"应运而生。"数字化党建"作为基层党建工作发展的崭新领域一经出现，便得到党中央的高度关注。"数字化党建"通过多样化数字技术，对党员、党组织和党员关系等基本信息进行采集、分析和展示，显著提升了基层党建工作的效率，从而提升基层党组织的战斗力。

二、高校党建工作现存问题

高校党建数字化有更特殊、更具体的应用场景，而从现实情况来看，高校党建还停滞于基础建设上。本文以 W 学校为研究对象，分析当前高校党建工作的现状，并得出目前高校党建工作还存在以下主要问题。

（一）党建工作离散性严重

近年来，受疫情等客观环境变化影响，高校师生均居家办公、上课，党建工作仅能通过线上方式开展。无论是常规性的理论学习还是党日活动，均只能通过线上会议进行。囿于线上办公的客观条件，学生党员的网络状况和可用时间存在差异，导致党支部的日常活动难以统一调度，党建工作的时效性和整体性大打折扣、离散性愈发严重。

（二）党建工作系统性和创新性不足

目前，W学校基层党建工作还处于传统阶段，党员干部缺乏系统的理论学习和培训，培训内容较为零散、方式和类型也较为传统，未形成系统、科学的培训体系。在基层组织建设过程中，党员干部对组织成员的思想动态缺乏全面深入的了解，行为规范和要求不健全，对支部党员的约束力不强，部分党建工作仍停留在表面；常规党日活动和基层组织生活缺乏时效性和针对性，过于老旧的党建活动形式无法吸引年轻群体特别是学生群体的参与，基层党员的积极性不高。

（三）支部党员教育管理模式落后

W学校的党员管理模式相对单一，以单层级管理模式为主。虽然单层级管理模式在上传下达、任务布置、统计调度等方面极具优势，但其封闭性和滞后性无法适应日益加快的教学节奏和愈发多元的信息传播需求，使得W高校党建工作发展水平难以得到实质性提高。

（四）党建信息化程度低下

W 高校党建工作的开展仍然依赖于传统纸质台账进行记录，无论是党小组会议、党日活动还是支部大会，甚至是各时期的学习、总结和汇报等，均采取传统的纸质台账形式。虽然纸质台账便于记录，但对信息的存贮、传输和总结并不便利，在查找和应用时也十分繁琐。高科技技术虽然能够拓宽党建工作的领域和范围，提高便利性和高效性，但由于使用人工智能所进行的大数据分析、决策和辅助支持都缺少原始信息和数据的支撑，因此无法充分提升党建工作的水平和高度。

三、高校党建工作数字化创新实践路径规划

探寻"数字化党建"这一构念的发展演变历程，数字化党建涵盖多重内涵。广义上，凡是通过数字信息技术进行或开展的有关党的建设活动均可归类为数字化党建活动，例如利用微信、QQ、钉钉、腾讯会议等进行微党课直播，在线分享党建知识，或利用现代 VR 技术参观革命纪念馆等，这些现代化的信息技术和平台应用具有智慧化特色，属于广义上的数字化党建形式。狭义上，数字化党建指利用新媒体、新技术打造的新型党建平台，基层党建工作可以通过微平台实时调整和改进。

（一）总体思路

通过分析 W 高校党建工作基本情况，提出更加普适化的数字化党建形式，利用"2 个数据库"（高校党员管理信息系统、

企业微信数据库），打造"1平台"（党建数字化云平台）和"1中心"（党建数字化信息管理中心），开放"5个模块"（党内资讯模块、党组织管理模块、党务管理模块、党员学习模块、党员生活管理模块），利用"2端口"（PC端和移动端）实现对"4类用户"（党员、党支部书记、党务工作者、党委书记和委员）的工作覆盖，以实现对基层党务工作的全方位管理和全流程覆盖，助力实现高校党建工作的数字化、科学化和可视化。

（二）平台建设

构建具有学校自身特色的党建数字化云平台，联结包括党建信息、党员培训和管理等零散的信息主体，并对其进行有效的信息整合与加工。一方面，通过党课学习模块，以文字、图像、音视频等方式丰富党的理论学习模式，切实解决党建活动缺乏创新性、吸引力不够的问题；另一方面，通过云平台的构建，切实强化党建工作不同板块的融合性。

1.党建资讯平台

该平台主要用于实现党建信息发布的及时化和资讯传达的多样化。平台能第一时间发布并传播党中央及中央纪委等上级机关有关党建工作的最新政策和咨询信息，通过微信公众号、App、PC等端口，向党员实时展播信息。该资讯平台主要包括"权威发布"和"即时咨询"两个功能，其中，"权威发布"主要推送党中央最新的政策方针，播报时事政治；即时咨询则聚焦学校党建工作热点。点面结合的新闻、资讯推送更能激发广大党员登录平台的积极性。

2. 党组织管理平台

合理利用该平台有助于实现高校基层党组织的集约化管理。上级党组织可以一键查看二级学院党组织的所有信息。该管理模式具有扁平化特征，能够高效发挥党员管理和党员发展等功能。首先，在平台内建立党组织虚拟架构，根据不同终端设置不同的查看权限，实现党员间的交流互动。其次，对于党员发展过程中涉及的入党申请书、思想汇报、入党志愿书等文件，以扫描电子档的形式永久保存，既能简化学生在竞赛、求职、升学过程中所需的党组织相关材料获取问题，也通过电子档案存根的形式避免学生党员档案的遗失问题。最后，开辟线上入党申请通道，无论是入党申请书的递交还是后续各个阶段的发展情况，均可实现溯源管理，实现党员申请到入党的全流程精细化管理，倒逼党务工作者不断提升业务能力。

3. 党务管理平台

利用网络信息技术的支持，全面覆盖党务工作，实现党务工作的系统化、专业化和规范化。该平台主要具备党员信息管理、流动党员管理、党组织关系转进/出管理等功能。对于三会一课功能，线上开展三会一课不仅能够保存会议现况，还能线上存储会议记录、会议评论等。党建考核功能通过将考评体系、考核标准和积分体系等考核的前置要素导入信息系统，利用智能算法对党员每学期的学习、生活等情况进行量化考核评定和打分，评定结果作为民主评议的参考，推动党员评价的公开化和科学化。

4.党员学习平台

该平台为党员提供了一个可以在任何时间、任何地点进行学习、交流和互动的空间。党员可以在线选择课程报名，并进行学习、评估、分享等交流和互动活动。远程教学功能提供了视频学习、音频学习等方式，能够让每位终端用户自由选择适合自己的时间和地点进行学习。主题教育板块围绕中央全会精神开展"两学一做"主题教育和校内教育学习活动。共享知识功能提供学习课件、音频、视频等内容的分享，用户可以自行上传和下载。知识竞赛模块可以线上随机生成考题，集体发布考试通知，学生可以与教师进行知识PK，学生之间和教师之间也可以进行知识PK，从而提高党建内容学习和互动的趣味性。在线直播功能支持通过直播的方式开展党员教育，扩大课程的传播力，并激发学生的学习热情和创造力。

5.党员生活管理平台

通过打造这一平台，实现对党员生活的全程跟踪记录。平台的主要功能有：一是活动记录。从活动策划到活动结束，联通线上线下，线上报名，线下参与，全程记录存档，并作为第二课堂学分考勤参照材料；二是投票调研。针对党建活动，适时开展调研及投票活动，通过算法对调研结果进行精确分析，为党建活动的开展和改进提供更精准的指导。此外，发布的投票活动也能最大限度降低人工计票失误的风险；三是党员论坛。为党员提供基于不同主题的交流空间，他们可在平台上自由交流观点看法，深化对党的理论、大政方针的理解和认知；四是党员积分兑换。党员参与特定活动可以获得相应积分，并可利用积分兑奖，这能增强高校党员参与各类活动的主动性和积极性。

数字化党建工作平台的构建利用网络信息和即时通信等技术，实现党建工作所需数据和信息的高效编码和传输。这也是基层党建工作信息化的重要标志。从管理方面来看，这有助于规范高校党建工作的组织管理、党员管理和党务管理等，使得办事选举的过程更加透明化，党建各项指标的科学化和可视化，促进我国高校基层党建工作建设的水平和高度的综合提升。

习总书记指出："加快政府大数据平台建设是提高社会治理能力和水平的迫切要求。"将党建数字化建设与数字政府建设相融相契，有效整合上级党委，学校党组织，基层党支部等多元主体元素，有效避免高昂的管理成本，党建人才不足，信息孤岛等问题。整合5G、云计算、人工智能、虚拟现实、区块链等新型互联网应用，通过人机交互技术实现虚实相融的实时交互，实现多人远程同空间召开党组会议、党史学习、党员交互、红色体验等活动，构建交互式、情景式、沉浸式、有温度的党建体验新模式，以党建与业务深度融合提升基层党建实效。

四、结语

数字化党建作为网络信息时代的产物，是适应现实发展需要、回应高质量发展的重要举措。由于缺乏丰富的经验，高校在摸索和实践的过程中必然会遇到许多问题，如数字党建系统、平台的开发与管理等。在运营前期，需要投入大量资金；在系统搭建完毕后，也需要专业的管理人员对系统进行日常维护，涉及党员信息等安全问题也需要指派专人维护。系统还需要根据党员们的使用感受逐步改进，并不断进行功能更新迭代。但数字化党建是高校改革发展必须落实的重要举措，是实现高校高质量发展的关键一环。只有不断推动党建数字化建设，党员管理才更加科学，高校发展才愈发顺畅。

参考文献

［1］田苏宏，王丽娜. 高校党建质量评价数字化转型的实践进路［J］. 思想理论教育，2023（8）：80-86.

［2］刘宁，王高贺. 基层党建数字化：价值、困境与突破［J］. 学习论坛，2023（4）：44-50.

［3］谢琦，李亮. 党建引领基层数字化治理的运作逻辑与优化路径——基于"结构—过程—功能"的整体性分析［J］. 探索，2023（3）：27-38.

［4］王燕. "数字化转型"背景下高校党建新形态探析［J］. 思想政治教育研究，2022，38（6）：128-132.

［5］宋建欣，崔立伟. 大数据时代基层党建数字化体系构建研究［J］. 情报科学，2022，40（11）：26-32.

［6］米华全. 数字技术赋能高校党建工作质量提升：价值功能和实践进路［J］. 马克思主义理论学科研究，

2022，8（4）：98-106.

　　[7] 常昕. 党史党建类出版物数字化阅读推广实践研究
[J]. 出版发行研究，2021（11）：87-91.

　　[8] 李鑫. 高校数字化党建工作创新研究——评《大数
据时代思想政治教育新探》[J]. 中国科技论文，2020，15（9）：
1108.

　　[9] 曾倩. 基层党建数字化的必要性与路径探析 [J].
人民论坛，2019（15）：106-107.

　　[10] 王保彦，邸晓星. "互联网 + 党建" 精准服务群
众研究——以天津红桥区 "微实事工作室" 为例 [J]. 中共
天津市委党校学报，2019，21（2）：20-27.

　　[11] 郑天平，栾虎，范劲松，等. 以信息技术为先导
的油田党建数字化管理 [J]. 企业管理，2012（S1）：202-
208.

　　[12] 谭义东. 利用数字化校园进行高校党建和反腐倡
廉信息化建设的探讨 [J]. 教育与职业，2010（2）：156-
158.

数字时代高校思想政治教育精准化研究

黎　玥

（会计学院）

随着数字信息技术的飞速发展与广泛应用，我们正大步迈入数字时代。数字时代中，传统的教育生态已不再适用，探寻数字时代下教育的新发展趋势尤为重要。2023 年，中共中央、国务院印发了《数字中国建设整体布局规划》，其中明确提出"大力实施国家教育数字化战略行动"。习近平总书记多次强调教育的数字化发展与建设，并指出"要运用新媒体新技术使工作活起来，推动思想政治工作传统优势同信息技术高度融合，增强时代感和吸引力"。《教育部思想政治工作司 2022 年工作要点》中多次提到"精准"与"精细化"，包括"围绕理论武装精准化供给""探索建立精准服务平台"等[①]，这些都为数字时代

[①]　侯玟冰，李琼. 数字情境下高校精准思政构建探析 [J]. 长春师范大学学报，2023，42（1）：133-137.

下高校思想政治教育与数字信息技术结合并向精准化发展指明了方向。

一、数字时代高校思想政治教育精准化的价值意蕴

目前，高校开展思想政治教育具有普适性特征和滞后性特征。一方面，思想政治教育的内容更多针对大部分学生进行群体教育，缺乏对学生个人的个性把握，教育内容更偏向于普适性内容；另一方面，在某些情况下，只有当学生产生了某些不良行为或是学生发生某些不良事件后，才能引起注意并受到重视，加强对其的思想政治教育和引领，在这种情形下，高校开展思想政治教育往往是"被问题牵着走"。然而，随着数字信息技术的快速发展，实时数据和预测数据能够帮助高校思政教育工作者了解学生的过往经历和实时状况，满足学生个性化发展需求，同时还能预测学生未来的行为走向，帮助思政教育工作者提前预见风险，及时预警，进而推动思想政治教育精准化发展。①

（一）培养社会主义建设者和接班人的现实需要

当前，高校开展思想政治教育工作要放在世界百年未有之大变局、党和国家事业发展全局中来看待，要从坚持和发展中国特色社会主义、建设社会主义现代化强国、实现中华

---

① 高仓健. 精准思政：数字时代高校思想政治教育的新路向［J］. 南京航空航天大学学报（社会科学版），2023，25（1）：122-126.

民族伟大复兴的高度来看待。[①]结合上述时代背景和数字时代特征，要培养能够堪当民族复兴重任的时代新人。培养社会主义合格建设者和可靠接班人，离不开精准化理念的指导和数字信息技术的支持。思政教育工作者应借助数字信息技术收集数据，对学生进行精准画像，将精准化理念贯穿于思政教育的全过程之中，清晰掌握学生的教育需求、个性特征、存在问题和未来发展等内容，并进行针对性教育，以达到优质的思政教育成效，为国家、为民族、为党的发展培养和输送优秀且可靠的人才。

（二）思想政治教育提质增效的客观需要

高校思想政治工作的针对性和实效性相互影响、相互作用，若思政教育工作的针对性不强，则实效性就不高；若思政教育工作想要达到较高的实效性，就必须先增强思政教育工作的针对性。[②]在数字时代，要提升思政工作的针对性，需要依托数字信息技术，通过技术收集学生的基本数据、学习情况、日常行为特征和思想状况等，客观、科学、真实地分析学生的整体情况，为思政工作开展提供可靠、科学的参考数据。此外，数字信息技术除了能以可视化的形式直观呈现数据，还能实现动态追踪和实时反馈，有助于思政教育工作者根据连续性、持久性的观察数据分析学生的发展轨迹，从

---

① 张丽. 高校精准思想政治教育研究［D］. 上海：上海财经大学，2022：19–23.

② 张丽. 高校精准思想政治教育研究［D］. 上海：上海财经大学，2022：19–23.

而预测未来的行动走向。同时，针对突发性的偶然事件，实时反馈可以有效遏制问题发生，将问题扼杀于萌芽状态中，及时帮助走上弯路的学生回到正轨，为思想政治教育的提质增效保驾护航。[①]

（三）满足学生个性化成长的迫切需要

数字时代，学生之间的差异化越来越明显，学生的个性化发展需求也日益凸显，传统的泛化教育和普适化教育已不能满足当前学生成长成才的需要，亦无法满足为党育人、为国育才的人才培养需求。在这样的背景下，要保证每位学生的思想政治教育质量达到较高水准，就需要借助数字信息技术开展精准化思想政治教育。思政教育工作者可以充分运用数据挖掘、数据集成、数据分析等数字信息技术，将学生所有资源信息收集、筛选、整合，然后进行数据分析。这样做不仅可以从宏观层面上掌握学生群体的整体情况和共性问题，还可以针对个别学生、特色群体学生等绘制专属"个体画像"，从微观层面上精准获取每个学生的差异、问题和特殊情况，在及时把握学生细微变化的基础上，给予相应的教育引导，做到因事而化、因时而进、因势而新，进而满足不同学生个性化、差异化的成长需求。[②]

---

① 侯玟冰，李琼. 数字情境下高校精准思政构建探析［J］. 长春师范大学学报，2023，42（1）：133-137.

② 蔡路. 数字赋能高校精准思政研究［J］. 学校党建与思想教育，2022（21）：67-70.

二、数字时代实现高校思想政治教育精准化的现实困境

（一）数据获取困难

要实现高校思想政治教育精准化，就需要依托大量的数据分析，然而要收集所有学生的数据资源存在较大困难。一方面，目前尚未形成专业化一体化平台，便于各部门的数据互通共用，信息化、数据化的终端载体也未实现全面覆盖，许多数据不能及时有效地被收集、保存和合理利用，影响了思想政治教育的精准化推进。另一方面，大量信息数据因采集标准不统一、收集途径不一致而无法很好地兼容共通，导致收集信息不完整、不准确，给后期数据分析和利用带来较大困难，进而影响数字时代实现高校思想政治教育精准化的进程。此外，部分思政教育工作者尚未形成资源数字化的理念和习惯，虽然手头有许多一手数据资料，却无法充分利用，难以实现共通共用。

（二）缺乏专业团队

在数字时代开展高校思想政治教育精准化工作，离不开对数字信息技术的使用，这就要求使用者必须具备一定的专业技术素养，善用数字化技术且具备数字化能力。然而在现实情况中，我国的思政教育工作者中只有少数具备数字化管理和应用能力的专业人才，许多高校尚未组建专门的数字化人才队伍。同时，现有高校思政教育工作者的数字化素养普遍不高，可能仅能够满足日常办公需求，对于数字化工具和平台的使用和掌

握还存在一定的距离。此外，高校和思政教育工作者对这方面的重视也尚不足够，很多高校缺乏对思政教育工作队伍数字化的系统培训，思政教育工作者也普遍缺乏数字意识和精准思维，未能形成推进精准化思政工作的理念。

（三）存在安全隐患

在数字时代，数字信息技术是一把双刃剑。当我们用数字信息技术为思政工作精准化提供支持的同时，一个问题也伴随而生，即数据安全问题。应用数字信息技术开展精准化思想政治教育，需要经历数据采集与挖掘、数据存储与整理、数据分析和共享等诸多环节，每一个环节都具有一定风险的数据安全隐患。[①]一旦出现数据泄露等安全隐患，将会造成不可估量的严重后果，特别是在当前我国高校网络诈骗案件频发的背景下，数据安全问题尤其值得重视。因此，如何合理利用数据并保护数据安全是在数字时代推动高校思想政治教育精准化发展进程中亟须解决的重大问题。

三、数字时代高校推进思想政治教育精准化的实践路径

（一）树立精准理念——实施思政精准化的必要前提

观念是行动的先导，行为是在一定的思想观念驱动下而

---

① 高仓健. 精准思政：数字时代高校思想政治教育的新路向［J］. 南京航空航天大学学报（社会科学版），2023，25（1）：122-126.

作出的实践选择。因此，要推动实现思想政治教育精准化，就必须先树立指导行动的理念，即思政精准化思维。一方面，高校应当从上层设计着手，制定数字化人才培养计划，宣传推动数字化与思政教育工作相结合，强调思政教育工作应关注学生个性化和差异化，并将数字思维融入日常思想政治教育之中。另一方面，思政教育工作者应充分认识到数字技术与思政工作相结合的重大意义，树立数字化思政教育思维，强化精准化思政育人意识，培养自身运用数字信息技术实施思政教育精准化的能力，推动思想政治教育工作走实走细、提质增效。

（二）培养专业队伍——实施思政精准化的重要保障

数字化专业人才是推进高校落实思想政治教育精准化的中坚力量，是促使高校思想政治教育从传统型向数字化转型的重要保障。基于此，高校需要加强统筹规划，一方面，系统安排对思政教育工作队伍的培训，例如开设专题课程、进行实操培训等，通过全面系统的课程，加强思政教育工作者对数字信息技术的了解和掌握，并以小组形式组织开展运用数字信息技术推进高校思政精准化的相关实践研究，增强思政教育工作队伍对数字信息技术的探索兴趣和使用兴趣，帮助提升其有效应用数字信息技术开展精准化思想政治教育的能力。另一方面，高校要注重引进数字技术专业人才，以充

① 蔡路. 数字赋能高校精准思政研究［J］. 学校党建与思想教育，2022（21）：67-70.

实思政教育工作队伍，增强思政工作队伍的专业性。此外，必须进行全面系统的培训，通过岗前培训、岗中培训、定期培训和专题培训等方式，让所有思政教育工作者充分树立数字化思维、强化精准化思维，形成"数字化＋精准化"的思政教育素质框架。[①]

（三）搭建资源平台——实施思政精准化的有力支持

当前高校各职能部门之间缺乏数据共通共享的渠道和平台，导致很多数据资源不完整、不准确，处于分割、碎片的状态。高校思政教育数字化资源需要依托于一体化的数字资源平台来发挥功效，而要将数据打通、共享共用，则必须在底层的技术架构上实行开放性组建，这也进一步要求高校以大数据、云计算、物联网、人工智能等技术为支撑，搭建和架构全面贯通式的一体化数字资源平台。[②]同时，思政数字化资源平台搭建后，资源平台的使用培训也至关重要。高校应加强对思政教育工作者使用资源平台数据的培训和引导，帮助他们高效、合理地利用资源开展系列思政教育引导工作。

（四）强化数据安全——实施思政精准化的道德底线

借助大数据、人工智能、算法等数字信息技术能够精准识别教育对象，为教育对象进行精准画像，但是精准识别和"画

---

① 范进进.数字化赋能高校思政教育的必然、实然与应然［J］.江苏航运职业技术学院学报，2023，22（1）：51-57.

② 范进进.数字化赋能高校思政教育的必然、实然与应然［J］.江苏航运职业技术学院学报，2023，22（1）：51-57.

像"的基础是获取网络痕迹信息和具体网络数据，这些数据存在泄露的隐患，以及由泄露而引发的系列问题。[①] 因此，高校要采取相应措施遏制此类问题发生。一是要加强对思政教育工作者的监督和引导，强调在使用过程中要注意数据安全，不泄露、不滥用；二是要成立专门的数字化思政教育工作办公室，由专业人员规范数据的采集和使用，对数据使用过程进行监督，并加强数据的存储管理，禁止数据被过度采集和不合理使用；三是要完善数据的使用与共享机制体制，根据各部门、各群体、各思政教育工作者的实际需求，设置数据的使用和共享权限，通过多方监督、多层次审批，确保数据被安全使用。

（五）坚持以生为本——实施思政精准化的核心要求

思想政治教育精准化的价值体现在于"服务"而非"管控"。因此，思政教育精准化发展应立足于"以生为本"理念，关注每一位学生的特殊需求，针对性开展教育和引导。具体要从以下方面着手：一是坚持因材施教，通过对各类数据平台收集的信息进行分析，了解学生之间的差异化和个性化区别，针对不同学生的不同特征，提供个性化、针对性的思政教育。二是供给优质育人内容，通过数据分析学生偏好，在普适性教育内容的基础上，根据算法推荐，融入学生感兴趣的话题和因素，增强育人内容的吸引力，提高学生的兴趣。同时，

---

① 范进进. 数字化赋能高校思政教育的必然、实然与应然 [J]. 江苏航运职业技术学院学报，2023，22（1）：51–57.

优质的育人内容要不断更新和建设，可以根据一些平台话题的点击率、回访率等，适当针对性地优化和调整内容供给。三是增强育人科学性。利用数字技术实现思政精准化不仅需要坚持因材施教，提供优质内容，还需要结合育人主体的成长发展规律，根据育人的顺序性和层次性，结合不同的班级、年级、专业，紧扣学生实际，有针对性地开展思政教育。[①]

参考文献

［1］赖菁华. 职业院校课程思政数字生态建设路径的探索与研究［J］. 现代职业教育，2023（20）：129-132.

［2］王冬冬. 数字技术赋能高校思政课：价值意蕴·核心特征·实践途径［J］. 中学政治教学参考，2023（20）：44-47.

［3］唐海玲. 数字赋能网络思政教育精准化发展［J］. 当代广西，2023（10）：28.

［4］邱宏莹. 数字技术在高校思政课教学中的应用理路［J］. 哈尔滨职业技术学院学报，2023（3）：67-70.

［5］王慧. 智慧育人视域下高校"数字思政"模式构建与应用［J］. 领导科学论坛，2023（4）：140-143.

［6］李昆. 媒体融合背景下思政教育改革策略探析——数字时代新趋势［J］. 新闻研究导刊，2023，14（4）：

[①] 豆素勤，王强. 数字赋能高校思政教育的主要特征、现实困境及突破路径［J］. 学术探索，2023（2）：149-156.

179-181.

　　［7］黄河. 数字技术赋能高校思政课教学创新研究［J］. 齐鲁师范学院学报，2023，38（1）：77-84.

　　［8］周光玲. 新媒体"轻传播"环境下大学生思想政治教育有效性研究［D］. 南昌：江西财经大学，2022.

　　［9］范颖茵，邓佩珍. 基于数字赋能的高校图书馆思政教育发展研究［J］. 高校后勤研究，2022（6）：58-60.

　　［10］唐庆鹏，康丽丽. 数字技术与高校思政课教学的融合发展［J］. 教育评论，2022（5）：94-100.

　　［11］李旭峰. 新时代高校思想政治教育精准化研究［D］. 兰州：兰州理工大学，2022.

　　［12］张娜. 以精准思政推进优秀传统文化融入高校思政教育研究［D］. 济南：山东大学，2022.

　　［13］马娇. 高校精准思政实施的路径研究［D］. 南充：西华师范大学，2022.

　　［14］谢继华. 大数据视阈下高校网络思想政治教育创新研究［D］. 成都：电子科技大学，2018.

全媒体传播时代高校融媒体与"大思政课"关系探析①

熊 灯

（校团委）

技术对人类社会生活带来的冲击和影响往往是革命性的，其结果往往是理念、形式和效果完整系统的重塑甚至再造。当前，我们正处于网络技术深度发展给人类的生产生活带来深刻影响和变化的关键时期，全媒体作为网络技术在宣传传播工作领域展现出的新形态，也给各行各业带来了新的机遇和挑战。教育以传递知识与信息为主要任务，在全媒体传播的影响下正在自然而然地发生重大变化，这些变化既有整体理念的变化，也有局部的改变。作为正在进行着的过程，研究全媒体视域下教育系统的变化和发展对我们迎接挑战、把

① 本研究系中南财经政法大学中央高校基本科研业务费专项资金资助课题"新时代高校新闻舆论育人作用及实现路径研究"（2722023DS013）阶段性成果。

握机遇，促进教育的供给侧改革和高质量发展具有重要意义。全媒体时代的到来对高校传统的宣传工作和思想政治工作提出了新的要求，而高校融媒体和"大思政课"是在全媒体技术发展的背景下提出的新的发展方向，二者具有密切的联系，如何在实际工作中形成二者互促共进的良好互动是我们应该探索的重要方向。

一、全媒体传播时代如何理解高校融媒体建设和"大思政课"建设

高校融媒体和"大思政课"虽然都是高校宣传思想工作的重要内容，但相对于传统方式方法和概念来说，它们都属于新生事物。

融媒体是基于各种现有的媒体，在互补性和差异性的基本认识上，通过相互协同融合实现更好的传播效果。融媒体既是宣传理念上的更新，从大格局的角度来对待不同媒体之间的配合；同时也是技术手段上的相互协调一致，通过运用不同形式、不同组合、不同联系将理念落实到具体的架构、流程、模式上，以物理现实的改变实现真正的"兼融、互融、共融"。高校的融媒体建设主要体现在两个方面。一是从认识上充分把握融媒体应时而出的背后逻辑及规律，从落实"举旗帜、聚民心、育新人、兴文化、展形象"使命任务的高度来深化对融媒体理念的理解，并推动这一理念转化为高校的工作思路与战略谋划。二是将融媒体理念落实到高校宣传舆论具体工作中，从宣传思想业务工作上加快高校内部的融媒

体建设,通过学校自己的报、台、网、端等不同的传播渠道的融合协同,形成内部媒体矩阵,同时整合学校的媒体平台,将自身定位为社会融媒体中的一个矩阵,实现内外的同步融合,从而实现更快、更好、更全、更准的传播效果。

"大思政课"建设是思政课在党中央治国理政战略全局中作用越来越重要的背景下提出的,是针对社会发展环境和生态的整体性变化以及新技术发展带来的新空间、新机遇所作出的战略提升。相较于传统的思政课,加了一个"大"字,突出的是理念、视野和格局上质的提升。从高校来看,建设好"大思政课"要立足于"大",要着重从将广阔的社会资源引入教学课堂、把学生带到社会大课堂中接受教育、将教学平台与社会各大平台有效衔接、吸纳社会各界优秀人才投入思政课教学、打破思政课只有专职思政课老师在思政课堂才能讲的工作模式等方面持续投入,切实增强铸魂育人实效。[①]

二、高校融媒体与"大思政课"之间的关系

从高校融媒体和"大思政课"提出的背景来看,两者之间存在许多共同之处。从宏观上来看,高校融媒体和"大思政课"都是自身的一次突破,打破了原有的既定模式或场景,站在更长远、更高的角度去谋求自身的发展,具有深远意义和战略谋划。从产生的背景来看,两者都是基于发展到一定阶段的产物,从教育主管部门的整体部署上来看都是在 2022

[①] 沈壮海. "大思政课"我们要善用之:思考与探索 [J]. 思想政治教育研究,2021,37(3):26-30.

年提出了正式的明确指导意见和要求，而且都体现了社会整体和高校工作所处的生态和环境变化带来的影响。从理念到现实的转变来看，两者都得益于新技术特别是网络传播技术的支持，使变革带来的挑战转化为改进工作的实际动力，并转化为具体的现实。从落脚点来看，两者之所以打破既定模式，正是因为原有的方式方法、框架布局、资源调配等各个方面无法实现更好的发展甚至存在一些问题，当前正需要通过重构来实现跨越式的发展并真正实现理想的育人效果。总体来看，高校融媒体与"大思政课"除了同属高校宣传思想工作的重要业务内容和模块外，还有很多相似之处，特别是在大格局、新理念、新技术、求实效等方面。除了在基础上的共同之处外，准确把握高校融媒体与"大思政课"之间的关系更要充分认识二者之间的紧密联系，并积极发挥相互影响和促进作用，使高校的宣传思想工作在完成立德树人根本任务中发挥最大作用。具体而言，应从以下三个方面把握。

（一）高校融媒体与"大思政课"是彼此相通的关系

高校融媒体与"大思政课"之间的共同性是将两者作为相互独立的业务模块来看的，但实际上二者之间还存在着顺畅的相通性，即彼此可以作为对方业务流程中不可或缺的环节。

高校融媒体建设的目标任务是构建宣传大格局，为高校治理体系和治理能力现代化服务、为培养担当民族复兴大任的时代新人服务。这要求高校融媒体通过自身的开放性、引领性建设，将影响和辐射范围扩大到学校内部各方面工作中，并传播到社会上，向社会公众、师生、校友传递有效信息和正能量，凝聚铸魂育人的合力。高校融媒体具备的技术和工具属性使其为其他相关工作提供服务成为职责所在。因此，高校融媒体的发展必然为广大学生服务，也必然为"大思政课"建设服务。高校融媒体发挥宣传大格局作用，通过高校的融媒体平台传递和发布学校各方面的动态，通过新闻宣传的方式将"三全育人"的动态及时传递给学生，让"十大育人"体系通过最直接的展现浸润和感染学生，从而对学生产生积极的教育和引导。这一过程也就自然而然地成为"大思政课"的一种重要形式。①

"大思政课"也要通过坚持开门办思政课的理念，通过教学主渠道、社会大课堂、资源平台、师资体系等方面的改革创新，增强思政课铸魂育人效果。"大思政课"建设并不是要摒弃传统思政课，而是对传统思政课进行改革创新，顺应当前技术变革对人与人之间交流方式的变革新形势。传统课堂不能再拘泥于纯理论讲授，还需要引入图文并茂的课件、具有立体传播效果的视频等新媒体创作产品，使教学主渠道的作用更加明显。"大思政课"的"大"的主要特点之一就是不再局限于校园，而是将课堂拓展至广阔的社会中。这涉及让学生走出去和将社会资源引进来两个方面。在实践教学难以长期开展的客观条件下，"大思政课"建设就需要通过高校新媒体将社会大课堂带进校园，让社会丰富的实践资源成为学生的教材，将优质的网络教育云平台资源持续不断地

---

① 李海涛，刘行. 融媒体赋能高校构建"大思政"格局的策略探索——以河南工业大学为例［J］. 传媒，2022（22）：82–84，86.

提供给学生让其自由选择，引进社会各行各业的优秀人才和与学生有情感联系的校友等担任"大思政课"的授课教师。高校融媒体也就理所应当地成为"大思政课"的直接建设主体。

（二）高校融媒体与"大思政课"是相互依存的关系

从两个独立的整体来看，高校融媒体与"大思政课"之间彼此需要，尤其是在网络技术发展的总体背景下，二者更需要相互支持以紧跟新形势的发展方向。

高校融媒体需要将"大思政课"作为创作的方向和传播的重要内容。高校融媒体建设要坚持育人为本和应用导向两个基本业务原则，这要求融媒体的建设和创造要紧紧围绕学生成长发展需要，充分尊重学生特点进行舆论引导和思想引领。而高校融媒体作为平台要实现引领和引导学生的目标必须依靠能够让学生真正认可的鲜活生动的内容，这也就意味着高校融媒体还将"大思政课"建设指明的方向作为自身的创作内容。

"大思政课"将高校融媒体视为重要的传播渠道。"大思政课"要实现真正的"大"，既要做到由外向内的"大"，也要做到由内向外的"大"。简单来说，"大思政课"要通过最生动的社会实践教育和引导学生，同时又要通过高校的"大思政课"建设来反馈和推动社会发展。由外向内的"大"就是要把社会"大课堂"带进校园，让学生在直面实践问题并在实际中悟道理、明方向、辨是非。由内向外的"大"则是要让高校的思政课不仅仅教育和引导学生，还要向社会传递声音并产生积极影响。这需要充分发挥高校融媒体的渠道作用，将社会上具有思政课元素的素材收集起来，通过平台传递给学生，使这些素材与校园中的课堂教学相结合，形成良好的思政环境和效果；还要将学校"大思政课"建设最新成果以适合新媒体传播的方式通过融媒体平台向社会发布，发挥高校"大思政课"的更大作用，并争取社会对高校"大思政课"建设的支持。

（三）高校融媒体与"大思政课"是支持促进的关系

高校融媒体和"大思政课"都是基于新理念、新技术而逐步发展的，二者之间除了相互支持外，在发展中也会产生一定压力的激励和促进作用。这既有自身发展对对方不断提出新要求而产生的促进作用，也有相互结合过程中产生的新想法、新思路带来的促进作用。

高校融媒体建设的不断推进使得融媒体的理念逐渐被师生所认知和学习。作为"大思政课"的授课对象，学生在网络环境影响下接收到的信息内容和形式会不断激发学生学习的自主性和独立意识。学生在接受"大思政课"教育的同时，也会不断提出自己对"大思政课"建设的想法和意见，从而推动"大思政课"加快建设、改进效果。同时，高校融媒体的开放性和互动性也能够收集到学生对"大思政课"的诉求和期望，从而使得"大思政课"在建设之初就充分考虑学生的参与度和体验感。高校融媒体表达形式的多样性和传播信息的及时性也使得学生的眼界更为开阔、思考深度不断提升，这也间接地增加了"大思政课"授课的难度，在阐明基本道理的同时讲授要有观点、跟热点、析难点，通过这些方式提升学生的获得感。因此，高校融媒体在一定程度上加速了"大思政课"的建设，助力"大思政课"在理念、方式、效果等方面的全面提升。

"大思政课"建设也拓宽了高校新媒体建设的视野和格局。《方案》明确要求，"大思政课"建设要充分利用各种网络系统和平台，积极倡导学生进行网络作品创作，并鼓励思政课教师参与媒体相关节目。这表明"大思政课"对师生参与融媒体内容建设有明确的需要，同时还会引导师生通过不同方式参与融媒体建设。"大思政课"将社会作为课堂，要求融媒体建设与社会接轨，将建设、创作、运营的视野拓宽到广阔的社会，融入社会媒体体系，架起学校与社会之间紧密相连的桥梁，通过最新的形式和方式将社会实践的最新动态转化为帮助学生成长的思政课素材。从技术的角度来看，"大思政课"要求融媒体产品的创作更加精巧，尊重并满足学生的阅读和观看习惯，并能获得师生特别是学生的认可。从内容的角度来看，高校融媒体的创作要结合学生的期望，引入年轻学生感兴趣的内容，激发学生从融媒体产出的作品中学习知识、理解道理。同时，在运营过程中要与学生保持互动交流，凝聚建设共识和力量。

参考文献

［1］金志超，李铁军. 新时期高校融媒体建设的现状、问题及路径探析［J］. 传媒，2021（6）：82-84.

［2］司忠华，赵宇璇. 论融媒体在"大思政课"中的应

用［J］．商丘师范学院学报，2022，38（8）：34-37.

　　［3］王天民，郑丽丽．全媒体时代"大思政课"建构的审视与优化［J/OL］．北京航空航天大学学报（社会科学版），2023：1-7［2023-12-08］．https://doi.org/10.13766/j.bhsk.1008-2204.2022.0750.

人文社科类高校研究生
数字化育人的多维探索

刘　桐

（中南财经政法大学研究生院、党委研究生工作部）

当今时代，世界之变、时代之变、历史之变，正以前所未有的方式展开，随着科技的深入演进，产业的快速转型，以及社会的迭代升级，数字化建设进入高速发展阶段。信息技术和数字技术的广泛运用和深度整合，正在"重塑"教育的理念、模式与形态。

放眼世界，新冠肺炎疫情、国际化趋势和国际竞争态势在很大程度上加快了各国研究生教育走向数字化的步伐[①]，世界各国纷纷制定教育数字化发展战略。在中国，"十三五"规划纲要正式将"数字中国"上升为国家战略。"十四五"

---

① 于妍，蔺跟荣. 数字技术赋能研究生教育高质量发展：何以可能与何以可为 [J]. 中国高教研究，2022（11）：53-60.

期间，数字化转型成为我国教育改革发展的主要方向。[①]2022年全国教育工作会议正式提出"实施教育数字化战略行动"，预示着教育数字化转型开启新征程。党的二十大报告提出，推进教育数字化，建设全面终身学习的学习型社会、学习型大国。2023年6月召开的全国教育数字化现场推进会议强调，要大力推进教育数字化战略行动，充分利用现代技术手段，加快教育、科技、人才一体化发展。在中国，数字化转型已经逐步演变为教育改革和研究生教育质量提升的关键策略。

一、数字化育人的关键领域

（一）教育范式

目前，教育数字化要实现从起步、应用和融合数字技术，向树立教育数字化意识和思维转变，培养教育数字化方法与能力，构建智慧教育发展新生态，形成数字化教育治理体系和机制，推动教育范式的变革从"供给主导"向"需求主导"转型。在研究生教育上，需达成数字化共识，打通全流程数据集成，夯实数据基础。围绕研究生教育的发展规律、育人规律、教学特点，依托环境智联、数字融通、资源共享、定制服务，打破课堂内外、学校内外、区域以及国际时空界限，实现全流程、全链条、全周期的教学、评价、学习、管理数据收集和互联互通；积极、持续地拓展研究生教育大数据开

---

① 祝智庭，胡姣. 教育数字化转型的本质探析与研究展望［J］. 中国电化教育，2022（4）：1-8，25.

发利用的广度和深度，释放大数据的效能价值。

（二）培养系统

从招生考核、课程教学、学位论文等维度构建数字化、生态化人才培养系统，打通大培养环节。

招生环节。提高人才选拔质量，要把好创新拔尖型人才选拔关。从命题制卷、考试、回卷、阅卷、复核、分析等方面入手，通过技术解放人工，比如条形码、试题库，电子阅卷等新技术、新方法、新工具等全方面提高工作效率与准确性，确保研考工作"零失误"。

教学环节。第一，教学环境智慧化。为满足师生需求，推进多层次智慧教学环境建设，改造物理空间，通过建设智慧教室、打造教学终端、升级教学工具，为个性化和体验式学习提供强力工具支持。第二，教学方法多元化。将教学形态从一元化转向实体课堂、网络课堂、混合课堂多元并存的形式，利用信息技术开展交互式、体验式、研讨式、混合式教学。第三，教学资源丰富化。提高优质数字化教学资源供给，建设数字化示范课程；探索多主体参与、多渠道供给、多形式应用的数字化教学资源共建共享。第四，教学内容数字化。从传统的、固化的、有结构性的知识体系向灵活的、开放的、无定型的多元化课程内容过渡。

学位环节。学位论文传统的查重系统与业务系统分离，需建立从开题中期到学位信息上报全流程的业务数据集成，建立业务数据关联，解决数据孤岛问题。另外，还需对学位论文开展形式规范性检测，增加研究生申请学位的前置条件，提高学位论文规范性管理效率。

相关群体数字化素养。这不仅包括研究生教育管理者、导师、学生以及合作企业的数字技能和信息素养，也包括他们的数字学习能力和数字工具的使用技巧。为了实现这一目标，需加强这些群体的数字素养，以期他们能够更好地利用数字技术来优化教学过程，并提高其效果。此外，鼓励网络安全和人工智能等相关领域的数字知识进学校、进课堂，以此促进各种信息化应用的交流和推广，全面提升教师和学生的信息素养和数字技能。

（三）教育评价

从传统的静态、终结性的评估方式转向更为动态、多样化、过程导向型以及依赖于大数据的评估与反馈模式。在教学评价上，新兴技术如移动互联网、云计算、大数据和人工智能等不断发展，为教学评价提供了一系列新的评估手段，可以利用这些技术对课程教学过程中产生的海量数据进行深入的多维度分析、过程性评估以及实时反馈。评估和反馈内容应涵盖学生的学习表现、学习满意度、教师的教学执行情况及其效果等方面。在综合评价上，对研究生群体进行分类、分层和过程性评价，采取定量测评与定性评价相结合、过程测评与结果评价相结合、纪实测评与民主评议相结合的方法，科学、合理地反映研究生的实际素质状况，引导广大研究生立大志、明大德、成大才、担大任。

（四）管理服务运行机制

管理决策从经验驱动转变为数据驱动为主，教育管理由

"粗放式"向"精准化"转变。未来研究生教育必将是"需求导向+数据驱动+模块化"的范式。①

一是需要利用新技术实现原有管理职能的提质增效。首先要对原有业务职能的流程环节、作用对象及效果，所涉资源与数据，所用技术与设备等进行深入剖析，从中确立职能薄弱、低效之处；其次，积极引入新一代数字技术，包括数字化设备、软/硬件平台、系统工具、数字化资源等，对薄弱之处进行升级改造，对低效之处实施流程优化。二是需要通过数字化手段实现全过程、全环节、全方位、多元主体参与，建立统一、安全、便捷的数据交换通道，推动教育数据有序流动，实现跨地域、跨层级、跨部门、跨学科数据共享。

运用数字化手段来实现原管理职能的提质增效。这意味着需要深入研究现有业务流程中的各个环节、目标受众及其效果、涉及的资源和数据、使用的技术和设备等。在此过程中，找出职能薄弱、低效之处，进而采用最新的数字技术，例如数字化设备、软件和硬件平台、系统工具以及数字化资源等，以此实现升级改造。同时，我们也应借助数字化的手段，实现全面、全程、多维度的主体参与，创建统一、安全且易于使用的数据交换网络，促进教育数据的有序流通，实现跨地区、跨层次、跨部门、跨学科的数据共享。②

---

① 王战军，蔺跟荣. 动态监测：大数据驱动的研究生教育管理新范式［J］. 研究生教育研究，2022（2）：1-8.

② 肖广德，王者鹤. 高等教育数字化转型的关键领域、内容结构及实践路径［J］. 中国高教研究，2022（11）：45-52.

二、数字化育人的多维探索

作为人文社科类高校，近年来，中南财经政法大学主动适应数字时代要求，按照"需求牵引、应用为王、服务至上"的原则，在推动数字技术在教育中的应用与转化，以数字化为引领撬动研究生教育变革方面，进行了一系列探索和尝试。

（一）以需求驱动为导向，完善新时代学位授权点建设

一方面，根据产业发展趋势和发展需求，及时更新"学位授权点目录"，设置具有前瞻性和发展性的学科专业，积极探索以法学为龙头的领军优势学科与"互联网 +""大数据""人工智能"等新兴学科的交叉融合，自主增设"纪检监察学""党内法规学""数字经济与法治""公共政策"等 26 个交叉新兴学科学位点，构建了交叉学科拔尖创新人才培养的新平台新模式；另一方面，建立适应数字时代的高层次人才培养体系，完善"专业学位 +X"培养体系，在"电子信息"专业学位类别下设置指导性目录内的"计算机技术""人工智能""大数据技术与工程""网络与信息安全"等新兴领域学科学位点方向，法律硕士增设经济法、涉外经贸法等13 个方向。通过深化数字技术领域新文科、交叉学科建设，培育跨领域、跨学科、跨专业的复合型人才，夯实研究生教育高质量发展的数字化后继力量。

（二）以国家战略为根本，打造支撑数字化转型的科学研究新高地

学校积极布局教育信息技术交叉研究新方向，并逐步形成有组织科研的新范式。一是打造智库。学校现有国家级基地1个、教育部人文社科重点研究基地1个、高等学校学科创新引智基地4个、部省共建协同创新中心2个、国家级CTTI来源智库6个、湖北省人文社科重点研究基地8个、国际化组织合作1个、服务一流学科的内设科研平台7个，全力打造"人工智能+教育"科研新高地。二是建设团队。整合多学科人才资源，打造世界级知识产权、收入分配与现代财政等领域的一流学术创新团队和跨学科协同教学团队，支持教师深入开展教学研究与实践，重点打造体现研究生教育教学水平的标志性成果，形成科教融合发展的"中南大特色"。

（三）以人才培养为中心，构建教育教学数字化转型新模式

推进一个智能中心建设。为实现研究生招生考试考务管理工作信息化、数据可视化，形成线上、线下有机结合的考试管理新模式，搭建智慧考试管理平台和智慧数据中心，设置专门的研考室，建设了研究生研考自命题、回收试卷、整理试卷、监控全过程的研究生智慧考试中心。目前可容纳40人进行自命题，3万份自命题试卷的回收处理，提供200余个考场的全过程监控录像等资料的实时巡查与备份，使研究生考试信息化技术的发展有力推动研究生考试管理工作由传统

向现代的转型，提高研究生考务工作的质量和效率。通过招生管理的信息化、评卷工作的电子化、招生服务的精细化，保障了研究生招生工作优质、高效、零差错。

推进两类"化"。重视学位论文"全流程化"，在论文开题答辩、预答辩、评审和答辩后分别设置修改反馈环节，形成全链条学位论文质量监控体系；将全校研究生学位过程事务开展，包含成果管理、重复率检测、论文评阅、预答辩管理、答辩管理、学位机构管理、上会管理、学位上报、证书管理、导师指导小秘书等，实现学位全流程在线办理业务和追踪管理。重视导师管理"全周期化"，导师管理在业务上涵盖导师从遴选到招生资格的全周期事务管理，包含导师组管理、导师管理、导师遴选、导师考核、师生互选、导师满意度评价等，并首次开设研究生导师专题网络培训班，以线上线下、校内校外等相结合的混合模式，建立导师培训二级管理体系，全面提升研究生导师的政治素质和业务水平。

推进四类融通。一是跨学科知识融通，通过扩大大类平台课程，依托学校经法管学科融通优势，开设大数据与人工智能、法学、经济学和计量经济学等融通课程，增设百余门前沿融通性选修课程，进一步打破专业、学院界限，实现跨学科、深融通的培养路径，加快推进"财经政法深度融通"一流人才培养计划提档升级。二是教学资源融通，通过自建、整合、征集、共享、引进等方式汇聚优质教学资源，提升资源规模和质量，实现课程在校内开放共享。三是线上线下融通，打造多层次智慧教学环境，夯实数字化教学支撑；构建数字化教学场景应用，探索探究式、研讨式、混合式、翻转式等新型教学模式。四是产教协同，从人才培养理念、教学环境、培养方案、教学过程、评价方式、育人生态等方面加强产教对话、合作，现有 20 名行业内实务专家进行课程讲授，兼职硕士生导师 46 人，合作硕士生导师 1021 人，共建 200 余个研究生高水平产教融合实践基地。

（四）以五育并举为导向，全面改革研究生综合评价方式

聚力制定《中南财经政法大学研究生综合评价实施办法（试行）》，制发《中南财经政法大学研究生科研与实践奖励办法（试行）》，强调五育并举，多维度综合评价；基本素质评价和个性能力评价相结合；强调分类评价，注重过程性评价；对科研与实践成果评价采用代表作评价制度，不拼数量重质量；对标对表评估和双一流指标，鼓励高水平成果；评价重心下移，以培养单位评价为主，学校统筹高层次奖励评审。下一步将完善数字化教学评价机制。以评促教，运用大数据分析技术开展教师教学诊断和咨询，对教学行为和策略进行及时调整与优化。探索将数字化教学评价结果作为专业评价、课程评价和教师综合评价等评判依据的方法路径。

（五）以治理服务为原则，重塑研究生管理服务体系

建平台。推动数据驱动下的教育管理和决策，升级研究生教育管理信息系统，全面覆盖学籍、培养、学位、导师、思政教育、质量监控六大板块业务，实现研究生日常管理业务的无缝集成，实现研究生教育管理的数据信息化、流程自

动化，推动学校研究生生源结构、培养模式、培养环节和评价机制等方面的管理改革与效率提升。同时，针对教师学生不同用户，提供便捷、多样化的服务入口，针对不同对象的业务特点和场景开放个性化服务，畅通服务体验反馈链路，真正地提升广大师生的服务体验质量。

重制度。结合新时代对研究生教育的要求，通过对原有的管理、制度进行废、改、立、补等，对研究生组织和业务流程再造，将核心业务制度化，逐步形成保障数字化转型顺利推进的机制。各业务科室按照"数据共享、流程再造、制度重塑"的工作要求，聚焦规划、监管、评估、服务四大职能，对负责的核心业务流程进行梳理，推动工作流程全面优化、升级、再造，制作学位论文质量监控流程图、研究生培养与管理重要环节提示图等业务流程图 20 余项，将规章制度流程化。

强激励。出台《中南财经政法大学研究生教育工作奖励办法（试行）》，拟出台《中南财经政法大学研究生教学成果奖评选办法（试行）》《中南财经政法大学研究生教育改革奖评选办法（试行）》《中南财经政法大学研究生导师荣誉奖励评选办法（试行）》，通过建立激励体系，利用技术手段对数字化共建共享激励工作的开展过程进行全方位管理，促进数字化赋能研究生机制不断改进。

三、数字化育人的新展望

在研究生数字化育人的道路上，还面临数字化鸿沟依然存在、相关群体运用数字化的能力不强、不同群体和区域共享数据仍存在障碍等问题，需要进一步探索数字化赋能研究生教育改革的新形态、新模式和新机制。

一要顺应大势，为数字化育人"赋魂"。对应数字时代变革、对接国家战略需求、对标研究生教育使命任务，进一步加强组织领导，健全数字化宏观指导和管理职能，将高质量要求贯穿到学校研究生教育教学全过程和各领域。二要闭环管理，为数字化育人"固本"。加快建立数字化治理服务标准规范与一站式数字化管理服务平台，融合研究生教育数字化建设的"建用学管"，不断提升高质量发展的内生动力。三要开环建设，为数字化育人"强基"。充分调动和组织教育内外力量、高校内外力量、社会各方力量，各展其长、长长结合、协调推进，通过数字化人才培养顶层设计、模式创新、评价体系改革，推动整个研究生人才培养生态的重构与再造。

参考文献

［1］于妍，蔺跟荣. 数字技术赋能研究生教育高质量发展：何以可能与何以可为［J］. 中国高教研究，2022（11）：53-60.

［2］王战军，蔺跟荣. 动态监测：大数据驱动的研究生教育管理新范式［J］. 研究生教育研究，2022（2）：1-8.

［3］祝智庭，胡姣. 教育数字化转型的本质探析与研究展望［J］. 中国电化教育，2022（4）：1-8，25.

［4］肖广德，王者鹤. 高等教育数字化转型的关键领域、内容结构及实践路径［J］. 中国高教研究，2022（11）：45-52.

数字化赋能新时代高校思想政治工作的三重维度探析①

王秋菊

（中韩新媒体学院）

　　数字时代，数字技术正在全面融入政治、经济、文化、社会等各领域，教育数字化成为数字中国战略的重要组成部分。高校思想政治工作是教育工作的重中之重，是一切工作的生命线。习近平总书记在全国高校思想政治工作会议上强调要"推动思想政治工作传统优势同信息技术高度融合，增强时代感和吸引力"。② 因此，在数字赋能的场域中，高校思想政治工作需要充分遵循数字技术发展的底层逻辑，运用数字思维创新思想政治工作，将 VR、AR、大数据、人工智能、

---

① 本文获中南财经政法大学中央高校基本科研业务费专项资金资助（31512212103/121）。

② 习近平. 把思想政治工作贯穿教育教学全过程[EB/OL].［2016–12–08］. http://www.xinhuanet.com//politics/2016–12/08/c_1120082577.htm.

云计算等数字技术与思政工作相结合，不断提升数字赋能高校思想政治工作的针对性、实效性和吸引力，围绕学生、关注学生、服务学生，努力培养担当民族复兴大任的时代新人。

一、价值之维：数字化赋能思政工作的价值意蕴

数字赋能是具有全面性、多向性、精准性、定制性等特点的数据集合，它正深刻地改变着人类认知世界的方式，并对人们的生活、工作模式产生深远影响。[①]《中国智慧教育蓝皮书（2022）》指出，"智慧教育是数字时代的教育新形态。"[②]当前，大数据分析、数字化技术、人工智能等的快速发展有利于思政工作者全面把握、精准分析育人对象，定制性供给育人内容，使得高校思想政治工作朝着更加精准、更加科学、更加高效的方向发展。

（一）有助于深化教育供给侧结构性改革

教育供给侧改革的核心是扩大优质教育资源供给，优化教育资源、育人资源的均衡配置。以数字化助力教育优质均衡发展是建设数字中国的关键之举。在数字化背景下，一方面，数字化赋能高校思想政治工作能消除传统教育中存在的组织、

---

① 豆素勤，王强. 数字赋能高校思政教育的主要特征、现实困境及突破路径［J］. 学术探索，2023，279（2）：149-156.

② 中华人民共和国教育部.《中国智慧教育蓝皮书》：智慧教育是数字时代的教育新形态［EB/OL］.［2023-02-14］. http://www.moe.gov.cn/jyb_xwfb/xw_zt/moe_357/2023/2023_zt01/mtbd/202302/t20230214_1044497.html?eqid=e51fd7c50014a9c100000006648eb9fb.

管理、服务、教学、实践等方面的壁垒。利用大数据等数字新技术打造一体化的教学资源平台、育人数据系统和学生管理系统，促进优质教学资源的分配和各类数据的交互与开放，构建大思政格局，极大地拓展育人空间。另一方面，高校的思政课教师、专业课教师、辅导员、党政管理人员、领导干部等都可以依托数字技术调动和利用数字育人平台中的信息数据和学习资源，在共建共享中实现教育资源和育人资源的互通联动。同时，翻转课堂、虚拟技术、大数据技术等数字技术能够促进资源互通、数据共享和学习协作平台的搭建，不同地区、不同院校、不同学院之间可以开展线上培训、交流研讨、教学分享等活动，极大地提高了育人资源的配置。

（二）有助于思想政治教育范式发展推进

当前，以数字化技术为核心的新一轮科技革命正在孕育兴起，人工智能、区块链、大数据等前沿技术逐步运用到社会发展各个领域，"数字＋经济""数字＋文化""数字＋医疗"等模式持续推进，但高校思政教育仍采用传统的思维方式和教育方式，尚未很好地与数字技术融合。当前，高校思政教育应紧跟时代发展，树立数字思政思维，运用数字新技术，深入推进数字思政工作范式深入发展，解决传统思政育人思维和工作模式无法解决的问题。例如，数字化技术能聚合教学资源和素材，为育人主体提供全方位、全流程、立体化的教学资源库，真正使思政课大起来、活起来、乐起来；数字化技术还能够将数字空间与现实空间相结合，提供"沉浸式"和"体验式"的校园文化活动和社会实践活动，更好地引导学生树立正确的世界观、人生观和价值观。交互技术、大数据技术、VR 虚拟仿真技术、区块链技术等新数字化技术能够推动高校思政教育全过程的深刻变化，多向性推动育人主体互动，改变传统思政教育的单向灌输方式，重塑传统思政教育范式中较为滞后的元素，助力思政工作者全面把握和精准分析育人对象、定制性供给育人内容、精准控制教育过程，构建沉浸式思政育人模式，为未来数字思政教育范式的发展提供新思路和新参考。

（三）有助于高校全面系统实施精准思政工作

习近平总书记强调："要强化精准思维，做到谋划时统揽大局、操作中细致精当，以绣花功夫把工作做扎实、做到位。"[①] 当前，加强和改进高校思想政治工作需要深入落实高校思想政治工作精神，做到"因事而化、因时而进、因势而新"，以数字化赋能精准思政，有效提高思政工作的针对性、思想性、亲和力和感染力，全力提升高校育人水平，助力时代新人的培育。

高校能够运用数字技术的量化分析和可视化呈现精准识别学生情况和个性需求，从传统的"千人一面"到"个体画像"，更精准地捕捉学生的特殊情况，更及时地了解学生个体的细微变化，实现个性化育人，提高思政教育的精准度。[②] 第二，

---

① 习近平. 以精准思维把工作做扎实做到位［EB/OL］.［2022-03-16］. http://www.qstheory.cn/dukan/qs/2022-03/16/c_1128468472.htm.

② 蔡路. 数字赋能高校精准思政研究［J］. 学校党建与思想教育，2022，684（21）：67-70.

在数字化背景下，新兴的 VR、AR、3D 影像、人工智能、虚拟仿真技术等数字形式能够精准供给教育内容，构建课堂内外、线上线下、虚实结合的立体化精准教学，让思政课"活"起来、"新"起来。第三，传统的思政教育更多的是灌输教学，并未结合学生的特点和喜好，无法满足学生的个性化需求。高校能够通过数字化平台精准控制教育过程，改"大水漫灌"为"小水滴灌"，运用大数据技术等手段精准掌握学生的媒介偏好、接受习惯和使用频率，精准研判开展思政教育和推送思政内容的最佳时机，提高思政工作的效果。

二、问题之维：数字化赋能思政工作的现实困境

在网络思想政治工作不断发展的前提下，数字化赋能高校思想政治工作具有一定耦合基础，但如何能够最大化发挥数字技术的作用，促进数字思政建构，还需对存在的现实困境和突出问题进行反思和探析。

（一）技术困境："推荐"与"圈层"的机遇与挑战

算法推荐是数字化赋能的典型应用，其通过人工智能分析和过滤机制对个体的海量数据进行深度分析，能够精准分析个体的需求和偏好，有利于高校思政工作者开展精准化的育人工作。例如，高校一站式育人系统能够通过算法技术根据学生的个人信息、网站浏览情况、消费情况、学习情况等数据为不同学生进行"个人画像"，判断个体的偏好、需求和个性，从而帮助思政教师和辅导员"对症下药"。算法推荐凭借其独特的优势在满足育人对象的个性化、定制化需求

的同时又能够使育人主体的工作更具针对性和吸引力。然而，算法推荐也存在一些弊端和问题。算法推荐下的精准推送在一定程度上会引起"信息茧房"，尤其是对于心智还未成熟的大学生来说，他们的信息处理能力和数字素养还有待提高，极易被同质化信息包围，形成"信息偏食"，关注视野越来越窄化，不利于育人对象的全方面、立体化发展。[①] 同时，育人主体还未能全面掌握数字化技术，也不能较好地消解育人对象出现的思想封闭化、价值偏执化、视野狭窄化等不良影响，使得育人对象难以摆脱"信息茧房"。

（二）思维困境："传统"与"数字"的冲突与博弈

数据是数字经济时代的石油，数字思维是新时代高校思政工作的窗口。数字化赋能高校思政工作的实践进程是高等教育工作数字化转型的重要过程，不仅需要依托数字技术优势，还需要思政工作者的思维观念由传统向数字转变、增强理解数字化发展趋势和数字赋能作用的能力、善于从数字角度看待学生特性并思考数字思政育人的实施路径。但从当前数字思政工作的实施中可以发现，最大的困境是传统工作观念与数字思维的冲突与博弈。目前，高校思政工作者还未能很好地理解数字赋能思政工作的价值与意义所在，缺乏数字转型的认同感和敏感度，无法形成系统的数字思政工作思维。[②]

---

① 范宏民. 元宇宙赋能网络思政教育探赜 [J]. 中学政治教学参考，2023，895（7）：65–67.

② 韩承敏. 反思与重构：高校数字思政教育研究 [J]. 江苏高教，2021，243（5）：89–93，109.

例如，一些高校搭建数字平台时仅停留在技术工程上，简单地搭建学习平台、专题网站等，并没有深入思考建设的目的与意义；一些思政工作者认为数字思政仅是线下到线上的迁移，使工作变得更加繁琐……这些现象显示，当前，社会尚未形成数字思政思维，高校思政工作者在面对"五彩斑斓"的数字化技术时既想提升工作效力又放不下传统的工作方式，这在一定程度上阻滞了数字技术与思政工作的融合融通。

（三）基础困境："人才"与"平台"的匮乏与欠缺

高校思政工作贯穿大学入学到毕业全过程，涉及学生方方面面的数据和信息。要实现数字化赋能，关键之一就是搭建系统全面的一体化数字化平台和培养造就一大批数字意识强、善用数据、善治网络的人才，为全面增强数字思政工作效能提供重要平台和人才保障。但现阶段由于政策、技术等方面限制，平台和人才仍是高校推进数字化赋能思政工作的瓶颈之一。当前，各高校都在大力建设思政一体化数字平台，但因高校思政工作涉及不同学院、不同职能部门，多部门平台系统的协同、系统间的数据共享以及通过数据分析处理实现"智能化"等方面还未能较好地实现，信息化、智能化、智慧化的平台建设尚不健全，思想政治工作的资源信息不能得到及时有效的保存，很难对育人对象实现精准画像和精准服务。此外，部分思政工作教师和人员缺乏大数据、互联网等方面的知识，数字化素养不足，无法充分利用海量数据资源，不能较好地使用数字化资源和平台开展思政育人工作，"有数不会用、不敢用"的现象较为普遍。

三、实践之维：数字化赋能思政工作的优化路径

《高等学校数字校园建设规范》提出"要积极发展'互联网＋教育'的发展需求"。大学生已成为数字时代的"原生著民"，高校思想政治工作必须紧紧围绕"立德树人"的根本任务，改变过于单一的思政工作方式，主动占领数字阵地，将思政工作的传统优势与数字化技术相融合，加快推进数字思政建设的进程。

（一）更新思政工作理念，树立数字育人思维

教育部思想政治工作司 2023 年工作要点中指出要进一步强化数字赋能，探索建立高校"思政指数"。数字化不仅仅是一场技术变革，更是一场思维革命。数字化思维需要跳出思维定势和路径依赖，形成用数据去认知、思考、解决问题的习惯，是一种全新的、颠覆性的思维模式。高校领导干部需深刻认识数字化赋能思政工作的重大意义，树立主动的、科学的、适应时代发展的改革思维，强化"先有想法，再找办法，最后才是算法"的数字化思维。同时要做好顶层设计，推动高校思政一体化数字平台建设，转变各职能部门从"部门思维"到"用户思维"，助力思政工作传统优势与数字技术相融合。高校思政工作者应紧跟时代发展，转变工作理念，树立数字育人思维，提升对数据的敏感度；同时还要强化互联网思维和数字化认知，心中有了"化"的理念、眼中有了"化"的视角，才能更好地利用数字化技术发现问题，找到根本原因，进行精准研判。高校信息技术工作者应构建"用数据说

话、靠数据决策、依数据执行"的工作思维，发挥专业优势，精准聚焦思政工作需求，建设以学生为中心的新时代数字化思政教育服务大平台，不断提升思政工作的效率和服务水平。

（二）加强数字阵地建设，汇聚思政育人合力

教育部《关于加强新时代教育管理信息化工作的通知》中指出，"利用新一代信息技术提升教育管理数字化、网络化、智能化水平，推动教育决策由经验驱动向数据驱动转变、教育管理由单向管理向协同治理转变、教育服务由被动响应向主动服务转变"。对于数字赋能高校思政工作，平台建设是立足点、三全育人是着眼点。现如今，虽然众多高校已基本具备较好的信息化思政平台，但还未能实现多部门平台系统的协同、系统间的数据共享以及通过数据的分析处理实现"智能化"等方面的目标，距离构建以数字化服务高校思想政治工作的新模式还有较大差距。一是需要打破壁垒，着力整合育人系统。数字赋能高校思政工作不仅仅是一个部门、一个院系的事情，而是全校各个部门乃至整个社会的事情。高校要打破部门间、院系间、事务间的壁垒，整合思政教育平台、党建工作平台、心理育人网站等各类服务平台资源，形成统一资源池，构建一体化的高校数字思政教育平台协同建设联盟，从根本上避免在数字思政平台、资源和内容上出现低层次重复问题，减少高校数字思政建设成本，推进思想政治教育工作的整体智治、高效协同和精准触达，助力思想政治工作传统优势与数字技术高度融合融通，从而构建高校"数字思政"育人新格局。二是要激活各类主体，凝聚育人合力。

高校中的领导干部、专任教师、思政教师、党政管理人服务
人员等都是思政工作的育人主体，需要按照数字赋能的要求，
坚持协同创新的建设原则，通力合作，协同发力，积极推动、
参与、助力数字思政平台的构建，共同绘制好一体化、标准化、
智能化数字思政工作平台的"同心圆"。[①]

（三）打造交互融通空间，创新思政育人模式

中国教育部部长怀进鹏在世界教育大会上指出："发展
数字教育，推动教育数字化转型，是大势所趋、发展所需、
改革所向，更是教育工作者应有之志、应尽之责、应立之功。"
随着数字化时代的到来，高校思政工作要想实现创新发展，
必须顺应数字化大趋势，抓住机遇，主动拥抱"数据"，让"生
命线"加装"数据线"，创新思政育人模式，营造数字育人生态。
当前，在教育数字化背景下，各高校都在大力建设数字平台，
但目前还仅停留在平台建设方面，还未能真正实现虚实结合、
线上线下结合，未能发挥数字化赋能的最大优势。为更好地
使数字思政落地，高校在建设一站式学生服务平台时可将数
字思政平台与传统思政空间有机融合，构建集线上"一站式"
学生数字平台和线下"一站式"学生驿站于一体的"一站式"
学生工作综合体，将思政工作传统优势与数字技术高度融合，
创建交互融合育人空间，提升立德树人效度和数字思政精度。
此外，还可以通过构建"线上""线下"交互空间，借助大

---

① 汤潮，赖致远. "数字思政"的内涵生成与实施路径[J]. 思想理论教育，
2022，522（10）：97–101.

数据技术与信息技术搭建集线上学习平台和线下实践基地的思政工作融通体系，集合多元主体、整合多样资源、聚合多维场域，助力高校"三全育人"的数字思政育人格局的建构。但数字技术在任何时候都是一把"双刃剑"，它既能为思政工作带来诸多机遇与惊喜，同时也可能成为一种包袱和"毒药"。因此，在大数据、人工智能等数字技术与高校思政工作深度融合时，需时刻注意避免过度依赖和迷信数据的误区，避免弱化或忽视传统思政工作的优势。

高校思想政治工作关系着高校培养什么样的人、如何培养人以及为谁培养人这个根本问题。在数字时代，高校思政工作需要紧跟时代发展，紧紧围绕立德树人的根本任务，审视数字技术带来的机遇和挑战，秉持协同融通的建设原则，不断推进传统思政与数字思政的深度融合，深入推进高校思政数字化转型与发展，助力数字思政育人，努力实现思政工作从"信息化"到"数字化"再到"数智化""智慧化"的转变。

心理育人篇

新时代高校心理危机干预分级管理机制探索

彭　文

（党委学生工作部、人民武装部）

近年来，我国高校学生的心理健康问题引起了社会的广泛关注。一些大学生中存在自伤、自杀及伤人等风险的心理危机问题，需要学校高度重视并采取有效措施进行预防和干预。美国心理学家 Caplan 提出了心理危机的概念，认为当个体目前惯用的应对方式和资源在面对当前的困境难以应对时引发的一系列心理失衡的反应，这就是心理危机。人生的任何一个阶段都可能出现心理危机，而对于大学生群体来说，正是逐渐走向生理成熟和心理成熟的重要时期，在发展过程中，难以避免心理危机的出现。正确看待和应对心理危机，促进大学生身心健康成长，是高校心理育人工作的重要内容之一。

近年来，以习近平同志为核心的党中央高度重视和关心广大学生的心理健康和成长发展。党的二十大报告中指出，重视心理健康和精神卫生。教育部等十七部门联合印发的《全面加强和改进新时代学生心理健康工作专项行动计划（2023—2025 年）》中提出，促进学生身心健康、全面发展，是党中央关心、人民群众关切、社会关注的重大课题；全面加强和改进新时代学生心理健康工作，提升学生心理健康素养；健全健康教育、监测预警、咨询服务、干预处置"四位一体"的学生心理健康工作体系。《"健康中国 2030"规划纲要》和《中华人民共和国国民经济和社会发展第十四个五年规划和 2035 年远景目标纲要》都对加强心理健康服务提出了明确要求。高等教育阶段是高校学生身心成长成熟、健康素养形成的重要时期，各个高校应重视心理健康教育。学生的生命安全是红线，为保证学生能够顺利成长，更应进一步加强心理危机的预防和干预工作。

　　为了保障学生心理健康和全面发展，高校纷纷开展心理危机干预工作，并制定相关干预措施和方案。作为公共卫生服务的重要内容，心理危机干预或心理救援的重要性已经得到足够的认识。但从已有的调查结果来看，大学生的心理健康状况仍需重视，尤其是大学生心理危机事件层出不穷。有研究发现大学生自杀意念的检出率为 15%—25%。这说明心理危机干预工作在实施过程中仍面临诸多挑战。另外，相对于心理危机学生的人数，学院教师以及心理中心教师的数量相对不足，因此很难做到对每一位处于危机中的学生全身心照顾。同时，并非每一位学生都需要 24 小时高度关注。因此，高校学生心理危机的预防和干预工作仍需进一步精细化，提升工作质量。本文在梳理和回顾相关文献的基础上，提出了一份高校学生心理危机分级干预的工作方案。该方案根据不同的危机程度制定了危机干预分级管理机制，对于已经筛选出或已经暴露出严重心理危机的大学生，需进行科学管理，确保他们得到适当的处置。本研究为加强和改进高校学生心理危机预防干预工作提供了参考，有助于保障大学生的全面健康发展。

一、大学生心理危机的特点

（一）大学生心理危机具有隐蔽性与突发性

大学生正处在成长阶段，自我意识正在逐渐完善，但缺乏心理健康知识，因此在面临许多困境时，不懂得正确的自助和求助方式。部分学生的人际关系、社会支持尚未充分建立，难以发现异常情况，造成了具有隐蔽性的心理危机。心理中介模型理论认为，外部事件会通过影响个体的心理特点，从而影响个体的行为和认知。不同人格特点、心理弹性水平、应对方式的不同个体，在面对相同事件时，其反应也存在很大差异。因此，对于心理资源薄弱的个体而言，常见的应激事件也可能引发严重应激反应。因此，在工作中会感到大学生心理危机具有突发性。

（二）大学生心理危机具有危害性与机遇性

大学生心理危机可能会带来严重的后果，例如自残、自杀、恶意伤害他人、恶意破坏社会公共系统等，甚至引发社会舆情。心理危机的发生不仅可能对自身、同学、老师，以及家庭造成影响和伤害，也是国家和社会的损失。但是，在心理育人工作中注重全方位提升学生的心理健康素养，可以在很大程度上降低心理危机发生的概率。另外，进一步加强对大学生心理危机工作的预防和干预，将会使心理危机转化为学生成长的契机。

（三）大学生心理危机具有规律性与可预防性

大学生心理危机的整体特点有规律可循。当代大学生的年龄普遍集中在 18—25 岁，正处于成年早期阶段，在生理上已经逐渐发育成熟，正处于心理急速发展的时期。大学生在这个年龄阶段的主要发展任务聚集在能力和人际关系方面的发展，包括学业、实践、应对各种生活困难的能力、建立和维持一段恋爱关系，以及处理好与学校同学、舍友、父母的关系等。不同年级的大学生会面临不同的问题，所经历的心理危机主题也会有所不同。例如，大一新生刚入校可能更多地面临环境适应、学业适应、人际关系适应等问题；大二学生可能面临找不到生活和学习方向的迷茫感；大三和大四的学生可能面临就业升学的压力。因此，抓住大学生心理危机的一般性规律，制定预防和干预措施就有迹可循。

二、大学生产生心理危机的原因

导致大学生心理危机的原因有很多，例如生活适应问题，离开家庭、独立生活是大学生活的一部分，生活环境和学习任务的变化需要大学生积极调整和适应。此外，学业压力是导致高校学生心理危机的主要因素之一。随着社会对高学历人才的需求增加，学生在求学期间面临着巨大的学业压力。课业负担、考试压力等因素可能导致学生出现焦虑、抑郁等心理问题。人际关系问题也是高校学生心理危机的重要原因之一。在大学中，学生面对来自不同背景和文化的同龄人，社交压力明显增加。人际冲突、孤独感等问题可能对学生心理造成严重影响。

当前，大学生所面临的心理危机呈现出多元化的趋势、多元化的原因以及多元化的表现。学业压力、人际关系、生活环境、情感压力等多方面因素交织，使得单一的心理危机干预策略难以满足不同学生的需求，而针对每位学生进行全力、全员干预的策略对工作人员的数量、质量和精力要求高，同时也容易造成人力和资源的浪费。虽然造成大学生产生心理危机的原因繁多且复杂，但是心理危机所导致的认知、情绪、行为、意志、生理表现具有相似性。因此，心理危机分级管理方案是围绕大学生的异常心理状态，抓住大学生危机表现的内在特征，实施有针对性、更精准的防治措施。

三、高校心理危机干预分级管理方案

高校心理危机干预分级管理是根据大学生心理危机的严重程度，从轻到重进行分级。判定的标准将依据前人对各种原因引发的心理危机的研究结果，确定哪些表现特征与较高的风险水平相关，从而确定最高的危机等级，并对心理危机进行等级评定。在此基础上，进一步制定针对不同风险等级的危机学生的干预方案，以实现高效的反应和管理。

（一）高自杀风险

心理痛苦理论认为个体会因为难以忍受的痛苦情绪而产生轻生的想法。以指导自杀预防实践为目的可以将自杀行为分为五类：自杀意念、自杀计划、自杀准备、自杀未遂、自杀死亡。自杀意念有强度和频率的差别，并非产生了自杀意念就代表着个体需要进行危机干预，但高强度、高频率的自杀意念需要进一步关注。自杀计划是指有明确伤害自己的计划。自杀准备是指在自杀计划的基础上已经开始有所准备。自杀未遂是指在强烈的自杀死亡愿望的驱使下已经采取了伤害自己生命的行为，但是未导致死亡。这五类自杀行为在死亡意念的强烈程度上逐渐增强。诸多国内外研究显示，具有近期自杀未遂史的个体是预测未来再次尝试自杀的最可靠、最有力的预警因素之一。有周密的自杀计划和自杀准备也是自杀行为发生的高危信号。因此，建议将近期有过自杀未遂、有明确自杀计划或准备，以及频繁出现强烈自杀意念的个体列为最高心理危机进行管理。

（二）严重精神疾病发作

精神疾病是指大脑功能失调导致的认知、情感、行为和意志等精神活动不同程度受损的疾病的总称，大多伴有器质性病变，需要服用药物进行治疗。严重精神疾病包括中度至重度的精神疾病，患者往往有严重的情绪障碍、行为异常、正常的生活功能受损。某些精神疾病是自杀的危险因素，并且概率极高地伴随有自杀意念的出现。精神疾病患者不仅受到疾病症状的折磨，还伴随着生活功能受损。一方面，他们状态不稳定，难以维持正常的学习和生活；另一方面，他们也可能对周围同学产生一定的影响。对于精神疾病或疑似有精神疾病的个体，我国《精神卫生法》第28条明确规定，"疑似精神障碍患者发生伤害自身、危害他人安全的行为，或者有伤害自身、危害他人安全的危险的，其近亲属、所在单位、当地公安机关应当立即采取措施予以制止，并将其送往医疗机构进行精神障碍诊断"。因此，加强对大学生精神疾病的及时发现、治疗和管理对于预防心理危机事件的发生和维护校园稳定具有重要作用。

（三）严重心理应激反应

心理应激反应是指个体遭受严重负性生活事件引起的一种紧张的心理状态，具体表现为情绪上感受到焦虑、紧张、恐惧、绝望，生理上出现心跳过速、恶心、头晕、食欲下降，严重时还会出现幻觉、免疫力低下、产生消极想法等。已有研究发现，对我国大学生群体造成影响的应激源主要有两方面：一方面是内在的应激源，指个体对自我了解不充分、身体素质欠佳、社会技能不足等导致的心理矛盾和冲突，例如因独立生活能力较差而无法适应校园生活、因自卑导致的人际压力、宿舍冲突、学业压力等；另一方面是外在的应激源，例如突如其来的难以应对的生活事件，如失恋、挂科、家人重病或去世、负债等。研究发现，有20%—25%的个体经历了强烈的应激事件后发展成抑郁，而抑郁又能显著预测未来的自杀倾向，应激强度与自杀风险程度呈显著正相关。长期的、超过个体自身适应和应对能力的应激事件会导致个体产生强烈的应激反应，并引发各种强烈的生理、心理痛苦和不适症状，甚至造成一些身心疾病。

（四）其他一般心理危机

其他一般心理危机相较于前三类，危机程度较轻，包括学生近期出现低频自杀意念，一年及更久以前有过自杀未遂史或有过自杀计划；有中度及以上精神疾病，正在服药治疗的学生，或者学生未接受精神医学评估但已经表现出精神疾病症状，影响正常学习和生活；经历应激事件后出现强烈情绪反应，学生的学业和人际功能受到严重影响，需要帮助等情况。

四、心理危机分级原则

在进行心理危机分级时，应遵循以下四项原则：（1）专业评估：心理危机的分级应建立在专业人员的评估的基础之上。通常，在高校中可以由心理中心的专职心理教师完成评估工作；（2）就高不就低：心理危机分级判定应就高不就低。在所有心理危机情景中，高自杀风险是最高的危机等级，其次是严重精神疾病，再次是严重心理应激反应，最后是其他一般心理危机。如果不同心理危机有重叠，则依据符合的最重的那一类心理危机进行处理；（3）研判与落实：学院应及时展开危机研判，并督促干预方案的落实；（4）级别变动：心理危机等级并非一成不变，应定期评估，如果危机程度降低，应降级心理危机的等级。

制定分级管理机制，一方面进一步精细化危机预防和干预工作，另一方面，增强未接受心理学系统专业训练的高校工作者对危机的敏锐度，加强对危机的识别和应对，进一步提高工作效率。此外，在危机分级的基础上，高校还应确定各个相关部门和机构的职责和分工，在危机发生时进行准确评估和判断，启动相应级别的预警和危机干预工作，加强对学生生命安全的保护，充分发挥"全员育人"，联动"学校—医院—家庭"各方资源，共同帮助学生渡过危机，最大限度地避免恶性事件的发生。综上所述，当前高校心理健康教育工作注重宣传和普及心理知识，提高学生的心理健康素养，为他们未来的生活和工作打下坚实的心理基础。心理危机管理工作更是学生生命安全的守护者，构建自杀预防与危机干预体系能够更有效地为大学生的健康成长保驾护航。

大学生网络自我表露的利弊分析 与应对路径研究 [①]

周诗琪

（法律硕士教育中心）

一、背景与现实问题

自我表露（Self-disclosure）也称为自我暴露，是社会心理学、临床心理学、人际关系学等领域重要的研究主题。自我表露于 1958 年被 Jourard 提出，他将自我表露界定为表露关于自己的信息，真诚地与他人分享自己个人的、秘密的想法与感觉的过程，即向他人交流关于自身的任何信息[②]。

---

① 2019 年湖北省高校学生工作精品项目"'朋友圈'的呼救：新媒体中大学生心理危机的识别与应对"（2019XGJPX1002）。

② Jourard S M, Lasakow P. Some factors inself-disclosure［J］. Journal of Abnormaland Social Psychology, 1958（56）：91~98.

　　根据第 52 次《中国互联网络发展状况统计报告》，截至 2023 年 6 月，我国网民规模达 10.79 亿人，互联网普及率达 76.4%。即时通信、网络视频、短视频用户规模分别达 10.47 亿人、10.44 亿人和 10.26 亿人，用户使用率分别为 97.1%、96.8% 和 95.2%。网络的普及突破了人际交流的时间和空间限制，扩展了人际交流的范围，成为自我表露的新平台。网络自我表露关系到个体社会关系网络的构建，可以提供积极的正面反馈以加强人际关系，但有时也可能对人际关系产生负面影响，导致他人的反感，尤其当这些信息被用作闲聊或争议的素材时[①]。

　　大学阶段是自我意识发展的飞跃期，学生们在这个阶段不仅知识获得飞速增长，更经历着人生观和价值观的深刻重塑。同时，大学生还必须面对各种压力。当内心无法承受压力的重量时，他们可能会发出无声的求救信号，可能是一段文字，倾诉着他们内心的挣扎和疲惫；也可能是一张图片，隐晦地传达他们的孤独和无助；甚至可能是一个链接，暗示他们正在困境中寻找出路。网络社交平台作为大学生自我表露的重要平台，就像是情绪的"缓冲区"，是大学生释放压力的出口，同时也是他们与朋友、家人以及社会联系的重要桥梁。通过这一平台，大学生可以宣泄情绪、释放压力，在自我倾诉的同时获得好友的共鸣和支持，缓解心理压力、调

---

　　① 吴海婷. 大学生在微信"朋友圈"的自我表露及其动机研究［J］. 思想理论教育，2017（3）：92–96.

节心理状态，进而提升心理健康水平①。

网络自我表露在促进个体心理健康、塑造健康人格和建立良好人际关系方面发挥的作用不容小觑。探讨网络社会平台下大学生自我表露的功能及风险，不仅有助于更好地理解大学生在网络中的自我表露行为背后的心理诱因和内在需求，还可以为大学生心理健康教育和网络行为安全教育提供一定的理论基础和现实依据。

二、网络自我表露的利弊分析

大学生进行网络自我表露的目标可分为三类：价值认同、社会交往和社会支持。网络自我表露虽然有助于大学生形成价值观、维护人际交往和获得社会支持等多重作用，但也可能引发大学生对自我信息分享的隐私担忧和人际交往的不确定性。同时，长期过度依赖社交平台可能会造成群体性孤独②。

（一）网络自我表露的作用分析

1. 价值认同作用

在多媒体时代，大学生身处信息海洋，接收着大量碎片化的信息。大学生是活跃的思考者和积极的探索者，他们富

---

① 宋红岩. 补偿还是增强——大学生社交焦虑、网络自我表露与网络社交焦虑关联研究［J］. 中国广播电视学刊，2022（5）：24-29.

② 郭英，何翔，郑铨. 大学生移动社交网络人际交往行为特征分析［J］. 教育学术月刊，2017（10）：88-93.

有创新精神，学习和应用能力卓越。然而，也正是这些特性使得他们的价值观容易受到非主流文化和各种社会思潮的影响，表现出一定的易变性。大学生心理发展的特性表明，他们内心极度渴望得到他人尤其是同龄人的价值认同。在社交平台上，大学生通过展示自己，实现自我价值的传播。而在社交平台中，他们获得的点赞和评论是对其呈现价值的直观反馈。这种反馈不仅肯定了他们在虚拟世界中的存在感，也满足了马斯洛需求层次理论中的自尊需求。这种价值认同对于大学生价值观的形成和心理发展具有重要意义。它不仅为大学生提供了在社交平台上与他人建立联系的桥梁，也让他们在虚拟世界中找到了与他人的连接，为他们提供了一种自我认同感的满足感。

2. 社会交往作用

大学生作为社会的新鲜血液，正处于从学术殿堂走向社会的关键时期。他们不仅对知识有着深厚的热爱，更对社会生活充满好奇和探索的欲望。他们怀揣理想和抱负，期望能在社会舞台上担任重要角色，承担推动社会进步的责任。这种对社会的热忱和对交流的渴望驱使着他们积极主动地接触和理解社会。大学生在网络社交平台上分享自己的信息，正是他们精心打造印象以与他人建立良好社会关系的努力。他们通过自我表露不仅在虚拟的社交平台上塑造个人形象，同时也加深和拓展了现实生活中的社交关系。当大学生在社交网络上获得积极反馈时，他们会感到自己的付出得到了认可，从而更加坚定了他们在网络社交中的信心。社交平台的便捷

554 共享·赋能·创新

性和即时性使大学生能够随时随地与他人保持联系。相较于现实生活中的人际交往，这种线上交流方式大大降低了时间和金钱的成本。对于那些学习压力大、生活圈子相对较小、经济实力相对薄弱的大学生而言，网络社交无疑是一种更具吸引力的社会交往方式[①]。

3. 社会支持作用

通过社交平台上的自我表露，人们可以获得他人的关注、陪伴、认同、建议和安慰，从而减轻心理痛苦。社交平台庞大的社交网络为大学生寻求潜在的社会支持提供了便捷之道。对于那些难以寻求线下支持的个人而言，网络社交平台更是给予了他们鼓励。研究表明，生活中社会交往欠缺的人会通过网络媒体来补偿现实中的社会孤立，线上的虚拟社会支持对于满足人们获得社会支持的需求具有重要作用[②]。相较于传统的面对面交流，网络自我表露具有更低的危险性、更大的自由性以及更广泛的选择性。大学生为了减少现实人际交往中的焦虑、紧张等消极情绪，往往选择在网络中进行自我展示并寻找支持和安慰，这使得他们将更多的时间和精力用于网络社会关系的构建和维护上。

---

① 刘寅伯，倪晓莉，牛更枫，等. 网络自我表露对大学新生适应的影响及其中介机制研究 [J]. 中国临床心理学杂志，2020，28（1）：132–135.

② 谢笑春，雷雳，牛更枫. 青少年网络自我表露与抑郁：社会支持的性别效应 [J]. 心理科学，2016，39（5）：1144–1150.

（二）网络自我表露的风险分析

1. 隐私保护风险

许多社交平台在个人隐私保护方面已经采取了一系列措施。比如微信，作为一款专注于熟人社交的产品，通过多种手段，如同意添加好友、拒绝陌生人的好友申请、互联网搜索引擎屏蔽、设置好友可见性、分组可见性以及评论仅共同好友可见等，致力于保护信息发布和评论者的个人信息安全。然而，即使微信和用户都采取了诸多措施来保护个人隐私，但社交网络中的个人隐私泄露事件仍然屡见不鲜。个人隐私泄露的主要原因包括他人未经授权的查看、截屏分享以及转述等人为因素，这些行为在技术上几乎无法禁止。每个人对隐私的理解和重视程度不同，这导致各自的底线和敏感点存在巨大差异。人际交往中，尤其是网络人际交往中，信息流动和传播范围往往超出了大学生的控制。这不仅增加了大学生在网络自我表露时面临的风险，也使用户对他人获取、使用和分享其信息的行为更加警惕。人们即便在发布或评论时评估和把握了自己在信息交流过程中的风险，对于信息流出后的流向和用途也难以有效掌控。因此，大学生进行网络自我表露时要注意隐私泄露风险①。

---

① 张会平，杨京典，汤志伟. 社交媒体用户信息隐私关注的形成机制研究［J］. 情报理论与实践，2017，40（6）：40-43.

2. 道德评价风险

当代大学生自我意识显著增强，他们独立思考、追求个性。面对丰富多彩的大学生活，他们具有较强的自我独立意识，并对其言行举止产生深远影响。这个全新的社交平台就如同一个全球共享的舞台，使得大学生们有机会以各自独特的方式进行表演。同样重要的是，大学生在网络上的自我表露，就像他们在现实生活中的言行一样，会影响他人对他们的看法。如果他们表达的内容消极或过于自恋，可能会引起他人的负面反应，甚至被社交群体排斥。网络世界的互动性、匿名性和广泛性使得人们在表达自我时有可能违反社会规范和期望。一些在现实生活中被广泛接受的行为，在网络上可能会引起不同的反应；一些看似平常的行为，在网络的独特环境下可能会引发争议；而一些被社会广泛认同的行为也可能会在网络世界中遭受冷遇。大学生进行网络自我表露的内容可能涉及违背社会准则的风险而因社会和文化准则被评判。

3. 群体性孤独风险

认知失调理论指出，个体为逃避现实中的压力和紧张，倾向于在网络世界中寻求安慰和逃避。然而，这种行为只是从一种孤独状态转移到另一种更为隐蔽和不易察觉的孤独状态[①]。网络自我表露是一种主动选择，尽管虚拟世界中的社交互动看似亲密无间，但实际上是一种"假亲密"的现象。对

---

① 张冠巾，刘海龙. 社交媒体中的孤独感表达——表露负面情绪与寻求支持的利弊分析［J］. 编辑之友，2022（9）：77–81.

于那些过度依赖网络的大学生而言，虽然社交网络平台为他们提供了展示自我的广阔天地，但同时也加剧了他们内心的焦虑和孤独。一旦他们回归现实、面对真实的人际关系，会感到无所适从，产生群体性的孤独感①。

三、合理使用网络自我表露，促进大学生情感健康发展的路径

（一）引导大学生树立正确理性的世界观、人生观、价值观

网络自我表露行为往往源于对个人价值观的强烈表达和展示。因此，应从根本上引导大学生树立正确的世界观、人生观、价值观，以更好地应对网络自我表露所带来的各种挑战。正确的价值观可以帮助学生更好地理解自己和他人，更好地融入社会，同时也能够促进社会和谐、稳定和繁荣。教育学生尊重他人、关心他人、关注社会、学会承受失败和挫折、坚韧不拔地面对困难和挑战；教育学生认识到道德和价值的重要性，理解公正、正义和真理的意义，尊重法律和他人的权利，关注社会发展和人类福祉，欣赏美、崇尚美、追求美，关注内心世界和精神生活的丰满；教育学生认识世界的复杂性和多样性，理解自然规律和社会现象之间的相互关系，关注环境保护和可持续发展，学会开放、包容和谦逊。

---

① 林艳艳，曹光海，张雪. 网络自我表露对大学生群体性孤独的影响：线上积极反馈的中介作用［J］. 黑龙江高教研究，2023，41（4）：108－114.

（二）抓好大学生网络意识教育，提升网络素养

大学生的社会情感和自我意识尚在发展中，易受周围环境和人群的影响。教育学生正确看待网络的虚拟性，帮助他们认识到网络世界与现实生活的联系，理解网络只是一个工具，既不能完全依赖也不能完全忽视；教育学生良好的网络信息甄别能力与政治洞察力，自觉抵制不良信息的诱惑；教育学生树立网络自律意识，适度使用网络资源；教育学生发表言论需要遵循规范和准则，确保信息传播的准确性和公正性，理性地发表观点，充分思考和判断，避免情绪化和盲目跟风；教育学生不攻击、不谩骂、不侮辱他人，从小事做起，从点滴积累，逐步建立良好的网络文化。

（三）拓展网络心理健康教育的形式

随着社交媒体的普及，微博、微信和抖音等平台已经成为大学生活的重要组成部分，迫切需要创新网络心理健康教育的手段，以更具创新性和实效性的方式来推进大学生的心理健康。利用微博的社交属性，搭建一个心理健康主题的社区环境，通过发起热门话题讨论，鼓励学生们发表对心理健康问题的见解；组建心理问题讨论小组，让学生们在安全、开放的平台上分享自己的心理困扰和困惑，保护学生隐私的同时获得更贴近实际需求的心理健康服务。创建心理健康微信交流群，定期发布心理健康测试和推文，使学生能够随时随地进行自我评估和了解心理健康知识，开设一对一在线咨询、心理热线等，满足学生不同层次的心理健康需求。抖音的用户基数巨大且用户黏性极高，是网络心理健康教育的理

想媒介。可以制作关于心理健康的短视频，通过生动形象的视听语言，向学生们普及心理健康知识。同时，邀请大学生志愿者担任主角，真实演绎典型的心理问题情境，让学生更易产生代入感，受到更深刻的启发和教育。

（四）鼓励大学生构建稳定的现实社会关系

社会交往对每个人的成长发展至关重要，不能仅仅依靠网络来维持基本的人际交往。建立长久且稳定的社会关系才能更大程度地满足大学生的精神性价值需求，有利于他们的心理健康发展。因此，应积极鼓励大学生通过参与社交活动、加入兴趣爱好小组、参加志愿者活动等方式来扩展社交圈子，结交现实生活中的朋友，并建立稳定的社交关系，为个体提供必要的日常情感支持和倾诉机会。同时，教导学生以真诚的态度倾听他人的想法和感受，保持开放、诚实、尊重的态度并尝试理解对方的需求和意愿，从而建立起长久而深厚的友谊。考虑寻找专业的情感支持和心理辅导也十分重要。专业的心理辅导可以提供安全、保密的环境，帮助个体处理情感问题和压力，并提供有效的解决方案。

"学二代"的大学生活会更幸福吗？[①]
——基于 2021 年中国综合的实证分析

凌鸿翔

（法学院）

第七次全国人口普查数据显示，我国具有大学文化程度及以上的人数占总人口的比例为 15.47%，显著高于第六次人口普查时的 8.93%，相较于 20 年前的第五次人口普查，我国大学文化程度及以上的人新增 1.7 亿。由此可见，我国高等教育得到了快速发展。与此同时，来自不同教育水平家庭的学生在大学生活中的体验受到广泛讨论和关注。在社交媒体上，可以看到大量关于家族第一代大学生的发展困境以及对其困境的思考，其中大部分问题都着重强调"如果你是家族里的第一个大学生，往往意味着你的大学生活是不幸福的，因为

---

① 本文系"朋友圈"的呼救：新媒体中大学生心理危机的识别与应对（2019XGJPX1002）成果。

这意味着你的大学生活的重要选择很多时候都没有人提供指导，往往会畏畏缩缩迷茫地度过自己的大学生活"。实际上，对于第一代大学生和第二代大学生差异的讨论，反映的是社会对家庭教育代际差异现象的关注。目前，国内外关于教育代际传递的文献相对较丰富，但现有文献更多是从整体上讨论教育的代际差异问题，很少聚焦于高等教育的代际差异及具体群体的代际差异的讨论。事实上，高等教育是个体追求和实现个人幸福的重要方式，我们在讨论高等教育的代际差异是否存在时也需要关注其对不同个体心理状态的影响。

主观幸福感（Subjective Well-being，SWB）一直是心理学研究的热点问题。主观幸福感是指个体根据自身所形成的评判标准对其生活质量进行的整体性评估，是衡量个体的生活质量的重要的综合性心理指标。在学界，主观幸福感逐渐成为衡量个体在社会领域中成功程度的潜在功能性指标（functional role）。对在校大学生主观幸福感的监测可以作为其在校期间行为表现和心理健康综合指标。因此，探讨大学生群体的主观幸福感有利于进一步对不同学生群体的大学生在校期间表现和心理状态进行分析并寻求相应的解决之道。那么，"学二代"的大学生活真的会比"学一代"的大学生活更幸福吗？不同家庭背景的"学二代"与"学一代"在大学生活体验上会有差距吗？需要重点关注哪些家庭背景的学生并为其提供支持？目前鲜有研究关注到这些问题。因此，本文基于现有研究的不足，使用中国综合社会调查 2021 年的数据，重点考察了高等教育的代际差异对大学生主观幸福感的影响及其内在机制，并进一步分析了不同学生群体之间主观幸福感受到代际传递的影响程度。在当前高质量发展成为教育改革核心任务、质量追求跃升为教育发展核心任务的宏观背景下，通过幸福感了解学生的心理状态，并进一步细分学生群体，精细化提供生涯规划指导，成为当下促进学生全面均衡发展、落实立德树人根本任务的重要方向。

一、对象与方法

（一）数据来源

本文的数据来源于中国人民大学发布的中国综合社会调查（Chinese General Social Survey，CGSS）数据。该数据是我国最早的全国性、综合性、连续性学术调查项目，由中国人民大学中国调查与数据中心负责执行，每年对全国各地的一万多户家庭展开抽样调查，是我国首个具有综合性、连续性、全国性的大型微观社会调查项目。CGSS数据采用PPS分层抽样调查的方式，在2021年进行调查，调查范围覆盖了全国31个省（市、自治区），调查样本具有非常好的代表性。本文在数据整理过程中剔除了样本缺失值，筛选出在校大学生数据，最终获得365个样本。

（二）变量测量

本文的被解释变量是使用主观幸福感量表（GWB）测试出的最终得分，该量表是美国国立卫生统计中心制定的一种定式型测查工具，用来评价受试对幸福的陈述。该量表共有33项，最终得分划分为1—5分五类，得分越高代表主观幸福感越强。

本文解释变量使用问题"你父亲/母亲的最高教育程度是?"进行衡量,将受教育程度在大学专科及以下的回答赋值为 0,将受教育程度在大学专科以上的回答赋值为 1,构建二分类变量。本文选取"过去一年是否频繁感受到对未来的迷茫"作为迷茫程度的衡量指标,构建中介变量。借鉴现有研究成果,本文选取性别、年龄、健康程度、户口情况、家庭收入情况、社会公平感认可程度和每日刷短视频时间作为控制变量。表 1 为本文所使用变量的描述统计结果。

表1　变量界定与描述性统计

	变量定义	频数	比例（%）	均值	标准差	最小值	最大值
主观幸福感	非常不幸福=1	1	0.27%				
	比较不幸福=2	5	1.37%				
	说不上幸福不幸福=3	30	8.22%				
	比较幸福=4	226	61.92%				
	非常幸福=5	103	28.22%				
父母受教育程度	父母中有一位接受过高等教育=1	46	12.6%				
	父母中没有一位接受过高等教育=0	319	87.4%				
迷茫程度	过去一年经常感受到迷茫=0	274	75.5%				
	过去一年并不会经常感受到迷茫=1	89	24.5%				
家庭收入情况				162710	357893	0	500000000
性别	男=1	166	45.4%				
	女=0	199	54.6%				
民族	汉族=1	328	89.86%				
	其他民族=0	37	10.14%				
健康程度	健康=1	304	83.5%				
	不健康=0	60	16.5%				
户口情况	城市户口=1	187	51.8%				
	农村户口=0	174	48.2%				
短视频使用频率	每天刷短视频5小时及以上=1	348	95.34%				
	每天刷短视频5小时以下=1=0	17	4.66%				
社会公平感	社会非常不公平=1	4	1.10%				
	社会比较不公平=2	61	16.71%				
	谈不上公平不公平=3	85	23.29%				
	社会比较公平=4	205	56.16%				
	社会非常不公平=5	10	2.74%				

（三）模型构建

本文的主要目标是考察父母是否经历过大学教育对居民主观幸福感的影响。由于被解释变量大学生主观幸福感数据具有离散和有序特征，因此，实证检验主要采用适用于因变量是排序数据的有序 Probit 模型，并将基准模型设定为：

$$\text{Happiness}_i^* = \beta_0 + \beta_1 \text{Education}_i + \beta_2 \text{Income}_i + \sum \phi\, X_i + \varepsilon_i \quad （1）$$

$$\text{Happiness}_i = \begin{cases} 1 & \text{Happiness}_i^* \leqslant r_1 \\ 2 & r_1 < \text{Happiness}_i^* \leqslant r_2 \\ 3 & r_2 < \text{Happiness}_i^* \leqslant r_3 \\ 4 & r_3 < \text{Happiness}_i^* \leqslant r_4 \\ 5 & r_4 < \text{Happiness}_i^* \leqslant r_5 \end{cases} \quad （2）$$

其中，Happiness_i^* 代表第 i 个大学生不可观测的主观幸福感，r_1、r_2、r_3、r_4、r_5 为待估"切点"，满足 $r_1 < r_2 < r_3 < r_4 < r_5$。$\text{Education}_i$ 表示第 i 个学生父母的教育水平，Income_i 为学生 i 的家庭收入水平，用于反映家庭经济水平对幸福感的影响的物质回报。X_i 是依据现存同类文献选择的一组涵盖个体特征、家庭禀赋以及社会特征的控制变量（ϕ 为相应参数向量），包括性别（Gender）、健康水平（Health）、民族（Nation）、户口（Hukou）、家庭经济状况（Eco_condition）、社会公平度（Fairness）以及短视频使用时间（Online）。β_0 是常数项，β_1 是变量 Education_i 的待估参数，ε_i 为随机干扰项。

二、大学生幸福感分析结果

（一）"学二代"的大学生活幸福感更高，家庭的经济支持并不是大学生活幸福的影响因素

　　表 2 为父母受教育程度与在校大学生的大学生活主观幸福感的回归结果，其中模型 1 是全样本的有序 Probit 回归结果。模型 1 结果显示，父母受教育程度在 5% 的水平上显著，表明父母中有一位接受过高等教育的在校大学生的主观幸福感显著高于父母从未接受过高等教育的在校大学生，即父母中有一位接受过高等教育的大学生的大学生活幸福感强的可能性更高。健康状况、户口情况、短视频使用时间和社会公平感对主观幸福感具有显著影响，而性别、民族和家庭收入情况对主观幸福感并无显著影响。值得注意的是，短视频使用时间对大学生主观幸福感具有负向影响，其估计系数为 –0.308，在 5% 的水平上显著。现有研究在短视频对大学生幸福感到底是提供精神指导的支持作用还是碎片化信息引导导致的负向作用上尚未有明确结论。本文结果与现有部分研究一致，发现长时间使用短视频 App 可能会由于碎片化信息而导致信息繁杂和意义缺失感，进而对主观幸福感产生负向作用。模型 1 结果还显示，父母接受过高等教育对子女大学生活幸福感的支持来源并非来自经济支持。模型 2 为城市户口在校大学生样本情况，模型 3 为农村户口在校大学生样本情况。观察模型 2 可以发现，城市户口的在校大学生其父母受教育程度对其大学生活的幸福感没有显著影响。观察模型 3 可以发

现，农村户口样本中父母受教育程度的估计系数从模型 1 的 0.2516 上升至 0.5475，在 1% 的水平上显著，这说明农村户口样本中父母接受过高等教育对大学生活体验的支持感更强。

表 2　父母受教育程度与主观幸福感

影响因素	全样本	城市户口	农村户口
	模型 1	模型 2	模型 3
父母受教育程度	0.2516** （0.0515）	1.0942 （0.2688）	0.5475*** （0.0518）
性别	0.0201 （0.7973）	−0.0638 （0.7782）	0.1907 （0.4061）
民族	0.1124 （0.3788）	0.0881 （0.8216）	0.1954 （0.6079）
家庭收入情况	0.0234 （0.2160）	−3.576 （0.7558）	0.671 （0.2831）
健康状况	0.1140** （0.0153）	0.1260 （0.3413）	0.4031*** （0.0063）
户口情况	0.2458*** （0.0047）	—	—
短视频使用时间	−0.3079** （0.1079）	0.5324 （0.2163）	−1.1694* （0.1652）
社会公平感	0.2238*** （0.0000）	0.4242*** （0.0032）	0.4892*** （0.0006）
N	228	113	115
Pseudo R^2 /R^2	0.159	0.161	0.147

注：括号内报告的数值为标准误；** $p<0.05$，*** $p<0.01$。

进一步分析可以发现，家庭经济收入情况的指标结果并不显著，说明父母接受过高等教育对在校大学生主观幸福感的支持作用并不来自家庭提供的经济支持。不同家庭收入水平的大学生在主观幸福感上并不具有显著差异，父母接受过高等教育对在校大学生的支持作用更多地体现在精神层面上的支持，来自家庭成员对其子女在生涯发展方向上提供的支持和指导。

（二）低迷茫感——"学二代"大学生活幸福的主要原因

表3汇报了中介效应回归结果。本文运用非参数百分位Bootstrap法检验父母受教育程度对在校大学生主观幸福感的作用机制（Bootstrap再抽样次数=500，置信度=95%），如果中介效应的95%置信区间中不包括0，则表明中介效应显著，检验结果如表3所示。

表3　Bootstrap检验结果

中介变量	总效应	直接效应	间接效应	Boot（LLCI）	Boot（ULCI）
迷茫感	0.2709	0.1697***	0.1012***	0.0864	0.1183
		（0.0173）	（0.0079）		
		（0.0185）	（0.0026）		

注：*$p<0.05$，**$p<0.01$，***$p<0.001$。

由结果可知，迷茫感的中介效应通过了0.01%的显著性检验，说明这两个变量的中介效应显著，其中教育投入的中介效应大小为0.1012（LLCI=0.0864、ULCI=0.1183），表明父母受教育程度对降低迷茫感具有显著的正向影响。进一步说明，当一个家庭中父母具有较高的受教育程度时，父母越能够增加对子女生涯规划的指导来降低其大学生活的迷茫感，进而提高其大学生活的幸福感。

（三）城市大学生与农村大学生在主观幸福感影响因素上具有显著差异

观察表4可以发现，拥有城市户口的大学生不论父母是否接受过高等教育，其感到迷茫的比例均相对较低；而在农村户口的大学生中，相较于父母接受过高等教育的大学生，父母均未接受过高等教育的大学生感到迷茫的比例显著增高，有大量的农村大学生时常感到迷茫并希望得到帮助。这可能是由于拥有城市户口的大学生在城市中生活，往往能够有更多的机会真实全面地了解大学生活，进而进行全方位的生涯规划，从而能够弥合父母受教育程度上造成的差异；在农村成长发展的大学生往往没有足够的渠道来了解和规划大学生活，无法真实全面地对大学生活进行了解，因此其生涯规划更多地来自家庭成员的指导和互联网信息的补充，而父母受教育程度上的差异会使得大学生在生涯规划上具有显著性差异，进而进一步放大父母受教育程度对大学生主观幸福感的支持作用。

表4　大学生心理状态与父母受教育程度的分布

类别	城市样本		农村样本	
过去一周是否感到迷茫	父母受教育程度=1	父母受教育程度=0	父母受教育程度=1	父母受教育程度=0
总是	0	2	0	7
经常	0	2	0	15
有时	6	31	0	21
很少	18	41	21	45
从不	30	54	5	42

三、结论与建议

本文基于中国社会综合调查（CGSS）2021年的数据，采用有序Probit模型，探讨父母受教育程度对大学生主观幸福感的影响。研究主要发现，父母中有一位接受过高等教育可以显著提高大学生的主观幸福感，更有可能保持稳定的心理和精神状态，而这种支持作用并不是来自经济支持，更多地是来自家庭成员提供的大学生涯规划中的方向指导，降低其大学生活中的迷茫感。此外，父母受教育程度对大学生主观幸福感的支持作用具有异质性，相比城市学生，父母受教育程度的差异对农村学生的支持效应更加显著。

（一）加强生涯规划的精细化辅导工作，建立完善的生涯教育体系

正如上文所述，父母受教育程度是大学生幸福感的重要影响因素，而对大学生生涯规划的指引是重要的影响机制。进一步分析发现，不同群体的主观幸福感受到父母受教育程度影响的程度不同，这也意味着进行精细化生涯规划辅导工作的必要性和重要性。高校应结合不同群体学生的特点，精准构建系统化课程体系。一是要充分发挥新媒体手段的优越性，提高学生获知生涯发展信息的便利性，充分解读学生在生涯规划中的迷茫，提高其幸福感。可以通过引用实例开展精准分析，找出问题避免踩坑，形象生动展现不同职业的社会需求和发展前景，将选择权交给学生本人，引导学生从被动接受到主动探索，降低其大学生活中的迷茫感，提升幸福感。二是要提升教学团队的职业化和专业化水平，聘用专职教师负责职业生涯规划课程设计，在课堂上充分利用时间答疑解惑，在课外积极组织学生实地探访，开展社会实践活动，以此增强学生的职业认同感和使命感。三是充分调动校友资源，构建校友育人共同体，通过经验分享、线下走访、专题

推送等方式，让学生和校友能够直接建立联系，依托校友多年的职业经验，开展生涯规划思路指导，精准把握就业局势，加强学生对生涯规划的理解和认知。

（二）构建实践化教育平台，着力提高大学生融入社会的适应能力和实践能力

实习实践活动中深化生涯教育。实习实践和理论学习在大学生思想政治教育中具有重要作用，正确的就业观需要通过实习实践来树立。职业生涯规划同就业指导在时间跨度、面向对象和课程目的等方面均有不同意义。新时代高校要想推动职业生涯规划教育落地落实，一是要多方联动，搭建平台。充分串联企业单位，结合专业特色，开展实训和社会实践，要求学生走进基层岗位，获得职业体验，各个环节都要提高学生对本专业社会应用情况的认知水平，使得学生可以结合自身优势，查缺补漏，优化自身专业知识和职业能力结构，明确发展方向，确定个人生涯目标。二是要将职业能力教育融入日常教学体系，积极组织学生参加创新创业类竞赛，提升学生组织协调能力和独立完成项目能力。三是要提升学生的核心竞争力，为学生提供精细化指导，切实提高学生融入社会的适应能力。

（三）积极开展信念教育，引导大学生为中国特色社会主义现代化建设做贡献

大学生的不幸福感的重要来源是思想信念上的迷茫与不坚定，大学生处于世界观、人生观、价值观形成的重要阶段，

信息来源广泛，容易受到外界影响，因而需要积极开展信念教育。十年树木，百年树人，深入落实高校立德树人根本任务的核心就是思想价值引领，要将思想政治教育切实纳入高校职业生涯规划教育，一是要通过理想信念教育引导青年树立正确的世界观、人生观和价值观，要让青年擦亮眼睛，清澈头脑，以积极向上、昂扬奋发的姿态迎接人生挑战。二是要进一步加强高校党史学习教育，通过党史学习教育引导青年学子努力成长为可堪大用、能担重任的时代新人，为建设祖国添砖加瓦。三是培育大学生树立符合社会主义核心价值观的就业观、择业观，通过学习先进模范事迹，增强民族认同感和自豪感，引导学生小我融入大我，将个人追求融入国家社会的发展洪流。

新时代高校院系二级心理工作站"心理育人"路径及有效机制研究 [①]

——以高校教师队伍力量发挥为切入点

杨　茹

（法学院）

一、引言

大学阶段是个体发展、身心成长、知识储备、健康素养培养的关键时期。随着我国高等教育的普及，大学生群体日益庞大。心理健康是大学生发挥潜能、培养专业技能的支持与保障。但是，受到生活的不确定性、升学就业和恋爱等问题的影响，大学生容易面临心理问题的困扰。近年来，国家

① 本文系 2022 年中南财经政法大学中央高校基本科研业务费思政教育研究与高教管理研究项目"新时代高校院系二级心理工作站'心理育人'工作机制研究"（项目编号：2722022DS017）的成果。

高度重视大学生的心理健康问题。2018 年，教育部党组颁布了《高等学校学生心理健康教育指导纲要》，从立德树人和培养社会主义建设者和接班人的角度详细规定了新时代高校心理育人的指导思想等内容。2021 年，教育部发布了《关于加强学生心理健康管理工作的通知》[①]，要求"进一步提高学生心理健康工作针对性和有效性，切实加强专业支撑和科学管理，着力提升学生心理健康素养"。2022 年，教育部将"加强和改进学生心理健康教育工作，实施学生心理健康促进计划，做好科学识别、实时预警、专业咨询和妥善应对"作为年度工作要点之一。可见全面开展大学生心理健康教育，提升大学生心理健康程度，逐渐成为高校思想政治教育的重要环节和工作内容。

但随着高校大学生心理健康教育的不断深入，由心理健康中心承担全校心理健康教育工作的模式逐渐受到挑战，院系二级心理工作站的构建逐渐引起国内相关学者的关注。刘阿娜、姚伊提出院（系）二级心理工作站在"学校—学院（系）—班级"三级心理网络体系中承担着重要功能和核心角色[②]，在学生心理健康教育方面发挥主体作用。汪依桃、肖华业以广西高校为研究对象，发现工作站存在角色定位模糊、软硬件不完善、工作内容单一、工作机制欠缺等问题。吕晓

---

① 教育部办公厅关于加强学生心理健康管理工作的通知 [J]. 中华人民共和国教育部公报，2021（9）：9–26.

② 刘阿娜，姚玥伊. 高校院（系）二级心理工作站功能及发展路径 [J]. 太原城市职业技术学院报，2020（8）：159–161.

霞、朱璐探索出了"12345"心理健康教育工作模式，从工作站的构建、工作模式的探索与实践等方面提出在职业院校教学学院建立心理健康教育工作站的必要性，并强调充分的活动经费和专业辅导人员才能为这种工作模式的成效提供保障。值得注意的是，尽管关于国内高校二级心理工作站的建设已取得较为丰厚的理论和实践成果，但将院系教师团队纳入二级心理工作站的育人路径和长效机制仍较为匮乏，需要在现有成果基础上探索新路径、探究新模式。

二、高校教师队伍纳入二级心理工作站的模型构建及时代价值

将高校教师队伍纳入二级心理工作站是在"三全育人"理念的指引下，通过完善高校心理健康教育工作机制，调动和协调各方力量实现心理育人目标的一种模型构建。在这个模型中，辅导员、班级导师、专任课教师、心理中心专家作为高校教师队伍，承担着心理健康教育工作的主要职责，互相支持并开展协同心理育人工作。

（一）高校教师队伍纳入二级心理工作站的模型构建

传统院系二级心理工作站一般由辅导员负责开展相关工作，但未能有效统筹各方资源。在二级心理工作站人员配备方面，可以考虑建立学生骨干团队和教师团队两支队伍。在教师队伍建设方面，可以凝聚四种教师，从而建立新型的院系二级工作站模型，如图1所示。第一种是辅导员。辅导员经过专业的技能培训，是工作站的中坚力量，也是开展心理

健康教育的常备军；第二种是班级导师。班级导师是学生成长成才、学业发展的引领力量，有必要对其进行心理健康知识培训，使其成为工作站效能发挥的重要部分。第三种是专任课教师。根据三全育人的要求和专任课教师对学生的影响分析，将专任课教师纳入工作站中，提升他们对学生心理的识别能力，有助于及时发现和解决问题。第四种是心理中心专家。学他们可以为工作站的发展和具体问题的解决提供科学合理的建议和意见，是院系二级心理工作站持久发展所必需的专业力量。

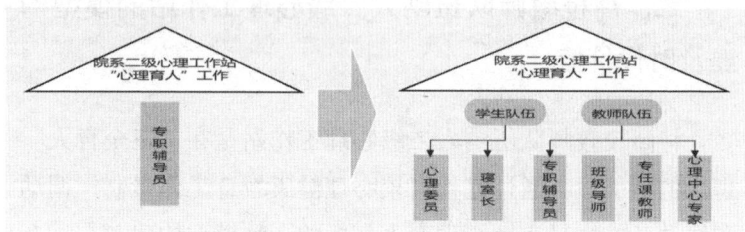

图1　院系二级心理工作站构建模型

（二）高校教师队伍纳入二级心理工作站的时代价值

1.全面应对大学生心理健康问题的客观要求

目前，高校心理健康教育工作主要由高校心理中心负责，存在师资力量单薄，无法实现"全员、全过程、全方位"心理健康教育的现象，必须将高校教师队伍纳入心理健康教育的队伍中，以实现对大学生心理健康的全面掌握、全程参与。一方面，高校心理健康教育工作不能仅局限于心理咨询，还需涵盖心理健康课程、心理健康活动等形式，这要求辅导员、班级导师、专任课教师积极参与其中，从课程设置、学业指导、日常事务等角度对学生进行全方位的心理健康教育。另一方面，学生的心理健康问题表现在不同方面，例如，本科生的心理健康问题主要在人际交往、学业压力等方面；研究生的心理健康问题主要集中在科研压力、论文写作等方面，仅仅依靠某一方面的力量难以解决。因此，将教师队伍纳入二级心理工作站的建设中，才能全面解决大学生的心理健康问题。

2. 协同促进大学生心理健康发展的现实需求

大学生对心理健康发展具有极为迫切的需求，传统的心理咨询无法满足学生日益增长的心理健康发展高阶需求，因此必须将教师队伍纳入心理健康教育工作中，实现协同育人。这是理论联系实际、促进大学生心理健康的现实需求。首先，"大思政"格局要求参与心理健康教育工作的教师队伍必须全面，而辅导员、班级导师、专任课教师和心理中心专家几乎涵盖了学生在校期间所有的发展事项，能够实现"全员、全过程、全方位"心理育人。其次，将教师队伍纳入二级心理工作站建设中，可以将教师队伍协同起来，相互补充、相互支持，协同开展心理育人工作，通过日常表现、课程学习、学业发展等方面对学生进行精准监测，并提供适当的支持和帮助，以满足大学生心理健康发展的现实需求。

3. 协作开展大学生心理健康育人的高阶追求

大学生心理健康工作应该有高阶追求。心理育人是一个比心理咨询更高阶的目标和要求，不仅要解决大学生普遍存在的心理问题，还要通过宣传心理学知识、开展活动等形式帮助大学生完善人格、提高心理抗压能力。高校教师由于专业背景不同，在开展心理育人工作时容易陷入"信息茧房"，例如，专业课教师可能会存在注重专业而忽略价值引领的情况、心理中心专家可能更注重实务而忽略理论。因此，必须将辅导员、班级导师、专任课教师和心理中心专家有机结合起来，作为教师队伍纳入二级心理工作站建设中，协作开展大学生心理育人工作，相互补充、支持、协助，将世界观、人生观、价值观教育与解决心理困扰、建设和谐内心世界相结合，提升大学生心理素养。

三、高校教师队伍纳入二级心理工作站的路径探析

（一）建立定期交流机制

辅导员、班级导师、专任课教师和心理中心专家是开展高校心理健康教育的关键和核心，必须定期进行交流沟通。一方面，加强交流，消除"心理健康教育是心理中心专家的职责"的固定思想。"大思政"格局下，心理健康工作不仅是心理中心专家的职责，更是辅导员、班级导师和专任课教师的职责，只有将四种身份的教师的力量汇聚在一起，才能发挥心理育人的最大实效。另一方面，加强交流，分享不同维度的心理育人经验。辅导员可以重点交流宣传、实践活动等方面；班级导师可以重点交流班级凝聚力、专业发展等方面；专任课教师可以重点交流心理健康课程、学业压力等方面；心理中心专家可以重点交流专家咨询、心理压力调节等方面，

从形式和内容上促进教师队伍融入二级心理工作站建设，从而实现多维度、多视角、全过程心理育人。

（二）建立精准监测机制

新时代高校院系二级心理工作站的重点是对高校学生进行全过程心理监测，因此必须将教师队伍融入其中，建立精准监测机制。首先，教师队伍应在自己的专业领域内关注学生的心理健康问题，实现"早发现、早研判、早解决"。例如，专任课教师在教学过程中不仅要传授心理健康知识，同时要关注学生的情感需求、学业压力，及时为学生排解烦恼。其次，教师队伍做到应全面掌握和重点关注相统一。全面了解学生的心理现状和压力，对学生实施精准监测，做到"及时发现，立马解决"；对于心理问题严重的学生，做到"全程监测，重点关注"。此外，教师队伍应精准监测学生在不同事项中的心理压力程度，如学业压力、情感压力、经济压力等，重点关注学生心理压力较大的方面，实现精准监测。

（三）建立评价反馈机制

高校院系二级心理工作站应建立评价反馈机制，包括对心理问题学生的评价反馈和对教师队伍的评价反馈。首先，在对心理问题学生的评价反馈方面，教师队伍应在精准监测、重点关注的基础上持续对学生进行评价和反馈，做到"协作处理，协同育人"，给予学生积极正向的评价反馈，促进学生进行心理建设，不断提升自身的心理健康程度，促进他们实现自我调节、自我教育。其次，在教师队伍评价反馈方面，应将开展心理育人工作的情况纳入工作考核范畴，引导辅导员、班级导师、专任课教师和心理中心专家主动参与学生心理健康工作[1]，并对其进行评价反馈。对心理育人工作的优秀者要进行一定的激励，调动教师队伍的工作积极性，推动院系心理工作站建设不断改革创新，促进心理育人不断取得新成效。

四、高校教师队伍纳入二级心理工作站的模式构建

在院系二级心理工作站工作模式中，辅导员、班级导师、专任课教师和心理中心专家是开展"心理育人"工作的关键和核心，将依靠"循环共进育人"模式开展心理健康教育工作，推动高校心理工作站的创新与改革发展。"循环共进育人"模式包含"输入—内化—输出—中转"四个环节，环环相扣、互为支撑，多元化信息输入路径、探索高质量内化提升方法、形成全方位育人输出模式、打造全过程中转枢纽功能，从而实现高质量心理育人实效。

（一）构建多元化信息输入路径

探索多元信息收集渠道，引导学生主动表达，积极进行信息筛选反馈。当前辅导员的信息输入途径主要包括学生表达、调研座谈、同学反馈、Tape 匿名提问箱等方式。针对学生主动表达意愿较差的情况，辅导员主动沟通时，学生又多

---

① 陈永涌，张娟. 嵌入具身认知的 PBL 心理健康课堂的模型构建［J］.教育观察，2023（2）：21-25.

以"社恐""不愿说"等理由封闭自我。因此，需要探索多元化合理化信息输入方式，引导学生愿说、敢说、真说，获取学生在心理健康方面最真实的数据，保证后续心理育人工作的顺利开展。

（二）探索高质量内化提升方法

以内化提升为目标，创新开展有针对性的系统活动。辅导员可以通过案例研讨、专业培训、座谈交流等方式内化提升，如"案例研讨日"活动能够使辅导员和学生就相关案例进行共同学习与研讨；邀请心理专家、经验丰富的辅导员、知名学者以专题研讨、案例分享等形式对班级导师、专任教师开展内化提升培训；针对心理委员、寝室长的系列讲座可以不断完善"学校—院系—班级—宿舍/个人"四级预警网络体系，充分发挥宿舍长和党团骨干在心理危机预警方面的作用。

（三）形成全方位育人输出模式

营造全方位育人氛围，创新品牌活动，固化特色活动。从媒体角度来看，充分利用线上"互联网"载体平台发布视频、推文等科学理性地引导学生。线下通过开展讲座、班会、谈心谈话、团体辅导、特色活动等方式全方位普及各类心理健康知识。从教师身份角度来看，辅导员应重点关注日常中的心理问题，并开展相关活动关注学生心理问题；班级导师应重点关注学生在班级凝聚力建设、专业选择等方面的心理问题，解答学生困惑；专任课教师应重点在授课过程中辅助传授心理健康知识，关注学生学业压力和情绪状况；心理中心专家应重点开展心理知识讲座等活动。

（四）打造全过程中转枢纽功能

以工作站为起点，在转介恢复模式构建方面，探索推广"学院+"的模式。对于各类心理问题，建立"学院+家长"的沟通模式，促进家校联合，以更有效地帮助学生恢复；建立"学院+中心"的咨询模式，对经过学校心理咨询中心评估后需要进行心理咨询的学生，进行定期关注，追踪反馈；建立"学院+医院"的治疗模式，对于情况较为复杂严重的学生，和家长、中心的充分沟通，在取得学生及家长同意后，积极联系医院并给予支持和帮助，做好转介工作。

五、结语

心理育人作为"十大育人"体系中的一个组成部分，对培养有理想的当代大学生、解决大学生心理危机、提高大学生心理健康具有重要意义。新时代，将教师队伍力量发挥为切入点，将教师队伍融入高校院系二级心理工作站的"心理育人"建设中，将有效解决大学生心理健康问题，高质量培养心理健康、全面发展的社会主义建设者和接班人。

参考文献

［1］刘三明，祝鑫. 高校辅导员与心理教师协同开展心理育人机制探索［J］. 高校辅导员，2019（12）：56-39.

［2］潘莉，董梅昊. 高校心理育人面临的现实难题及其

突破［J］．思想理论教育，2019（3）：90–94．

　　［3］马建青，杨肖．心理育人的内涵、功能与实施［J］．思想理论教育，2018（9）：87–90．

　　［4］李焰，杨振斌．我国高校心理健康教育的特色［J］．中国高等教育，2020（8）：75–81．

　　［5］张澜，杨丽君．新时代高校心理育人工作的路径研究［J］．铜陵学院学报，2023（2）：67–72．

　　［6］焦杨．落实立德树人根本任务 深化"三全育人"综合改革［J］．中国高等教育，2021（18）：50–52．

"一站式"学生社区综合管理模式背景下发挥朋辈教育在心理育人中的作用及其路径探析①

朱亚男

（法学院）

近年来，党和政府高度重视大学生心理健康教育工作。2016 年国家卫生计生委、教育部等 22 个部门联合印发《关于加强心理健康服务的指导意见》，明确提出了高校心理健康教育的任务。随后，教育部又发布了《高校思想政治工作质量提升工程实施纲要》，将"心理育人"纳入高校"十大"育人体系之中。在国家和政府的高度重视下，各高等学校的心理健康教育工作蓬勃开展，取得了显著成效。在高校实施

① 本文系 2022 年中南财经政法大学中央高校基本科研业务费思政教育研究与高教管理研究项目"新时代高校院系二级心理工作站'心理育人'工作机制研究"（项目编号：2722022DS017）的成果。

"学分制""大类培养"等改革的背景下，"同班不同学""同学不同班"的情况已成为常态，传统的班级建制管理方式面临越来越多的挑战，学生社区日渐成为学生交流互动最频繁、最稳定的场所，也成为课堂之外的重要教育阵地。在此背景下，2019 年，教育部推进"一站式"学生社区综合管理模式建设工作。这种模式成为中国特色社会主义大学治理体系下学生管理模式改革的重要抓手和实现途径。在"一站式"学生社区综合管理模式建设的过程中，教育部指导各地各高校不断强化"以学生为中心"的办学理念，进一步提升围绕学生、关照学生、服务学生的工作质量。朋辈群体是高校教育管理服务的"主角"、"一站式"学生社区的"主人翁"，以及影响大学生成长发展的首位因素①。高校如何依托"一站式"学生社区资源发挥朋辈教育在心理育人中的重要作用，激发学生自我教育、自我管理、自我服务的内生动力，营造育人育心的良好氛围和自治共享的支持系统，成为高校心理健康教育工作者面临的重大课题。

一、朋辈教育的内涵和特点

杨云（2017）指出朋辈教育主要是指部分年龄相仿、文化背景相似、价值观相近且具有共同语言的人，在小范围的交流圈子中，通过分享见闻信息、价值理念和专业技能等充分发挥学生间传授学习、生活、工作等经验的作用，并通过

---

① 中国大学生思想政治教育发展报告 2021［J］. 思想理论教育导刊，2023（1）：161.

一定的交流与沟通进行学习上的鼓励与帮助，进而有效实现教育目标的一种教育理念。[①]21世纪初，我国部分学校逐步将朋辈教育与大学生心理健康团体辅导结合起来，完成了尝试性探索。

朋辈教育的教育者在工作开展过程中多以朋友同辈的身份进行，工作方式更加灵活，工作范围也更广泛，具有以下鲜明特点。一是灵活性强。早、中、晚、课堂上、课下、活动中的任意时间都可以开展朋辈教育。食堂、宿舍、操场、教室、图书馆等校园内外的任意场合均可开展朋辈教育。线上、线下、面谈、陪伴、团体活动等工作方式随机选择。二是互动性强。朋辈教育者和受教育者在同一个环境中共同生活学习，在学习和生活中具有很多的相似性，容易引起共鸣、深入内心，便于双方互动。三是认同性高。由于教育者是以同辈朋友的身份介入工作，二者关系平等，因此更容易获得受教育者的心理认同。四是高效性。由于教育者和受教育者在一起学习生活，随时可以开展工作，因此具有其他教育者所不具备的高效性。五是非专业性。由于教育者缺乏专业性的教育知识，可能仅经过短暂培训，可能只能解决受教育者的部分问题，难以帮助受教育者解决根本性问题。

---

① 杨云. 大学生朋辈教育的理论思考与实践研究［J］. 中国成人教育，2017（6）：50-52.

二、朋辈教育在心理育人中的价值

（一）高校朋辈心理健康教育现状

1. 朋辈心理健康教育团队缺乏顶层设计

当前许多高校朋辈心理健康教育功能的发挥仍处于自发、随机、无组织状态，朋辈心理健康教育团队也缺乏明确的工作职责和分工，甚至没有经过严格的选拔程序，导致相关团队和组织形同虚设、素质参差不齐、不被同学们认可甚至可有可无等现象。在日常工作中缺乏专业教师强有力的指导、管理和监督，成员个人和工作能力未能得到充分发展，工作效果也不明显。多种因素共同作用导致朋辈心理育人团队不受重视，边缘化现象明显，部分热衷于为同学提供心理支持的朋辈力量也逐渐被削弱，出现恶性循环。

2. 朋辈心理健康教育工作欠缺专业性

朋辈心理健康教育团队以其与学生相近的年龄、相似的生活习惯、较为一致的价值观以及在日常学习生活中更容易沟通的特点为朋辈心理健康教育提供了可能性。然而，由于他们并非专业心理健康教育工作者，缺乏必要的心理健康教育知识和能力，同时也缺少必要的朋辈教育相关理论知识的支撑，在与其他同学的交流实践过程中，往往采取直接询问等不够恰当的方式，这很容易使其他同学产生抵触或戒备的心理，给后续工作的开展增加难度。尽管越来越多的高校逐渐开始重视对朋辈心理健康教育团队的专业培训，但是受资金、人员、时间等各种因素的限制，相关培训仍然缺乏系统性、全面性和针对性，这不可避免地阻碍了朋辈教育在心理育人过程中发挥重要作用。

3. 朋辈心理健康教育主客体互助意识不足

随着网络世界的发展和丰富，高校学生更习惯在"网上冲浪"，并肩而坐的讲座时间可能被网络直播取代；相谈甚欢的就餐时间可能被外卖快递取代；面对面的思想碰撞可能被微信、QQ取代，大学生日常交流和交往日渐淡化。近年来，高校实施"学分制""大类培养""专业分流"等改革，在这种背景下，"同班不同学""同学不同班"的情况已成为常态，班级和年级同学之间的情感链接进一步弱化。同时，当前激烈的竞争环境也使得越来越多的学生"两耳不闻窗外事，一心只读圣贤书"，只关注个人学业和进步、忽视人际交往。助人为乐、共同进步的互助共赢意识淡薄，积极性不足。

4. 朋辈心理健康教育过程容易产生情感卷入

在开展心理健康教育工作时，朋辈教育者要倾听、陪伴和追踪。在这个过程中，他们往往会接收受助者各种负面情绪的宣泄，并以陪伴者的身份帮助其疏导情感、解答困惑。但朋辈教育者作为普通的同龄大学生，自身也会面临与受助者相似的学业、人际、情感等问题和困扰，且其自身的性格、经历、责任以及专业能力也是影响心理帮扶工作的重要因素。因此，朋辈教育者更容易产生情感卷入，对受助者感同身受，从而导致比较严重的自我情绪损耗，甚至产生自我怀疑、出现职业倦怠。如果朋辈教育者的心理状态不佳，对自身和受助者都会产生消极影响，不利于高校心理健康教育工作的有效开展。尽管大多数高校对朋辈教育者进行了各类培训，但却忽视了朋辈教育者自身在工作中心理健康水平的变化。

（二）以"一站式"学生社区为阵地发挥朋辈教育作用的价值

《中国大学生思想政治教育发展报告2021》中指出，2018—2021年的多重响应分析表明超过三分之二的大学生认为同学室友等朋辈群体排在影响大学生成长发展因素的首位。[①]朋辈教育凭借其灵活性强、互动性强、认同性高的特点，能更好地引起大学生的共鸣和反思，对加强和改进教育质量具有显著效果，在高校的心理健康教育中发挥不可替代的作用。"一站式"学生社区综合管理模式的推行进一步为朋辈教育的开展提供了得天独厚的公共物理空间，使校院两级服务平台和各项政策保障物尽其用，真正做到"以生为本"。

1.朋辈心理健康教育是高校专业心理健康教育工作的必要补充

2018年，教育部颁发的《高等学校学生心理健康教育指导纲要》（教党〔2018〕41号）第五条工作保障中明确提出："心理健康教育专职教师要具有从事大学生心理健康教育的

---

① 中国大学生思想政治教育发展报告2021［J］. 思想理论教育导刊，2023（1）：161.

相关学历和专业资质，要按照师生比不低于 1 ：4000 配备，每校至少配备 2 名。"但随着大学生心理健康问题日趋高发，高校专业心理师资力量仍较为匮乏。辅导员需要承担学业指导、就业规划、班团建设等其他多项学生事务工作，而心理健康教育需要投入大量时间和精力。面对这种困局，以心理委员、宿舍心理信息员、社团成员、班长等为代表的朋辈团体发挥重要作用。朋辈心理教育者和受教育者是同辈或朋友的关系，他们在一起生活学习，拥有相同的学习生活环境、相近的学习生活经历。在接受高校多层次的相关知识培训后，朋辈团体能够帮助教师及时发现问题、预防问题并解决问题。在某些情形下，他们可能比专业的心理教育者更容易使受教育者敞开心扉，更便于陪伴和观察，并且他们的语言和建议也更容易被受教育者接受。

2. 朋辈心理健康教育是校园心理危机预防和干预的重要支持

教育者和受教育者共同生活学习，因此更容易发现同学中心理和行为出现问题的个体，对这些处于危机萌芽状态的学生积极关注和及时上报，可以有效地避免心理危机事件的发生。同时，当危机事件发生时，他们也便于第一时间了解危机事件发生者的心理变化，将危机干预的触角延伸到危机最前沿，可以在专业心理教育者不便出现的场合和时间陪伴、观察和帮助受教育者，成为校园心理危机预防和干预不可或缺的重要支持。

3.朋辈心理健康教育是把握学生关注热点和心理需求的主要路径

青年大学生群体正处于世界观、人生观、价值观逐渐成型的关键时期，也正处于职业生涯规划探索和发展的关键阶段。不同成长环境和阶段的学生可能面临的心理问题也不尽相同，例如，低年级学生主要面临校园生活适应、人际关系处理、学习压力等心理问题，而高年级学生可能更多地面临情感生活、未来规划、毕业就业压力、科研压力等困扰。新媒体技术带来的信息大爆炸也使学生的心理状态受到更为复杂和不可控的因素的影响。朋辈之间的共同话题和日常相处可以帮助专业心理健康教育工作者看学生所看、听学生所听、想学生所想，显著提升心理健康教育工作的时效性和科学性，有助于保障高校学生的身心健康发展。

4.朋辈心理健康教育是助人者个人成长的锦上之花

在相似的教育背景和学习环境下，年龄相近的朋辈教育者通过陪伴、谈心、疏导、转介等多种方式为需要帮助的同学提供情感支持和心理援助，使受助者感受到关怀和温暖，进而缓解或摆脱心理困扰。在朋辈进行心理健康教育的过程中，朋辈教育者获得受助者的信任和感谢，得到了"实现自我价值"的心理体验，进一步增强了个人的使命感和责任感，也巩固了同学之间的"同窗情谊"。在进行心理帮扶工作的过程中，朋辈教育者不断探索合适的工作方式，根据受助者的反馈研判分析、调整目标、反复沟通、适时汇报，在助人实践中，他们不断锻炼个人的组织、沟通和表达能力，提升了个人的综合素质。整个朋辈心理健康教育过程形成一种无形的力量，帮助朋辈教育者在助人的同时实现自助，实现个人的成长。

三、朋辈教育助力心理育人的实现路径

（一）强化顶层设计，打造朋辈教育工作团队

朋辈教育团队作为高校心理健康教育工作的重要力量之一要明确各层面工作职责、角色定位、职能分工，建立一个多层次、广覆盖的朋辈心理健康教育网络。目前，班级心理委员制度在各高校中已相对成熟，但每个班级只有1—2名心理委员，无法满足当前网格化、精细化、多样化的心理健康教育工作需求。因此，应将宿舍信息员作为朋辈心理健康教育团队的重要补充，同时成立心理互助协会等专门从事心理健康教育工作的学生组织、社团，并依托"一站式"学生社区的物理空间驻点开展工作。

此外，朋辈心理健康教育工作团队成员的选拔要重点综合考虑以下三个方面的因素：一是学生对相关职位的追求；二是学生对心理健康教育的兴趣程度；三是学生是否具备担任相关工作的能力。选拔过程可采用平时考察、学生民主竞选、综合测评等方法，为合格学生颁发相应的"工作证"，真正实现持证上岗，选拔出合格、热心、有责任感的朋辈心理健康教育工作团队成员。

（二）狠抓培训考核，提升朋辈团队专业素养

朋辈心理健康教育团队的素质决定着朋辈教育工作的质量，而团队的素质既取决于选拔又取决于培训和培养。班级心理委员和宿舍信息员人数众多，是基层心理援助和危机干预的重要力量，应当由所在的二级学院负责，聚焦工作责任心、工作纪律、心理健康知识、异常心理和行为识别、朋辈工作方法等方面，定期开展工作培训。在赋予朋辈心理健康教育团队成员多项职责后，必然要建立相应的引导、考核和激励机制，设立"优秀心理委员"等荣誉称号，对表现突出的朋辈成员进行表彰奖励，激发其工作积极性，提升其获得感和价值感。

（三）营造互助氛围，开拓学生社区育心阵地

充分利用"一站式"学生社区提供的公共物理空间、服务平台和政策保障，营造友爱、互助、共赢的社区心理健康氛围，提升学生对其生活和学习的"一站式"社区的归属感，开拓学生社区育心阵地。朋辈心理健康教育工作团队成员应邀请周围同学在社区内开展各类观影活动，强化同学之间的情感共鸣；开展身边人演身边事的情景剧活动，帮助同学深化对心理健康的认识；开展共读一本心理书的活动，与同学一起共同探寻内心声音。朋辈心理健康教育工作团队成员还可以邀请专业心理工作人员在学生社区内开展各类音乐、绘画的团体辅导活动和个体咨询活动。此外，朋辈心理健康教育工作团队成员还可以深入社区开展学业辅导、就业指导、党团活动等，在共同组织、共同参与中深化亲密友爱的同窗

情谊、营造互助共赢的生活氛围、开拓学生社区育心阵地。

（四）保障全程支持，巩固心理健康教育成效

朋辈心理健康教育活动的主体虽然是学生，但其本质仍然是一种自上而下的心理健康教育工作在学生端的特殊形式，仅仅依靠学生自发组织开展工作很难达到理想的效果，需要学校领导和教师全方位、全过程的支持和指导。学校各方需共同参与构建全程支持系统，一方面要重点关注朋辈教育活动的开展，在朋辈教育的具体工作原则、工作方法、工作内容等方面进行明确的要求和制度管理，降低风险、确保成效；另一方面要关注朋辈团队成员的心理状态，避免其在开展心理健康教育工作时产生情感卷入，定期为其进行心理疏导，为其开展朋辈教育保驾护航。

参考文献

［1］王明照. 新时代高校大学生朋辈教育的实践探索——以上海财经大学浙江学院为例［J］. 才智，2023（12）：153–156.

［2］高歌. 新时代高校大学生朋辈教育的探索与实践［J］. 黑龙江教育（高教研究与评估），2022（07）：83–85.

［3］昝倩. 朋辈教育视角下贫困大学生心理健康教育研究［J］. 才智，2021（35）：75–78.

［4］汤倩. 基于朋辈教育视角下高校心理委员队伍建设思考［J］. 内江科技，2021，42（6）：125–127.

［5］赵争艳. 高校大学生朋辈教育的理论思考与实践

探索——以河南科技大学学长沙龙为例［J］．传播力研究，2020，4（19）：170-171.

［6］杨珂．独立学院大学生心理健康教育中朋辈心理辅导的运用［J］．教育观察，2020，9（1）：118-120.

［7］宋玎．新媒体时期朋辈心理辅导模式的创新与发展［J］．黑龙江教育学院学报，2018，37（4）：105-107.

"三全育人"视域下高校大学生心理健康教育路径探究①

范梦宇

（工商管理学院）

　　"三全育人"作为高校"立德树人"的基本路径，是培养中国特色社会主义建设者和接班人的重要举措。2017年12月，教育部发布《高校思想政治工作质量提升工程实施纲要》，指出构建心理育人质量体系，坚持育心与育德相结合，加强人文关怀和心理疏导，培养学生健康心态。②2023年4月，教育部等十七个部门发布《全面加强和改进新时代学生心理

---

　　① 本文系湖北省高校学生工作精品项目（心理健康教育工作重大资助项目）"'朋友圈'的呼救：新媒体中大学生心理危机的识别与应对"课题（2019XGJPX1002）的阶段性成果。

　　② 中华人民共和国教育部. 高校思想政治工作质量提升工程实施纲要［EB/OL］.［2017-12-06］. http://www.moe.gov.cn/srcsite/A12/s7060/201712/t20171206_320698.html.

健康工作专项行动计划（2023—2025年）》，强调要"以德育心""以智慧心""以体强心""以美润心""以劳健心"，五育并举促进心理健康，切实把心理健康工作摆在更加突出的位置，全方位开展心理健康教育。[①] 因此，探讨大学生心理健康教育在"三全育人"体系中的构建，对于推动高校思想政治教育向纵深发展，使心理育人在"大思政"格局中发挥"立德树人"的独特价值具有重要意义。

一、"三全育人"的基本内涵和时代意蕴

"三全育人"即"全员育人、全过程育人、全方位育人"。"全员育人"强调育人主体的全面性，所有教职员工都应承担育人职责；"全过程育人"强调育人工作的贯通性，要渗透到教育教学和学生成长全过程；"全方位育人"强调育人空间的全方位性，要实现显性与隐性相结合的育人格局。"三全育人"的教育理念能够拓宽高校育人渠道，充分发挥各种教育资源作用，有效提升高校育人工作质量。

当前高校大学生正值身心发展的关键时期。多元化价值选择纷繁复杂，影响他们获取知识的方式和看待世界的视野。大学生思想动态大数据研究中心的数据显示，"00后"大学生有近五成存在一级和二级心理问题[②]，学生心理问题日益加

---

① 中华人民共和国教育部. 全面加强和改进新时代学生心理健康工作专项行动计划（2023—2025年）［EB/OL］.［2023-05-11］. http://www.moe.gov.cn/srcsite/A17/moe_943/moe_946/202305/t20230511_1059219.html.

② 马川. "00后"大学生心理健康水平的实证研究——基于近两万名2018级大一学生的数据分析［J］. 思想理论教育，2019（3）：95-99.

剧，各种危机事件层出不穷。"心理健康蓝皮书"即《中国国民心理健康发展报告（2021—2022）》中指出，青少年中14.8%存在不同程度的抑郁风险，青年群体、低收入群体心理健康风险较高，抑郁与焦虑风险检出高于其他群体。[①] 这给高校心理健康教育和思政工作带来了巨大的挑战。因此，将"三全育人"理念贯穿于高校心理健康教育工作体系的建设中能够发挥心理育人的最大效能。这既是落实立德树人根本任务的应然要求，又是促进大学生心理健康发展的实然需要。

二、拓展主体，建立高校大学生全员心理支持系统

《精神卫生法》规定，精神卫生工作实行政府组织领导、部门各负其责、家庭和单位尽力尽责、全社会共同参与的综合管理机制。[②] 这一规定强调了全员参与、各尽其责的观念，要悉心培育心理健康教育教师、专任课教师、辅导员、家长、学生干部等群体，使他们既明确职责又能密切配合。

（一）建设专业心理健康教育教师和学生工作队伍，发挥主力军作用

心理健康教育教师和学生工作团队是"全员育人"的核心，专职心理健康教育教师在高校心理健康教育体系中更多

---

① 傅小兰，张侃，陈雪峰，等. 中国国民心理健康发展报告（2021—2022）［M］. 北京：社会科学文献出版社，2023.

② 全国人大常委会办公厅. 中华人民共和国精神卫生法［M］. 北京：中国民主法制出版社，2012.

地承担"咨询者"和"引领者"的角色；学生工作队伍与学生接触密切，更多地承担着良好心理环境"建设者"和学生心理问题"发现者"的角色。二者协同合作是促进心理育人工作落地落实的重要保障。因此，学校要高度重视两支队伍的沟通和交流，做好顶层设计。一方面，学校要通过优化工作机制，增强两支队伍之间的工作互动。通过组织专题培训、定期举办辅导员心理育人辅导、心理健康沙龙等活动，为心理健康教师提供了解一线难题的机会，为学生工作队伍应对学生心理问题提供支持平台。另一方面，要积极构建协同机制，举办心理健康课程集体备课会，让学生工作队伍参与到心理健康课程的设计和评价中，加强其心理专业知识的储备方面的能力。通过多种方式将心理健康教师的专业知识和学工团队的工作实践高度融合，使心理育人既有专业知识支撑，又能贴近学生实际情况，协同打造高质量的心理育人第一课堂，提高工作的实效性和指导性。

（二）充实心理育人队伍，发挥专业课教师、学生党员、心理委员协同育人作用

对于高校心理工作，教职工要全员参与，集思广益，与学生工作团队合作，实现"有队伍、有专业、有成效"的目标。教师队伍是"全员育人"的重要主体，承担着部分教学管理职责，深入学生一线。学生党员和心理委员作为学生群体中的骨干力量，能够第一时间发现问题，互通联动。因此，高校要积极构建"学校—院系—班级—宿舍"四级心理健康网络监管体系，完善心理危机干预工作预案，重在早发现、

早干预问题，提升工作前瞻性、针对性。在预警机制方面，学生党员要主动了解、及时掌握身边同学的心理健康状况，增强朋辈互助能力；心理健康委员应及时向辅导员报告有明显心理异常的学生，并提高增强自主处理问题的意识、提高自主处理问题的能力；学院领导和教师可以通过课堂关注学生情况，并加强与学院学生工作团队和心理健康教育中心的交流与反馈；心理健康教育中心及相关部门要总体协调全校心理健康咨询、危机干预等工作。

（三）重视家庭教育主体重要地位，促进家校联合育人模式

家长的教育方式对学生三观的形成具有深远的影响，甚至会影响学生看待问题的角度和应对挫折的能力。因此，要积极拓展家校沟通平台，实现资源互通，逐渐形成完备的家校联动、齐抓共管的干预模式。一方面，家长可以通过关注心理健康方面的资讯＝更新对心理健康教育的认知；另一方面，他们也可以通过与辅导员保持沟通及时了解孩子在校表现，关注孩子的心理状况。同时，家长要注重沟通方式和技巧，创造良好和谐的家庭氛围，在孩子遭遇挫折和处于关键时刻时为其提供支持，建立强大的家庭支持系统。辅导员要加强与家长的日常联系，不断为家长赋能，面向家长开展心理健康知识普及活动，帮助家长树立正确的教育理念。同时，辅导员也要积极构建良好的联动机制，拓展家校沟通平台，实现资源互通。例如，召开新生家长会、定期电话家访、邀请心理专家线上开展讲座等，针对家长在实际教育过程中遇

到的一些突出问题提供有针对性的帮助和指导，增强家长对辅导员的信任。

三、贯穿始终，形成高校大学生全过程心理教育链条

恩格斯指出："一个伟大的基本思想，即认为世界不是一成不变的事物的集合体，而是过程的集合体"①。事物是变化的过程，反映事物变化的概念同样也是一个不断深化的过程。对于高校大学生而言，不同的成长阶段反映了差异性的心理认知。因此，高校心理健康教育应贯穿于学生发展的全过程。

（一）适度延长育人线程，前有预防、后有反馈

在心理健康教育过程中，要在学生入学之前到毕业之后的各个阶段进行介入和处理。在心理危机发生之前，要全面预防，掌握学生详细完整的信息，结合校心理健康教育中心的心理测评对学生入学初期的心理健康状况进行初步评估，建立"一生一册"心理成长档案，对心理危机个案进行早期识别；在心理危机发生时，及时干预，有效处理并跟进管理工作。辅导员要做好学生的心理建设工作，消除学生对心理问题的刻板印象和"有色眼镜"，及时将学生转介给心理咨

---

① ［德］卡尔·马克思，［德］弗里德里希·恩格斯. 马克思恩格斯选集（第四卷）［M］. 中共中央马克思恩格斯列宁斯大林著作编译局，译. 北京：人民出版社，2012：250.

询师和心理门诊，在干预过程中"不掉棒""不脱节"，建立畅通信息沟通渠道，积极心理健康教育专业教师协同工作，帮助学生通过解决实际问题减轻压力，实现自我增能；在心理危机发生后，随时跟踪，健全反馈机制、多方联动机制和危机应对机制，了解学生后续学业、就业、亲情、感情、交往等方面的情况，清晰记录谈话内容、具体处置、重要时间节点。

（二）全面覆盖育人阶段，重点突出、措施细化

高校要创新教育理念、创新教学方式，根据大一到大四不同阶段学生的特点和层次，针对性地开展大学生心理健康教育。例如，大一的新生刚刚步入大学，对于新鲜事物的认知和集体环境的感受可能会产生较大变化，可以适当开展人际交往、大学适应性教育等相关主题的心理健康教育活动或课程，促进新生顺利完成心理过渡。大二、大三的学生正值课业繁重、人际交往密切的时期，常常面临学业压力和情感冲突等方面的问题，可以通过个体咨询、团体辅导等方式帮助他们缓解学业压力，提高人际沟通能力。大四的学生往往面临考研、就业、国家公务员考试和出国留学等多种选择，可以开展与职业心理调适等主题相关的心理健康教育活动，帮助他们提振就业信心，培养内核动力，以积极的心态迎接未来的各种挑战。

（三）个别掌握教育对象，因人而异、因势利导

除了根据学生大学四年阶段的特点进行划分之外，还可

以针对某些特定群体制定心理健康教育计划。例如，可以从学生的家庭背景、成长经历、经济状况、性格特点等情况入手，掌握学生心理发展的特点，合理运用心理测量和统计方法，熟练运用各类心理危机干预方法，为具有同类型问题的学生提供行之有效的教育教学和咨询服务。高校可以为不同职业方向的学生提供职业心理指导、为家庭经济困难的学生构筑自信成长平台、为存在人际情感障碍的学生组织压力管理专题的团体辅导等。这样个性化的心理健康教育方式既能提高学生兴趣，事半功倍，又能使心理健康教育有的放矢，提升质量。

四、多元覆盖，构建高校大学生全方位心理教育网络

马克思认为"人创造环境，同样，环境也创造人"①。人的本质同时具有社会属性和自然属性，这决定了人必然与客观世界发生着各种各样的联系。因此促进高校大学生心理健康教育需要整合各种途径和方式，充分发挥环境的作用，将隐性育人资源与显性育人资源相结合渗透到各个环节，实现"第一课堂"教育引导与"第二课堂"潜移默化相结合、"现实情境"学习方式与"网络平台"育人空间相结合、"校园文化"建设和"家庭教育"熏陶相结合。

---

① ［德］卡尔·马克思，［德］弗里德里希·恩格斯. 马克思恩格斯选集（第一卷）［M］. 中共中央马克思恩格斯列宁斯大林著作编译局，译. 北京：人民出版社，2012.

（一）"第一课堂"教育引导与"第二课堂"潜移默化相结合

高校学生心理健康教育课程是集知识传授、心理体验与行为训练为一体的基础性课程，能够帮助学生掌握心理健康知识和技能，树立自助互助求助意识，学会理性面对挫折和困难，提升心理健康素养。通过线上线下、案例教学等多种形式创新心理健康教育教学手段，围绕人际交往、情绪、压力释放、睡眠调整、生涯规划、就业指导、朋辈互助、心理疾病预防等方面开展心理科普微课课程和专题讲座可以使学生在遇到各种心理问题时得到系统的指导。

习近平总书记指出："社会实践、社会活动以及校内各类学生社团活动是学生的第二课堂，对拓展学生眼界和能力、充实学生社会体验和丰富学生生活十分有益"[①]。在发挥"第一课堂"教学作用的基础上，高校还应积极开辟社会实践、体验活动、行为训练、心理情景剧等形式的"第二课堂"，将心理健康教育的主题和内容贯穿其中，吸引学生积极参加各种健康向上的校园文化生活，切实培养学生珍视生命、热爱生活的心理品质，增强学生的责任感和使命感。

（二）"现实情境"学习方式与"网络平台"育人空间相结合

高校应积极采取学生喜闻乐见的方式开展心理健康教育

---

① 中共中央文献研究室编. 习近平关于青少年和共青团工作论述摘编［M］. 北京：中央文献出版社，2017.

活动，加强宣传普及，充分发挥体育、美育、劳动教育以及校园文化的重要作用，全方位促进学生心理健康发展，如定期举办心理健康教育月、大学生心理文化活动节等形式多样的主题教育活动，搭建成长育人平台。同时，也应重视网络心理健康教育平台的建立与教育渗透，积极利用新媒体的传播优势和导向作用，以适应学生的人际交往特点和心理需求规律为导向，推送学生最易接受的心理健康教育内容，使学生了解面临挫折时可能产生的压力反应和前兆危机，以及如何自救和寻求帮助，避免潜在的心理健康问题严重化。

在这个过程中，一方面可以构建校院两级活动体系，依托学院二级心理健康教育工作站，形成品牌，开展心理健康教育"微课堂"、心理健康知识"微学习"，策划发布心理健康系列知识，营造健康成长的网络心理环境；另一方面也可以通过加强心理健康教育专题网站的建设和管理，依托数字化校园系统，加强心理健康教育信息化建设，利用线上资源平台等多种渠道，掌握学生最新的思想行为动态，为学生搭建全过程、立体式、跨时空的网络互动平台。

（三）"校园文化"建设和"家庭教育"熏陶相结合

校园文化和环境是大学生实现自我管理、自我教育、自我服务的重要阵地。为了促进学生心理健康，要大力开展各种丰富多彩、积极向上的学术文体活动，发挥学生主体作用，支持学生成立心理健康教育社团，积极进行心理健康自助和互助。这些活动可以帮助学生增长心理健康知识、提升心理调适能力、强化人际沟通技能、实现自我成长。在开展学校心理健康教育的基础上，也要增强学校、家庭和社会教育合力，着力于多层次、多维度、全覆盖地开展家校育人工作。在家校联系中，要积极引导家长了解孩子的心理特点和规律，树立正确的教育观念，创造健康和谐的家庭环境，以提升心理健康教育的实效。

参考文献

［1］吴先超. "三全育人"视阈下大学生心理健康教育模式创新研究［J］. 学校党建与思想教育，2019（18）：81-83.

［2］蔡迎春. 大学生心理健康教育在"三全育人"体系中的构建与实施［J］. 思想理论教育导刊，2012（7）：116-118.

［3］马建青，石变梅. 30年来高校心理健康教育对思想政治教育的影响分析［J］. 学校党建与思想教育，2017（19）：74-76，90.

［4］杨晓庆. 基于"三全育人"理念的高校心理育人实践［J］. 学校党建与思想教育，2021（10）：46-48.

［5］吴艳，韩君华. "三全育人"背景下高校心理育人工作的路径选择［J］. 学校党建与思想教育，2020（11）：77-79.

［6］霍胤睿. "三全育人"视域下高校心理健康教育路径研究［D］. 杭州：浙江工商大学，2022.

［7］马喜亭，冯蓉. 建强高校心理育人队伍扎实推进"三

全育人"［J］．中国高等教育，2022（10）：19–21．

［8］王兰．"三全育人"视域下大学生心理健康教育模式的创新路径［J］．科教文汇（中旬刊），2021（3）：169–170．

［9］党宁．论"三全"育人视野下中国特色大学生心理健康教育工作体系的建构［J］．教育现代化，2020，7（27）：95–98．

［10］付文静，柳晓阳，汪曼秋．"三全育人"理念下大学生心理健康教育探究［J］．现代交际，2020（1）：146–147．

系统论视角下共同打造二级心理工作站心理育人生态系统机制[①]

——基于中南财经政法大学工商管理学院心理工作站的实践考察

何　强　韦力萌

（工商管理学院）

　　大学生心理健康教育是高校人才培养体系的重要组成部分，也是高校思想政治教育工作的重要内容。2018年教育部印发了《高等学校学生心理健康教育指导纲要》，要求"建立学校、院系、班级、宿舍四级预警防控体系"，并且"有条件的高校，要建立相对独立的心理健康教育与咨询机构和院（系）二级心理辅导站"，同时提出心理健康教育是一个

————————

　　① 本论文系中南财经政法大学基本科研业务费"科研培育与全员育人"项目（三全育人）"共同打造心理育人生态系统——基于二级心理工作站的实践考察"（项目编号：2722023DS004）的阶段性研究成果。

有机整体，为做好新时代高校学生心理健康教育工作提供了根本遵循。2023年教育部等十七个部门关于印发《全面加强和改进新时代学生心理健康工作专项行动计划（2023—2025年）》的通知指出，"切实把心理健康工作摆在更加突出位置，贯穿学校、家庭、社会各方面"，这为系统化全方位开展心理健康教育指明了方向。二级心理工作站是高校院系依据自身特点和需求在内部设置的心理辅导机构，负责院系心理健康教育工作。二级学院心理工作站是高校二级学院面向全院学生开展心理健康教育的工作平台。作为高校心理育人的前沿阵地、作用主体，心理工作站的高质量、标准化建设是一个系统工程，构建心理育人生态系统是打通心理健康教育"神经末梢"的重要途径。

二级心理工作站承载着面向学院师生开展教育教学、实践活动、咨询服务、预防干预、平台保障等心理育人功能，必须发挥培养师生自尊自信、理性平和、积极向上的健康心态的育人实效。目前，各个高校正在逐步完善心理育人工作体系，积极探索二级心理工作站的建设。例如，中南财经政法大学工商管理学院于2008年成立了心理工作站，经过多年的探索与实践形成了"建设一支队伍、开展一批活动、借助一个平台、把握一个重点"的工作思路，打造了"教育教学、实践活动、辅导服务、预防干预、心理文化"五维一体的心理育人生态系统，逐步形成"五心五语五级心理健康教育系统"，初步构建了一个体系完整、队伍优化、平台多样、活动充实的心理育人生态系统，在心理育人工作中取得了重要实效。本文以该案例为基础，在系统论视角下，基于其工作经验，试图提出一套二级心理工作站的操作规范和实践范式。

一、系统论下打造心理育人生态系统的理论逻辑与价值意蕴

系统论的基本思想是将研究和处理的对象看作一个整体系统来对待，主要任务是以系统为对象，从整体出发来研究系统整体和组成系统各要素的相互关系。[①] 在系统论视角下，心理健康教育工作作为一个多元要素组成的有机整体[②]，特别是二级心理工作站作为一个心理育人生态系统，其内部主体、平台、资源、要素等之间的相互联动和协调融通对提升心理育人实效具有重要价值意蕴。

（一）协同联动各要素共同推进心理健康教育工作

协同性意味着充分挖掘要素，寻找要素与要素、要素与整体之间的关系。在心理健康教育工作的组成要素中，健康教育、监测预警、咨询服务、干预处置是内容要素；教师、教材、课程、学科、专业是形式要素；政策与制度、学科与人才、技术与环境是方法要素；学校、家庭、社会是环境要素。这些要素是全面加强大学生心理健康教育的必要环节，是二级心理工作站来开展心理育人工作时需要协同联动的各个要素。这也是我国心理健康教育工作"大心理健康教育观"的政策

---

① 萧浩辉. 决策科学辞典［M］. 北京：人民出版社，1995：86.
② 张锐. 系统论视域下青少年心理健康服务体系的构建［J］. 教育理论与实践，2021，41（12）：32-34.

逻辑与实践演进。① 而在二级心理工作站的建设实践中，顶层设计、持续推进、协同联动等方面还存在一些问题，特别是协同联动方面，未能较好地实现校院联动、院班联动、师资联动和家校联动，也未能有效地运用心理健康教育工作的各个要素。因此，从系统论视角看，二级心理工作站以系统的协同性来联动心理健康教育工作的各个要素，形成心理育人合力，有利于共同推进心理健康教育工作的开展。

（二）协调整合各资源共同打造心理育人生态系统

整体性意味着充分调动各类资源要素进行全方位、全要素、多层次的顶层设计，形成一个有机运行的整体。心理健康教育工作强调系统思维的整体性原则，要以系统思维战略指导全局、系统思维机制整合资源，实现心理育人的整体推进。② 二级心理工作站在实际工作中具备诸多资源优势，包括辅导员、班导师、学业导师、学院领导、行政管理人员等内部师资源；校级心理健康教育中心、校内外专家、学生家长、合作医疗机构等外部专业资源。此外，二级心理工作站还直接面对大量学生，拥有心理委员、寝室长、班长等一批第一线学生资源。充分利用资源优势，以系统思维打造二级心理工作站的顶层设计和实践体系，共同打造多层次、多角度联动的整体性心理育人生态系统。这有利于进一步增强高校心

---

① 俞国良，陈雨濛. 四十年来我国高校心理健康教育政策分析：定性与定量的视角［J］. 复旦教育论坛，2022，20（4）：80-87.

② 闫华，李凡. 系统思维下高校心理健康教育协同发展研究［J］. 梧州学院学报，2023，33（1）：87-92.

理育人工作的实效性，提高大学生的心理健康素养，促进大学生全面发展。

二、中南财经政法大学工商管理学院心理工作站心理育人生态系统的实践探索

中南财经政法大学工商管理学院心理工作站自成立以来，以系统论为指导框架，充分把握协同联动要素、协调整合资源，经过多年的实践探索，从"教育教学、实践活动、咨询服务、预防干预、心理文化"五维一体角度打造了"五心五语五级心理健康教育系统"。获批学校首批"示范心理工作站"，获评学校心理文化活动节"先进工作单位"，培育出全国百佳心理委员、全国百佳心理委员提名奖、全国百佳心理微电影等典型，发挥了心理育人实效。

（一）强化"教师话语体系"，让学生"暖心"

教师是大学心理健康教育工作的主要实施者，在全员育人的理念下，不仅包括心理健康教育专职教师，辅导员、班导师、学业导师、院领导、行政管理人员都是心理健康教育的重要力量。工作站依托强大的教师资源，目前拥有1名国家高级心理咨询师、4名国家二级心理咨询师、6名兼职心理授课教师等专业教育队伍，还有15名辅导员、60余名班导师组成的普及教育队伍。近年来，通过班导师辅导员心理育人圆桌论坛、专业讲座、案例研讨等形式开展队伍素质提升工程，在以辅导员为主的基础上，逐步将院领导、专任教师、班导师等群体纳入心理健康教育队伍，形成了一套专兼结合的全

员育人体系。

在心理育人工作中，班导师是心理健康教育工作的一支重要力量，无论是在心理危机的识别与干预中，还是在主题心理班会、心理文化活动节、谈心谈话的过程中，班导师在学生的学业心理、人际关系、生涯规划、适应与发展等方面都发挥了至关重要的作用。鉴于班导师在心理育人工作实践中面临的困难，经过三年多的大量调研、座谈、研讨，学院特别编写了《班导师心理育人工作手册》。这是校内首次发布针对班导师的心理育人工作手册。手册重点围绕班导师心理育人工作中的重点和难点，包括"从'新'开始——认识心理危机""用'心'发现——识别心理危机""专'心'预判——评估心理危机""全'心'帮助——干预心理危机""倾'心'育人——心理工作还有哪些可为？"等五个版块，旨在为班导师的心理育人工作提供基本遵循，以便其更好地关注心理、关怀学生、关心成长。

（二）关注"学生话语体系"，让学生"安心"

新形势下，要精准把握学生的个性和特点，熟悉学生的网络话语、媒介话语，优化供给侧改革，打造关注学生的话语平台，这对心理健康教育具有重要作用。当今大学生面临着纷繁复杂的时代变化以及个体发展需求的提升，他们的心理韧性、心理弹性呈现出新的变化，或多或少会面临一些心理困惑、心理问题。特别是伴随着互联网成长的"Z世代"，网络对他们的思想观念、心理状态、行为方式都产生了重要的影响。面对大量信息所带来的心理压力，如何加强对学生的心理辅导显得至关重要。

工作站在心理健康教育课程、心理文化活动节、日常心理健康教育讲座培训、团体辅导与个体辅导的基础上，结合学院特色创立了"323空间心理辅导室"。利用工作地点文泉北323室作为咨询辅导室，以"关爱""尊重""平等"3个关键词关爱每一位学生的成长，尊重每一个生命体的独立；坚持"情感"和"专业"2个支持维度；提供"心理""就业""学业"3大支持领域。国家高级心理咨询师、国家二级心理咨询师等具备专业资质的教师轮班提供心理咨询服务，开设了"心语约谈""你讲我听""说出你的故事"等心理咨询特色窗口，搭建师生沟通桥梁，疏解学生心理压力，呵护学生心理健康，形成有效的心理咨询辅导服务系统。

（三）紧抓"心理委员话语体系"，让工作"顺心"

自2003年以来，高校开始建立三级心理健康教育与心理危机干预的网络体系，班级设立心理委员。[①] 心理委员作为班级内部监测和调节学生心理健康、普及心理健康知识、组织心理健康教育活动的重要组织和职位，在心理育人中发挥着重要作用。从实践效果来看，心理委员在协助辅导员、学院心理工作站以及学校心理健康教育中心的工作中发挥着知识普及、朋辈互助、危机识别、文化营造等作用，在协助教师开展工作和组织活动中也展现出重要作用。

---

① 黄乔蓉. 大学班级心理委员现状的调查分析[J]. 中国健康心理学杂志，2008（10）：1149–1151.

工作站依托学校心理委员素质训练营、十佳心理委员评选等活动，重点建设学院心理委员朋辈教育队伍，以"知识提升""素质拓展""案例研讨""茶话座谈"等形式提质赋能，使朋辈教育成为工作的关键和特色。近年来，学院也不断加强对心理委员的典型塑造，开展了"寻找最美心理委员"主题活动，推选出 1 名全国百佳心理委员、1 名全国百佳心理委员提名奖。他们在朋辈互助、榜样示范等方面发挥了重要价值，并前往校内外多所院校进行经验交流、主题分享、团体辅导。

（四）重塑"心理活动话语体系"，让文化"疏心"

心理文化活动节是心理育人的重要载体，通过内容丰富、类型多样的心理文化活动发挥普及知识、体验成长、浸润心灵的作用。每年的 5 月 25 日被定为"心理健康日"，依托前后时段开展心理文化活动节，帮助大学生提高身心健康素质和心理健康素养。

工作站整合资源，联动要素，创建了"辅导员＋班导师＋心理委员＋学生"的活动模式，形成了"新商科师生成长共同体心理工作坊"系列活动品牌。例如，2023 年心理文化活动节以"专心同行，注定光亮"为主题，以"专注力"为关照点，从"教师与学生"两个角度出发，面向"班导师、辅导员、学业导师、教学秘书、全体学生、心理委员"等六个主体，从"危机识别、适应发展、学业心理、人际关系、情绪管理、自我认知、生涯规划"等七个维度，运用"音乐治疗、绘画治疗、运动治疗、园艺治疗、团体辅导"等五大科学方法，深挖资源、整合品牌，推出"新商科师生成长共同体心理工作坊"，精心策划了 1 个主题工作坊和 5 个专题工作坊，遵循"认知专注力—享受专注力—锻炼专注力—培养专注力—传播专注力"的思路，设计了"研心术""观心境""悟心声""体心乐""育心苗""寻心美"等活动，使师生在文化活动体验中关注心理，关心成长。

（五）优化"危机干预话语体系"，让家校"放心"

心理危机是心理健康教育工作的重点和难点，也是心理育人工作的重要一环。危机干预是二级心理工作站的一项重要职责，提高危机干预能力、制定科学的危机干预操作方法也是工作站的工作重点。应形成"好朋友的关怀—朋友圈的呼救—心理委员的发现—辅导员的关心—校院家的联动"危机干预处置闭环，抓住每一个环节，优化每一个流程，减少危机的发生，并将危机变为转机。

工作站将学生心理健康安全作为工作重点，制定了《心理危机操作办法》，实行"困难学生季报、心理约谈月报、重点关注学生周报、突发事件实时报"的动态机制。联动学生家庭，加强家校沟通，保证信息畅通，促使监测有效，加强对重点学生群体的关注，针对经济困难、学业困难、就业困难的学生，将解决思想问题、心理问题与解决实际问题相结合，切实做好教育引导、心理疏导和人文关怀。

三、系统论视角下共同打造二级心理工作站心理育人生态系统的创新机制

"共同打造心理育人生态系统"是"三全育人"理念的

重要体现。二级心理工作站应明确心理健康教育的育人导向和要求，深入构建教育教学、实践活动、咨询服务、预防干预、平台保障"五位一体"的心理健康教育工作格局，形成良好的协同育人体系，从共谋顶层设计、共建实践体系、共管育人环节、共评育人实效、共享建设成果五个维度构建一套二级心理工作站的操作规范和实践范式。

（一）共谋顶层设计

二级心理工作站心理育人生态系统的构建需要良好的顶层设计，主要是进行系统设计。从系统论视角看，心理育人是一个完整系统，包含工作机制系统、心理活动系统、咨询服务系统、育人主体系统、危机干预系统等。各个内容体系完整的子系统之间配合协调，内部的层级结构清晰明了，并成为一个不可分割的有机整体，才能推动心理育人生态系统的良性运行。二级心理工作站的顶层设计主要考虑职能框架、运行团队、目标内容、活动形式、效果检验等重要内容，需要基于心理学的基本框架形成一套兼具科学性和人文性的工作站工作体系。

（二）共建实践体系

实践平台是心理育人的重要平台，新时代心理健康工作要与"五育并举"相融合，在德智体美劳的实践平台上以德育人、以智慧心、以体强心、以美润心、以劳健心，打造心理活动文化。二级心理工作站共建良好的心理育人实践体系可以将心理文化活动节作为切入点，使用个体辅导、团体辅导等专业心理疗法，构建独具学院风采和学科特色的实践体系，关注学生的适应发展、人际关系、学习成长、专业规划、情绪恋爱等各个领域的需求。此外，心理情景剧、心理微电影、心理主题班会、户外素质拓展、心理故事会等都是较好的实践项目，通过实践体系设计融入有趣有效的实践项目，让学生在实践体系中实现自我成长。

（三）共管育人环节

心理育人是一个多元主体共管的环节，也是教师和学生共同成长的一个共同体。学校、学院、教师、学生、家长、医疗机构、社会等都是心理育人的重要主体，需要联动各方要素，坚持系统共建、系统治理，实现全员全过程全方位心理育人。在二级心理工作站的运行中，应形成以工作站站长为主导，全体辅导员、班导师、学业导师、行政管理人员、心理委员、寝室长协同育人的局面。构建"专业教育队伍＋普及教育队伍＋辅助教育队伍＋陪伴教育队伍"的育人模式，组建以分管院领导、心理咨询师、心理健康课兼职教师为主的专业教育队伍，以辅导员、班导师、学业导师为主的普及教育队伍，以心理工作站成员、心理委员为主的辅助教育队伍，以寝室长、学习小组组长为主的陪伴教育队伍。

（四）共评育人实效

心理育人生态系统的良好运行需要多维实效评价。心理育人是思想政治教育的重要一环，也是立德树人根本任务的重要部分，致力于培养自尊自信、理性平和的新时代大学生。

良好的心理育人生态系统的运行不仅需要齐抓共管育人环节，还需要学校、学院、教师、学生、家长等多方主体共同评价育人实效。二级心理工作站应以全面提高大学生心理健康素养为基本目标，在教育教学、咨询服务、危机干预、文化活动等各个环节发挥育人实效，通过示范创建、标准化建设、典型塑造等方法来共评育人实效。

（五）共享建设成果

心理育人工作不仅要注重过程导向，还应坚持成果导向。产出良好的建设成果有利于激发心理健康教育的潜在动力。二级心理工作站应加强"示范心理工作站""达标心理工作站"的建设，通过形成完备的心理育人生态系统来创建示范性的心理工作站。同时，还应注重培育全国百佳心理委员、优秀心理主题班会、全国百佳心理情景剧、全国百佳心理微电影等典型人物或优秀作品，在优秀成果的创建过程中共享先进经验，形成可复制可推广的二级心理工作站建设经验。

大学生突发心理危机事件的识别和处理效能提升

杨思琦

（工商管理学院）

一、导语

促进学生身心健康，培养德智体美劳全面发展的新时代人才，是党中央关心、人民群众关切、社会关注的重大课题。优秀的大学生应当具备良好的精神风貌、坚毅的意志品质和乐观向上的心理状态。然而，近年来，由于社会经济环境的变化、网络信息传播良莠不齐、家庭教育模式的变化等原因，大学生心理健康问题成为社会关注的焦点。"心灵脆弱""抑郁"等负面心理状态标签伴随着越来越多的大学生，突发心理危机事件也成为高校育人工作关注的重点。

大学生心理危机是指在学生成长过程中，由于其心理调节机制无法消化突发事件，形成内心冲突，或因本身精神心理状态异常，导致大学生产生心理问题和行为障碍。这种心理危机会影响大学生的身心健康，甚至会使其做出一些过激举动，对自己或他人的生命安全带来威胁，形成突发心理危机事件。大学生心理危机问题目前在各高校频频发生，由此引发大学生伤害事件甚至自杀事件，以及对周围学生身心的损害，对家庭、学校和社会造成负面影响，酿成了很多惨痛悲剧。本应是青春阳光、积极向上的大学生为何成为心理问题的主要群体？如何迅速识别并妥善应对心理危机已经成为育人工作的核心内容。

2023 年，教育部与其他 17 个部门发布了《全方位强化和优化新时代学生心理健康工作行动方案（2023—2025 年）》的公告，对大学心理健康教育工作提出了更高层次的要求。高校要提升识别和应对大学生心理危机的能力，辅导员、学校心理工作中心等部门需要准确掌握学生心理健康状况及其变化动向，并建立全面的心理危机预防和迅速应对机制，同时完善应对心理危机的干预预案。

二、准确识别心理危机的分类和特点

大学生的心理危机主要包括以下几类：一是发展型心理危机，即大学生在正常成长和发展过程中可能面临的各种心理挑战，例如学业困扰、梦想与现实的冲突、人际关系的处理等。这类问题在每个生活阶段都有可能出现，但由于部分大学生心理健康状态不稳定，缺乏应对挫折的能力，因此会产生心理危机；二是环境引发的危机，例如新冠疫情期间生活方式变化、亲人突然离世、朋友恋人突然离开等生活突变。通常这些突发事件让大学生难以接受，大学生的心理调节机制不够成熟，因而产生各类心理问题；三是存在型危机，源于对生命深层次问题（如生活目的、生命价值等）的深层思考，但由于缺乏社会经验，大学生在现实和理想之间产生冲突。

为进一步分析大学生心理危机，本文引入工作案例进行进一步分析。

案例一：A同学突然开始胡言乱语，情绪激动，举止怪异，全程在宿舍楼栋走廊大喊大叫，伴有幻听、幻视等现象，有伤害自己和他人的情况，且具有攻击倾向。在该生情况平稳后，了解到该生曾确诊精神疾病，常态下与正常学生无异，没有任何异常，因放松用药而产生幻觉。但是家长在入校后并未及时与学校联系，未告知该生的特殊情况，最终导致了此次危机事件。

案例二：B同学，在高中就因校园暴力事件存在心理问题，一直延续至大学，诊断结果为中重度抑郁。该生在校丧失学习和生活的兴趣，经常旷课，挂科多门，毕业论文未完成，无法按时毕业。辅导员与该生父母自2018年至今多次联系，告知家长该生实际情况，并建议其休学回家住院治疗一段时间，但未果。后该生因学习压力过大，尝试自杀，在平复了该生情况后，与该生沟通了解到其目前持续服药，经常旷课。辅导员向学院领导汇报了该生的情况后，建议家长前来学校，将该学生的实际情况详细告知家长，最终该生选择休学，暂停学业。

从以上案例中可以分析出心理危机事件的特点。心理危机具有以下特点：

大学生心理危机事件首要的特点是潜伏性。大学生产生心理问题的原因往往是复杂和长期的，可能根植于童年或青少年时期的经历，也有一些是因遗传病因。这部分学生在日常生活中很多时候表现与正常学生无异。

大学生心理危机的第二个显著特征是突发性。整个危机发生分为四个主要阶段：（1）冲击期，在危机初始或稍后，大学生会感到惊愕、害怕和混乱，主要集中在情绪反应上，表现出无所适从；（2）防御期，此时大学生会试图恢复心理稳定，尝试掌控情绪，努力减少焦虑，但在面对事实时却束手无策，因此出现逃避现实、强装镇定等行为；（3）解决期，大学生开始积极接纳现实，勇敢尝试各种方法解决问题，焦虑逐渐降低，自信心逐步增强，社交能力也恢复；（4）成长期，经历心理危机的大学生会变得更加成熟，掌握应对危机的技巧。然而，也有人在面对危机时选择消极应对，导致各种心理健康问题。这四个阶段都可能引发学生心理危机，尤其是当他们感受到强大的刺激却无法自我调节时。总的来说，大学生的心理危机具有一定的突发性，没有固定的时间和事件限制。一旦触发学生心理问题的因素出现，学生的心理危机就可能随时暴发。

三、心理危机产生的主要原因

（一）环境改变产生的适应性危机

高中阶段的学生通常面临着高强度学习和单一的学校家

庭环境，较少接触社会。家庭和学校更多地给予他们直接帮助。但是，当他们步入大学生活，独立面对新的生活与学习环境，家庭亲密度会逐渐降低，学业需要更多自我规划，生活问题需要他们独立解决。部分大学生无法适应这种突如其来的环境变化，产生了"无依无靠"的孤独感。由于无法向父母和老师诉说，并缺乏自我约束能力，部分大学生出现了沉迷网络、学业危机和人际关系紧张等状况。这种环境变化导致的心理不适应成为大学生产生心理危机的主要原因之一。

（二）学业挫折产生的发展性危机

大学生进入大学后，学习模式发生变化，需要自我规划和自我监督。老师和家长不再担任"管家"角色。曾经在学业上表现优异且备受关注的学生进入大学后发现身边的同学都很优秀甚至表现更好而他们在大学课堂中的表现"一般"，这使得他们心理失衡。部分学生不能很好地自主安排学习，逐渐落后甚至挂科，严重影响了他们的学习动力，导致他们的自尊心受挫、自信心受损，大学生活充满着"失落"感，使他们对生活和学习失去热情，甚至可能走向"极端"。

（三）人际关系紧张带来的心理压力

社会性是人的根本属性，人际关系是大学生重要的社会关系。人际关系处理不当也成为发展性心理危机的主要原因之一。良好的人际关系要求交往双方具备主动性、认同性和接纳性。大学生汇集在校园，他们来自全国各地，成长背景各异，性格、爱好和生活习惯各不相同。在脱离家庭、开始独立生活的过程中，他们可能在社交中产生隔阂，从而导致不良的人际关系。在主动性方面，我们经常听到一些大学生将自己归类为"社恐""i人"，不愿意主动与周围的同学、老师接触，缺乏沟通能力；在认同性、接纳性方面，部分大学生无法做到求同存异，面对来自天南海北的同学，对差异性缺乏良好的包容心态，尤其是在寝室关系中，常常出现人际关系紧张的情况。

（四）理想与现实之间的差距造成就业压力

我国 2022 年大学生毕业人数为 1076 万人。然而，受疫情等因素影响，就业市场发生了巨大变化，劳动力需求层次也发生了变化。从小接受精英教育观念的大学生认为自己经历过全国统一高考且系统性地接受过课程学习后已成为优秀人才。他们自评专业知识、整体能力和个人才智均高于平均水平。在寻求职业机会时，他们一贯看高看大，无法准确了解就业市场状况，也无法对自身的能力和素质进行适当评估。他们的关注点常在大都市和优质职位上，而职业理想与实际情况之间存在着巨大的差距，导致许多职位机遇被忽视。大学生作为劳动力市场的预备役，面临着毕业去向选择的压力。无论是大学生个人还是家庭，都有较高的期望。在做职业规划时满怀信心，但在实际选择时，很多大学生却面临"卷不动"却又"躺不平"的窘境。许多大学毕业生在求职过程中也面临相同的心理困扰和焦虑，他们追求理想职业的同时又害怕被雇主拒之门外，甚至害怕一次职业选择的失误可能会对未来造成遗憾。因此，这个阶段充满了压力，和就业相关的忧虑都可能引发心理紧张、焦虑、暴躁、失落和犹豫等情绪。就业选择的困惑和就业压力的困扰让大学生无所适从。随着认识水平的提升，这种压力不仅仅出现在毕业年级，压力前置到了低年级。从小"优等生"的理想状态和现实挫折的落差可能引发心理紧张、焦虑、暴躁、失落和犹豫等情绪，甚至导致心理危机的出现。

四、提高心理危机处理效能途径

（一）家校联动，健全社会支撑系统

"解铃还须系铃人"，学生的心理创伤很大程度源于原生家庭。即便在学校时心理状态良好，回到家中仍可能出现"旧病复发"，导致前功尽弃的局面。在家庭无形压力下，无人倾诉、无径疏导，心理创伤只会愈积愈大、愈积愈重。建立一个完善社会支撑系统需要采取以下措施：（1）加强家长思想认识工作。通过入校新生家长会、新媒体宣传、辅导员日常联系等方式巧妙地植入正确的培养理念，帮助家长转变思路，并与家长保持紧密联系。鼓励家长以积极乐观的态度影响孩子，时刻关心、密切关注并给予关爱，用合理且情感丰富的方式适时触动。（2）营造良好的班级和宿舍氛围。在日常生活、学习和活动中，辅导员和心理委员要主动与有心理问题的学生交流沟通，提供帮助和关爱。通过同辈间的影响和积极生活态度的感染，让学生能够感受到社会的帮助和真心的关怀，从而建立健全的社会支持系统，增强他们内心的安全感。

（二）完善高校心理健康教育体系

高校心理健康教育需要具备系统性和专业性。系统性要求同时强化显性和隐性心理教育。显性心理教育课程是指在学生培养计划中明确指定的心理健康教育课程，通过专业课程让大学生对心理健康有更科学、更完备的认知，掌握心理问题自我识别和自我调节的基础知识。高校心理健康教育课程也要与时俱进，善用、巧用现代网络教学工具，丰富课堂形式，创新教学方式，从教学质量、教学内容、教学要求等方面为大学生接受专业心理知识提供保障。隐性心理健康教育是指课堂之外促进大学生心理健康教育的学校活动、文化氛围等。学校应通过第二课堂、网络媒介等途径营造良好的心理健康教育氛围，例如开展心理文化活动节系列活动，潜移默化地影响学生。

专业性要求高校要配备专业队伍、成立专业机构、联系专业医院，在危机事件发生时，要将传统经验和专业知识相结合，更加科学合理地化解危机，帮助学生度过危机。

（三）健全心理咨询机制

除了注重心理学的课程教育，高校还应健全心理咨询机制。大学生心理危机的发生，除了与家庭、个人等原因有关外，还与心理问题发生后学生能够迅速接触到的专业心理咨询资源有关。及时、有效的心理咨询能够在冲击期平稳化解心理危机，通过咨询可以了解和研究大学生当前面临的心理挑战，采取有效的干预手段，改善他们的心理状态，防止心理问题不断恶化。大学心理咨询应坚持以预防为中心，防治并重原则，不断充实咨询的具体内容和教育方法。

在面对心理问题时，大学生可能因社交恐惧、隐私泄露担忧或不了解校内心理咨询等原因未到达心理咨询这一环节，从而导致问题恶化为心理危机。建立可触及且具有隐私性质的心理咨询机制，为不同情况的学生提供合理帮助，使学生能够有意识、有途径地申请心理咨询，并获得及时回应，这能更有效地识别心理问题，阻止心理危机的发生。因此，学校应加强心理健康教育中心建设，配备专业队伍和硬件设施，提供舒适的场地，开放心理咨询预约通道，拓展心理咨询方式，让学校的心理咨询机制呈现开放性与专业性。

（四）发挥心理健康校园文化引领作用

以文化人，以文育人，高校心理健康教育要注重文化育人。校园文化颇具多元性，文化浸润人心，良好的心理健康教育文化环境能够缓解心理危机应激源的冲击。校园文化是学校的灵魂，物理空间上学校的各处建设也蕴含着校园文化。开放包容的校园文化可以使大学生更加放松。校园文化颇具多元性，除了传统的宣传栏、校刊，还扩展至文化广场、湖边漫步道、心理课程以及关于心理主题的辩论比赛等。因此，学校应善用现有的校园文化资源，科学地融入心理健康教育，通过各种方式营造积极健康的心理教育环境，培养学生正确的自我认知和心态。同时，在心理咨询过程中也需要注意学生的差异性需求，设计符合学生个体特性的校园文化内容，以方便学生顺应个性化需求，增强学生对校园和社会环境的适应性，并满足学生心理成长的个性化需求。

五、结语

在新的环境下，心理健康教育是提高政治思想教育质量的核心要素，同时也担当着新一代大学心理健康教育中的新角色和新职责。准确识别和化解突发危机是最后的防护网，应尽可能提前预防、早期发现、及时判断、迅速干预。这样才能培养担当民族复兴大任的时代新人。

参考文献

［1］丁闽江. 新时代高校心理育人质量提升的五个维度［J］. 锦州医科大学学报，2022，20（2）：78-82.

［2］李卫东. 高校辅导员文化育人途径探析［J］. 高校辅导员学刊，2020，12（2）：14-18.

［3］刘桂荣. 论大学生人际关系的适应问题［J］. 集宁师范学院学报，2021，43（4）：31-34，39.

［4］杨仕元，岳龙华，高蓉. 大学生就业压力及影响因素分析［J］. 中国大学生就业，2022（14）：55-64.

［5］姚春芬，屠嘉俊，童林泉，等. 大学生心理危机发生的影响因素分析——基于社会支持的视角［J］. 嘉兴学院学报，2023，35（3）：137-144.

［6］祁昊宇. 基于大数据的大学生心理危机防范对策［J］. 黑龙江教师发展学院学报，2023，42（6）：149-152.

［7］李彤彤，李坦，郭栩宁. 基于社交媒体大数据的大学生心理危机预警［J］. 现代远程教育研究，2021，33（4）：92-103.

［8］申宏浩，戴斌荣. 家校协同预防青少年心理危机［J］. 盐城师范学院学报，2022，42（6）：63-69.

［9］金鑫. "三全育人"模式心理危机预防干预工作研究［J］. 辽宁高职学报，2023，25（2）：101-104.

［10］黄靖婷. 当代大学生心理危机干预工作的创新研究［J］. 江西电力职业技术学院学报，2022，35（10）：122-124.

［11］黄晓慧. 建立健全高校心理危机干预体系［J］. 教书育人（高教论坛），2022（27）：60-63.

书信育人在大学生适应期的作用机理探析①

胡　阳

（纪委办公室、监察工作部、党委巡察办公室）

　　书信是古已有之的交流沟通方式，在中华民族优秀传统文化中如点点星光，闪烁着人与人之间最真挚、最深厚、最绵长的情感。无论是"烽火连三月，家书抵万金"的家书，还是"泪珠和笔墨齐下，不能竟书而欲搁笔"的烈士绝笔信，都饱含家国情怀，具有丰富的育人元素。书信本身极富质感，在当今主要以网络、短视频、碎片化信息为载体的泛娱乐化环境下，展现了信息时代少有的浪漫与温柔特质。在高校思想政治工作领域，亦不乏优秀同辈以笔连心，用一封封书信打开学生的内心世界，做有温度的教育者和正能量的传递者。

　　① 本文系中南财经政法大学金融学院 2023 年教育教学建设项目"二级心理健康教育工作站五级联动网络机制的构建与实践"阶段性成果。

因此，探讨书信育人在大学生教育中的作用机理并加以应用，进而丰富育人载体，深耕育人沃土，帮助大学生尽快适应角色转变，开启新的学习篇章，具有非常重要的意义。

一、书信媒介的特质

书信主要是纸质书信，虽然书写起来不一定比计算机打字输入更快，但一笔一划的书写是思想的沉淀，更便于作者组织语言、澄清思想，最终呈现出来的内容，在形式上更具质感、在思想上更具条理性、在时间与空间的维度也更具收藏价值。

（一）书信育人的深度

书信从本质上来说是一种交流沟通的媒介，拥有多方面的魅力。一在于形式美，信纸书写、信封封装和邮票寄送充满仪式感。二在于内容真，书信能够使作者沉下心来静静写作，梳理思想和淬炼语言后呈现出精华。三在于感情深，相比微信、QQ 等即时交流工具，书信可以更深度地表达感情，忠实地承载信任与期待。因此能进行书信往来的人往往彼此感情深厚或者能够彼此信赖、相互倾诉、理解共情。20 世纪 90 年代，笔友和通信在学生中非常流行，甚至在各类学生读物的广告夹缝中都能找到各地笔友的收信地址。当时网络尚不发达，校园的传达室承载了青年朋友们渴望交流的热情，每到课间，常有班干部从传达室取回班级信件，收到信件的同学满怀欣喜，寄出信件的同学满怀期待，这是 80 后和 90 后的美好记忆。后来随着网络的迅速发展，论坛出现，并在某种程度上取代了书信这种传统交流方式。但其有利有弊，利在于即时便捷，弊则在于难以具有书信所独有的情怀。

（二）书信育人的广度

书信不受时间和空间的限制。朋辈间、恋人间、亲子间都可以书信往来。在大学校园中，同学之间、师生之间也可以进行书信交流。甚至可以在食堂、教学楼、学院办公大楼等地设置校长信箱、院长信箱、书记信箱、意见收集箱等，直接搭建起学校管理服务人员与学生之间传达意见建议的渠道，促进师生员工共建共享大学资源。全员育人、全过程育人、全方位育人需要全面的信息流通。书信育人并不仅仅是写信，还可以通过研习书信进行。我国书信历史悠久、内容丰富、形式多样，书信的问候语极其丰富、富有美感。在书信中，既有博大精深的研究考证，又有细致入微的告诫指引；既有下笔千言的情话长卷，又有言简意赅的精辟小简；既有极具文采的艺术书札，又有合规合矩的实用文体。在漫长的书信历史中，留下了许多脍炙人口的经典典故，如"鱼肠尺素""鸿雁传书""青鸟传言""燕足系书"等。浓厚的书信文化传统是中华民族宝贵的文化遗产之一，蕴含着中华民族重亲情、重礼仪的内在价值。[①] 在大学生思想政治教育中借助书信育人，能够将中国元素融入思想政治教育，增强大学生的文化自信。[②]

① 马加名. 基于书信媒介的大学生日常思想政治教育质量提升路径解析 [J]. 高校辅导员，2020，63（4）：66–69.
② 盛磊，张丽翠，杨宗树，等. 思政元素融入临床免疫学检验技术课程的实践与体会 [J]. 农垦医学，2023，45（2）：187–189.

（三）书信育人的温度

教育是言传，是身教，更是教育者的深情厚谊。只有那些真正关爱学生、关注学生成长的教师才会用各种方式走近学生、了解学生，特别是使用书信，相比其他沟通方式，这种方式更耗时，更需要投入情感和精力。但一些教师给学生写信，可能长达十几年，内容长达几十万字，长久如一日的坚持，才能让学生真正受益，起到陪伴和启迪作用，成为教育者行列的道德模范。好的书信具有收藏价值，常读常新，能够产生深远的影响。在大学新生入学时，尤其需要通过各种方式深度了解学生的成长经历、兴趣爱好、受教育历程等信息，以制定专属的大学生涯规划。笔者曾通过这种方式取得学生的信任，他们愿意分享自己过往经历中有趣的人与事，也愿意将自己成长路上从未与人言说过的困惑、苦痛与挣扎付诸笔尖，化作一封信笺与教师诉说。教师也因此能够从思想引导、情感疏导到学业辅导、行为教导方方面面给予学生指导，这种沟通方式非常受学生欢迎，这样的教育关怀也更具温度。

二、大学生适应期缺失的元素

本文将大学适应期定义为大一阶段，尤其是大一学生刚入学的一段时期，面临着新的环境和人际关系，需要掌握各种新信息，做出各种新的规划。但目前的大学环境存在以下重要短板。

（一）分校区导致高校学生不同年级地理上的阻隔

随着高等教育的发展，受教育覆盖面得到了很大提升，但也给高校的发展带来瓶颈，校区面积受限是最直观的现象之一。因此，许多高校在同一个城市或地区开设一个或多个分校区，这为高校发展带来了新的机遇和空间，但也给跨校区学习生活的学生之间的交流沟通带来不便。以笔者所在的高校为例，本科大一年级学生在一个校区，而其余年级和研究生则在另一个校区。新生刚入校时，需要全面了解高校的日常管理、运行模式、软硬件设施等，地理阻隔直接限制了同学们的校园文化生活参与和融入。他们迫切想知道未来要搬迁至校区的情况，以及可提前筹划的学习生活攻略，而这些都需要跨校区的交流和传承。鉴于以上情况，笔者在工作实践中组织同学们进行跨校区的书信往来，鼓励他们进行跨校区交流，以期提升大一年级学生的归属感和认同感。活动显示，同辈之间能够通过书信往来交流两校区的饮食特色、校园活动、资源平台，有助于促进同学们迅速了解大学校园，适应大学生活的节奏，热爱大学生活。

（二）分校区导致高校学生朋辈间联系的缺失

在十七八岁的年纪步入大学，同学们更加关注同龄人之间的社交与人际关系，也更愿意与朋辈交流，彼此提供正向的情绪价值。但是当下以QQ、微信为主要方式的交流呈现出了碎片化、表面化、肤浅化、具体化的特点，很难沉浸式表达、述说和交流感情，甚至邮件和电话都很少使用或者仅用其来联系沟通某一具体事件。这个时候，传统的一支笔和一张信笺却能让大家真正沉下心来，梳理自我、表达心情。在笔者的书信活动实践中，同学们纷纷感慨，很久没有像这样把自己的想法和感受娓娓道来了。写完了信,感觉心情很舒畅,好像为心灵进行了一场除尘清洁,并且对信笺的另一端充满了期待。仿佛体验了一段"车马很慢,书信很远"的旧时光,重拾悠远的情怀,共赴一场理解、共鸣的思想盛宴,与零散的聊天、跨越多个聊天窗口、缤纷闪烁的表情包带来的体验截然不同。

(三)分校区导致高校师生间的疏离

导师在大学生的成长中发挥着至关重要的作用,尤其是新生面临专业选择、学业规划、科研实践等重大问题时,离不开导师的引导、教导和指导,但是在大学教学运行模式下,学生与教师最主要的见面场所仅限于课堂,因此学生与教师之间的思想交流受到极大的限制。邮件往来和书信往来可以有效解决这一矛盾,而相较之下,书信更具有温度。值得欣喜的是,笔者的书信实践得到了多位导师和学业班主任的认可和支持。他们认真给予学生回信,详细讲述各门专业课的学习要领、大学学习与中学学习方式的不同之处,以及学习、工作、生活的平衡与兼顾,教导学生要保持坚定的政治立场,鼓励学生将家国情怀和时代担当融入人生理想中,不仅要关心关切社会、国家、世界的宏大叙事,还要认真思考人生、奋斗和成长等现实问题。学生对此深表感动并受益匪浅。

三、书信育人的开展模式

书信育人主要指通过书信这种媒介与学生进行沟通交流,达到启迪学生思想、帮助学生成长、引导学生树立正确的价值观的目的，既可以通过撰写书信来实现，也可以通过研读优秀的书信作品来实现。在大学生思想政治教育中，可以从以下三个方面进行探索和实践。

（一）作为辅导员谈心谈话的必要补充

谈心谈话是辅导员工作的重要内容和主要方式，学业预警、心理辅导、就业指导等各项工作内容都离不开与学生的交流沟通。但是面对面谈话受时间和地点的限制，学生有上下课时间，而辅导员也有上下班时间。且现阶段高校中，辅导员人均需要负责 200 名学生，一对一的谈心谈话受限于时间和地点，效率很低，可能一整个学年都无法与每个学生进行一对一交流。相比之下，书信则不受时间和地点的限制，而且能够让辅导员与学生的交流得以按需分配。事务性的通知可以通过电话或信息的方式来传达、日常工作的交流可以通过面对面的方式进行，而深度的思想交流则可以通过书信来实现，因为学生成长发展方面的困惑往往不能用一两句话清楚描述，需要静下心来梳理，并对前因后果进行深思熟虑，这些内容可以在信件中被准确而完整地陈述。辅导员可以在处理事务性工作之余，专注地解答学生的困惑。各种观点可以在书信中得到更为贴切的表述，从而增强师生之间的深度联结。对于平时不善言谈的学生或者在面对面谈心谈话时效果不佳的学生，也可以采用书信交流的方式。这样能够让学生足够放松，没有面对面交流的压力，更能够清楚地表达自己的想法。在与学生的深度书信交流中，辅导员的热情也会被激发，从而迸发出更强烈的育人内驱力。

（二）作为学生工作品牌活动打造

笔者本年度开展的"春莺来信"活动从心理健康教育的视角出发，聚焦学生学习成长中的普遍话题，跨校区、跨年级、跨师生开展。全院师生积极响应心理育人号召，共同关注学生成长，温情付笔尖，一信润心田，师生、朋辈间敞开心扉，真挚交流，共同助力学生以更好的状态适应大学学习生活，取得了积极热烈的反响。写信是学生非常喜闻乐见的形式，精美的信纸和精致的信封也令学生感到愉悦，他们用整洁工整的字迹书写，散发出美育的气息。90%的活动参与者表示今后还将继续参加类似的书信往来活动。160名师生互为笔友，480封信架起心桥，破解新生适应性问题、跨校区朋辈缺失问题，以及校园生活融入性问题，增强了同辈之间和导学之间的人际联结。该活动被多家媒体报道，形成了一个可复制、可推广的学生活动品牌。在今后的工作中，我们还可以参考《见字如面》《念念不忘》《信·中国》等各类经典书信诵读类节目，选取红色家书、经典名人书信等，组织宣读朗诵活动，引导学生透过一封封经典书信来理解风云际会、世事变迁中个体的悲欢离合，洞悉一个民族的性格和整体心灵体验，领悟穿越时空的中国传统文化和社会主义核心价值观。并且借助新媒体和互联网，引导学生与历史对话、与时代对话、与写信人和收信人的灵魂对话，充分挖掘思想政治教育资源，有效推进显性教育与隐性教育有机融合。①

---

① 马加名. 基于书信媒介的大学生日常思想政治教育质量提升路径解析［J］. 高校辅导员，2020，63（4）：66-69.

（三）红色书信作为党团建设的生动素材

红色书信是革命精神形成以及传承的重要载体，是集思想性、学理性、知识性、价值性于一体的革命文化资源。我国历史悠久，波澜壮阔，留下许多值得研读的红色家书典范。近年来，涌现出用创新的网络视听形式再现革命先烈无畏气概的作品，例如国家广播电视总局出品的微纪录片《见证初心和使命的"十一书"》，选取了11位革命先烈的家书故事，彰显了他们以身许党、无私奉献的斗争精神。这些内容在网络思政和大学生党团建设中都具有借鉴意义。高校可以开展研读红色书信活动，以激发学生的爱国热情。笔者曾亲身参加学校组织的"红色家书"展演活动，通过讲家书故事，说心得体会，拍摄展现家书故事的情景剧、微电影等多种形式，用自己的视角、语言、体验和方式解读理论、展示风采，重温革命历史，缅怀革命先烈，传承红色基因。这次经历对学生的感染影响远比一些传统的学习方式更为生动有效。

四、结语

谨付寸心，希垂尺素，纸短情长，不尽依依。书信自古以来就是人们相互联系、沟通情感的主要方式之一。前苏联著名教育家苏霍姆林斯基曾在《致女儿的信》中，用真挚的爱心呼唤孩子正确看待爱情，非常含蓄地表达了对孩子的呵护，堪称世纪教育经典。①绵延五千年的中华优秀传统文化中，

---

① 曾印梅.七年级思想品德课堂教学的几种沟通形式[J].中小学电教（下半月），2009，245（7）：87.

更是有《曾国藩家书》《傅雷家书》《梁启超家书》等，一封书信，见字如面，书信纸短，家国情长。书信拥有微信、电话、视频、邮件等媒介无法比拟的传情达意效果。党的十八大以来，习近平总书记常写书信，笔墨中饱含着总书记的百姓情怀，身居中南海却始终直通人民群众。书信作为融入信息传递、寄情抒怀、叙事言志、精神慰藉等多项内涵的复合体[①]，在大学生适应性教育中具有独特的价值意蕴。

---

① 马加名. 基于书信媒介的大学生日常思想政治教育质量提升路径解析[J]. 高校辅导员，2020，63（4）：66-69.

积极心理学视域下大学生新生适应成长干预策略研究 [①]

余金聪

（党委学生工作部、人民武装部）

一、大学生新生适应干预的必要性分析

促进大学生的身心和谐发展、预防心理危机的发生是高校心理育人工作的重要目标，大学生所面临的身心健康问题需要引起高度重视。一项元分析的结果显示[②]，近十年来我国大学生睡眠问题、抑郁、自我伤害、焦虑、自杀意念、躯体

① 本研究获中南财经政法大学中央高校基本科研业务费专项资金资助（项目编号：2722023DS014）；2023年教育部高校思想政治工作专项经费、中南财经政法大学中央高校基本科研业务费专项资金资助项目"积极心理学视域下大学新生适应成长干预研究"（项目编号：2722023DS014）的支持。

② 雨濛，张亚利，俞国良. 2010～2020中国内地大学生心理健康问题检出率的元分析［J］. 心理科学进展，2022，30（5）：991-1004.

化和自杀未遂这七大类心理健康问题的检出率依次为 23.5%、
20.8%、16.2%、13.7%、10.8%、4.5% 和 2.7%。吴才智等人[①]
对某省 2006—2014 年所有高校全日制在校大学生自杀个案进
行的心理解剖研究表明，该省的大学生自杀率为 1.99/10 万。
他们推测我国大学生的自杀率介于 1/10 万—3/10 万之间。在
影响大学生身心健康的诸多因素中，大学生的适应是一个非
常重要的因素。大学生的适应是指学生的心理状态无论是在
何种境遇条件下，无论自身条件的优劣，都能客观地加以认识，
并从行动上进行积极调整，使自身的心理状态很好地适应环
境，包含人际关系适应、学习适应、校园生活适应、择业适应、
情绪适应、自我适应和满意度等七个维度。[②]

　　研究表明，学校适应不良是大学生自卑、抑郁、网络成
瘾、自杀意念和持续性自我伤害行为的危险因素[③④]，而良好
的适应能够提升大学生的幸福感、心理弹性、正面情绪、心

　　① 吴才智，江光荣，段文婷. 我国大学生自杀现状与对策研究［J］. 黑
龙江高教研究，2018，36（5）：95-99.

　　② 教育部《大学生心理健康测评系统》课题组，方晓义，沃建中，等.《中
国大学生适应量表》的编制［J］. 心理与行为研究，2005，3（2）：95-101.

　　③ 赵若兰，楼淑萍，陈辉. 适应不良与大学生持续性自我伤害行为的关
系及抑郁的中介效应［J］. 华中科技大学学报（医学版），2019，48（3）：
334-338.

　　④ 贾月亮，安龙，贾月明. 大学生社交能力与网络成瘾的关系：社会适
应与自卑感的链式中介作用［J］. 中国临床心理学杂志，2019，27（1）：103-
107.

理健康和学业成绩水平[1][2]。大学新生的适应问题尤其值得关注。进入大学是个体生命成长发展历程中的一次重要转折，个体与社会环境的关系被全方位地改变，在学业、生活、情绪、人际关系、自我照顾、环境适应等方面都可能面临一定程度的挑战。[3]因此，为了缓解学生在适应过程中面临的各种压力，预防心理健康问题和危机事件的发生，高校有必要针对新生开展适应性干预。

二、大学新生适应干预的研究现状

国内外学者通过不同视角、不同方式，开展了丰富的大一新生适应性干预研究实践。Law 和 Liu[4]以自我决定理论为基础，面向在香港求学的内地新生开展为期5周的干预，有效地提升了学生的学业、社会适应水平和自我需要的满足。Conley 等人[5]通过面向大一新生举办"社会心理健康研讨会"

① 王秀军，祖冰畴，薛黎明. 大学生适应与总体幸福感的关系研究：心理弹性的中介作用[J]. 教育现代化，2017，4（28）：265-268，275.

② 陈福侠，樊富珉. 大学新生学校适应、心理弹性与心理健康的关系[J]. 中国健康心理学杂志，2014，22（12）：1894-1896.

③ 陶沙. 从生命全程发展观论大学生入学适应[J]. 北京师范大学学报（人文社会科学版），2000（2）：81-87.

④ Law W, Liu S. Basic Need Satisfaction Intervention for Mainland Chinese International Students' Adjustment to College[J]. Journal of Studies in International Education, 2021, 10283153211052772.

⑤ Conley C S, Travers L V, Bryant F B. Promoting Psychosocial Adjustment and Stress Management in First-Year College Students: The Benefits of Engagement in a Psychosocial Wellness Seminar[J]. Journal of American College Health, 2013, 61（2）：75-86.

的方式，训练学生在情绪识别与应对、有效沟通和发现自我优势等方面的能力，有效地提升了学生的心理社会适应和压力管理水平。Ramler 等人[①]采用准试验设计发现，改良后的正念减压（MBSR）干预能够提升大一学生的适应能力。

国内学者将拓展训练[②]、社会工作[③]、朋辈心理互助[④]等方式应用于新生适应性干预研究中，均取得了良好的效果。刘妍君[⑤]通过对照试验研究设计，对 40 名大一新生进行了为期一天的适应性干预，结果发现团体心理辅导能够有效地促进新生的人际适应、角色适应、环境认同等。李雨丛[⑥]设计了 8 周的团体辅导活动，面向适应性测量得分偏低的 15 名大一新生，每周进行一次干预，活动主题包括破冰、人际适应、职业选择适应等，同样取得了较好的干预效果。

————————————

① Ramler T R, Tennison L R, Lynch J, et al. Mindfulness and the College Transition: The Efficacy of an Adapted Mindfulness-Based Stress Reduction Intervention in Fostering Adjustment among First-Year Students [J]. Mindfulness, 2016, 7 (1): 179-188.

② 袁强. 拓展训练对大学生社会适应能力影响的实证研究 [D]. 吉首: 吉首大学, 2020.

③ 唱思迪. 大学新生适应性教育与社会工作介入的实务研究 [D]. 上海: 华东理工大学, 2020.

④ 侯玉婷. 朋辈心理互助对大学新生学校适应和人际关系的影响的干预研究 [D]. 石家庄: 河北师范大学, 2012.

⑤ 刘妍君, 张雪莲. 团体辅导在大学新生适应教育中的干预效果研究 [J]. 高校辅导员学刊, 2012, 4 (5): 26-29.

⑥ 李雨丛. 团体心理辅导对大一新生学校适应的干预研究 [D]. 青海: 青海师范大学, 2021.

三、积极团体心理辅导在大学生适应干预中的应用

积极心理学由美国著名心理学家马丁·塞利格曼于 1998 年提出，随后便成为心理学界的研究热点。积极心理学因其强大的实用性和适用性，被广泛地应用于军事、健康、组织行为、人文、教育等领域。[①] 积极心理学提倡以人为本，关注人的优点和积极因素，注重挖掘个体本身具有的潜在能力，研究的问题包括三大类：积极的主观体验、积极的个人特质和积极的机构。团体心理辅导是指通过团体内人际交互作用，促进个体在交往中通过观察、学习、体验，认识自我、探讨自我、接纳自我，调整和改善与他人的关系，学习新的态度和行为方式，以发展良好的生活、工作适应的助人过程，具有教育、发展、预防和治疗四大功能。[②]

基于积极心理学的团体心理辅导也较多地应用于大学生心理健康的干预实践研究中，干预方案有效地降低了大学生的抑郁水平，提升了其幸福感水平。[③] 少数学者关注了积极心理干预对大学新生适应能力的影响，例如，徐媛媛等人[④] 通过

① 曾光，赵昱鲲. 幸福的科学：积极心理学在教育中的应用［M］. 北京：人民邮电出版社，2018.

② 李雨丛. 团体心理辅导对大一新生学校适应的干预研究［D］. 青海：青海师范大学，2021.

③ 李洋. 积极心理干预训练对大学生心理健康水平与主观幸福感的影响研究［D］. 成都：四川师范大学，2017.

④ 徐媛媛，李敏，胡厚源. 积极心理训练促进临床医学专业新生大学生活适应的探索［J］. 中国高等医学教育，2016（7）：1-2.

围绕使生活愉悦、充实、有意义的三大议题，设计了连续10周、每周1.5—2小时的团体辅导活动，面向26名大一临床医学新生进行干预，有效地提升了学生的学校适应能力。

因此，本研究拟从积极心理学的视角出发，在已有研究的基础上，融合高校心理健康教育、学业指导和就业指导等相关资源，将课内活动与课外活动相结合，开发系统的教育性团体辅导方案，以促进大一新生在积极自我、积极关系、积极情绪、积极投入、积极意义与积极成就等方面的成长，进而提升其学校适应能力，促进学生更好地发展，预防心理问题的发生。

四、促进新生适应成长的积极团体心理辅导干预方案

干预方案基于大学生适应理论、积极心理学理论和团体心理辅导技术进行设计，包括课内辅导活动和课外实践练习两个模块。课内辅导活动共包括8个主题，分别为破冰团建、积极自我、乐观学习、情绪管理、职业生涯探索、职业生涯规划、时间管理和积极人际关系，每个主题1.5小时。活动形式包括冥想、绘画、游戏活动、小组讨论、纸笔练习、头脑风暴、角色扮演、观看视频、感受分享、知识讲解等。课外实践练习名为"幸福打卡"，于课内辅导活动干预结束后开始，持续两周。每个成员每天回顾生活中发生的三件好事，在打卡平台上以图文方式记录并分享到打卡群中。课内辅导活动的具体内容如下。

（一）破冰团建

1. 活动目标

（1）促进成员相互认识，增强团队的凝聚力。

（2）阐明团体契约并愿意遵守。

（3）澄清团体成员的困惑与期待。

2. 活动内容

（1）暖场：以无声的方式与活动环境和成员建立初步联结。

（2）破冰：通过"幸运之牌"建立小组，完成"赋能自我介绍"。

（3）建立契约：签署团体规则。

（4）团队建设：选组长、起组名、建组呼、设计团体海报、团体成员签名。

（5）头脑风暴：畅谈入学以来的困惑和对活动的期待，小组派代表分享。

（二）积极自我

1. 活动目标

（1）促进成员了解自我欣赏与悦纳的重要性。

（2）通过心理测评帮助成员发现自身优势。

（3）通过故事分享强化成员的优势。

（4）布置"幸福打卡"课外实践练习。

2. 活动内容

（1）暖场：抓手指游戏。

（2）共读绘本《我喜欢我自己》：自由讨论并分享，引出主题。

（3）发现优势：介绍品格优势知识，填写《优势行动价值问卷（VIA）》，发现最强优势和标志性优势。

（4）强化优势：通过与成员分享人生不同阶段的优势生命故事，增强对自我优势的了解与认同。

（5）布置作业：每天进行"幸福打卡"，连续进行两周，培养积极情绪。

（三）乐观学习

1. 活动目标

（1）促进成员关注影响学习效能的非智力因素。

（2）帮助成员挖掘自身学习优势力量和内在学习资源。

（3）建立习得性乐观学习的观念，提升学习效能感。

2. 活动内容

（1）暖场：大风吹游戏。

（2）学习效能：思考并回答3个与学习相关的问题，关注学习中的非智力因素。

（3）学习风格：介绍多元智能理论和学习风格，完成《我的智力八方》练习，分享自己的三项优势智能和优势成长典型事件。

（4）学习高光时刻：回忆学习中的高光时刻，将其绘画出来，为其命名并分享当时发生的故事，进行积极归因。

（5）学习策略：介绍学习金字塔，完成学习百宝箱，发现具备的学习策略与资源。

（6）学习定制：介绍习得性乐观，完成《我的学习地图》练习，从身体、关系、成就与未来四个层面梳理学习收获与期待。

（四）情绪管理

1.活动目标

（1）帮助成员整理生活中的情绪类型和体验。

（2）帮助成员学会运用情绪 ABC 理论调节情绪。

2.活动内容

（1）觉察情绪体验：进行热身游戏《谁赢谁先逃》，完成《调一杯心情奶茶》练习，梳理日常体验的情绪类型。

（2）接纳情绪感受：分析生活中情绪的产生场景、评选最受困扰的情绪，从信号和功能视角讲解情绪的产生。

（3）情绪相处之道：讲解情绪 ABC 理论，帮助学生重建情绪认知，完成"读懂情绪语言表"运用体验式活动，挖掘情绪资源和力量，做到知行合一。

（4）学会情绪管理的长期策略，完成《情绪九宫格》练习，梳理让自己感觉自在、幸福、安全的九类材料。

（5）学会情绪管理的短期策略，学习蝴蝶拍技术，掌握短暂冷静的方法。

（五）职业生涯探索

1. 活动目标

（1）促进成员间的联结，了解彼此的生涯发展困惑，共性问题可以帮助缓解自身焦虑，同时引出职业生涯规划与探索的重要性。

（2）通过活动让成员了解自身兴趣与职业发展的关系，适当引出"真我"与"假我"的议题。

（3）通过讲授，学习如何挖掘自己的"知识""技能"和"才干"，并了解自身优势与职业发展的关系。

2. 活动内容

（1）暖场：手操。

（2）连连看：成员进行自我介绍（我是谁、我来自哪里、我的 1—3 个个性关键词是什么、我最想解决的生涯发展困惑是什么）。每位成员介绍完后，邀请下一位和自己有共同特征的 XXX 同学进行自我介绍，句式为"我想邀请和我一样……（共同特征）的 XXX 同学介绍"，共同特征不重复。

（3）探索活动：进行"兴趣岛"活动，并完成"一生的岛屿"练习。

（4）讲授"知识""技能"和"才干"与职业发展的关系。

（六）职业生涯规划

1. 活动目标

（1）通过活动，让成员了解对自己而言重要的事物，即价值观议题。

（2）结合自身兴趣、优势和价值观，合理规划大学后的生活。

2.活动内容

（1）暖场：身心放松练习。

（2）活动：生涯幻游，然后画出 10 年后的自己并进行分享。

（3）结合自身兴趣、优势和价值观，引发思考，促使成员相互交流，同时学习如何获取工作世界的各类信息，树立自己的发展目标，并学会将目标落实到行动中。

（七）时间管理

1.活动目标

（1）增强成员对自己当前时间管理现状的认知。

（2）通过目标平衡，帮助成员设置稳定、高效、系统的长期目标。

（3）通过时间管理四象限图进一步落实时间管理计划。

（4）布置作业增强自我检测，使时间管理观念更现实。

2.活动内容

（1）暖场：撕撕我的一天。

（2）了解时间使用现状：绘制时间饼图，客观了解自己一天的时间利用情况以及利用效率。

（3）建立目标：通过绘制平衡轮，全面了解当前生活情况，通过设定可达成的目标，降低目标和现实之间的差距。

（4）落实行动：根据上一环节所制定的目标以及事情的重要性和紧急程度，绘制、分享和修订时间管理四象限图，进一步落实时间管理行动计划。

（5）布置作业：每周绘制时间日程表，进行时间管理的自我监测。

（八）积极人际关系

1. 活动目标

（1）增强人际联结，促进人际合作，感受信任的力量。

（2）通过日常作业促进学以致用。

（3）加强联结并进行团体分离。

2. 活动内容

（1）暖场：重逢在指尖，强化同学之间的联结，并引出主题。

（2）初体验积极关系：通过"桃花朵朵开"游戏，体验人际联结时带来的积极心理体验。

（3）探索合作精神：通过"冲出包围圈"活动，体验合作的力量。

（4）体验并展现信任：通过"疾风劲草"活动，感受在关系中对自我和他人信任产生的力量。

（5）表达善意，准备分离：通过团体心声的表达，进一步加强成员间的积极关系和积极关系体验，并进行分离。

（6）布置作业：列出 20—30 个可供选择的善意行动清单，在一周的某一天选择其中的五件来完成，然后在对应位置标记"已完成"。

五、积极团体心理辅导干预方案的实施

活动规模方面，由于本套方案采用体验式教学，因此团体规模应控制在 20—40 人，这样有利于成员之间充分讨论、交流和分享。活动实施场地方面，干预活动应在室内进行，且场地需要有充分的活动空间，以确保参与者可以有效地完成游戏体验、纸笔练习等活动。干预师资方面，团体活动的带领者应当具备经过专业训练，同时还需要具备丰富的团体活动领导经验，对活动方案有充分的认识与理解。时间安排方面，可以采用分散或集中训练的形式开展活动。分散训练可以每周进行一次，每次安排 1—2 个主题的干预，连续数周内完成；而集中训练则可以统一安排在周末两天，以训练营的形式连续开展。效果评价方面，可采用量化与质化调研相结合的方式，评价参与学生在适应性、心理资本、幸福感等心理指标方面的变化，了解学生对活动本身的评价，从而更好地优化干预方案。

就业育人篇

新时代背景下的高校文科教育 与人才培养①

马迪思

（发展规划部、学科建设办公室、高等教育研究中心）

一、新时代文科教育的价值意蕴

习近平总书记在哲学社会科学工作座谈会上指出："高校哲学社会科学有重要的育人功能，要面向全体学生，帮助学生形成正确的世界观、人生观、价值观，提高道德修养和精神境界，养成科学思维习惯，促进身心和人格健康发展。"②

---

① 本文为 2022 年湖北省教育厅哲学社会科学项目"新文科视域下高等院校人文社会科学发展战略研究"（项目编号：22G036）、2023 年中南财经政法大学中央高校基本科研项目"跨学科人文教育的实践策略与路径"（项目编号：2722023DS008）的阶段性成果。

② 习近平. 在哲学社会科学工作座谈会上的讲话［EB/OL］.（2016-05-18）［2023-08-01］. http://www.xinhuanet.com/politics/2016-05/18/c_1118891128_4.htm.

高校文科教育是培养青年人自信心、自豪感、自主性，形成国家民族文化自觉的主战场、主阵地、主渠道[①]。在世界大发展大变革的时代背景下，文科教育的构建需要回应新时代人才培养的中国之问、世界之问、时代之问，将其贯穿于新文科人才培养目标、教育内容、教学手段等建构实践中，真正承担起文科教育"价值引领"的时代之责。

（一）回应弘扬中华文化的中国之问

新文科建设要担负起创造"光耀时代、光耀世界的中华文化"的使命，应认真思考并发扬中国传统的"大文化"观念。虽然中国人文文化历史悠久，但现代意义上的人文社会科学及其教育还是以从西方学习借鉴的为主。新文科教育应该结合当今的时代条件，回归中国实践，在此基础上挖掘和阐释中华传统文化观念的精髓，致力于培养立足本土的具有"大文化"素养的新时代人才。

（二）回应构建人类命运共同体的世界之问

经济全球化和科学技术的迅速发展使各国在经济、政治、社会、文化等方面相互渗透、相互依存日益加深，带来了许多具有明显的全球性、共同性和综合性特征的问题和挑战。面对全球化背景下出现的新问题和新挑战，人文社科研究应关注以"人类命运共同体"为指向的全人类、世界性的问题。

---

① 教育部. 新文科建设工作会在山东大学召开［EB/OL］.（2020–11–03）［2023–08–01］. http://www.moe.gov.cn/jyb_xwfb/gzdt_gzdt/s5987/202011/t20201103_498067.html.

为人类社会共同文明增添新的光彩，是全球化时代下新文科建设的学科德性和文化责任①。学术研究方面，应站稳中国立场，构建人文社会科学研究的"中国话语"，积极参与国际学术对话；人才培养方面，既要加强社会主义国家公民教育中的国家认同，也要培养服务于人类命运共同体建设的全球治理人才。

（三）回应传统文科教育改造的时代之问

以人工智能为标志的新技术革命已经改变了人们的学习方式、工作方式、生活方式和思维方式，带来了对文科的时代挑战，即技术对文科研究领域和边界的重构，这意味着文科必须参与其中。自然科学是推动生产方式变革、加速生产效率倍增的基础和动能，而人文社会科学则是引领人文精神、应对和调控技术发展所带来的文明和伦理问题的缰绳。新时代背景下，新文科的使命包括引导人们正确理性地面对自然科学的发展，既从中汲取营养，又对其保持批判性反思，培养和发展适应时代需求的文科。相应地，在新型人才培养知识体系中，人文社会科学教育除了构建文化素养、驻守伦理道德、培育人文精神，还需要担负起新的职责，如跨学科想象力和创造性思维能力的培养等。

---

① 刘振天，俞兆达. 新文科建设：新时代中国高等教育的"新文化运动"[J]. 厦门大学学报（哲学社会科学版），2022（3）：117-128.

二、当下高校文科教育的现状与问题分析

（一）新时代背景下文科教育面临的挑战

新时代背景下，高等院校文科教育面临一系列挑战。这些挑战既来自科学技术迭代的冲击，也来自社会变革的需求。

首先，科技浪潮对传统文化传承的冲击。随着科技的迅猛发展，人们的学习和娱乐方式发生了巨大变化，对传统文化的传承产生了冲击。年轻一代在数字化环境中成长，对经典文学、历史文化等传统文科领域的兴趣逐渐减弱。这种情况在一定程度上可能导致传统文化的衰退和被遗忘。例如，经典文学作品的阅读量逐渐下降，传统艺术的传承面临断代的风险。因此，文科教育需要找到创新方式，结合科技，吸引年轻人的兴趣，保障传统文化的传承。

其次，信息过载对批判思维与判断力的挑战。在数字化时代，信息的获取变得更加便捷，但也容易造成信息过载。学生面临的问题之一是缺乏对信息的深入理解和分析能力，而这对人文社科领域尤为重要。信息过载可能使人变得浮躁，只追求表面的知识而忽视对知识的深入思考。这对于培养批判思维、分析能力和判断力造成了威胁。因此，高校文科教育需要强调对信息的筛选和分析能力，培养学生对知识的深层理解。

最后，就业市场对文科学科专业的认可度。科技领域的高速发展和产业结构性变革带来了人才需求的转变。人们普遍认为，以工具价值衡量，STEM领域（科学、技术、工程和

数学）的人才更具有就业前景，而文科专业缺乏短期经济效果①，可能在就业市场上受到质疑。这导致了学生和家长对高等院校文科专业的选择持怀疑态度。事实上，文科领域的人才在很多方面仍然不可或缺，如公共政策制定、文化传媒、国际关系等。因此，文科教育需要在传播就业前景方面做出努力，同时强调培养学生的综合素养和人文精神，使其在职业发展中更具竞争力。

在新时代的背景下，文科教育面临科技冲击、信息过载和就业市场压力等一系列问题。然而，这些问题并非无法解决。通过创新教学方法，结合科技手段，培养学生的深入思考能力、信息分析能力和跨学科素养，文科教育能够适时回应新时代的要求。同时，社会和政策层面也应加强对文科教育的支持与认知，使其在培养人才、传承文化等方面持续发挥重要作用。这样，文科教育才能更好地应对挑战，为新时代的人才培养做出积极贡献。随着社会的变革和发展，文科人才不再仅局限于传统的学科界限，而是需要具备多学科交叉融合的能力，人文社会学科的教育改革诉求在全球范围内具有普遍性。中国高校应主动适应新时代对高素质文科人才的强烈需求，以新文科理念为引领，构建体现时代性、融合性、全球性的新文科人才培养模式。

（二）当前高校文科教育存在的问题

教学内容相对单一。传统的文科教育注重理论知识的传

---

① 吉见俊哉. "废除文科学部"的冲击［M］. 王京, 史歌, 译, 上海: 上海译文出版社, 2022: 46-48.

授而忽视了实践能力的培养。这种单一的教学模式使得学生缺乏实际操作和解决问题的能力，与社会需求脱节。例如，历史课程常常只关注历史事件的记忆和理解，忽视了历史的分析和思考能力的培养；文学课程则过于注重文学作品的解读和分析，而忽视了对文化背景和社会现象的理解。

创新思维培养有待提升。现代社会对于创新能力的需求越来越高，然而传统文科教育往往注重知识的传承和积累，忽视了学生的创新思维能力的培养。教师在教学过程中侧重强调教材内容讲授，缺乏对思维的训练和启发，导致学生在面对新问题时缺乏独立思考和创新能力，难以应对复杂的现实情况。因此，高校文科教育需要更加注重培养学生的创新思维能力，通过开设跨学科课程、开展创新实践活动等方式来激发学生的创新潜能。

传统教学方式有待更新。传统文科教学主要依靠讲授和记忆，忽视了学生的主动参与和自主学习能力的培养。这种教学方式容易导致学生的学习兴趣减退和学习效果不佳。此外，传统教学方式过于重视教师的主导地位，忽视了学生的个性化需求和差异化教学的原则。不同学生的学习能力和学习风格各异，但传统教学方式往往采用一刀切的单一方式面向所有学生，无法满足个性化的学习需求。因此，高校文科教育需要采用更加灵活多样的教学方法，注重学生的主动参与和个性化发展。

文科教育教师队伍建设有待加强。文科教育的发展离不开优秀的教师队伍的支持。当前文科教师队伍中存在着一些问题。一方面，一些教师的专业素养不高，对于教学内容的理解和应用能力有限,无法提供高质量的教学服务。另一方面,一些教师的教学水平和教育教学理念相对滞后,无法适应现代文科教育的发展趋势。这些问题导致了教学质量的不稳定和学生学习效果的下降。因此,加强高校文科教师队伍的建设是解决当前文科教育问题的关键之一。

三、新时代文科教育的方法与策略创新

新时代背景下,文科教育需要不断创新教育方法和策略,以适应社会变革和培养具备新时代素养的文科人才。

首先,借鉴高等文科教育创新国际经验。借鉴世界一流高校的实践探索可以为新时代文科教育提供有益的启示。不同国家在文科教育方面的创新做法可以帮助我们探索适合本国情况的新模式。例如,芬兰高等教育强调培养学生的自主学习能力和创造力,鼓励通过自主探究和合作学习来培养批判性思维。这种方式不仅提高了学生学习积极性,也促进创新能力的培养。高校可以考虑引入更多的探究性学习和合作项目,让学生参与到实际问题的解决中,从而培养批判性思维和创新能力。这有助于更好地培养学生的综合素养,使他们提升面对复杂问题时的应对和解决能力。

其次,引入技术手段,如在线教育、虚拟现实等。技术在教育中的应用为文科教育带来了新的可能性。在线教育、虚拟现实等技术手段可以丰富教学内容,提高学习的趣味性和互动性,激发学生的学习热情。引入在线教育等技术手段可以打破传统课堂的时空限制,让学生能够随时随地进行学习,有助于拓展知识面,也能培养学生的自主学习和信息获

取能力。通过多媒体等形式，学生可以自主学习，与全球学者互动交流，拓宽视野。虚拟现实技术可以创造沉浸式的学习环境，让学生更好地体验历史、艺术等文化内容，从而提升学习的深度和吸引力。

最后，加强实践训练提升学生的实际运用能力。文科教育需要与实际问题紧密结合，强调实践能力的培养。通过社会实践、实地调查等方式，让学生将所学知识运用到实际情境中，培养解决实际问题的能力。例如，部分高校的人类学专业课程要求学生进行实地考察，深入了解不同文化和社会。学生通过与当地人交流，了解他们的生活方式、价值观等，从而更好地理解人类社会的多样性。

加强实践环节有助于让学生从理论走向实际，将所学知识应用于真实场景。实践活动可以培养学生的观察力、分析能力和解决问题的能力，使他们更具备适应社会变革的能力。通过实际操作，学生能够更深入地体验和理解文化、历史等概念，从而增强对知识的体验感和理解深度。

四、培养适应新时代需求的文科人才

（一）新时代对文科人才的需求

新一轮科技革命和产业变革催生了大量新产业、新业态、新模式，对全球高等院校的人才培养、科学研究、服务支撑提出了新要求。相应地，高校人才培养目标、专业结构和课程体系也应随之调整。准确把握世界高等教育发展趋势，全面提高人才自主培养质量，是我国高等教育高质量发展的时代命题，也是每所高校面临的机遇和挑战。

展望未来，高等教育数字化发展趋势下，密涅瓦大学这样以信息技术依托的"没有围墙"的新型大学的出现，突破了物理与思维的墙，重构了传统大学中"人"和"空间"的关系[①]；欧盟和加拿大、澳大利亚等国实施推广高等教育"微证书"，满足了多样化学习群体的需求，也扩大了受教育者的可选择范围[②]。面对世界高等教育的发展趋势，高校必须思考如何顺应新变化，回应新需求，在强化传统学科优势基础上，培养适应时代需求的高素质文科人才，为未来在全球高等教育的竞争中占据一席之地。

高校发展的生命力和服务社会的能力是由其学科特色、科研特色、人才培养特色、治理特色构成，其中人才培养特色对学校的核心竞争力具有重要影响。在新时代背景下，高校文科人才培养模式需要适应社会变革和科技发展的需求。传统的文科教育需要与现实世界的挑战相结合，以培养具备跨学科综合素养、创新思维和数字化能力的文科人才。

（二）高校文科人才培养策略探讨

随着社会的不断变革和科技的迅速发展，新时代对高校文科人才的培养提出了更高的要求。为了适应这一需求，高

---

① 刘述. 数字时代没有围墙的新型大学：美国密涅瓦大学的特色与启示[J]. 山东开放大学学报，2021（4）：7-12.

② 马克·布朗，梅雷亚德·尼克·朱拉·梅西尔，伊莱恩·贝尔尼，等. 发展变化中的微证书领域：来自全球的启示[J]. 中国远程教育，2021（6）：46-59，77.

等教育机构需要不断创新培养策略，以培养具备创新能力、实际操作能力以及社会责任感的优秀文科人才。在这个背景下，加强文科教育的创新能力培养、强化实践教学、优化教师队伍结构以及加强文科教育与社会需求的对接成为关键点。

1. 加强文科教育的创新能力培养

注重培养学生的创新思维能力。新时代文科人才需要具备创新思维能力以应对日益复杂的社会问题。高校应在教育中注重培养学生的创造性思维、问题解决能力和独立思考能力。教师可以通过启发式教学、案例分析等方法激发学生的创新思维，引导他们从不同角度思考问题，提出新颖的见解。

开设跨学科课程，拓宽学生的知识面。新时代的问题往往涉及多个学科领域，因此高校应该开设跨学科课程，拓宽学生的知识面。通过将不同学科的知识和方法相结合，学生能够更好地理解复杂问题。跨学科课程还能培养学生的综合素养和跨界思维，使他们能够更好地将所学知识运用到实际工作中。

2. 强化实践教学，提高学生的实际操作能力

加大实践教学投入，建立多元化的实践平台。实践教学是培养学生实际操作能力的重要途径。高校应加大实践教学投入，建立多样化的实践平台，如实验室、实训基地、社会实践基地等。让学生亲身参与实际操作能使他们更好地将理论知识应用于实际问题中，培养解决问题的能力。

与企业合作，开展校企合作项目。开展校企合作项目能够使学生更好地融入实际工作环境，了解行业需求和实际问

题。通过参与项目，学生不仅能够学到实际操作技能，还能够锻炼团队协作和沟通能力。同时，校企合作项目也能够为学生提供就业和实习机会，增强他们的职业素养。

3. 优化教师队伍结构，提升教学质量

加强教师培训，提高教师专业素养。教师是文科人才培养的重要力量，需要具备优秀的专业素养和教育教学能力。高校应加强教师培训，提升教师的学科知识和教育教学水平。教师还应不断更新教学方法，引入创新教育理念，以更好地激发学生的学习兴趣和创新能力。

引进优秀人才，提升教师队伍整体水平。引进国内外优秀人才能够丰富教师队伍的结构，带来新的思想和经验。高校可以通过国际交流、学术合作等方式吸引优秀的外籍教师和研究人员，促进教师队伍的国际化。同时，引进优秀人才也能够提升教学和研究水平，推动学科的发展。

4. 加强文科教育与社会需求的对接

关注社会热点问题，调整教学内容。高校文科教育应关注社会热点问题，及时调整教学内容，使之与实际需求相契合。通过关注社会变化和问题，学生能够更好地理解和解决现实挑战，成为具备社会影响力的人才。

开展社会实践活动，提高学生的社会责任感。高校应该积极开展社会实践活动，让学生深入社会亲身感受社会问题。通过参与志愿服务、社区调研等活动，学生能够增强社会责任感，培养公民意识和社会参与能力。

试论高校"慢就业"现象的成因与破解对策

孟庆红

（经济学院）

一、引言

大学生就业问题一直以来都是社会高度关注的热点话题。党的二十大提出，要实施就业优先战略，促进高质量充分就业。当前我国正处于经济转轨期，各种新业态的出现为大学毕业生就业带来了许多机遇，从而使我国劳动市场在毕业生数量持续居高不下的情况下仍然保持了总体平稳的就业形势。

近年来，"慢就业"作为一种全新的就业方式在大学毕业生群体中开始风靡，特别是在后疫情时代，"慢就业"群体显著增加（毛宇飞、曾湘泉，2022）。"慢就业"是指大学毕业生毕业后没有直接就业，而是选择诸如游学等方式对未来职业生涯进行考察，从而选择更为适合自己的人生之路（郑东、潘聪聪，2019）。这种就业选择方式对整个经济发展具有重大影响，正如节俭悖论一样，对整个国家而言，"慢就业"意味着人力资源的浪费，同时也不利于经济发展和社会稳定（曹洪军，2013）。因此，"慢就业"现象需要得到更加密切的关注（孟旭铎，2018）。就其本质而言，"慢就业"反映了当代大学生对更高质量就业的期待，实际上是我国基本矛盾的现实表现（蒋利平、刘宇文，2020）。要解决高校毕业生"慢就业"难题，需要创造有利于毕业生就业创业的外部环境，有效转变毕业生的就业观念，提升高校人才培养与经济社会发展需要的匹配程度，为毕业生提供精准的就业指导和服务（马力、邓阳，2019）。此外，还需要从社会、高校、家庭、大学生主体等各维度提出应对策略，构建"四维一体"就业指导教育机制，帮助处于就业困境的大学生寻找就业路径，提升就业质量（郑晓明、王丹，2019）。

总的来看，合理对待"慢就业"现象对我国应对经济下行、实现经济复苏与增长具有重要意义。同时，作为一种新的就业方式，对其进行研究也有利于增强对我国就业市场的理解。因此，本文从人力资本理论和信号理论的角度，对"慢就业"现象的理论基础进行考察，同时对当前我国大学毕业生"慢就业"现象发展现状进行研究。基于此，从社会、高校、家庭和个人层面对"慢就业"影响因素进行研究，并有针对性地提出相应的应对策略。

二、大学毕业生"慢就业"现象的理论基础与现状分析

（一）大学毕业生"慢就业"现象产生的理论基础

1. 人力资本理论

人力资本是经济增长的重要源泉。人力资本是体现在劳动者身上的资本，与物质资本相对，能够直接提高劳动者的生产能力。人力资本本质上是一种可以提升个人能力的资本形式，这种提升的实现方式具有多元化的特点。

大学教育是人力资本的重要来源，对人力资本的形成和积累具有不可或缺的作用。而"慢就业"实际上是对人力资本资源的浪费。人力资本理论表明，越高的人力资本存量会带来更多的人力资本收益。这为大量"慢就业"的人为何不选择就业而是选择对人力资本进行投资提供了一种解释。

2. 信号理论

劳动市场存在十分显著的信息不对称，雇主无法在短期内熟悉雇员的真实情况，包括其劳动力价值等。因此，对于雇主而言，需要有一个能够衡量雇员能力的信号。这种情况下，高等教育的文凭成为能够较为直接地反映雇员能力的信号。在信号理论下，雇主实施雇佣行为时会将学历文凭及各种技能证书作为是否实施雇佣的重要考量因素。因此，信号理论可以解释一部分"慢就业"者选择不就业而是去考取一系列证书的反复应考行为。

另外，需要注意的是信号理论下会产生教育投资的逆向选择和道德风险问题，造成教育资源的浪费。

总的来看，人力资本理论和信号理论对"慢就业"现象产生的理论基础做出了较好的解释。此外，这两种理论都表明，对"慢就业"现象进行研究并提出相应的应对策略十分必要。

（二）大学毕业生"慢就业"现象的现状分析

自 2012 年至今，高校不断扩招，我国高校毕业生人数呈递增趋势，截至 2022 年，已经达到了惊人的 1076 万人。[①] 与此同时，在毕业生数量如此庞大的背景下，中国仍然面临用工荒的困境，青年人失业率仍然居高不下。其中的"慢就业"现象对此具有很大影响。

通过对文献的梳理，可以看出我国的"慢就业"现象是国外流行于青年群体的"间隔年"和"尼特族"现象的衍变。所谓"慢就业"，是指高校学生在毕业后不立即选择就业，打破毕业后就入职或攻读研究生的固定路线，而是给自己留一段时间的空档期，推迟就业时间，选择休息、旅行或志愿服务等活动。"慢就业"是一个待业过程，这个群体最终还是会选择进入职场、升学深造或其他方式实现"就业"。从这一角度而言，"慢就业"与"不就业"是不同的。"慢就业"一般分为积极的"慢就业"和消极的"慢就业"。积极的"慢就业"表现为选择留学、旅游等方式充实自己，拓宽视野，

① 中国网. 2022 年新增就业 1206 万人 本科生倾向深造［EB/OL］.［2023-03-02］. http://edu.china.com.cn/2023-03/02/content_85137672.htm.

找到真正适合自己的工作，明晰职业规划。消极的"慢就业"指由于准备不足、缺乏技能或经验而逃避就业，不能很好地适应社会，甚至出现"啃老"现象。就目前"慢就业"在我国的发展现状来看，呈现以下特征：大学毕业生"慢就业"群体数量不断增多、种类多样化、社会认可度不断提高。

三、大学毕业生"慢就业"影响因素分析

不同时代的就业问题具有截然不同的特点。"慢就业"作为一个新生现象，其产生因素是多元的、复杂的，对这些影响因素进行分析，必然要全面考察。本文从社会、高校、家庭和毕业生个人四个层面进行讨论。

（一）社会层面的影响因素

随着我国经济快速发展，对人才的需求也在不断扩大，高等教育逐年扩招，使得每年的高校毕业生人数大幅增加，就业竞争激烈。面对如此严峻的就业形势，部分毕业生被迫选择"慢就业"。此外，普通高校学历与传统体力劳动的薪酬差距不断缩小，目前已经不具备明显优势，而人力资本投资的成本不断提高，大学毕业生在接受高等教育的过程中付出了巨大的成本，当初次就业时的薪酬无法弥补过去的投入时，大学毕业生就会选择"慢就业"。同时，社会对于新就业观念的包容程度和认可程度的提高也在一定程度上推动了大学毕业生"慢就业"的发展。国家和政府在就业方面的政策措施也是"慢就业"现象的重要影响因素之一。在当前社会背景下，复杂的国内外形势以及后疫情时代就业市场的不

景气也是"慢就业"更加风靡的原因之一。

（二）高校层面的影响因素

目前我国高校就业指导缺乏针对性，就业服务工作尚未形成完整的体系。虽然中央和地方都非常重视高校毕业生就业工作，但是具体实行效果起效甚微。由于学生之间具有显著的差异性，因此高校普遍性的就业服务指导很难具有强针对性。大多数高校的就业指导工作未能做到单对单等精准指导，加上就业市场的信息不完全和不对称非常显著，导致了"就业难"与"招人难"共存的情况。人才培养过程与机器制造过程不同，高等教育是在基础教育的基础上对学生进行进一步的培养，这个过程具有长期性，是一个循序渐进的过程，因此不可避免地会具有滞后性。此外，当前高校对学生的培养体系也较为单调，未针对学生的生涯目标将教育与生涯选择相挂钩，导致学生在毕业时所具备的知识体系往往与社会需求脱节，加剧了结构性失业。未能掌握与社会需求相匹配的大学毕业生只能被迫选择"慢就业"，通过其他方式去掌握现实工作需要的技能，再实现就业。

（三）家庭层面的影响因素

家庭层面能够为大学毕业生提供"慢就业"的物质保障。经济的发展和家庭可支配收入的提高为大学毕业生转向"慢就业"提供了重要的物质基础，使得大学毕业生没有后顾之忧，不必承担家庭经济压力，从而使教育具有回归最初本质的趋向。同时，过去盛行的对特定岗位如公务员等的偏好减弱，由于老一代人的就业经验与当前就业市场情况存在脱节现象，家庭文化变得更加开放。开放的家庭文化氛围对大学毕业生的"慢就业"行为具有更高的认可度和更强的包容性，进而推动了"慢就业"的发展。

（四）个人层面的影响因素

在个人层面上，大学毕业生选择"慢就业"主要有以下几类原因。其一是就业能力不足或未做好就业的充分准备，导致对进入职场产生"恐惧感"；其二是求职不断失败导致信心受挫，感到气馁，进而退出就业市场，提升个人能力，等待再就业；其三是对自己的就业定位不清晰，表现为制定过高或过低的就业目标，导致很难实现，从而被迫加入"慢就业"群体。

四、大学毕业生"慢就业"现象的应对策略

（一）社会层面：营造良好规范的就业环境

在巨大的经济下行压力下，在整个社会层面努力营造良好规范的就业环境具有必要性。

首先，在顶层设计上，应更加关注大学毕业生的就业工作，创新工作方式和方法，探索多元化的就业实现路径，鼓励灵活就业，实现就业发展的可持续。同时，中央和地方各级政府应当做好实地调研，结合大学毕业生的实际需求，将各种就业相关的政策措施切实落实到位。各级政府还应当高度重视创业扶持政策，以创业带动就业，为创业者提供资金、

基础设施和相应的文化氛围，鼓励大学生创业。

此外，大学毕业生在学校中的生活环境与社会环境存在较大差异。初入职场时，由于对各方面不熟悉，大学毕业生的一些权益可能会受到侵犯，如就业歧视等，这可能会损害他们的求职积极性，从而导致他们主动或被动加入"慢就业"群体。为防止这种情况发生，政府需要加强监管，严厉打击侵权行为，维护大学毕业生的合法权益。同时，完善相关法律法规，引导企业等各类用人单位合法用人，规范行为，营造良好的就业市场环境。

最后，基于许多大学毕业生对就业区域的较高期待，就业分布呈现明显的不对称性，发达地区就业市场劳动供给要远远多于欠发达地区，但这些地区的就业容纳量无法与供给量相匹配，因此导致"慢就业"现象的出现。此时，毕业生需要多元化选择就业区域，将一些新一线、二线甚至其他小城市作为就业目标区域。但需要指出的是，理性人对就业区域的选择并不是随机的，而是综合考虑工资、发展前景等各种因素，最终做出选择。因此，要改变目前各地劳动市场的供需结构性问题，归根结底是要努力实现区域的均衡发展和协调发展，促进各地区发展的协调化。而要促进区域协调化，就要坚定不移地坚持协调发展战略，深入推进诸如"西部计划""三支一扶"等基层服务计划，加强落后地区人才的引进以及国家宏观政策的倾斜，实现良性循环。

（二）高校层面：做好就业指导服务工作

学校教育是大学毕业生人力资本的主要来源，因此毕业生的就业情况很大程度上可以代表高校教育质量。在高校层面，应对"慢就业"现象要求提高自身就业指导服务工作能力和水平。

首先，提高就业指导服务工作能力和水平，关键要落实以学生为主体，针对学生群体开展具有特色和阶段性的就业指导。提高人才培养的质量和适配性需要改革当前的培养方案，紧密结合社会发展节奏和趋势，预测未来发展形势，采取动态调整策略，根据市场实际需求适时调整培养方案和模式。

其次，在传授专业知识的过程中，也要重视培养学生的独立探索精神和持续学习能力，将德育融入课堂教学与学校生活中，提前培养学生接受挫折和承担责任的能力。同时，也要重视帮助学生树立正确的就业观和择业观。就业观指人们对于就业和不同职业的基本观点，择业观则指对就业以及相关问题的基本看法。就业观与择业观相互区别又相互联系，互为补充。帮助学生树立正确的就业观和择业观，有利于应对"慢就业"现象。

最后，针对"慢就业"现象，还需要高校加强社会实践教育。一方面可以提高学生对于专业知识的理解和深层次掌握，另一方面可以让学生在实践中对未来生涯规划形成一定了解，找到适合自己的方向和目标。同时，社会实践还可以作为就业的前提准备，让学生在社会实践中了解自身不足之处，从而有针对性地提高自己所欠缺的能力。

（三）家庭层面：树立正确的就业观念

家庭对于大学毕业生的成长有很大影响。针对"慢就业"

现象，从家庭层面来看，要求家庭在对学生的教育中要注重形成正确的就业观和择业观。

首先，"慢就业"形成的一个重要因素是家庭为大学毕业生提供了较为稳定的经济支持。因此，要应对"慢就业"，需要在培养和教育孩子的过程中帮助其形成独立的人格，承担有限度的责任，过度控制和过度溺爱都是无益的。过多溺爱会使孩子逃避社会，选择不去面对，而过度控制则会导致孩子无法适应社会竞争状态，从而导致"慢就业"。

此外，家庭教育应与社会发展需求相适应。家庭教育大多是通过家长的各种行为方式潜移默化地传递给孩子。对于家庭而言，要想做到家庭教育与社会教育相契合，家长需要转变自身的择业观和就业观，打破过去的铁饭碗的保守思想，鼓励孩子积极与外界联系，灵活选择适合自己的就业方式。

（四）个人层面：激发就业内生动力

由于"慢就业"现象的主体仍然是大学毕业生，解铃还须系铃人，应对该问题的重点在于大学生个体层面。

首先，大学生应当主动转变就业观念，在实践中探索正确的就业观和择业观，这是解决就业问题的基本前提。在劳动力市场上，大学生应当保持预期的动态调整，根据实际情况合理适时调整自己的期望，以发展的观点看待就业。同时，要主动转变传统的就业观念，在实践中探索和寻找适合自己的职业道路。

其次，大学生应当做好生涯规划，了解自身优缺点，有针对性地提升个人竞争力。当前许多"慢就业"群体成员的成因在于缺乏清晰的生涯职业规划，导致很多就业必备技能没有掌握。所以，提早做好生涯规划非常重要，在拥有明确的规划后，大学生可以针对性地学习和掌握一些职业技能。与此同时，明确的计划也能够使得大学生更容易地发现自身的优缺点，从而查漏补缺，巩固优点。

最后，大学生应当勇于挑战，勇于试错，总结经验，为就业奠定良好的基础。对于大学生而言，试错成本要低得多。因此，在大学生活期间，大学生应勇于挑战，勇于尝试，磨炼和锻炼自己。在试错的过程中，一方面能够总结失败的经验教训，另一方面也能锻炼胆识、承担责任和压力的能力，为未来成功就业奠定坚实的基础。

参考文献

［1］毛宇飞，曾湘泉. 新冠肺炎疫情对高校毕业生就业的影响——来自招聘网站数据的经验证据［J］. 学术研究，2022（1）：104-110.

［2］郑东，潘聪聪. 大学生提速"慢就业"的服务策略［J］. 江苏高教，2019（2）：81-84.

［3］孟续铎. 当前高校毕业生就业形势和主要问题［J］. 中国劳动，2018（5）：4-13.

［4］曹洪军. 普通高校本科毕业生的专业结构性矛盾研究［M］. 南京：南京大学出版社，2013：4.

［5］蒋利平，刘宇文. 大学生"慢就业"现象本质解析及对策［J］. 学校党建与思想教育，2020（4）：64-66.

［6］马力，邓阳．高校毕业生"慢就业"探析及其对策［J］．中国青年社会科学，2019，38（5）：93-99．

［7］郑晓明，王丹．高校毕业生"慢就业"现象的成因与治理策略［J］．社会科学战线，2019（3）：276-280．

［8］谢铅玉．高校毕业生"慢就业"现象影响因素与对策研究［D］．徐州：中国矿业大学，2021．

后疫情时代湖北高校和湖北籍大学生就业认知调查[①]

兰玉娟

（就业指导服务中心）

稳就业居"六稳"之首，是稳大局的关键。自2020年以来，受经济下行压力和疫情叠加的影响，高校毕业生就业将面临更加复杂、严峻的形势。[②]党中央、国务院高度重视和关心高校毕业生就业，要求多措并举做好高校毕业生等群体的就业工作。为贯彻落实《关于在全党大兴调查研究的工作方案》，探究如何帮助湖北高校及湖北籍大学生过好"就业"关，稳定就业现状，学校开展了湖北高校及湖北籍大学生寻业现状的调查。调查内容主要包括湖北高校及湖北籍大学生的基本

① 本文受教育部人文社会科学研究青年基金项目（21YJC630053）、中南财经政法大学中央高校基本科研业务费专项资金资助（2722023BY022）。

② 周航，魏佩，徐明霞. 新形势下地方本科高校大学生就业指导水平提升——以湖北工程学院为例［J］. 经济研究导刊，2022（28）：130–132.

情况、就业选择、就业信心、政策获得感等内容，共回收 479
份有效问卷。调研结果为本土就业政策的制定和落地、湖北
省高校就业指导教育体系的构建与完善，以及促进学生高质
量就业等方面提供了参考和建议。

一、样本基本情况

（一）样本构成

湖北籍大学生占 52.31%，湖北高校的大学生占 47.69%。
样本分为毕业年级学生和非毕业年级学生，其中 2023 年
毕业的专科、本科、硕士、博士为毕业年级，占总样本的
42.59%，2024 年及以后毕业的大学生为非毕业年级，占总样
本的 57.41%。如图 1 所示，在毕业年级中，计划毕业后签
约就业者占比最多，为 68.14%；其次为计划升学者，占比
21.57%。

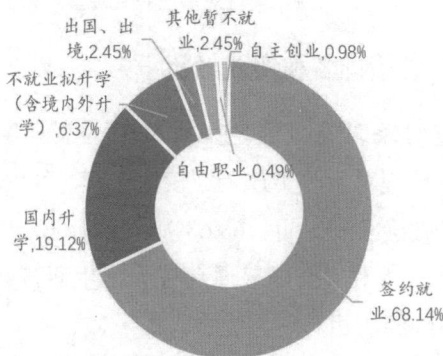

图 1　毕业年级学生的就业意向

（二）学校和专业情况

被调查对象所在学校覆盖 14 个省份的 45 所国内高校，包括双一流高校（A、B 类）、双一流学科建设高校、非双一流一批本科高校和一批普通本科高校，其中以双一流高校（A、B 类）为主，占比 60.96%。如图 2 所示，被调查对象所在专业涵盖了 11 个不同的专业大类，包括哲学、经济学、法学、教育学、文学、历史学、理学、工学、医学、管理学、艺术学。这使得我们能够充分了解不同专业领域的大学生的求业现状。

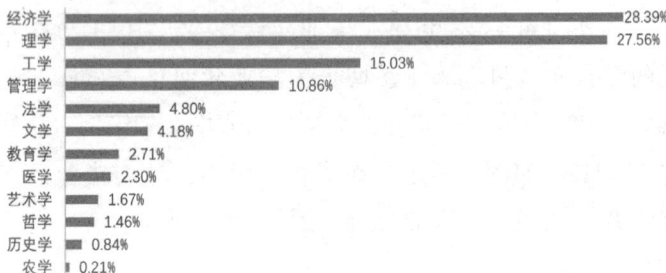

经济学 ██████████████████ 28.39%
理学 █████████████████ 27.56%
工学 ████████ 15.03%
管理学 ██████ 10.86%
法学 ██ 4.80%
文学 ██ 4.18%
教育学 █ 2.71%
医学 █ 2.30%
艺术学 █ 1.67%
哲学 █ 1.46%
历史学 ▌0.84%
农学 ▌0.21%

图 2   调查对象所在专业

（三）成绩排名和实践经历

被调查对象以成绩排名在前 50% 的大学生为主，占比 67.01%。被调查对象的实践经历较为丰富，其中 80.58% 的被调查对象有社会实践经历，68.68% 有实习经历，67.01% 有学生干部经历。相对于全国普通高校大学生而言，被调查对象的成绩和实践经历相对更为优秀。[①]

---

① 付悦. 疫情影响下大学生就业的内卷化及其破解策略[J]. 现代教育科学，2023（2）：41–46.

（四）家庭所在地

在 479 份湖北高校及湖北籍大学生样本中，家庭所在地覆盖全国 25 个省市自治区，以湖北省为主，占 51.98%。被调查对象中，47.39% 来自独生子女家庭，52.61% 来自非独生子女家庭，覆盖经济状况、就业资源和就业迫切程度不同的各种家庭背景。这使得我们能够了解来自不同家庭背景的大学生的求业现状。

二、湖北高校及湖北籍大学生的就业选择情况

（一）预期薪酬下降，7000—10000 元仍为主要预期区间

以 2019 年全国高校就业质量报告中反映的平均学生预期薪酬作为参照进行比较。[①] 近 3 年受疫情影响，湖北高校及湖北籍大学生的预期薪酬下降，预期薪酬 7000 元以上的被调查对象占比 58.66%，较疫情前下降了 6.47%。疫情前后大学生的预期薪酬仍主要集中在 7000—10000 元之间，分别为 37.78% 和 34.23%，而预期薪酬为 3000 元以下的占比均最低，为 0.63%，如图 3 所示。虽然被调查对象的最低预期薪酬相较于疫情前有所下降，但每个薪酬区间的变化幅度均在 3.97% 以内，相对较小。当前国内经济形势相对紧张，企业发展面

---

① 李长熙，张伟伟. 我国大学生就业研究知识图谱（2003—2021 年）：基于 CiteSpace 的计量分析 [J]. 当代青年研究，2023（4）：100–112.

临一些挑战，所能提供的岗位数量虽有所恢复，但仍然处于低位水平，因此，在湖北高校及湖北籍大学生对薪资的预期并未有明显降低的情况下，失业率可能会上升。①

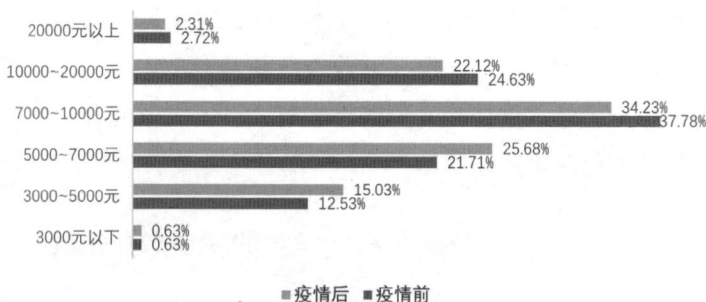

图3　疫情前后调查对象的预期薪酬

（二）倾向选择政府机关和国有企业等稳定的单位

疫情前，选择比例最大的单位性质为金融企业，占总体的 22.13%；国有企业次之，占总体的 20.88%。调查当期，选择金融企业的比例下降了 6.48%，而选择国有企业的比例增加了 6.67%，国有企业成了近年来湖北高校及湖北籍大学生最多选择的就业单位类型。此外，通过疫情前后的情况对比可以看出，选择党政机关的增幅也较为明显，增加了 4.80%；选择三资企业（包括中外合资经营、中外合作经营、外商独资经营三类企业）和其他企业（民营、私营、乡镇企业）的降幅较为明显，分别降低了 5.22% 和 3.55%，其他各单位类

型的变化相对较小，如图 4 所示。可以看出，由于疫情对社会经济造成了一定影响，湖北高校及湖北籍大学生在疫情后更偏向于选择政府机关和国有企业等工作性质较为稳定的单位。近年来，全国高校毕业生也呈现类似倾向，具有代表性。[①]

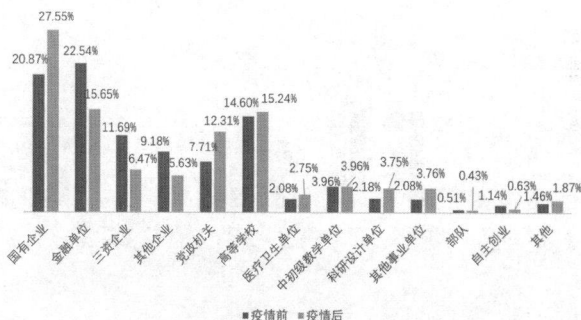

图 4　疫情前后调查对象倾向的就业单位类型

（三）行业选择向医疗卫生业偏移

金融行业受疫情影响大，但仍为最热门行业。[②] 疫情前，湖北高校及湖北籍大学生更倾向于选择金融业、计算机软件服务业、教育业，分别占比 29.29%，20.08% 和 17.99%，而选择医疗卫生业与公共管理和社会组织业的大学生相对较少。然而，在调查期，选择金融业的学生大幅度减少，下降了 6.28%，相反，选择医疗卫生业与公共管理和社会组织业的学生增幅明显，分别增加了 3.70% 和 4.40%，如图 5 所示。除此之外，

①　孟媛媛，刘瑶，李雪梅. 新冠肺炎疫情常态化防控背景下大学生就业压力影响因素研究［J］. 就业与保障，2022（10）：21-23.

②　刘苏瑶，韩瑞亭，陈逾之，等. 疫情视角下女大学生就业现状及纾困举措——以武汉市高校为例［J］. 现代商贸工业，2021，42（24）：65-66.

其他行业的选择变动幅度相对较小。可以看出，虽然疫情前后选择最多的三个行业均为金融业、教育业和计算机软件与服务业，但疫情后医疗卫生业和公共管理和社会组织业的选择率出现上升。

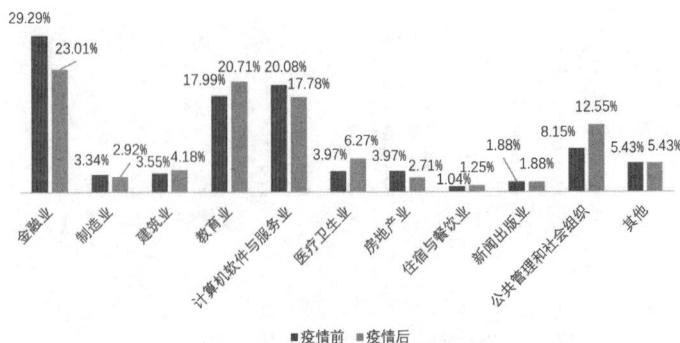

图5　疫情前后调查对象的行业选择

（四）倾向于政策和经济较优地区

湖北省的就业创业政策以及广东省的人才引入政策较为优越，两省的发展前景较好，故大多数湖北高校及湖北籍大学生毕业后更倾向于选择湖北省和广东省作为就业地点，分别占总样本的30.33%和16.74%。而北京、上海作为经济文化的中心地区，也被较多的湖北大学生视为理想的就业地点，分别占总体的7.43%和13.60%。另外，还有一部分大学生选择浙江、湖南等经济态势向好地区作为就业地点，其他省市的选择比例相对较低。

三、大学生就业信心不足，毕业年级焦虑现象更明显

（一）湖北高校及湖北籍大学生就业信心不足

面对新形势，尤其是疫情后全国大学生就业状况低迷的整体态势，有 57.41% 的被调查对象对就业表现出信心不足，其中非常没信心的占 2.30%，比较没有信心的占 9.81%，信心一般的占 43.00%，如图 6 所示。与全国高校毕业生相比，湖北高校及湖北籍大学生的就业焦虑程度较高。①

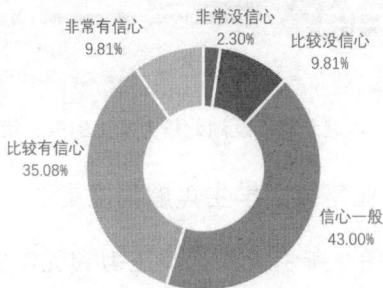

图 6　湖北高校及湖北籍大学生的就业信心

（二）大学生整体焦虑现象明显，无法完成任务所产生的压力成为焦虑主因

88.94% 的被调查对象在与他人竞争方面表现出焦虑，其中非常焦虑的占 11.27%，比较焦虑的占 55.95%，一般焦虑的

①　黄欣雨，金方婷，宗慧莹，等. 基于企业需求视角的大学生就业能力评价研究 [J]. 科技创业月刊，2023，36（5）：42-47.

占 21.71%。96.24% 的被调查者在无法完成任务所产生的压力方面表现出焦虑，其中非常焦虑的占 20.46%，比较焦虑的占 63.26%，一般焦虑的占 12.53%。94.98% 的被调查者对不可预知的困难感到焦虑，其中非常焦虑的占 14.82%，比较焦虑的占 55.53%，一般焦虑的占 24.63%，如图 7 所示。

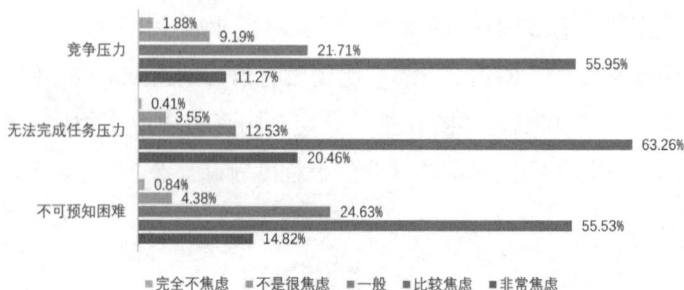

图 7　湖北高校及湖北籍大学生的焦虑状况

（三）毕业年级大学生焦虑程度更高

如图 8 和图 9 所示，在竞争压力和无法完成任务产生的压力两个方面，毕业年级大学生的焦虑程度较非毕业年级大学生更高，分别有 11.76% 和 21.08% 的毕业年级大学生在这两方面感到非常焦虑，而非毕业生的比例为 10.91% 和 19.64%。在不可预知困难方面，非毕业年级大学生表现出更高的焦虑程度，15.64% 的非毕业年级大学生在这方面感到非常焦虑，而毕业年级大学生的比例为 13.73%。

毕业大学生焦虑程度

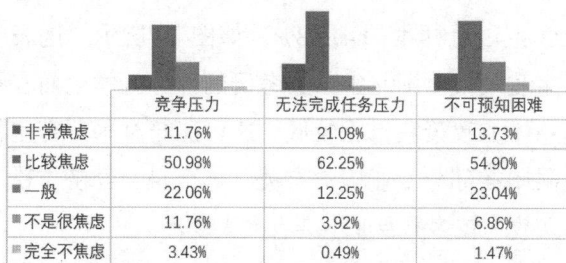

	竞争压力	无法完成任务压力	不可预知困难
■非常焦虑	11.76%	21.08%	13.73%
■比较焦虑	50.98%	62.25%	54.90%
■一般	22.06%	12.25%	23.04%
■不是很焦虑	11.76%	3.92%	6.86%
■完全不焦虑	3.43%	0.49%	1.47%

图8　毕业年级大学生的焦虑程度

非毕业大学生焦虑程度

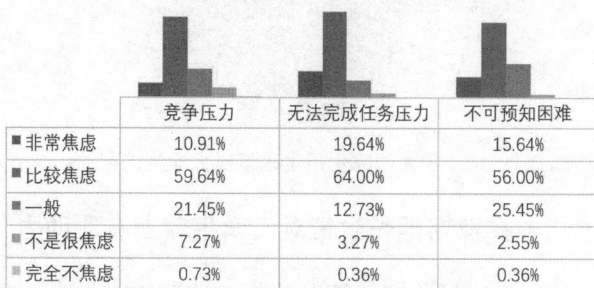

	竞争压力	无法完成任务压力	不可预知困难
■非常焦虑	10.91%	19.64%	15.64%
■比较焦虑	59.64%	64.00%	56.00%
■一般	21.45%	12.73%	25.45%
■不是很焦虑	7.27%	3.27%	2.55%
■完全不焦虑	0.73%	0.36%	0.36%

图9　非毕业年级大学生的焦虑程度

四、就业政策有待优化

（一）扩大研究生招生政策对大学生的帮助有限

近3年来，我国持续扩大硕士研究生招生和专升本规模，这是在统筹考虑我国经济社会发展大局后作出的一项重大战略决策。然而，在此次调查中，认为该政策非常有帮助和比较有帮助的湖北大学生占比较少，分别为 4.81% 和 25.67%，持中立态度认为帮助性一般的占 28.34%，而认为没有帮助的湖北大学生占总样本的 41.18%，如图 10 所示。这表明扩大考研招生政策仅对湖北省参加考研的部分大学生而言帮助较大，但总体上政策获得感较低。这可能与全国研究生招生规模扩大限制在部分专业门类有关，如金融、经济、税务等历年报考人数均较多的专业不会有太大变动。①

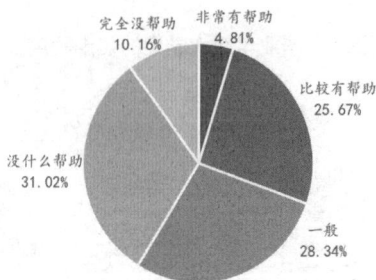

图 10   扩大研究生招生政策对大学生的帮助

（二）择业期延长政策对大学生就业有所助力

延长毕业生择业期政策对湖北大学生的就业选择帮助较大。除了扩大硕士研究生招生政策，国家对延长本届毕业生择业期的政策进行了落实，即对离校未就业毕业生提供 2 年户口和档案托管，按应届毕业生办理就业手续。如图 11 所示，此次调研中，分别有 11.98% 和 32.03% 的大学生认为该政策非常有帮助和比较有帮助，仅有 6.41% 的大学生认为其完全

①   方兴，刘佳. 疫情下大学生就业焦虑现状及影响因素［J］. 中国就业，2022（2）：46-47.

没帮助。被调查大学生对择业期延长政策的获得感较强，普遍认为该政策对其就业选择具有较大帮助。疫情导致大学生无法到校办理毕业相关手续，在就业压力较大的情况下，高校延长毕业生择业期可以为大学生提供缓冲期，尽可能减轻疫情对毕业和择业的影响。

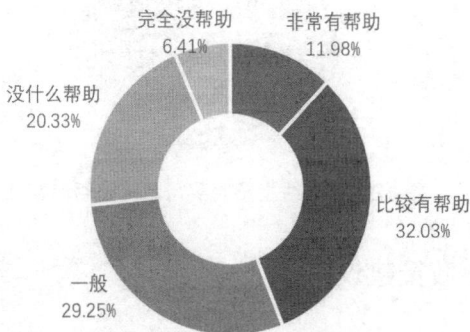

图 11　择业期延长政策对大学生就业是否有助力

（三）鼓励线上招聘实习政策较有成效

　　鼓励企业进行线上招聘、面试、实习政策初见成效，对大学生产生了一定帮助。在疫情管控期间，线下实习招聘等相关工作难以开展，给大学生就业带来了较大的阻碍，因此政府及时实施鼓励企业线上招聘实习政策，旨在为大学生提供更多就业机会。经过调研，有 10.03% 的被调查大学生认为该政策非常有帮助；大部分大学生认为该政策比较有帮助和一般有帮助，分别占比为 27.86% 和 37.60%。另外，认为几乎没有帮助的学生占比 24.51%，如图 12 所示。可见鼓励线上招聘实习政策对大学生就业起到了很大程度的促进作用，符合当代大学生的互联网使用习惯，实行后较有成效。[①]

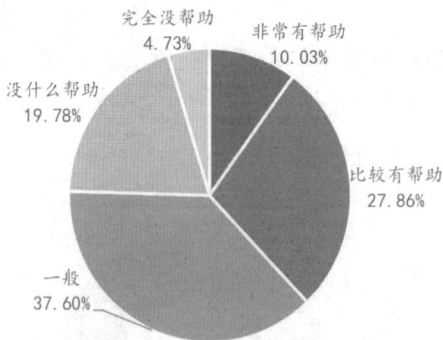

图 12　鼓励线上招聘实习政策是否有帮助

五、政策建议

（一）加强对高校毕业生就业工作的组织领导

强化统筹部署，教育部门应抓紧制定促进高校毕业生就业工作方案，加强工作部署和高校的监督检查，与各部门之间相互协同，加强与其他相关部门的工作协调和信息沟通，确保湖北高校及湖北籍大学生就业形势稳定。同时，强化高校责任，要求各高校将做好毕业生就业工作视为当前一项紧迫的政治任务，并落实"一把手"工程。

（二）最大限度地拓宽就业机会，缓解结构性矛盾

引导毕业生向国家战略需求领域、民生领域和行业人才

[①]　刘杨，李锋. 青年大学生就业诉求及政府回应研究——基于全国网络问政平台的大数据分析［J］. 中国青年研究，2023（5）：42-50，67.

短缺领域就业，例如新基建、医疗卫生、公共管理与服务等领域。继续引导毕业生向中西部地区和基层就业，鼓励和吸引毕业生参军入伍，将个人职业发展与国家命运相结合。扩大高质量就业岗位的吸纳规模，鼓励湖北省企业推出高质量就业岗位专门用于毕业生招聘，以提升湖北省对大学生的就业吸引力。在特设岗位计划、中央基层项目等方面给予湖北高校更多倾斜。同时，在充分发挥传统就业形态优势的基础上，加大对新就业形态的支持力度。新就业形态是科技革新与经济业态发展的产物，在吸纳就业、扩大新增就业空间、推动经济社会发展方面的作用日益凸显。应积极探索促进新就业形态发展的支持政策，建立适应新就业形态的公共就业服务体系和社会保障机制，引导高校毕业生关注新就业形态，以制度创新释放新就业形态在高校毕业生就业方面的潜力。

（三）加强对升学和继续深造政策的宣导和解读

国家实施研究生扩招计划是毕业生就业工作的重要举措，也是高等教育满足社会发展对高层次人才需求的必然之举。地方政府在落实政策时，应加强统筹规划和统一认识，汇总并发布研究生招生计划和具体举措信息，加大政策宣导和解读力度，支持高校和毕业生用好政策，实现双赢。招生规模的扩大应重点向国家战略和民生需求相关的学科倾斜、向中西部和东北地区高校倾斜。同时，应引导湖北高校的扩招进一步向湖北籍毕业生倾斜。进一步完善升学调剂录取机制，确保高分未被录取等优质生源通过调剂顺利升学。

（四）构建高校资源联动平台，提供精准的就业服务

搭建省级就业服务信息化平台，加强高校之间，特别是湖北省高校之间的就业服务资源联动，促进高校创新工作方式，增强在线服务能力，提升就业工作水平。在提供精准就业服务方面，要充分发挥高校的主体作用，引导高校对毕业生就业状态进行建档立卡和动态更新，全面掌握毕业生就业过程，实现信息的精准推送和资源的智能匹配。加强高校对特殊群体的精准帮扶，掌握家庭经济困难、身体残疾、少数民族、疫情防控医护人员子女等毕业生的情况，实现"一生一策"动态管理。同时，要单独建立湖北籍毕业生的就业台账，有针对性地提供就业政策、招聘信息、求职技巧和心理辅导，帮助他们树立信心，顺利就业。

（五）强化对高校毕业生就业的社会保障机制

促进和扩大对湖北籍（地区）高校毕业生的用人需求，突出强调企业在招聘和录用过程中不得歧视、不得随意毁约、不得以实习期限等不合理要求作为入职的前提条件等，严厉打击虚假招聘，简化签约手续流程。加强政府督查，发挥社会监督作用，充分营造公平、支持的就业环境。高校应当细化本校就业工作安排，精心组织就业活动，及时了解毕业生求职心态和就业进展。保障就业信息服务，针对就业规划不明确、就业方向不明晰的高校毕业生进行相关方面的指导帮助，开展就业技能线上培训，提供线上心理指导活动，以帮助高校毕业生疏导就业焦虑。

产教融合视域下构建校企就业育人共同体的思路与路径 ①

孙林红

（新闻与文化传播学院）

就业问题事关经济发展和社会稳定。近年来，党中央、国务院大力推进"稳就业""保就业"决策部署，作为高质量人才供给的主要来源，高校毕业生就业更是就业工作的重中之重。李克强总理在 2021 年中央经济工作会议上强调："解决好高校毕业生等青年就业问题。"同时，高校毕业生就业工作是一项系统"育人"工程，涉及对青年大学生培养的方方面面，需要高校、政府、企业等多方主体的协同配合。

① 本文获中南财经政法大学中央高校基本科研业务费专项"产教融合视域下高校就业育人研究——基于共同体理论"（项目编号：2722022BQ026）、"以文培元 知行并进，打造新时代高校文化育人体系"（项目编号：2722022DS020）；中国高等教育学会 2022 年度高等教育科学研究规划课题"时代新人视域下高校文化育人体系构建研究"（项目编号：22FD0215）资金资助。

产教融合是推动就业育人的一项重要举措。2017年12月，国务院办公厅印发了《关于深化产教融合的若干意见》，推动产教融合落地。推进产教融合、校企就业育人共同体是促进高校毕业生更充分、更高质量就业的必经渠道。然而，在如何融合和协作方面，其内在理论逻辑和实践路径还有待进一步探索。

一、高校毕业生就业育人现状分析

（一）就业育人的意义与困境

1. 毕业生就业是高校育人的重要环节

高校毕业生就业工作是人才培养系统工程的重要环节，不仅关系到个人成长、家庭幸福，更深刻地影响着国家建设与发展、社会的和谐与稳定。对于肩负着"为党育人、为国育才"重要任务的高校而言，毕业生就业是高校人才培养的出口，也是"立德树人"根本任务落实的重要关口。[①] 高校毕业生就业工作不仅要指导学生提升就业技巧、找到工作岗位，还要帮助学生发挥专长、挖掘潜能、实现长远发展和个人价值，更承担着引导毕业生树立正确的就业观、价值观，激励青年人才围绕人民和社会需要进行职业选择、与国家和民族发展同向同行的重要使命，承载着"立德树人"任务要求。所以说，

---

① 方雅静. "就业育人"，高校学生就业工作的使命与担当［J］. 中国大学生就业，2021（20）：4-6.

高校毕业生就业工作是一项系统"育人"工程。

2. 高校就业工作中的现实困境

高校就业工作所面临的压力和困境可以从外部环境和内部因素两个方面进行分析。从外部环境来看，我国经济进入高质量发展阶段，国家大力推进供给侧改革和创新战略，人才培养供给侧和产业需求侧在结构、质量、水平上还不能完全适应，高校毕业生在求职认知、工作能力等方面与市场需求存在"错位"。此外，在当前新冠肺炎疫情和经济下行的大环境下，岗位缩减导致高校毕业生的求职竞争日益激烈。与此同时，我们也应该看到，国家大力出台促进高校毕业生就业创业的政策，在新兴行业领域仍存在大量的人才缺口，这为高校毕业生就业工作提供了机遇。

从内部因素来看，当代高校毕业生中"懒就业"与"难就业"现象并存。一方面就业竞争激烈，毕业生找到合适岗位的难度增加；另一方面，也存在大量毕业生延迟就业、求职意愿消极的"慢就业""懒就业"现象。这种现象的出现不仅受宏观环境的影响，也与高校的引导有关。目前，高校就业育人工作仍存在一些问题，例如指导内容和形式较为单一、队伍建设力量薄弱、主动性未完全激发、对学生的创新创业培养不足等，导致高校毕业生的就业认知有偏差、求职技巧和就业能力有欠缺、生涯规划不清晰。

（二）产教融合在就业育人中的运用与困境

1. 推进产教融合是人才培养的必然趋势

产教融合是指产业与教育的一体化，将产业中生产、运营、研发等现实环节与高校的教学、科研融合，互相促进。产教融合能提升人才培养效率，也能大力推动科技与经济的快速发展。产教融合发端于美国，美国高校普遍建立了联合院校、企业、科研单位的合作机制。高校通过市场调研和访谈来调整学生培养方案和课程设计，并将行业专家引入教学过程，与高校共同培养符合社会现实需要的技能型人才，以满足社会和经济发展的需要，出现了促进学生创新创业的"孵化器模式"、地方与科技企业共建社区学院的"P-TECH"模式等合作形式。一些西方国家的"学徒制"也体现了产教融合的理念。目前，我国高度重视产教融合。2017年12月，国务院办公厅发布了《关于深化产教融合的若干意见》，指出深化产教融合是"迫切要求"，具有"重要意义"。2019年10月，国家发展改革委、教育部等6部门印发了《国家产教融合建设试点实施方案》，推动产教融合落地。

推进产教融合是企业、高校和毕业生多方获益的举措。深化校企合作，引企入校、以研促产，使产业的人才需求与高校的教学、科研有机衔接，能够有效降低人力成本，提升人才培养效率。同时，高校学生毕业后也能更快、更好地就业。

2. 产教融合的推进仍存在现实困境

在现实中，产教融合仍存在动力和机制上的困境。[①]一方面，如果让高校完全掌握学生的培养方案和管理主权，企业则难以深入参与到育人过程中，合作停留于表面。这是当前产教融合、校企合作中较为普遍的现象。学校并未让渡在人才培养模式和导向上的主导权，校企合作仍存在形式化、表面化、短期化、离散化问题，企业难以从这类合作模式中获得实际利益，致使一些企业不愿投入人力、时间、经费等成本与学校进行长期合作，出现"校热企冷"现象。[②]但另一方面，如果让利益导向的企业主导人才培养方向和模式，则有悖于教育的公益性，且容易囿于企业的功利性和短视性，限制人才的全面发展。

出现上述困境的本质原因在于相关主体的内在动力未能统一，融合机制不够明确。从责任主体来看，对于产教融合和就业育人，政府、企业、行业、学校都责无旁贷，但现实中，这些主体之间的合作共识凝聚不足，各自的职责也不够明确，导致育人主体间协调不顺、过程衔接不畅、场域覆盖不全。

---

① 白逸仙. 高水平行业特色高校"产教融合"组织发展困境——基于多重制度逻辑的分析 [J]. 中国高教研究, 2019（4）: 86–91.

② 郝天聪, 石伟平. 从松散联结到实体嵌入: 职业教育产教融合的困境及其突破 [J]. 教育研究, 2019, 40（7）: 102–110.

二、共同体理论在就业育人中的运用

（一）理论概述

"共同体"（Community）这一概念最早起源于社会学研究，是由德国社会学家斐迪南·滕尼斯在《共同体与社会》一书中正式提出的。他对于"共同体"的界定是：通过积极的相互关系而形成的群体，其成员有着共同价值观和传统，统一地对内和对外发挥作用，是一种现实的、有机的、亲密的结合形式。随着相关研究的深入和变迁，"共同体"的概念被加入血缘、地域、情感、利益和价值等不同要素。学者们对"共同体"范围的界定也有差异，大至国家、城邦，小至社区、特定群体，都可以建立"共同体"。整体来说，英国哲学家齐格蒙特·鲍曼认为"共同体"传递出温暖、友爱的感觉，成员彼此信任、互相依赖。马克思和恩格斯进一步区分了"虚假的共同体"和"真正的共同体"，认为二者的区别在于是否有共同利益，"共同体"能否代表其中每个个体的利益，在"真正的共同体"中，每个个体都是自由的且能得以发展。

"共同体"理论也被运用于教育学之中。美国著名教育家杜威提出了"学校即社会、教育即生活"的观点，认为教育不仅要发挥学校课堂和教材的作用，也要注重社会实践和环境熏陶的作用。他还提出学校教育的相关主体是彼此互通的信仰、目的、意识和感情共同体概念。赵耀和王建新（2021）从利益趋同、价值共同和行动协同三个角度解析了新时代"三全育人体"的内涵意蕴、建构逻辑和实现途径。[①] 邵頔（2021）运用"共同体"理论研究了高校就业育人过程中校友共同体的建立与作用。[②]

综上所述，"共同体"理论经过长时期、多领域的研究与运用，达成了一定的学术共识，即"共同体"是基于共同的利益、价值而形成的能协同行动的有机组织。"共同体"理论对于教育体系中的多主体协同育人具有指导意义。

（二）核心观点及运用

基于马克思对"真正的共同体"的定义，可以从共同利益、共同价值、协同行动三个方面对高校就业育人中的多主体协作、推进产教融合的思路和路径进行分析和探索。

1. 共同利益

"共同体"的首要条件就是其中的个体存在利益一致性。在"理性经济人"的理论视角下，个体完全依照收益最大化原则进行行动和决策。高校和企业都是在趋利避害的原则下行动，会对其所面临的一切机会和目标及实现目标的手段进行优化选择。企业的主要利益目标是减少成本、提高利润；高校的利益诉求则是提升学生培养质量、产出科研成果。产

---

① 赵耀，王建新. 论新时代高校"三全育人共同体"的内涵与建构——基于利益趋同、价值共同和行动协同的思考［J］. 中国矿业大学学报（社会科学版），2021，23（3）：11-24.

② 邵頔. 校友共同体建设与高校就业育人工作的耦合性研究——以浙江大学为例［J］. 中国大学生就业，2021（9）：34-39.

教融合可以通过推动人才供需对接、共同研发创新等途径实现双方利益共赢。

2. 共同价值

"价值"是对"利益"的进一步升华,本质上是利益的抽象,是综合的、长远的利益,是利益的高层次表现。[①] 价值所包含的不仅仅是经济利益,还有政治、文化和安全方面的综合性收益,也不是短期的、具体的利益,而是持续的、根本性的利益,可体现为目的、信仰、期望、共识等。[②] 高校和企业对国家战略和政策的顺应、在人才培养、品牌构建等方面的根本性追求,以及其肩负的社会服务职责都能在推进产教融合中得到满足。

3. 协同行动

理论分析最终指向实践落地。"共同体"模式下的协同行动是在凝聚和整合了不同主体的利益价值追求后开展的合作性实践。恩格斯曾说过,"许多人协作,许多力量融合为一个总的力量,用马克思的话来说,就产生了'新的力量',这种力量和它的单个力量的总和有本质的差别"。

在协同行动中,高校就业育人主体能平等对话、充分交流,将各自的利益诉求整合在"供需对接、人才培养"的共同目

---

① 陈新夏."真正的共同体"的基础及其当代启示[J].教学与研究,2020(8):5-12.

② 赵耀,王建新.论新时代高校"三全育人共同体"的内涵与建构——基于利益趋同、价值共同和行动协同的思考[J].中国矿业大学学报(社会科学版),2021,23(3):11-24.

标下开展合作实践。就业育人的场域进一步拓展，不再局限于高校内部，还能涵盖企业、社会的实践场域。

三、产教融合视角下打造校企就业育人共同体

基于对我国高校毕业生就业面临的困境的梳理，以及对共同体中共同价值、共同利益、协同行动的要素归纳，对构建校企就业育人共同体提出以下三点思路。

（一）把握形势，凝聚价值共识点

作为人才供给和需求的双方，高校和企业在促进毕业生就业方面有相同的期盼与责任，基于对外部宏观形势的研判和把握，明确双方的共同价值追求，凝聚校企合作共识，为双方的协同行动奠定价值基础。

构建校企就业育人共同体是应对宏观环境不确定性的必然要求。当前新冠肺炎疫情尚未得到有效遏制、国际经贸摩擦加剧、逆全球化浪潮兴起，对经济社会发展产生的冲击仍在持续。一方面，重大社会危机往往会导致经济格局重塑。当前经济低迷导致传统就业岗位缩减，但诸如虚拟现实、直播电商、智慧物流等新兴行业快速发展崛起，相关人才需求缺口巨大，而高校自发调整人才培养方案的时效性较弱、行业企业内部的岗位培训规模有限且成本较高。深化产教融合能够对人才培养进行更灵活的调整，以更好地应对不确定性。另一方面，新冠疫情导致线下活动大幅受限，企业难以举行大型招聘会，求职者的求职行动也受到限制，双方的交流和面试变得困难，进一步加剧了求职者与用人单位的信息不对

称。如果能进一步加强校企合作，由作为求职者培养方的高校根据企业要求进行推荐，或者让企业直接参与人才培养过程，将有助于消除疫情带来的信息壁垒，极大提高高校毕业生的求职和企业的招聘效率。

构建校企就业育人共同体是缓解人才培养供给与市场需求不协调的必然要求。当前我国进入新时代高质量发展阶段，产业结构、增长动力不断转型升级，产业领域进一步细分，但相关人才供给在能力培养、专业细分等方面尚未适应经济社会需求。人力资源和社会保障部发布的《2021 年第四季度全国招聘大于求职"最缺工"的 100 个职业排行》显示，43个职业属于"生产制造及有关人员"；"智能制造"领域缺工程度加大，高素质和专业技能人才短缺，高校毕业生的能力达不到要求；同时，排名前 10 的职业均为营销员、餐厅服务员、车工等劳动密集型行业一线岗位，其收入报酬和劳动条件不符合高校毕业生的求职需求。正如国务院办公厅《关于深化产教融合的若干意见》中所指出的，"人才培养供给侧和产业需求侧在结构、质量、水平上还不能完全适应，'两张皮'问题仍然存在"。推进产教融合成为促进人才培养与经济社会协调发展的必然举措。

构建校企就业育人共同体是化解高校毕业生就业期望与市场大势不一致的必然要求。当前，高校毕业生对就业城市、薪酬、行业等方面的期望与劳动力市场实际能够提供的条件存在"错配"。例如，前程无忧发布的《2021 中国重点大学应届毕业生求职状况报告》显示，高校毕业生认为就业"工作地点"很重要的占比达到 74%，求职意向集中在大城市、

CBD（城市商业中心）；2021届毕业生月薪超万元的期望比例（36%）和实际比例（15%）相差21个百分点，面对与预期岗位不符的情况，许多毕业生选择"延迟就业"甚至"不就业"。此外，在不稳定的宏观环境下，高校毕业生就业求稳心态加剧，认为"大环境不好、求稳更重要"，盲目扎堆考研、考公，延误就业。上述现象很大程度上由于高校毕业生对就业市场的缺乏了解所致。尽管许多高校已经尝试将职业教育前置，但由于学生缺乏实际体验，效果并不理想。只有通过产教融合让学生亲身体验真实的求职和工作环境，才能有更深刻的体会，从而在毕业求职时更为理性。

（二）推进融合，扩大利益共赢面

构建校企就业育人共同体，还要把握高校和企业的核心诉求，在人才培养、创新研发、社会担当等方面推进融合，扩大校企双方的利益共赢面，进一步激发双方合作的积极性和主动性。

供需对接，降低人力成本。对于企业来说，人才是推动其发展升级的重要资源。虽然当前求职者群体规模庞大，但人岗匹配仍然是企业招聘中面临的难题。加之面临新冠疫情带来的招聘难度增加，使得企业的人员招聘成本和岗位培训成本大幅增加。构建校企就业育人共同体，高校可以结合行业企业需求来确定人才培养目标，推动人才供需的精准对接。这既能为企业做好人力资源储备，降低其人力资源成本，也能提升高校的人才培养效率。

合作研发，提升经济效益。高校是高素质科研人员和前沿科研成果的聚集地，企业则能为理论研究提供问题需求、现实经验和实验场景，校企合作将有效提升研发成效。根据《2021年中国专利调查报告》，产学研发明专利中，以高校为第一专利权人的产业化率达到22.8%，是高校平均水平的7倍以上；产学研合作发明专利的产业化平均收益超过企业平均水平32.5%，产学研合作在提升经济效益方面具有明显的作用。

第三，响应政策，展现社会担当。在党中央、国务院"推进产教融合、校企合作""稳就业""保就业"等的决策部署下，面对高校毕业生这个重要的就业群体，企业和高校积极发挥作用也是履行社会责任的重要表现，对品牌文化的形成、长期可持续发展均有裨益。

（三）加强协作，提升合作行动力

联合培养学生，构建教学共同体。健全高校以需求为导向的人才培养结构，发挥企业在学生培养中的主体作用，加强企业实践中的教学资源与高校专业学科的交融。创新教学组织形态，在职业生涯规划教育通识课、应用性强的专业课中推行"校企双师型""理论学习＋实习实操"的课堂教学模式，搭建实践教学平台，带领学生进企业、到岗位，增加真实场景下的职业体验活动；针对一些就业方向明确、专业人才紧缺的岗位，探索以"订单班""项目班"的方式达成校企长期合作协议，共同组织教学。丰富教学内容，结合企业的岗位培训，精准开展职业生涯规划教育，针对不同专业、不同阶段、不同群体的学生，分别开设职业能力测评、求职技巧、职场适应等课程，指导学生尽早开始思考和规划适合自己的职业方向；加强形势政策课程的教学，帮助青年大学生正确认识国家发展形势和市场态势，建立合理的求职预期，引导学生积极走向人民和社会最需要的地方和岗位。

合作开展科研，构建研发共同体。一方面，资源共享、优势互补，提升研发效率。高校是理论高地，企业为实践阵地，合作开展科学研究和创新发明的成效将大幅提升，同时也有利于成果的落地转化，提升企业的经济效益和竞争力。唯有企业得以发展，才能创造更多的就业岗位。另一方面，深化研究促理解，高校与企业共同开展科学研究，也为教师和学生提供了将理论应用于实践、提升专业创新能力的机会。

畅通人才交流，构建发展共同体。建立稳定的校企双方人力资源交流渠道，高层次人才相互聘任，定期轮岗交流。高校除了向企业提供毕业生之外，也可以为企业有工作经验的技术骨干和管理人才提供继续学习深造的机会，助力企业人才升级；高校教师也可以到企业中进行挂职锻炼，了解专业行业的前沿动态和实操经验，从而丰富教学内容、提升教学能力。同时，发挥高校理论研究水平强的优势，共同梳理挖掘企业实践中的优秀经验和做法，进行系统总结和理论升华，便于成果固定和推广。此外，关注区域发展格局和企业战略，发挥高校智库作用，为企业的转型升级提供咨询建议，在产教融合视域下实现校企双方的资源共享和共同发展。